本书系云南大学《中国边疆研究丛书》成果之一，得到云南大学专门史国家重点学科建设经费资助。

云南大学 中国边疆研究丛书

林文勋 主编

中国西南氐羌民族源流史

段丽波 著

人民出版社

总　序

林文勋

　　我国幅员辽阔,民族众多,是一个统一的多民族国家。而中国的边疆地区则是我国统一多民族国家的重要组成部分,历来在国家的经济发展、社会进步和政治稳定中占有十分重要的地位。古往今来,历朝历代莫不重视边疆问题的研究与边疆治理。近代以来,随着世界局势的变化和边疆问题的凸显,边疆问题的研究更加受到重视,并形成了几次大的研究热潮。在这一过程中,一些学者提出了"边政学"、"边疆学"等概念,极大地推动了边疆问题研究的开展。目前,尽管人们对"边疆学"、"边政学"等概念还持有不同的看法,但边疆问题研究的重要性已没有人怀疑。构建一门具有中国特色的边疆学学科,在更高的层面和更大的范围开展中国边疆问题的研究越来越成为更多的人们的认识。

　　云南大学地处祖国西南边疆,是我国西南边疆建立最早的综合性大学之一。长期以来,依托特殊的区位优势和资源优势,大批学者对边疆问题特别是西南边疆的问题开展了持续不断的深入研究。在几代学者的共同努力下,通过将区位优势和资源优势转化为学科优势,再将学科优势转化为人才培养的优势,云南大学边疆问题的研究与人才培养蓬勃发展,并积累了深厚的学术基础,呈现出旺盛的发展潜力。中国边疆研究现已成为云南大学重要的优势和特色学科。在全力推进、发展中国边疆学学科建设的进程中,云南大学应该义不容辞、责无旁贷地肩负起建设和发展中国边疆学学科的重任。

基于此,为进一步巩固和提升云南大学边疆问题研究的水平与实力,2002 年,我们提出了在云南大学建设中国边疆学学科的建议并拟定了具体的方案。2007 年,通过整合边疆问题研究、中外关系史和经济史研究的力量,云南大学专门史学科被批准为国家重点学科。同年,我们又在历史学一级学科博士学位授权下自主增设了"中国边疆学"二级学科博士学位授权。2008 年,我们再次抓住国家"211 工程"三期建设的契机,提出"西南边疆史与中国边疆学"作为云南大学国家立项的学科项目加以建设,旋即得到批准。

"西南边疆史与中国边疆学"学科项目,计划从中国西南边疆史、中国与南亚东南亚关系史和中国边疆学研究三个方面较全面地开展边疆问题的研究和中国边疆学学科体系的探讨。同时,还将有计划地整理有关西南边疆的历史文献和档案资料,翻译和介绍国外学者关于中国西南边疆研究的重要成果。

此次我们编辑和出版云南大学《中国边疆研究丛书》,就是为了系统地反映我们在推进边疆问题研究和中国边疆学学科建设中所形成的研究成果,增进与国内外学术界的交流与合作。

从传统的边疆史地研究到中国边疆学学科建设,决不只是研究范围的扩大和研究内容的增加,而是一种研究视野的转变和研究范式的创新。

中国边疆学学科的建设还将经历长期的探索过程并面临较为

艰巨的任务,我们的工作也仅只是在自己原有基础上的一个新的开端。为此,我们真诚地期望各位专家学者给我们提出宝贵的意见和建议,以便我们的工作做得更好,共同为推进中国边疆学学科的发展与繁荣作出新的贡献!

2011 年春节

目　　录

绪　论

　　本书是对中国西南氐羌民族源流史所作的一个系统研究,有两个概念须首先明确:

　　一是空间概念为西南。对于西南,一般有狭义和广义两种界定。狭义的西南,即今之云、贵、川、渝的行政范围。广义的西南,还应将藏和桂包括进来。由于古代民族不可能严格按我们今天的行政区划的划分范围分布和活动,因此,在本书的论述中,我们以狭义为主,必要时也涉及西藏和广西,甚至可能还会涉及湘西、鄂西及与川北一带相连的甘南、陕南等地区。

　　二是研究对象为氐羌系统民族。[1] 氐羌系统民族是我国古代的一个具有共源关系的民族群体概称。它主要是指各个历史时期的氐族、羌族及以其为主体,在分化、融合后形成的一系列同源异流民族。

一

　　中国西南氐羌系统民族源流问题,历来是治西南民族史者所关注的焦点之一。综观国内外的研究状况,前人对氐羌系统民族源流问题的研究已有相当基础,累积了许多成果,但国外对该问题的研究比较少甚至没有专门的研究,而只是在有关研究中一带而过。以研究我国南方民族史著称的日本著名史学家白鸟芳郎先生在其先后撰写的《关于云南蛮族的乌蛮和白蛮及其居住地》、《关于南诏与大理的民族及其遗民、民家的语言系统》、《僰夷摆夷同族考》、《乌蛮、白蛮的住地和白子国及与南诏六诏的关系(一)》、《南诏、大理住民与爨、僰、彝、白族的关系(之二)》、《关于中国西南少数民族的民族形成》、《石寨山文化的承担者——在中国西南部看到的斯基泰文化的影响》等论著,是国外研究我国西南氐羌系统民族的代表成果,但白鸟先生主要是在研究南诏、大理国历史的过程中谈了乌蛮、白蛮的一些发展演变的基本情况,由于资料等方面的关系,并未作专题、系统的阐述。[2] 而苏联学者 Р·Ф·伊茨在其《东亚南部民族史》中认为乌蛮源于爨人,爨人源于滇人,滇人源于巴人,而巴人则源于新石器时代的大溪人。[3] 现在看来,这种观点明显是可以进一步商榷的。

中国西南氐羌系统民族源流相关问题的专门研究实际上还主要集中于我国的民族史专家。从时间上来看,早在中华人民共和国成立前就已开始,只不过当时研究的问题较零散、不系统,很多问题尚处于探索阶段,当时影响较大的学者如胡鉴民、闻宥、王文萱、刘恩兰、庄学本、顾颉刚、马长寿等诸位先生对氐羌系统民族的相关问题均作过探讨。中华人民共和国成立后特别是 20 世纪 60 年代初期,随着四川省关于羌族历史问题学术讨论会的召开,掀起了研究我国氐羌系统民族的高潮,胡昭曦、李绍明、黄烈等学者纷纷发表文章探讨相关问题。这一时期的研究尚处于争鸣阶段,且时间较短;70 年代末至 80 年代,对氐羌系统民族的研究出现了如火如荼的局面,学者们(主要是西南地区的)除主要发表论文阐述观点之外,还推出了一批重要著作,从更全面、宏观的视角阐释了相关问题。而从20世纪90年代至今,学术界对我国氏羌系统民族的相关研究逐渐趋于平静,对相关问题的研究仍在继续探索之中。

　　总体而言,与我们今天探讨我国西南氏羌系统民族源流关系较为密切且直接研究氏羌系统民族源流的专著是何光岳教授的《氏羌源流史》。[4]该书分上中下三编,以戎族系统、氏族系统、羌族系统为切入点,分别论述、考证了氏羌系统民族的源流问题。统而观之,该书切入点设计较好,篇幅宏大,史料较为丰富,但也存在不少问题。首先,该书之史料虽然丰富,大凡有关戎、氏、羌之史料几乎搜罗齐全,但多数史料未标明其确切之出处,有的只是史料的堆砌,因此在研究中我们只能作为史料索引来加以看待。其次,对有关问题的看法,前后之观点不一。如在"各戎人部落"一节中,何教授认为陆浑之戎与九州之戎不能混为一说,而在"允姓诸戎的来源和迁徙"一节中又认为"瓜州之戎、陆浑之戎、九州之戎与阴戎、小戎,是因所处之地不同而称名的。他们都姓允,有的是一线相承,有的是他的分支,但都是戎族的一支,长期过着游牧迁徙的生活。"又如,何教授在"氏族的来源"一节中,先是主张氏与羌非同一族,但在其后之"氏的名义"一节中,又从氏字字形考证,得出"氏人起于河北氏水,本为炎帝羌族羊图腾之支裔,便借氏演化为羝,即公羊图腾"的论断。又,在"拍木依人的分布"一节中,认为"勿邓、两林、丰琶等东蛮诸部,正居于故牦牛县地或故牦牛道区域,亦即元、明、清时期'西番'的主要住地、今川西南藏族之分布区。从地理分布上可知,东蛮诸部不应是彝族先民而是'西番'(藏族)的先民"。我们姑且不论此论断是否正确,但在同书"东蛮"一节中何教授又认为"邛部即属今之彝族,可见东蛮中之丰琶、两林、勿邓等大多融入彝族"。再如,在"拍木衣人的分布"一节中,何教授引用了"《资治通鉴》卷二百五十咸通八年二月:'西川近边六姓蛮,常持两端,无寇则称效顺,有寇必为前锋。'胡三省注:'一曰蒙蛮,二曰夷蛮,三曰讹蛮,四曰狼蛮,五曰勿邓,六曰白蛮。'(亦见《新唐书·南蛮传》)其所谓夷蛮,指的就是今天的彝族,胡注把夷蛮与勿邓分成二类,说明二者不是同一族系。且白蛮乃今之白族,狼蛮乃今之布朗族,蒙蛮为今之纳西族的一支,讹蛮意即罗蛮,为罗罗亦今彝族的一支。六蛮皆不同族。"该论断除与上述东蛮中之"丰琶、两林、勿邓等大多融入彝族"相矛盾外,在本节论述中也前后不一。就其论断而言,既然夷蛮是今天的彝族,而讹蛮也是今天彝族的一支,那又怎能说"六蛮皆不同族"? 因而"胡注把夷蛮与勿邓分成二类,说明二者不是同一族系"的说法也就不能取信于人。再者,何教授在论述有关问题时重复之处甚多。如在"两汉羌人部落的分布"一节中,何教授详细论述了六十余种羌人,但细读后发现,其实其中有的内容是可以合并,且同一种羌在本节中进行了单独的两次论述。按其论述,牢姐羌与封养羌属烧当羌,但论述时却分为三种分别独论;而黄羝羌在不同位置独论了两次,作为属其组成部分的黄羊羌独论;参狼羌也是在不同段落独述了两次,且属于参狼羌之黑水羌也是独列出来,等等。如此看来,内容安排和论述都不够合理。第四,很多观点颇值商榷。何教授认为广义的羌人,包括戎、氐、羌三大部分。它分为北戎、犬戎、鬼方戎、允姓之戎、犿狁、析支、鼻息、僬侥及车师。而我们认为,关于戎与羌的关系的认识必须与历史的发展相结合来考察。戎作为族称始见于商末,而羌于传说时代就已游徙于甘青高原。据《春秋左传》的记载,春秋时北方民族的称谓有戎和狄。戎又可分别称为戎、北戎和山戎;而狄也分别可称为狄、赤狄、白狄和长狄,直至公元前662年始有狄称。据《左传》载,在春秋初期称北方民族为戎、北戎、山戎,此后对北方民族就很少称戎了,而称为狄、赤狄、白狄和长狄。此外,戎有时是对四方民族的统称,又往往专称西方民族。从《左传》始,对北方民族从戎改言狄,反映了作者民族认识的进步,从而就把西方民族与北方民族明确区分开来了。[5] 因此,氐与羌在特定的历史阶段应包属于戎之中,可以说是西戎中的主要组成部分,而非戎、氐、羌包括于广义的羌中,这需要具体问题具体分析。对于该问题,何教授并未在其具体论述中详尽论证广义的羌人的含义及其与氐、羌、戎的关系,只是在"各戎人部落"一节中,简要提出了"戎名虽多,羌人则是其中的重要成分,姜氏之戎便是他们的代表","戎族应属于羌人的最强悍的武装部落集团,以羌人为主体,其他如华夏、东夷、北狄、南蛮虽也有一些,但不是主要的部分"。如此看来,作者对这一观点的论述显得不够严谨和具有说服力。反而,我们却可以从中得出正因为羌是戎中较为强悍者,所以后来羌人突出,以独立的姿态出现,而戎的名称渐没,因此羌在春秋以前应包于戎中。此外,何教授还认为,白狼、党项、宕昌属同一羌族支系。但我们认为,《北史·党项传》所说的"党项羌,三苗之后,其种有宕昌、白狼,皆自称弥猴种"只是表明当时党项羌势力强盛时,其地掩有宕昌和白狼。宕昌在今甘南,白狼在今川西南,他们并非党项羌的支系,这是不言自明的。最后,何教授对"滇西南羌系诸族"的论述从内容上来看较为简单,并未论及冉駹、徙、筰都、邛都、和夷、丹、犁等民族。综合而言,何教授的论著是我国首次对氐羌源流史研究的一个总结和探索,从某种意义上讲它对于氐羌源流史的研究有开创之功,虽然它具有颇多商榷之处,但也对氐羌源流史的研究提供了一些新的思路和启示,可以作为我们研究中国西南氐羌系统民族源流的参考,促使我们对有关问题的研究更上一层楼。

此外,值得我们重视的有关研究成果还有:

马长寿先生的《氐与羌》。[6] 该书主要从历史文献的角度对氐与羌的源流、分布与发展进行了梳理和研究,是当时研究氐羌系统民族的力著。书中马先生从氐与羌的原始居地、自称、语言、服饰、居住风俗、经济、文化、习俗等方面进行了比较论证,得出了氐与羌是两个不同的古代民族。所言极是。但马先生之论有的尚需进一步论证,如徙、筰都非氐;冉駹非氐、非羌,乃是远古时从西藏琼部东迁出来的一族,而后又从族名音韵和文化习俗两方面论证了冉駹即为嘉戎藏人。此外,马先生之书所论重点主要集中于古代西北及其移徙到关中之氐,甘、青、川、藏、新之羌及其发展、建立政权的相关情况,对氐羌系统民族南迁至西南地区的部分即其流没有重点论述。

任乃强先生的《羌族源流探索》。[7] 任先生采用历史地理学的方法,结合有关文献,从地理条件和民族特征方面分析,认为印支半岛是孕育黄色人种的胎盘,由于原始人类对天然食物的依赖性,居住在此半岛的猿人因而分为三支向北迁徙,其中嗜猎食禽兽者,从印支半岛上的山地向北移进。他们移进到云南高原的西部,集中到三条横断山脉上。有些沿途停留,分散开了。有些仍旧勇往前进,直到了横断山脉的北部,进入康青藏大高原,形成为羌族。在进入高原以后,还有沿西倾山脉、秦岭山脉和大巴山脉横出东进的。在此基础上,任先生认为羌族是首先成长于藏北盐湖区以及黄河上游盐湖对羌族发展有重大影响。以此立论,任先生提出了许多推测和猜想,有的可以和相关史料相合,但更多的仍需我们辩证地扬弃。我们必须清楚上述羌人的起源与分布、发展的推测,现在因无完整的资料证明,所以有待于考古资料的证实。因而建立于此基础上的许多观点和想法也就有待考证。《羌族源流探索》

认为,匈奴、突厥、回纥、蒙古、东胡、狄族、月氏、濮族、荆楚、庸、蜀、微、卢、彭、卜、寅甚至氐类均源于羌族。把氐与羌混而为一不说,还导致了泛羌化的观点。而受这一观点的影响,前述何先生的《氐羌源流史》就认为广义的羌人,包括戎、氐、羌三大部分,并以此来论述氐与羌的历史。此外,任先生的一些观点和提法也不太准确,如他认为藏族是羌族的一支、寯即现代之彝族,而我们认为藏族是以当地土著为基础,融合了羌等民族形成的;而寯只是现代彝族的先民之一。总体而论,由于作者研究视角使然,许多观点乃建立于推测的基础上,对许多考古资料的研究显得不够,对西南地区的氐与羌及其源流仍未作细致的梳理和考证,只是随笔一带而过,书之最后只简单作了释"寯、昆明",也是按其思路,作了推测,认为两者均源于青藏高原羌塘地区,后因南下路线不一,最后寯成为了今天之彝族,而昆明则完全融合于汉族。其对于羌族源流的观点还有待探讨,但其大胆假设与论证的精神却能给我们重要启示。

冉光荣、李绍明、周锡银三位先生的《羌族史》是研究并总结羌族历史的一部重要著作。[8]该书除使用大量文献、史籍外,还运用了一些当时的考古学材料来论证氐羌的源及流,并详细论述了羌族历史、社会发展的过程,可以说是一部具有一定影响、比较全面记述羌族历史的专著。书中有的观点现已成为定论,如岷江上游羌族的来源应该是多元的,除主要源于羌系民族的白马羌、白狗羌、邓至羌、党项羌外,在各个不同时期,因种种原因进入这一地区的吐谷浑人、吐蕃人、汉人,不少也被融合入羌人之中。但另一方面,该书在论及羌人源流时有的考证不够细致,有的观点较为模糊。书中认为甘青地区的新石器时代文化与其青铜时代文化存在重大差异,这种差异极可能是不同民族生活区域的反映。但对其差异的原因没有进行探讨,而同时又赞同"从甘青地区众多的卡约、寺洼、上孙家寨、辛店、诺木洪等文化或类型来看,是不能排除和羌族有关系的",且对甘青地区特别是河湟地区的新石器时代文化属于何族并没有详论;并得出汉以前在河湟区域的居民,据《后汉书·西羌传》记载,恰恰正是羌人,基本上没有其他民族的结论。这就认为,在汉以前该地没有氐人,还未出现氐族这一名称。而事实上,氐作为一族名早已在战国时就载于史册。该书论及氐族时指出,氐族应源于羌人,氐族迁徙后受汉族的影响导致其经济、语言、风俗习惯等方面的改变,认为氐羌即为居住在低地之区的羌人。我们认为这种说法不够全面,因为很多羌人在魏晋南北朝时进入中原,也并不因其语言、服饰、居住习俗甚至建立政权而改变为他族。此外,对川西北与武都之白马羌的论述显得不甚清晰,还可进一步详论。总体来看,《羌族史》主要对羌人/族的来源、发展及古羌人建立政权、政治、经济、社会生活等方面进行了详细的论述,重点阐述了西北地区羌系民族的迁徙,对羌系民族的南迁、融合和发展虽有一定涉及,但较为简略、含糊。

　　杨铭先生的《氐族史》是一部详细研究氐族的力著。[9]杨先生的《氐族史》主要记述了先秦至魏晋南北朝时期氐人的起源、分布、社会发展及其建立的地方政权、氐族的姓氏、婚姻及其语言等内容。杨先生从历史学、物候学及古气象学的角度,考证了氐人源于寺洼文化的居民,氐族至迟形成于春秋战国,并常见于战国时期的文献中;从青铜时代考古学文化的分布,风俗、语言、居住等方面论证了氐、羌是两个不同的民族;详细论说了氐族建立前秦、后凉及仇池政权的兴亡。总而观之,杨先生著作写作严谨规范,重点主要阐述氐族各个方面的情况,但遗憾的是,书中并未提到氐系民族在南迁后的分布和发展情况,对其流的探讨相对薄弱。

万永林先生的《中国古代藏缅语民族源流研究》,[10] 主要对我国藏缅语民族的源流作了梳理。总体看来,其述史的成分较多,而考证尚待加强。万先生认为,氐人是羌族中的一部分,氐族作为一个民族直到魏晋南北朝时才从羌族中分化出来。据有关研究,早在甲骨文中就已出现了有关氐人(方)的记载,氐族作为一个民族至迟应出现于战国时期。

此外,万先生似漏了对冉駹、徙、筰都、邛都、和夷、丹、犁的考释。但另一方面,由于万先生是对藏缅语族整个古代源流历史的研究,重点在于对整个藏缅语族各族的源流、分化与经济文化发展,其研究的思路和方法对我们的研究有一定参考价值。此外,尤中先生的《中国西南的古代民族》、《中国西南民族史》等专著中,[11] 均有对氐羌系统民族源流的论述,但总体看来,由于篇幅关系,所论较为简单,还可进一步深入。杨建新先生的《中国西北少数民族史》之第六、七章专门探讨了氐族与羌族,但其主要着眼于西北地区的氐与羌,而对西南地区氐羌系统民族没有涉及。[12]

台湾学者王明珂先生在将人类学的理论与方法融入历史学研究的基础上出版的《华夏边缘——历史记忆与族群认同》、《羌在汉藏之间:一个华夏边缘的历史人类学研究》、《蛮子、汉人与羌族》三本专著。[13] 在这三本专著中,王先生主要是从人类学、民族学的视角对相关问题进行了阐述。在2006年社会科学文献出版社出版的《华夏边缘——历史记忆与族群认同》一书中,王先生综合了台湾版的《华夏边缘——历史记忆与族群认同》和《羌在汉藏之间:一个华夏边缘的历史人类学研究》两书的主要精华内容。在此书中,王先生以一个所谓的古老的华夏边缘——羌族来说明华夏的成长历程,以及推动此成长历程的社会与文化微观过程;以具体研究来说明华夏与华夏边缘的本质及其历史变迁。其"要旨在于介绍族群认同（ethnic identity）与社会记忆（social memory）理论，以及边缘研究（border or frontier study）之要旨，并以实际研究为例（按：以羌族为例）说明在如此的研究中我们如何利用考古、文献与人类学资料，来解答一些中国历史中被忽略的重大问题"。[14]即王先生主要着眼于从族群的视角去解读"历史"，从"族群本质"对人们记忆、诠释"过去"或"历史"所产生的深刻影响。而其《蛮子、汉人与羌族》一书由于资料关系，无法看到原书，据有学者研究认为该书也是以羌族为例来探讨族群历史记忆变迁的现象，通过对蛮、汉的认定，结合汉代的汉族如何看待和治理羌族，来审视羌族的历史记忆。[15]这种研究理念和研究方法可谓较新，但其与传统中国历史研究方法的结合可再进行探讨。文中从崭新的视角对羌族的历史和现实进行研究，为我们研究其源流问题提供了一种新的思路。

除出版专著外，发表的论文中直接论述了氐羌系统民族的较重要且具有代表性的有《四川讨论羌族历史有关问题》（载《民族团结》1962年第3期），胡昭曦《论汉晋的氐羌和隋唐以后的羌族》（载《历史研究》1963年第2期），李绍明《关于羌族古代史的几个问题》（载《历史研究》1963年第5期），黄烈《有关氐族来源和形成的一些问题》（载《历史研究》1965年第2期），顾颉刚《从古籍中探索我国的西部民族——羌族》（载《社会科学战线》1980年第1期），王俊杰《论商周的羌与秦汉魏晋南北朝的羌》（载《西北师范学院学报》（哲学社会科学版）1982年第3期），蒙默《试论汉代西南民族中的"夷"与"羌"》（载《历史研究》1985年第1期），何耀华《试论古代羌人的地理分布》（载《思想战线》1988年第4期），杨铭《氐族的起源、形成及其与羌族的关系》（载《巴渝文化》第1辑，重庆出版社1989年版）、《汉魏时期氐族的分布、迁徙及

其社会状况》(载《民族研究》1991 年第 2 期),陈连开《夏商时期
的氐羌》(载《云南民族学院学报》(哲学社会科学版)1993 年第 4
期),杨东晨、杨建国《羌族史简论》(载《固原师专学报》(哲学社
会科学版)1997 年第 1 期)等。上述论文的相继发表可以看出学
术界对西南氐羌系统民族的源流问题都或多或少地提出了自己的
看法。有的已达成共识,但多是观点不一。

　　在《四川讨论羌族历史有关问题》一文中,主要反映了当时学
术界研究氐羌系统民族处于起步阶段的状况。如当时学者们对羌
人是由西南向西北迁徙,还是从西北向西南迁徙发展的问题尚处
于争论之中,但同时也提出了氐羌的源流问题,当时也是两种观点
并立,即氐羌同源异流和氐羌是非同源的两个不同的民族。关于
氐羌同源与否的问题,至今也尚无定论。胡昭曦在《论汉晋的氐
羌和隋唐以后的羌族》中,从分布地区,氏族图腾及传说,风俗和
姓氏包括语言、发式、居住、种别姓氏,婚姻关系等方面论述了汉代
的氐与羌是两个不同的民族,但对汉以前的氐与羌的源未作交待。
胡先生认为冉駹是一个民族且应属氐,氐人与羌人皆行火葬。此
外,胡先生在论述汉晋时期羌族的迁徙时认为,岷江上游的石棺葬
的主人是"歌基人"即是吐谷浑人,并进而认为岷江现今之羌族为
党项之后;而李绍明先生在《关于羌族古代史的几个问题》中完全
否定了胡氏之说,认为氐、羌、叟是同一民族的不同称谓,其最初原
为一族,冉、駹地区是多部落和多族系的,不应把其简单化,岷江上
游现今的羌族应源于战国以来西北南下定居于该地的一支羌人之
后,且石棺葬的主人也非羌人。黄烈先生在《有关氐族来源和形
成的一些问题》中,从氐族的范围和特征出发,论证了秦汉以来氐
的范围只能从冉駹东北与白马相邻的一些地区去探求,并认为氐、
羌是两个在不同的历史时期和不同的地域,族属内涵不同的民族。

此说较为客观。以上学者们的争论反映出当时学术界对此问题的关注程度和关注重点。王俊杰先生在《论商周的羌与秦汉魏晋南北朝的羌》中提出，商周的羌和戎都不是民族，也不能把二者混为一谈，且羌与戎是两个不同的概念，不能混而为一。此外，秦汉的羌与商周的羌没有渊源关系，秦汉的羌处于军事部落联盟阶段，尚未形成民族，魏晋南北朝时期，内迁诸羌初步形成民族，但很快融于汉族，分布于河湟地区的诸羌因受鲜卑吐谷浑的控制未完成部落联盟向民族的过渡。这种观点是值得商榷的。我们认为羌与戎是两个不同的概念无疑，但其余观点在学术界赞同者甚寡，尚需进一步探讨。蒙默先生在《试论汉代西南民族中的"夷"与"羌"》中，认为汉代西南民族之族系，除越、濮、氐羌三系外，还应当有一个"夷"系，并进而指出嶲、昆明集团，徙、筰都集团，冉駹集团属于夷系民族而非氐羌系统民族，此夷系民族即筰人是彝语支的最重要的直接先民。这种说法也值得我们认真思考。但把筰人与嶲、昆明，徙、筰都，冉駹等同的观点需要我们仔细考证。而且作者最后又言"我们这样看，不是试图否定夷、羌两系在远古时期有共同起源的可能性"。但事实上，以后大多数的研究者也还是未把夷系民族的研究从氐羌系统民族中割裂开来，这就证明作为氐羌系统民族的嶲、昆明，徙、筰都，冉駹不是简单的筰人所能包括的。何耀华先生的《试论古代羌人的地理分布》一文，主要从文献和考古文化方面简要论述了羌人源于甘青地区，其提出"甘、青仰韶文化也不就是羌文化，羌人只是创造这些文化的主人之一，因此把产生上述文化的地域视为羌人的发源地是可以的"的观点是正确的，但何先生从史籍记载"迁三苗于三危"深信不疑的观点又反映出他对这条史料的认识与学术界的大多数认识是不一致的，且对甘、新、青、藏、川西及川西南诸羌部的探讨似不完整，如在论述甘肃羌部之时，参狼羌或武都羌被其遗漏了。杨铭先生的《氐族的起源、形成及其与羌族的关系》《汉魏时期氐族的分布、迁徙及其社会状况》两篇，其观点与《氐族史》无异，杨先生认为在殷代，"羌"与"羌方"含义有广狭的不同。殷代的羌或羌方很难视为一个单一的民族共同体。羌有古羌和西羌之分，羌方属古羌的范围，在古羌阶段，氐人（非甲骨文中的氐方）尚未出现。氐与羌应为两族是可以肯定的，除文献记载以外，还可从考古学文化来予以证明。我们认为，这种观点较为客观，古羌和西羌实则是主要以羌人为主体的西方民族在不同历史时期的不同称谓，且其含义也不同。陈连开先生在《夏商时期的氐羌》中认为，中国西部地带的羌，古为泛称。商代的羌实指商以西所有各部；周出于商人眼中的羌，且与羌姓世为婚姻，讳言羌，故称西与之为敌者为戎，而秦以后又恢复氐羌的称号，所指与商代大有区别；今之羌族，与古羌人有很深渊源联系，但不能划等号，将古羌人作为族群则可，作为一个民族则不可。在其观点中，如商代之羌与秦汉之羌有区别是正确的，但他重点论述了夏商时在陕西子午岭以东被商王朝称为羌的部落和方国，对氐的问题没有交待。杨东晨、杨建国二位先生的《羌族史简论》主要论述了氐与羌非同族及羌人的五次迁徙、发展、羌人反抗汉晋统治者及其立国（后秦）的简要情况，对羌与汉民族的融合情况也作了一定交待。该文主要综合了马长寿先生、杨铭先生的观点来进行阐述，如从分布地区与考古学文化、生活、服饰、语言的不同来论证氐与羌非同族，并认为寺洼文化的居民是氐人，而卡约文化、辛店文化是羌人的文化。赞同马长寿先生认为殷之羌（方）乃是从公元前两千年以前的虞夏时期因故逐渐东迁至中原的，此说与杨铭先生的观点又有所不同。该文只是对羌族史的一个简要概括，同样也未涉及西南地区氐羌系统民族的分布与发展等问题。

综上所述,国外对我国西南氐羌系统民族源流没有进行过专门研究,只有零星的论述。而我国研究氐羌系统民族源流方面的论著,从其内容、体例而言,大部分的专家、学者对氐羌系统民族源流的研究主要集中于长江以北部分,即主要是甘、青、川及关中地区,而对长江以南即氐羌系统民族通过民族走廊南迁后的流则未作详细考证;虽然我国学者如林惠祥、吕思勉、方国瑜、王钟翰、王叔武、尤中、马曜、林超民、江应樑、汪宁生、李昆声、张增祺、李家瑞、徐嘉瑞、万永林、胡绍华、石硕、杨福泉等诸先生在其相关论著中都或多或少地对先秦至汉晋时期中国西南氐羌系统民族源流特别是长江以南部分有所涉及,但也显得不够深入。此外,对西南氐羌系统民族的研究主要集中在单一的氐族和羌族历史的考释上,而对整个西南地区氐羌系统民族的研究不多。再者,各位学者研究方法、对史料认识不一导致对很多历史事实观点不一,分歧较多,且对氐羌、氐、羌的释义及其相互关系等最基本的问题也没有人作过相对完整的探讨。最后,研究视角单一,学者们大多从历史文献着眼,对现代的一些民族学调查资料、考古学材料、遗传学资料重视不够,这也是我们认为有必要论及的一点。最为重要的是,先秦至汉晋时期特别是汉晋时期是我国西南地区氐羌系统民族频繁活动的重要阶段,而且它对我国现今西南地区民族的形成和分布格局的形成非常关键,可以说,从先秦至汉晋时期,特别是晋以后,我国西南地区的民族格局已基本确定,因此,重点弄清先秦至汉晋时期我国西南氐羌系统民族的源流问题就显得非常重要且必要。此外,对魏晋以降氐羌系统民族流的梳理及其发展脉络的探究能为我们认识中国民族发展规律提供生动实例,但该问题的研究现状告诉我们,对这一问题的研究还需进一步深入。

二

本书以同源异流与异源同流理论为基础,以辩证唯物主义和历史唯物主义理论、历史学的理论和方法为指导,结合历史文献学、考古学等学科的相关知识,采用宏观与微观相结合的方法,对中国西南氐羌系统民族的源流进行考释。主要内容和观点如下:

1. 中国西南氐羌系统民族源于西北氐羌系统民族。从西北甘、青高原的考古学文化和西南地区的考古学文化的比较研究、考释中,我们可以看出,西北地区氐羌系统民族早在石器时代由于各种原因就不断南下到达了西南地区,这种迁徙状况先秦至魏晋时期一直持续不断。

2. 从氐羌系统民族之考古学文化的分析、甲骨文中有关记载及历史文献的辨析、考证表明,氐与羌是两个具有共源关系而又有区别的民族,所以我们才将之称为氐羌系统民族。

3. 西北地区的氐羌系统民族在南徙的过程中,不断与他族发生融合,产生了分化,因此在秦汉魏晋时期,除了单称氐族与羌族外,还出现了大量源于氐羌系统的民族如昆明族、叟族、僰族、摩沙族、冉駹、白狼、槃木、唐菆、徙、筰都、邛都、和夷、丹、犁、蜀族、賨族等民族。

4. 自汉末以来,不少汉族大姓陆续迁入我国西南地区,特别是南中地区,对当地氐羌系统民族的发展产生了巨大的影响。特别是爨氏对宁州的控制,使得南中地区一直处于相对封闭的状态,民族之间的迁徙移动相对缓和,从而导致了西南地区氐羌系统民族的分布地域相对稳定,这对形成今天西南地区氐羌系统民族分布格局极为重要。

5. 源于西北氐羌系统民族的西南氐羌系统民族在魏晋时期,

发生更大的民族融合和分化。随着历史的发展,昆明族和叟族在南北朝后期开始被称为乌蛮,发展成为今天汉藏语系藏缅语族彝语支民族的先民;而僰族在与汉族大姓、当地土著及部分叟人融合的基础上,被称为了白蛮,成为今天白族的先民;现代四川的羌族则是直接继承了古代的羌族,并融合了陆续迁到该地的白马羌、邓至羌、白狗羌、党项羌及部分吐谷浑人、吐蕃人和汉人;普米族和土家族也与古代氐羌系统民族有着种种亲缘关系。

6.经过唐宋时期的进一步分化和融合发展,中国西南氐羌系统民族在元明清时期已逐渐发展为汉藏语系藏缅语族羌语支的羌族和普米族,彝语支的彝族、纳西族、哈尼族、傈僳族、基诺族、拉祜族、怒族,藏语支的藏族,缅语支的阿昌族,景颇语支的景颇族、独龙族及其语支未定的白族和土家族,并最终形成了今天西南地区氐羌系统民族的分布格局。

7.西北氐羌系统民族南下形成的西南氐羌系统民族,在其历史发展的各个时期,始终都交叉贯穿着同源异流与异源同流的民族发展特征,使我们看到经过同源异流和异源同流发展来的现代藏缅语族彝语支、羌语支、藏语支、景颇语支的民族与西北民族乃至中原民族的亲缘关系,通过对这一历史事实的总结和再现,使我们看到了中国民族历史发展中的相互关系,同时也把握住了中国民族"三个离不开"的历史原因。

注　释

1　"氐羌系统民族"是学界对"氐羌民族"的另一通称,从其可以窥见"氐羌民族"之间的密切关系,所以本书论述均采用"氐羌系统民族"的提法。

2　详见［日］白鸟芳郎:《华南文化史研究》,日本六兴出版社1985年版。

3　P·Ф·伊茨著,冯思刚译:《东亚南部民族史》,四川民族出版社1981年版。

4　何光岳:《氐羌源流史》,江西教育出版社 2000 年版。

6　翁独健:《中国民族关系史纲要》,中国社会科学出版社 2001 年版,第 67 页。

6　马长寿:《氐与羌》,上海人民出版社 1984 年版。

7　任乃强:《羌族源流探索》,重庆出版社 1984 年版。

8　冉光荣、李绍明、周锡银:《羌族史》,四川人民出版社 1985 年版。

9　杨铭:《氐族史》,吉林教育出版社 1991 年版。

10　万永林:《中国古代藏缅语民族源流研究》,云南大学出版社 1997 年版。

11　尤中:《中国西南的古代民族》,云南人民出版社 1980 年版;《中国西南民族史》,云南人民出版社 1985 年版。

12　杨建新:《中国西北少数民族史》,民族出版社 2003 年版。

13　王明珂:《华夏边缘——历史记忆与族群认同》,台北允晨文化实业股份有限公司 1997 年版;《羌在汉藏之间:一个华夏边缘的历史人类学研究》,台北联经出版事业公司 2003 年版;《蛮子、汉人与羌族》,台北三民书局 2001 年版。上述三本专著,目前在大陆已由社会科学文献出版社 2006 年出版了《华夏边缘——历史记忆与族群认同》简体本,中华书局 2008 年出版了《羌在汉藏之间——川西羌族的历史人类学研究》两书。

14　王明珂:《华夏边缘——历史记忆与族群认同》,社会科学文献出版社 2006 年版,第 1 页。

15　《久保的历史随笔——族群民族国家》,引自 www. wretch. cc/blog/JengJH&article_id = 9261724。

第 一 章

先秦时期中国西南氐羌系统民族的由来

第一节　西北甘、青地区早期文化与
西南氐羌系统民族的关系

从中国西南各族的发展历史来看,大部分是在我国的各个历史时期分别进入西南地区的。古氐羌是西南地区的一个重要的民族,与现代汉藏语系藏缅语族的民族有直接的源流关系,搞清其源自何方意义重大。从考古学文化看,西南地区的川西、川西北、滇西北受中国西北考古学文化影响很大,甚至就可以认为是一脉相承的。西北考古学文化发展为后来的西戎民族集团,其中氐羌最强大。而西南地区的某些考古学文化与之相同,后来这些文化的主人又是氐羌,故可以认为西北地区考古学文化的主人是西南氐羌系统民族的源头。

一、西北甘、青地区的早期文化

自中华人民共和国成立以来,我国在西北甘、青地区发掘出了许多旧石器时代的文化遗存，表明西北地区是我国早期人类活动的重要地区。在该地区，新石器时代颇具代表性的考古学文化有马家窑文化和相继发展的齐家文化。这两种文化代表的是后被称为"西戎"的民族共同体。随着历史的发展，"西戎"民族集团中较为突出的氐羌逐渐从中分化出来，以独立的姿态出现在历史舞台上，并不断南下、西进、南下，这从藏东卡若文化、川西滇北的大墩子—礼州类型文化可以看出，而该地青铜时代的考古学文化是在新石器时代考古学文化的基础上产生和发展的。在甘、青地区与氐羌有关的考古学文化有四坝文化、寺洼文化、卡约文化、辛店文化、诺木洪文化等等，西南地区主要有川西、滇西及滇西北的石棺葬文化等等。所有这些考古学文化从特定角度揭示了我国古代西北与西南的氐羌系统民族及其关系。

马家窑文化是承继甘、青地区仰韶文化发展而来的，由于地域性的差异与时间早晚的不同，一般认为可区分为石岭下类型、马家窑类型、半山类型和马厂类型。石岭下类型遗址盛行半地穴房屋，墓葬为长方形竖穴土坑葬、二次葬，多单人葬；石器以卵石为主；陶系以泥质红陶为主，制法以泥条盘筑为主，纹饰有绳纹、弦纹、划纹、附加堆纹等，部分陶器的外表施白衣，彩绘花纹有几何形和动物形两种，颇具代表性的器形有卷沿盆、敛口碗、彩陶壶、彩陶罐等。马家窑类型的陶系以红陶为主，有少量的泥质灰陶，纹饰以绳纹为主，有少量的附加堆纹、刻划纹、篮纹和凸饰，彩陶的数量较多，约占陶器总数的五分之一。陶器多手制，颇具特征的器形为敛口小平底彩陶钵、卷唇曲腹彩陶盆、短唇圆肩彩陶罐、小口长颈瓶、矮柄豆等；葬式和葬法较为复杂，有二次葬、二次扰乱葬、仰身直肢葬、俯身葬、瓮棺葬、石棺葬。半山类型的陶器以红陶的数量最多，有少量的灰陶和黄白陶。制法多手制，以泥条盘筑为主，彩陶数量比马家窑类型倍增;陶器类型的特点是形体匀称,高矮、宽窄比例适宜,腹部浑圆,最大径在腹中部,彩壶的口侧附一对鼻耳;颇具特征的器形为小口高颈双耳壶、单耳大口罐、短颈双腹耳瓮等;墓葬有土坑墓、石棺墓和木棺墓,葬式有仰身葬、侧身屈肢葬,并出现了男女合葬墓。马厂类型的陶系以红陶为主,灰陶次之,多为泥条盘筑,个别器物有慢轮修整的痕迹;常见纹饰有绳纹、附加堆纹、弦纹、划纹、锥刺纹等;彩陶数量较多,如兰州白道沟坪马厂类型的彩陶占陶器总量的 37% ,彩绘的主体花纹是几何形图案,有少量的人像或人面蛙纹;颇具特征的器形有大口双颈耳彩陶罐、小口圆腹双腹耳壶、小口短颈双腹耳瓮、单颈耳筒形罐等;墓葬出现洞室墓,葬式也是复杂多样,有仰身直肢葬、侧身屈肢葬、俯身葬和二次葬,合葬墓更盛行多样。从以上马家窑文化的特征可以看出,其各类型既各具特色又是一脉相承,相继发展的。如陶器陶系多以红陶为主,纹饰主要有绳纹、刻划纹、附加堆纹、弦纹、篮纹及几何形彩纹,典型器形有单耳罐、双耳罐、瓮及彩陶罐等等;彩陶数量的不同,说明其受仰韶文化及其之后龙山文化影响的程度不同。流行氏族公共墓地,一墓地有数百座墓,墓多向着东或东南方,与仰韶文化的葬俗正好相反(多向西、西北),反映了二者的差异。盛行土坑葬,葬具是有盖无底的石椁或无盖无底的木椁,内有木棺。墓门用数排木棍或石板封闭。舟曲掌坪、迭部洛大的马家窑文化石棺墓,似是迄今所知最早的。此俗羌人沿用,并向西南、东北地区传播。[1]葬式则有二次葬、二次扰乱葬、仰身直肢葬、瓮棺葬、俯身葬、侧身屈肢葬等多种。

　　在马家窑文化分布的大致范围内随之发展起来的是齐家文化。齐家文化是一支铜石并用的文化。在这一时期,社会生产力有了较大的发展,出现了红铜器和青铜器。齐家文化的陶器可分为泥质红陶和夹砂红陶两类。陶器的制作有手制和轮制,以手制为主;纹饰有绳纹、篮纹、划纹、印纹、附加堆纹等;彩陶数量较少,彩绘以黑色为主,红色较少;器形以平底器为主,主要器形有鬲、斝、甗、罐、盆、盉、碗、豆等,其中以罐的数量最多。罐常有单耳、双耳、三耳,其中颇具特征的器形有双大耳罐、侈口高颈深腹双耳罐、粗砂陶的侈口鼓腹罐。陶罐大都有发达的颈部和显著的棱角。彩陶罐分大口罐和小口罐,口沿下都有对称的双耳。齐家文化墓葬也盛行氏族公共墓地。形制以竖穴土坑墓为主,多无墓具,头向不一,以仰身直肢为主,也有俯身、侧身、瓮棺葬等。成年男女二人合葬比较普遍,出现男仰身直肢,女一、二人侧身屈肢面向男性的现象,表明男性的统治地位。西北地区已发现崇拜白石的例子,集中见于齐家文化时期。甘肃永靖大何庄有6座齐家文化墓葬发现有小白石子随葬,每墓2—48块不等,大都放在肱骨或盆骨旁。永靖秦魏家发现21座齐家文化墓中葬有小白石子,各墓2—105块不等,撒在人骨周围或堆放在一起。武威皇娘娘台62座齐家文化墓葬中有21座葬有小白石子,占三分之一,其中 M52 葬290块,M48 多达304块。[2]说明古羌人的白石崇拜至迟在齐家文化时期就已经形成了。特别是在墓地上有“石圆圈”遗迹,即用大小差不多的很多砾石排列成圆圈,还散落有牛羊等骨骼及用羊肩胛骨作卜骨等,这显然是祭祀场所,符合羌人白石崇拜的习俗。人骨鉴定与现代华北组比较相似,与甘肃旧石器人类头骨相近。[3]

　　马家窑文化与齐家文化,其文化特质有一定的承继性,如其陶系、葬式和葬法等可以说是一脉相承的。据研究,马家窑文化和齐家文化应属于我国后称的西戎民族集团。西戎是指起源于陕西西部至甘、青地区的一些祖源相同或相近的畜牧和游牧部落的统称。[4]而更有学者进一步认为,马家窑文化和齐家文化居民的族属,应为羌系民族的祖先。因其认为此时期出土的陶器上人头像作披发或辫发、有衣着尾的习俗、白石崇拜、养羊、有火葬的萌芽、分布地域与史籍记载戎羌人的分布地域相同等。有人甚至明确指出，羌人是由庙底沟类型与青海拉乙亥文化等土著居民结合而成的。[5]我们认为，马家窑文化与齐家文化应是以羌人为主体的西戎民族集团的文化。因为在古代民族形成和发展时期的新石器时代，要把一种考古学文化准确地对应某一确定的民族是不可能的。四坝文化、卡约文化、辛店文化、寺洼文化等已明确是氐羌系统民族先民的考古学文化，但对其文化的源流还存在不同认识，具体到哪些文化是羌人先民的文化，哪些文化是氐人先民的文化，目前还处于争论之中。有的学者认为甘肃境内的四坝、辛店、寺洼、沙井等四支带有较浓重的地方游牧色彩的青铜文化，其分布地域各不相同，呈现出独立分散、多样化的特点。但它们的起源均与马厂类型和齐家文化有密切的关系。卓尼苽儿遗址和纳浪乡的调查表明，寺洼文化与齐家文化有直接渊源关系。四坝文化，其族属应为活动在河西走廊一带的古羌族；[6]而有学者也认为寺洼文化和火烧沟文化（四坝文化）都应是羌族文化。[7]关于辛店文化的族属，有的认为是以羌人为主体的西戎诸部落的遗存；[8]有的认为辛店文化与四坝文化可能是古代羌族的两个分支；[9]更有甚者则进一步指出，从陕西"石嘴头——晁峪类型文化"可以看到，洮河姬家川类型的一些族群曾大规模东迁，在陇东与陕西西部形成较大的部落联盟，后来与高度发展的商文化融合，并吸收其他族群的文化，逐渐形成先周文化的刘家类型。[10]至于寺洼文化的族属，除上述翁独健先生所认为的属羌族外，还有学者没有明确属氐还是属羌，认为其应属氐羌族；[11]而有的根据寺洼文化早期遗存多见于甘肃东南部，认为可能是古代氐人的遗存；[12]有的则认为寺洼文化属氐羌或戎狄族；[13]有人则说,从寺洼文化的分布地域和存在时间看,应属于西戎族群,部分属于氐族。西戎族群的多数成员来自氐羌,在西和栏桥的寺洼文化墓葬中又发现随葬青、白石块的习俗,即行羌俗。在卓尼苫儿遗址出土的陶器表现出由齐家文化向寺洼文化过渡的特征。迭部洛大遗址发现的马家窑、齐家、寺洼文化的石棺墓也是一脉相承的;[14]但持寺洼文化的主人是氐族观点的学者认为,寺洼文化虽然具有浓厚的羌文化色彩,但是在文化面貌上它与卡约、辛店、扶风刘家等羌戎文化差异较大。洮水流域的寺洼文化与允姓之戎有关。允姓之戎所居之三危、瓜州,在今甘南洮河流域。寺洼文化作为允姓之戎的考古学文化,后来发展到白龙江、漳河流域,并发展影响到宝鸡地区。寺洼文化的晚期类型——安国式文化主要分布于陇东一带,其族属当是迁至太原的犬戎,即猃狁。洮水流域当为羌戎和允姓之戎的杂居地。羌戎为当地的土著,与三苗无关,允姓之戎是三苗迁至三危后,与当地羌戎混居形成的一支戎族。允姓之戎属氐族。[15]

　　以上各学者由于其研究视角或重点的不一,形成了对四坝文化、辛店文化和寺洼文化族属的不同看法。总体而言,认为四坝文化和辛店文化的主人应属羌人的观点已近定论,而关于寺洼文化的主人为谁仍无定论。但从上述争论中我们可以得出如下认识:源于马厂类型并受到齐家文化影响、分布于甘肃永昌以西的河西走廊地区的四坝文化,由于其居地远在河西走廊一带,主要与当地的其他同源的西戎族群杂处,其文化特征变化不明显,从而我们对其族属的判断与认识就显得相对统一;与齐家文化密切相关的辛店文化主要分布于黄河上游及其支流洮河、大夏河、湟水以及渭水上游地区。这一文化区域的民族群体也相对单一,因而对其族属的认识也较统一;而分布于西起洮河流域,东至庆阳地区,南达白龙江流域,北到泾、渭流域的寺洼文化虽源于齐家文化,但处于中原与甘、青西部民族文化交融的过渡地带,是氐、羌和周人错居杂处之地,因此其文化中既有羌人文化的因素,也有氐人文化的因素,还有周人文化的因素,最后还和北迁的三苗发生一定联系,导致人们对其族属的认定也就比较复杂。任何一种对其文化的片面认识都是值得商榷的,当然同时也反映出对其族属的多种观点就是空穴来风,只是不太全面而已。对于此问题的研究,我们只能是就其具体的特定地域的考古学文化特征来判定其族属,这也是相对客观的方法。通过分析,我们认为寺洼文化总体来说还是应属于氐羌系统民族的文化,而非戎狄的文化。而其究竟是属于氐人还是羌人的文化,实不易分,因为这一地域是甘、青地区更为西部的羌人与相对靠东的氐人杂处的地带。但从其分布中心区域来看,该地主要的居民是氐族,因此,我们认为寺洼文化的主人主要应是氐人,但同时也有少部分羌人杂居其间。这也与从旧石器时代起至青铜时代连绵不断的西北甘、青地区氐人、羌人的南下、迁徙的事实相合。

二、西北甘、青地区早期文化的向南发展

事实证明,任何一种考古学文化的形成和发展都不会是孤立进行的,不同地区之间文化上的互相交流和影响是不可避免的。随着历史的发展,由于各种因素的作用,从旧石器时代起西北原始文化就不断地向南发展。据对目前在川西高原地区发现的旧石器时代晚期遗存的石器类型传统和文化面貌的分析和研究可知,在旧石器时代晚期即大约 1 万—2 万年前,具有小石器和细石器传统的北方人群(氐羌族群)已经开始由黄河上游地区的甘、青高原向南迁徙,进入到川西高原地区。他们将源于华北的小石器和细

石器传统带入了这一地区,他们主要活动和生存于川西高原的河流阶地、河谷盆地及洞穴地带,并以狩猎、采集为主要生活方式。不过,从川西高原旧石器时代晚期遗存的分布及其规模看,当时北方人群流向这一地区的迁徙显然还较为零星和分散,其活动踪迹主要限于雅砻江上游、大渡河上游及嘉陵江上游的河流阶地地带,最南则抵达了今攀枝花金沙江流域地段。[16]到新石器时代及其以后,马家窑文化和齐家文化的人们继续不断南下、西进,沿着岷江、嘉陵江南下到了川滇西部地区和藏东地区,并波及到了大渡河流域和澜沧江流域,对当地的新石器时代文化产生了重大影响。"文化传播的最好途径和媒体,应该是民族的流动与迁徙。因为只有生活在甲地的民族流向乙地,才能将这一地区的文化(包括物质文化和精神文化)带入另一地区,并能带来创造这种文化的思想感情和生产技艺"。[17]

　　川西滇北包括今川西高原、滇西和滇西北横断山脉。在这一地区,岷江、大渡河、雅砻江、金沙江、澜沧江、怒江等河流均自北向南流,在崇山峻岭中开辟了无数条南北通道。这一地区自古以来就是南北民族迁徙往来的走廊,这就使整个西南地区的西部受到了西北地区从石器时代特别是新石器时代以来考古学文化的强烈影响。

　　川西大渡河流域的丹巴罕额依遗址是当地新石器时代文化的代表。该遗址分为三期,第一期陶器以饰细绳纹的夹砂红褐陶居多,纹饰还有附加堆纹、戳印纹、刻划纹、刷划纹,抹平绳纹的作法别具特色,且陶器火候较高、胎质较厚并含大量云母片,均手制。器形以罐、瓶居多且形态较大,钵较少,均平底器,带耳器较少。第二、三期陶器增加了双大耳罐、壶、杯、单耳罐、纺轮等,瓶减少,仍以平底器为主。双大耳罐、单耳罐是马厂类型文化的重要特征。

此外,"该遗址出土的一块彩陶片,红陶红衣,单线黑彩,其风格与马家窑文化的相似",[18]"这件彩陶片的胎土中未发现当地泥土中大量含有的云母片,极有可能是从北边的马家窑文化中传至此地的"。[19]此外,大渡河流域的理县建山寨、汉源狮子山还发现了彩陶片,其文化特征也较明显,纹饰与马家窑文化的相似。从青铜时代起,在有"西南夷"之称的民族地区,出现了石棺葬,历经春秋战国秦汉仍沿袭使用,直至东汉时期。这种葬俗应是南下的氐羌系统民族所常见的。石棺葬分布范围较广,在金沙江、雅砻江、大渡河与岷江流域都有发现,主要集中于川西山区及川西北,葬式也有屈肢葬。石棺葬是黄河上游马家窑文化马家窑类型中一个比较突出的原始文化因素。石棺葬在岷江上游直至唐代仍然存在。如1993年在松潘县发掘的3座唐时的墓葬,其中2座为石垒墓,"似承袭了当地早期盛行的石棺葬遗风"。[20]在该地区的石棺葬中,典型器物有陶大双耳罐、单耳罐、圜底罐和三岔形或"山"字形铜剑及铜炳铁剑。其陶器器形明显来自西北原始文化。表明西北地区原始文化在青铜时代还在不断南下。

西北原始文化在南下的过程中同时也在向西发展,影响到了澜沧江上游昌都卡若遗址和卡若文化及藏中的林芝地区新石器时代文化、拉萨市和山南地区的曲贡文化。卡若文化分布在澜沧江上游、青藏高原的东部——横断山脉中。北面与黄河中上游甘肃地区、南面与云南澜沧江中下游相连。卡若遗址房屋为红烧土和石墙房屋,分圜底、半地穴、地面三种类型。出土遗物有大型打制石器、细石器、磨制石器、骨器、陶器等。以大型打制石器数量最多。细石器属典型"非几何形"细石器传统。磨制石器制作精致,其中以条形石斧、石锛等最具特色。骨器有锥,镶嵌细石叶的刀梗以及精制的骨针等。陶质为夹砂,纹饰以刻划纹、锥刺纹、附加堆纹为主,发现少量黑色彩绘,花纹多几何形;陶器以罐、盆、碗为组合,均小平底,流、耳不发达。还出土了许多炭化粟米及大量动物骨骸。[21]卡若遗址的文化因素很多与西北原始文化类似。如半地穴住房,是我国黄河流域原始居民的创造,早在半坡遗址时就已建造使用;在黄河上游年代与卡若文化稍早或大致相当的马家窑文化中同样有类似的房屋。卡若遗址出土的打制盘状器、磨制的长条形石斧和梯形石斧、穿孔石刀、骨角器等在我国西北地区的新石器时代遗址中都是较为常见的器物。穿孔石刀发源于黄河中游,约始于龙山文化,在卡若遗址中也有数件。[22]粟是在中国黄河流域发明的栽培作物,最早始于七八千年前的河南新郑裴李岗遗址和河北武安磁山遗址。在昌都卡若遗址发现了粟,表明它与西北文化的密切关系。[23]此外,分布在雅鲁藏布江下游林芝地区的林芝、墨脱县境内的新石器时代遗存也存在大量西北文化的因素,主要有大型打制石器、磨制石器和陶片。其中磨制石器多为长条形斧、锛、凿等。陶片以夹砂为主,多红色,亦有磨光黑陶;纹饰有刻划纹、绳纹等,器形有罐、钵、盖(盘)等,均平底,多有器耳,还发现一件陶片似鬶流,而磨光黑陶和鬶流在甘、青地区齐家文化中亦有发现。[24]另一方面,林芝地区新石器时代考古遗存与分布于雅鲁藏布江中游曲贡文化遗存相比,又有许多相似之处,如夹砂陶、磨光黑陶、刻划纹等;与卡若文化相比亦有一定相似之处,如磨制石器的长条形石斧等,夹砂陶、刻划纹以及平底器等。[25]我们认为,大概是西北甘、青地区原始文化在南下之后的一个西进过程。而且此过程还可以从吐蕃时期(前2世纪—629年)的考古遗存中窥见一斑。尤为突出的是遗存中的数千座墓葬,它们可分为五种类型,分布在藏东贡觉县、藏中林芝地区、山南地区、拉萨北郊曲贡墓地、日喀则地区和那曲地区。葬具均为石板棺和(或)积石棺。随葬的磨制石器大多为长条形斧,陶器以罐为主,有单耳、"安拂拉式"双耳罐、壶、豆、钵、杯等,器底有小平底、圈底、高足,陶质以夹砂灰陶、红陶为主;葬式有仰身屈肢葬、二次葬、侧身屈肢葬三种。以上墓葬遗存中的圈底钵陶,特别是"安拂拉式"陶器,明显带有齐家文化的特征;其使用的三种葬式,屈肢葬是起源于甘、青地区原始文化的一种葬俗,早在马家窑文化半山类型中就已出现,而二次葬也普遍存在于马家窑文化和齐家文化中。昌都地区金沙江两岸的相皮类型墓葬中所出的黑陶,宽带耳,鼓腹,小平底,颈部和腹部饰捏制的竖道印痕,这些特征与四川西北部岷江上游石棺葬中出土的陶器大体相近。特别是口部俯视呈"尖核桃"形的双耳罐,亦见于川西北石棺葬中,且为最具特色的器物。年代略晚于川西北石棺葬。[26]

　　再往南,南下、西进的西北原始文化经由卡若文化对川西南和滇西北、滇西的文化产生了巨大影响。卡若遗址的陶器在器型上(多罐、盆、钵)、纹饰上(以绳纹、划纹为主),以及磨制石器又均与四川礼州、云南元谋大墩子遗址相似。[27]金沙江中游大墩子—礼州类型的石器有双孔半月形石刀、梯形石斧、石锛等,陶器为手制夹砂陶,火候低,陶色红褐相间不均匀,纹饰有划纹、点刺纹、网格纹、附加堆纹等等,多平底器,以罐为主,有少数圈足器,而不见三足、圈底、尖底器。[28]戈登类型是滇西北地区颇具代表性的新石器时代文化,出土有磨光圆柱形石斧、长方形单孔磨光石刀、半月形单孔石刀、石镞、石锥等。陶器多为夹砂灰褐陶,器形以侈口罐和单耳罐为主,器底多平底。胎厚,并以树叶或麻织物作垫衬,具有明显特征。滇西地区新石器时代文化的代表是大理的马龙类型,居住遗址有半地穴房屋、炉灶和窖穴。房屋有圆形、方形两种。其文化特征就陶器而言,以夹砂陶为多,器形以圈底、带耳和带流器为主,纹饰以断线压纹最为发达,少数陶器上有刻符。石器特征是存在开刃于"弓背"的半月形石刀,此外,鸟翼形石刀为云南其他地区新石器文化所不见。[29]以上三种川西南、滇西北、滇西新石器时代的文化,显然与我国黄河上游的仰韶文化、马家窑文化和齐家文化有关。如仰韶文化半坡类型陶器特征之一是圜底钵十分普遍,陶器本色为红色。洱海地区的宾川白羊村遗址陶器亦多为圜底器,并有不少圜底钵。马龙遗址有和仰韶文化半坡遗址相同的半地穴式圆形和方形房屋。大墩子和宾川白羊村遗址发现埋葬儿童的瓮棺葬,以及在瓮棺上凿出小孔,多埋葬于房屋周围的习俗,与黄河上游许多地区相同。元谋大墩子遗址平地起建的粘土木结构房屋,采用四周挖排列柱洞的建筑方式,与仰韶文化的陕县庙底沟、洛阳王湾相同,而且房屋大小也相近。半月形穿孔石刀发源于我国黄河流域,大约始于龙山文化。这种器物在云南洱海、金沙江中游地区均有不少发现。在中原地区,石刀开刃于"半月"之内侧——"弓弦"上,在云南洱海地区则开刃于"半月"之外侧——"弓背"上。虽然开刃方法不同,但器形显然来自龙山文化。在元谋大墩子遗址中,则既有开刃于"弓弦"者,又有开刃于"弓背"者。滇西几个类型出土的陶器,皆以夹砂灰陶或夹砂橙红陶为主,纹饰多绳纹、划纹、篮纹、附加堆纹等。从器形多带耳、带流和高领等特点看,受齐家文化的影响。而滇西北维西戈登村的陶器,更与寺洼陶器相近,且与后来川西、滇西发现的一些石棺葬出土的器物也相近。[30]

　　从以上考古学文化的比较和分析可以看出,源于黄河上游仰韶文化的甘、青地区西北氐羌系统民族的早期文化,由于各种因素的影响从旧石器时代继续不断南下西进,到达了岷江上游并不断向西发展到达了大渡河、金沙江、澜沧江和怒江一带,与当地土著融合,产生了颇具特色的西藏昌都卡若文化,在此基础上不断南下到了川西滇北又形成"大墩子—礼州类型"文化。青铜时代,古代西北的氏羌系统民族仍在源源不断南下,这可以从滇西和滇西北的青铜时代考古学文化中探寻出其南下的踪迹。

甘、青地区氏羌系统民族的青铜文化在南下到岷江上游、大渡河、雅砻江和金沙江上游后,仍不断南移,到达了滇西北和滇西,对当地青铜文化的发展产生了重大影响。一方面,在滇西北及滇中北部也发掘了许多石棺墓。所出器物与四川岷江上游的石棺葬文化相似,可以看作是一种文化的继续南下。滇西北青铜文化主要分布在怒江、澜沧江、金沙江上游,以德钦县纳古石棺墓、剑川沙溪鳌凤山墓地为代表。青铜器有三叉格剑、双髻扁茎无格剑、圆刃钺、实心梯形斧、椭圆形弧刃斧、圆形饰牌、柳叶形圆骹柱脊矛。陶器有大板耳平底双耳罐和单耳罐。滇西洱海区域的青铜文化以祥云大波那墓葬为代表。青铜器有心形镤、凹銎长条形锄、曲刃矛、圆刃钺、三叉格剑、铜鼓、禽鸟杖头。陶器有侈口深腹罐、双耳罐(耳较小)、敞口平底碗、高圈足豆。[31]滇西青铜文化的仰身直肢葬、二次葬和火葬墓与岷江上游的石棺葬文化相似,墓葬结构也基本一致,所出别具一格的双耳罐和单耳罐亦大体相同。滇西青铜文化所出之单、双耳罐及"山"字格铜剑也与四川雅砻江流域所出的同类器物相似。剑川鳌凤山墓地的仰身直肢葬、侧身屈肢葬、仰身屈肢葬等也与巴塘扎金顶墓地的葬式如出一辙。滇西北地区与雅砻江流域当属同一青铜文化。滇西、滇西北青铜文化同甘、青地区原始文化有着密切的关系。滇西地区所出双耳罐当源于甘、青地区齐家文化的"安拂拉式"双耳陶罐。滇西北剑川鳌凤山、宁蒗大兴镇和德钦永芝、纳古、石底墓地所出双耳罐、单耳罐与甘肃永靖秦魏家齐家文化墓地所出同类器物相似。齐家文化所出双耳陶罐多在肩部或双耳上部加饰两个乳钉纹,滇西地区所出者亦有类似纹饰。滇西地区所出双耳陶罐也与晚于齐家文化的寺洼、辛店、卡约、沙井等文化所出者相同。滇西、滇西北的葬式复杂多变,其仰身直肢葬、仰身屈肢葬、侧身屈肢葬、二次葬和合葬等葬式与齐家文化几乎完全相同。剑川鳌凤山墓地的解肢葬与齐家文化的身首分离的葬俗(秦魏家 M60)似有同样含义。值得注意的是,甘肃武威皇娘娘台齐家文化遗址发现一男二女合葬墓,男性仰卧墓室正中,女性均侧身屈肢,且分别面向男性。剑川鳌凤山墓地也有同类合葬。此外,在滇西北和滇西遗址中存在大量火葬墓。而且直至后来由乌蛮、白蛮建立政权的南诏、大理时期也盛行火葬,当时为其统治的川西南凉山地区也留下了一批火墓葬,并使用陶火葬罐,元明时云南的居民特别是白族和彝族的先民,多行火葬,当然可能也是受佛教文化的影响所致,但也不能排除是源于古氐羌人葬俗的可能。至今在四川岷江上游仍存在火葬形式。[32]火葬是古氐羌民族很早就存在的葬俗。据文献记载:"羌人死,燔而扬其灰",[33]"氐羌之虏也,不忧其系垒也,而忧其不焚也"。[34]考古材料表明,黄河流域上游青海境内循化的马家窑文化半山类型墓葬存在火葬形式;青铜时代寺洼文化和卡约文化的墓葬也存在大量火葬。"氐羌人古代是实行火葬的,故氐羌人后裔今藏缅语各族的火葬应本于传统的文化。"[35]此外,滇西地区的青铜器"多数器物的质地接近红铜"。[36]这些现象绝非偶然,当与甘、青地区氐羌系统民族南迁的历史密切相关。[37]

因此,可以说中国古代西南的新石器时代文化和青铜时代文化有相当部分与古代西北原始文化存在着诸多的文化特质,甚至可以认为是属于同一种文化类型。这也深刻揭示了二者的密切关系。

　　为什么甘、青地区原始文化会沿上述路线南下、西进,并不断南下到了西南地区呢? 我们认为主要有自然环境因素和历史因素的影响两方面原因。

　　自然环境包括地理环境和生态环境。它是人类生存、繁衍的客观世界,是人类生存发展的空间。现代人文地理学认为,自然环境对人类经济文化的状态影响是巨大的。它在一定程度上决定了某一地域内人类社会所特有的经济生活与文化内容,对民族的形成以及各民族间的关系有重要的作用和影响。研究表明,越在人类发展的初期阶段,对自然环境的依赖性就越强。

　　甘、青地区从自然地理区划来看,可以分为三种大的环境区域:甘肃东部属于黄土高原区,青海大部属青藏高原区,甘肃西部属蒙、新荒漠区。在甘肃东部、中部及青海东部地区自第四纪以来,发育有非常广泛的黄土地貌,在黄河以及它的一级支流洮河、湟水、渭河、大夏河、清水河,二级支流泾河、马莲河、葫芦河等大小河流的沿岸,均发育有面积较大的一、二、三级阶地或台地。考古发现也已证实,在上述河流的河谷地带存在着大量的早期文化遗址。就其总体来看,甘、青地区的许多地域不利于发展大规模的人类经济文化类型。然而,这一地区在全新世中期的前段时期内却发展起了非常发达的锄耕农业文化,即以马家窑文化、齐家文化为代表的农业文化。从全球气候变化状况来看,大约从距今 6000 年前后开始的温暖期影响非常广泛。此一时期在西欧被称作大西洋期,在中国,由于在黄河流域这一时期普遍发现的是仰韶文化遗存,著名的物候学家竺可桢将这一时期定名为仰韶温暖期。生态条件的变化为人类进驻这一地区创造了良好的环境,从考古发现来看,大约在距今 5000 年前后,分布在甘肃中部地区的仰韶文化已发展到晚期阶段,形成了如秦安大地湾遗址这样一些大型聚落。

高度密集的人群遍布于河谷地带,人口压力迫使部分人群西移,寻找新的发展空间。正是在这样的背景下,西进的仰韶文化人群终于来到了甘肃西部及青海东北部,他们在湟水、大通河等河流的阶地上安营扎寨,发展农业生产,创造出了精美的彩陶制品为标志的马家窑文化。后经过几百年的发展,马家窑文化演变成了一种遍布甘肃中部、西部,青海东部、西北部的颇具地方特色的文化类型。[38]在马家窑文化分布范围内相继发展起来的是铜石并用的齐家文化,之后,出现了以游牧经济为主要特点的四坝文化、卡约文化、辛店文化以及再晚一些时候的寺洼文化、沙井文化等。甘、青地区的青铜时代文化是一个多元的结构系统,这种多元性表现在文化多样、小而分散,不存在主流文化;文化来源多样,或由当地的早期文化演变而来,或由外来的新因素发展而来;文化关系多样,有的单独存在于一定的地域和时间阶段,有的共存于一定的地域和时间阶段。这主要是因为在新石器时代晚期,环境发生了变迁。据研究,在距今约 8300 年和 4000 年时,中国西部有两次明显的冰进活动时期。这后一次应标志着中国西部全新世气候最适宜期的结束和新冰期的开始。在新冰期气候条件下,甘、青两省的大部分地区以种植粟类作物为支柱的农业生产所依赖的水热气候条件已不复存在。[39]据甘肃省文物考古研究所对葫芦河流域的考古调查,对环境变迁和古文化的关系研究后,得出了该地域"人类活动的规模在仰韶文化晚期至齐家文化时期最大,之后开始下降,在此之前,人们较长地在一具体地点生产、生活,其后则频繁移居,形成遗址个数较多,而面积厚度较小的状况。植被由森林过渡到草原,引起了建筑方式和经济生活的变化,齐家文化之前为定居的农业生活,至寺洼时期游牧和畜牧成分由南向北逐渐增强,表现为居无常所,陶器少而粗糙,家畜骨骼多见"[40]的结论。最后,距今 4000 年开始气候变为持续时间达 200 年以上的寒冷期导致了甘、青地区在新石期时代发展的农业到晚期时逐渐衰败,逐步过渡到了畜牧业。农业的连年歉收,导致人口的大量外流,从陇东、陇中等地的河谷中走出来的人们,纷纷选择西进或南下的路线,希望找到新的理想家园。[41]这也可以从青铜时代甘、青地区聚落小而分散,没有形成像秦安大地湾一样的遗址为证。甘、青地区在青铜时代所经历的生态环境的重要剧变导致了氐羌系统民族大规模地不断向南迁徙。

　　从历史上来看,在先秦时期,甘、青地区的氐羌系统民族除由于生态环境的变迁,逐渐由定居农业向畜牧业转变并不断向外迁徙外,还有一重要的历史原因即战争因素的影响。从旧石器时代开始,甘、青地区的氐羌为了生存不断在西北与中原之间来回迁徙,不断地和中原及周边各族发生频繁的联系和交流,推进着自身及其历史向前发展。据研究,氐羌部落集团的人们,曾先后不断地往来流动于从西北到中原地区之间,先后活动于中原地区的黄帝族、夏族、周族,原本都是羌人。黄帝族的一部分人口,曾经居住在今川西南的雅砻江和金沙江流域一带。夏禹也曾经在今四川茂汶一带居住过。周武王伐纣时,周之近亲——属羌人之蜀也参加了战争。[42]在这部分氐羌人先后活动于中原地区之时,其他同一族系的氐羌人一部分仍在甘、青高原过着迁徙不定的游牧生活,一部分仍在不断南下,与旧石器时代以来不断南迁的氐羌人相汇合。活动于中原地区的氐羌人不断受到周人的排挤,有的被融合于周人之中,有的则四处流徙。战国后期,秦国发动了大规模征服、兼并其邻近的氐羌系统民族的战争。于是,原居于甘、青地区的氐羌系统民族由于"畏秦之威",又有一部分向南迁徙,与原来到达西南地区的氐羌系统民族相会。[43]这与上述考古学文化可以互证。

三、西北与西南氐羌系统民族的关系

从上述西北考古学文化的辨析及其南下、西进、再南下的路线和过程来看,西北地区氐羌系统民族从旧石器时代以来就不断地向南迁徙,在一个很长时期内未曾中断过。其迁徙路线,应当是沿着岷江、雅砻江及横断山脉的几条大河——怒江、澜沧江、金沙江河谷通道南下、西进、再南下,到达了西南地区,至青铜时代连绵不绝。从其文化特征来看,应属西戎民族集团中的氐羌随着历史的发展不断向南移徙,把其文化带到了川西北、川西、藏东、滇西北及滇西地区,与当地的土著居民相融合。因此可以认为中国古代西南的氐羌应是西北氐羌南下、西进、再南下的产物,即西南地区属氐羌系统的各民族均源于古代西北的氐羌系统民族。此外,西北原始文化南下、西进、再南下所循之路线,正是我国民族学界提出的藏彝民族走廊,即大体包括北自甘肃南部、青海东部,向南经过四川西部、西藏东部、云南西部以及缅甸北部、印度东北部这一狭长地带。该地区因有怒江、澜沧江、金沙江、雅砻江、大渡河、岷江六条大江自北向南并流,自古以来即为西北、西南诸多民族或族群频繁迁徙、相互交流的重要孔道,尤其是藏缅语族的民族或族群的主要活动舞台,因此又成为一条特殊的历史文化沉积带。[44]它较好地揭示了我国西南氐羌民族与西北氐羌民族的关系,即前者是后者不断迁徙、移动的结果。

此外,有学者对西北甘、青地区原始人群和西南地区的氐羌系统民族分别从人种学和遗传学的角度进行了研究,表明其存在着密切之关系。

总体来看,对黄河中上游甘、青地区史前人种的研究已有了一定结果,特别是对殷代祭祀坑头骨和甘肃玉门火烧沟头骨的发掘和研究,表明甘、青地区的史前居民人种应为蒙古东亚人种。青海省乐都县柳湾新石器时代遗址中出土的马厂文化居民的头骨和甘肃杨家注齐家文化墓葬的头骨,在形态上与蒙古人种中的华北居民和甘肃新石器晚期头骨相近,可以说黄河上游甘肃仰韶文化和齐家文化的居民,在体质上有明显的一致性,与东亚类型的现代华北人更接近。[45]据韩康信等人对殷代人种的研究,在成分上比较复杂的殷代祭祀坑中,接近东亚种系的成分超过半数。实际情况更可能是存在蒙古人种主干下的类似现代北亚、东亚和南亚种系成分,其中,接近东亚的仍然比较多。体质上这种多种系成分,可以解释殷人同四邻的方国部落征战时,虏获了不同方向来的异族战俘。这也正如李济先生所言,中国人从体质特征上来看绝不是纯一的(homogeneous):地区不同,他们的体质特征也各不相同。[46]据有关史籍记载,"羌方为殷人最主要的敌国之一,彼此之间经常发生战争。而殷人祭祀时所用之人牲,亦以所掳获之羌方战俘为主要来源。"[47]于省吾先生也认为,"卜辞羌为方国名,所俘获羌国之人亦称之羌。除部分用于劳作成为奴隶外,多用作祭祀时之牺牲而加以杀戮。"[48]因此我们推测,殷代祭祀坑中的人骨应大部分属于当时之"羌",而实际上商人杀祭的并非仅限于羌方的俘虏,甲骨文中用于杀祭的俘虏大多称为羌,此羌非仅限于羌方之羌,而是商对其西方劲敌的泛称。据研究,广义的羌人,除冠有羌之名号者外,商之西北的多方中还有一些是羌人的族裔。[49]以中小墓为代表的殷代自由民的体质,主要接近现代东亚蒙古人种类型,其中少数可能系北亚成分或存在某些北亚特征的混血。总之,殷代中小墓人骨的种系成分不及祭祀坑的复杂,但两者都以接近蒙古人种主干的东亚成分居优,它们和西北方向的史前华北人种之间的接近程度更大于它们同现代华北人之间的接近程度。[50]1976 年在甘肃玉门火烧沟遗址出土的相当于夏代或早商时期的一批人骨,其体质形态特征,与步达生先生的甘肃史前组[51]比较接近,与安阳殷墟中小墓组更接近。在现代各种蒙古人种中,他们也和东亚人种最密切。这些事实说明,至少在甘肃境内,从新石器时代到青铜时代的居民,在体质类型上没有发生明显的变化,他们在组成现代华北居民的体质中,起到了主要作用。[52]相对而言,学术界对金沙江流域和长江上游的人类学研究大部分主要集中于对古猿人的研究。而对其史前人种的研究仍旧很少。1964 年在丽江县漾弓江畔木坚桥村以南约 50 米处发现了人类头骨化石一个,呈灰褐色,石化程度不深,为一个少年女性的个体,被称为"丽江人"。这个头骨虽然带有一定的原始性,但总的来看,与现代人十分接近,并表现出明显的蒙古人种的特点。[53]丽江人头骨是云南境内迄今唯一发现的更新世晚期智人的颅骨化石,其显示的人种特征对于西南地区人类学提供了资料,同时也为我们研究西北与西南氐羌系统民族的关系提供了一定线索。据研究,元谋人的门齿舌面具有凹形甚深的铲形窝,这是现代蒙古人种的特征,而北京人的门齿也有类似的性质。[54]西南地区的远古居民与中华大地上的其他远古居民在种族来源上是一致的,均属蒙古人种。[55]以上研究表明,在甘、青地区的史前人种是以蒙古东亚人种为主,古氐羌也应属蒙古人种的东亚类型。由于研究成果所限,西南地区的古人类虽已知道也属蒙古人种,但具体属何种类型还有待进一步研究。西北古氐羌的不断南迁,与原西南地区的原始土著相融合不断发展形成了藏缅语族的各民族。这从遗传学上也可窥见一斑。

　　遗传学理论告诉我们,人类 Y 染色体除了长臂和短臂末端的拟常染色体区在减数分裂中会和 X 染色体发生重组外,其余的 Y 染色体特异区不会发生重组,以单倍型形式遗传,因此在 Y 染色体特异区发生的突变能够保留下来并能沿父系遗传方式遗传给后代。研究现在人类 Y 染色体中保存的父系进化历程中发生的突变所形成的多态性,可以用于调查男性在进化过程中的迁徙事件,可以重建父系进化史。在这些多态位点中有一个最有用且被广泛利用的位点叫"Y 染色体 Alu 多态"(YAP or DYS287 locus),是目前公认的研究人类进化和迁移最理想的多态性遗传标记之一。不同人群中的 YAP 多态性是由于人类祖先中携带 Alu 元件的群体与不携带 Alu 的群体发生基因交流造成的。这种交流发生于人类的不断迁徙过程中,通过对不同人群中不同 YAP + 频率的调查,可以研究不同民族的遗传关系和迁徙历史。肖春杰教授等人对中国 25 个少数民族的 33 个群体共 1294 份样品进行的 Y 染色体 DYS287(YAP)位点的遗传多态性的分析,其结果为:普米族 YAP + 频率为 72.3%,是至今报道东亚人群中的最高频率;其次, YAP + 频率较高的有藏族(36.0%)、纳西族(37.5% 和 25.5%)、壮族(21.3%)、景颇族(12.5%)、苗族(11.8%)、傣族(11.4%,10.0%,3.3% 和 2.0%)、彝族(8.0%)、云南白族 (6.7% 和 6.0%),YAP + 频率较低的有内蒙古的蒙古族 (4.3%)、湖南土家族(2.6%)、瑶族(2.2%)、怒族(1.8%); 没有发现 YAP + 的云南民族有拉祜族、哈尼族、阿昌族、独龙族、傈僳族、水族、布依族、佤族、布朗族、德昂族、满族、回族、蒙古族以及湖南白族。33 个群体的 YAP + 平均频率为 9.2%, 与已报道中国人群的频率相符。YAP + 频率在民族间有较大的差异,同一民族的不同群体也不相同,表现出明显的地理分布差异。在古氐羌人的部落中有些部落带有 YAP +,他们是现在藏族和普米族等高 YAP + 频率民族的祖先。同属于古氐羌后裔的拉祜族、哈尼族、阿昌族、独龙族、傈僳族等民族中没有发现 YAP + 存在,表明古氏羌人中有些群体可能没有YAP＋，在历史进程中也没有和YAP＋群体发生融合，而独立地发展为现在的群体。普米族也可能是经过类似的发展道路而没有和YAP－群体发生融合，所以现在仍保持很高的YAP＋。普米族中YAP＋的频率特别高，也可能是奠基者效应在其中起作用，因为普米族人口较少，与外界的交流少，奠基者效应容易发生。像藏族、白族、彝族这些相对较大的民族，在发展过程中是由许多部落相互融合而成的群体，在融合过程中YAP＋被不同程度地稀释。[56]上述遗传学的研究成果虽然不是专门对西南地区所有氏羌系统民族后裔的研究，但它从一个侧面告诉了我们，从西北南下的古氏羌，其中一部分氏羌有YAP＋，一部分没有，在不断向南发展的过程中，有的独立发展，有的与具有YAP＋或YAP－的族群相融合，导致了今天西南地区属氏羌系统民族的五个民族即拉祜族、哈尼族、阿昌族、独龙族、傈僳族中不存在YAP＋；而普米族、藏族、纳西族具有较高的YAP＋；景颇族、彝族、湖南土家族、云南白族、怒族也具有数量多少不一的YAP＋。这同时也说明了YAP＋频率在不同民族间存在明显差异，而且同一民族不同地区的群体也表现出差异。已报道的藏族YAP＋频率为36.7％—49.0％，其频率在藏区核心和藏区周边频率上有差异，藏族核心区的YAP＋频率高于周边地区，钱亚屏等人认为是由于被稀释的原因所致。[57]历史的发展导致民族间的相互融合，从而造成了不同区域的同一民族的YAP＋不一，上述白族的情况也正如此。云南大理学院（研究对象为大理学院白族）和洱源白族的YAP＋频率为6.7％和6.0％，而湖南桑植的白族却不具有YAP＋，因此我们可以认为，可能是同源于氏羌的白族由于其所处环境和发展道路不一，造成了同源的白族有的具有YAP＋，有的没有。拉祜族、哈尼族、阿昌族、独龙族、傈僳族可能由于源于西北古氐羌中不具有YAP＋的部分,其南下到西南地区之后,因其所居环境所限或其奠基者效应太明显,导致了作为其后裔的上述五个民族不具有YAP＋。遗传学的证据可以为我们揭示西南地区氐羌系统民族间的源流关系提供另一种视角和参考,并为我们深入研究各个氐羌系统民族提供了翔实的资料,同时也表明了南下的氐羌系统民族其发展道路是丰富多彩的。

　　总之,从上述甘、青地区古氐羌及其南迁后的考古学文化的类型、分布、特征及其发展,并对其迁徙原因的探索和有关研究表明,氐羌源于黄河中上游的仰韶文化,之后发展为具有地方特色的马家窑文化及其之后的齐家文化。甘、青高原是氐羌人的主要原始居地,氐与羌是两个源于地域相近、相同考古学文化类型(特别是旧、新石器时代,青铜时代其考古学文化分布中心的各异说明已处于分化发展之中)的关系密切但又不同的古代民族,随着历史的发展,各自走上了不同的发展道路,南下的氐羌系统民族主要形成了西南地区汉藏语系藏缅语族的各族。由此我们可以得出这样一个结论,氐羌中的一部分在石器时代特别是新石器时代由于自然环境和历史原因等因素的影响持续不断地南下、西进、再南下,对当时川北、川西北、藏东、滇西和滇西北的考古学文化产生了巨大的影响,其考古学文化可以认为属于同一文化类型。而南下的氐羌成为了今天中国西南地区汉藏语系藏缅语族各民族共同的源。这对中国西南民族的形成和分布具有重大意义。

第二节　先秦氏、羌考

一、史籍所载的氏、羌

在先秦史籍中，有关氏、羌的传说、记述较多，我们力争对其作一爬梳，对先秦时人对氏、羌的认识进行辨析，为正确认识秦汉以降氏、羌的发展演变奠定基础。

(一)传说时代的氏与羌

对于我国的传说时代及其历史的研究，徐旭生先生已有专著《中国古史的传说时代》。在该书中，徐先生认为，"我国，从现在的历史发展来看，只有到殷墟时代(盘庚迁殷约当公元前1300年的开始时)，才能算作进入狭义的历史时代。此前约一千余年，文献中还保存一些传说，年代不很可考，我们只能把它叫作传说时代"。[58]此外，徐先生在书中还对记载传说时代事迹的各种史籍作了精辟的分析和论证，为我们今天对该类史料的引用和研究作出了正确的导向。鉴于我国上古时期所载氏羌事迹者材料的特点，我们姑以徐先生所指的"研究传说时代的历史应姑且从炎、黄时代开始"的路径为切入点，对传说时代的氏与羌进行探索。

在文字出现以前的古史传说时代，有关氏、羌的传说和记载为我们研究氏羌系统民族的源流提供很多思考。虽然大部分的传说可能有夸大甚至今天我们看来是十分荒谬的，但其中蕴含了氏、羌初民的某些信息，同时也反映了当时中原人对其态度。对待这些带有传说色彩的史料，我们应客观待之。

关于传说时代的氏与羌，先秦史籍的记载少部分集中于春秋战国时期,汉以后渐多。春秋时期的文献记载表明,羌人之渊源可溯至炎帝。据黄烈先生的研究,《国语·晋语》中有关炎帝的一段,比较合理可信。《国语·晋语四》载:"昔少典娶于有蟜氏,生黄帝炎帝。黄帝以姬水成,炎帝以姜水成,成而异德,故黄帝为姬,炎帝为姜。"《左传·哀公九年》亦载:"炎帝为火师,姜姓其后也。"史籍中把羌族和华夏族的祖先并列同出,甚至有同源异流的现象,这至少说明了两个问题:一是两者的历史同样悠久,且关系密切;二是反映了春秋战国时人解史的态度。[59]羌,《说文·羊部》曰:"羌,西戎牧羊人也。从人,从羊;羊亦声。"又,《风俗通》亦说:"羌,本西戎卑贱者也,主牧羊。故'羌'字从羊、人,因以为号。"[60]我们认为,这两个对羌的解释是不科学的。它们主要分别从经济、社会地位对其进行了描述,而对羌人是一个什么样的族群并没有作出相对全面的解释。羌与姜关系密切,据《后汉书·西羌传》载:"西羌之本……姜姓之别也。"把西羌与姜姓相联系,是很大的进步,但对其关系并未解释得更清楚,而章太炎先生则进一步指出,"其实姜姓出于西羌,非西羌出于姜姓。"[61]羌、姜是兴起于我国西部最古老的部落之一,传说其先共工氏即姓姜。而共工氏所处之时代,为洪水泛滥之际。《管子·揆度篇》载:"共工之王,水处什之七,陆处什之三。"《淮南子·本经训》亦说:"共工振滔洪水。"《国语·周语》也曰:"昔共工氏……雍防百川,堕高堙庳,以害天下。"反映了当时之客观环境。共工氏之后裔,凭借其治水经验和技能,在黄帝时任"土官",少昊时为"水官"。禹之时,由于共工氏从孙四岳的帮助,"高高下下,疏川导滞",[62]对当时的大禹治水立下了汗马功劳。而上古时期的水利事业,其实就是原始农业的开端。传说中的姜姓共工氏不仅是羌人中最早从事农业生产的部落,同时也是我国古代最早进行农业生产的部落之一。正是由于

姜姓部落对发展农业的功绩，因而传说中的我国农业始祖，就是姜
姓"神农氏"。[63] 上述之炎帝、神农、共工三者的关系，因对其记载多
而杂乱，所说不一。据徐旭生先生的研究，在公元前 1 世纪以前，
炎帝与神农还是两个不同的部落，但之后即合户为一。[64] 关于炎帝
与共工的关系，《山海经·海内经》载："炎帝之妻，赤水之子听讹
生炎居，炎居生节并，节并生戏器，戏器生祝融。祝融降处于江水，
生共工。共工生术器，术器首方颠，是复土穰，以处江水。共工生
后土，后土生噎鸣，噎鸣生岁十有二。"[65] 说明共工乃是炎帝之后
裔。学术界普遍认为，夏王朝是传说时代羌人所建的奴隶制国家。
从文献上来看，在西汉末，始才出现了禹生于西羌的说法。如扬雄
《蜀王本纪》、赵晔《吴越春秋》所载。黄烈先生认为，他们二位都
只讲到禹出生于西羌地石纽，是否为羌人并不明确。[66] 而我们知
道，当时之石纽乃为今西南地区之四川省茂汶一带，其时仍是羌人
聚居之地。且据尤中先生的研究，先后活动于中原地区的黄帝族、
夏族、周族，原本都是羌人。[67] 总之，传说时代的羌人，是居于西北
甘、青高原的一个大的氏族或部落，其勤劳勇敢，发明了农业，并长
于治水，是后来华夏族形成的重要基础。至于出现居于西南地区
羌人的记载，应是空穴来风，是羌人南下的结果。黄帝与炎帝的并
出，表明二者关系密切。这与二者同居于黄河中上游的地理环境
有关。从考古学文化的角度也可为证。位于黄河中上游地区的陕
西和甘肃两省之间隔着六盘山和陇山这样一条不清晰的界限（指
文化上的）。陇山东西两侧古文化的发展道路是有差异的：在东
侧，从仰韶文化之后发展起来的，是以客省庄二期为代表的新石器
晚期文化；在西侧，从仰韶文化之后发展起来的，则是马家窑文化
和有关诸类型以及齐家文化。[68] 说明了华夏族和羌族原出于相同
的考古学文化，后由于各种因素的影响，又发展为不同的文化类

型,形成为不同的民族。

传说时代的氐人多与羌人并载,如前述《荀子·大略篇》载:"氐羌之虏也,不忧其系垒也,而忧其不焚也",表明其时之氐羌有火葬之俗;《吕氏春秋·恃君篇》说:"氐羌、呼唐,离水之西;僰人、野人,篇笮之川;舟人、送龙、突人之乡,多无君。"高诱注:"西方之戎无君者,先言氐羌,后言突人,自近及远也。"氐羌作为民族称呼,地处秦之西。先秦史籍中单独记载传说时代氐人的相对较少,主要见于《山海经》。《山海经·海内南经》载:"氐人国在建木西,其为人人面而鱼身,无足。"又《山海经·大荒西经》曰:"有互人之国。炎帝之孙名曰灵恝,灵恝生互人,是能上下于天。"此外,《山海经·海内经》说:"伯夷父生西岳,西岳生先龙,先龙是始生氐羌,氐羌乞姓。"[69]郝懿行《笺疏》说:"互人,即《海内南经》氐人国也。'氐'、'互'二字盖以形近而伪,以俗'氐'正作'互'字也。"可知互人国即氐人国。而所谓"氐羌乞姓"之"乞"似为"允"之误。[70]郭郛先生也认为,互人即氐人,氐是养大尾绵羊的氏族之一,这一氏族分化,迁移至其他的地区,建立国家,故称氐人国。[71]据杨铭先生的考证,氐人国应在陕甘交界处,它与历史上氐族的传统居住区域是一致的。[72]因此,我们认为,氐人与羌人是有亲缘关系的两个民族,这与上节所论之考古学文化是可以互证的。羌人南下时,与其邻近地域的氐人也有一部分随其同行,后来的历史发展也可以证明这一点。

(二)商代的氐与羌

我国第一个有文字记录历史的朝代是商代。从有关甲骨文资料及其研究来看,殷商时的羌是西方的一大族群,与商王朝关系密切。通过诸家对甲骨文的考释,我们知道,殷商时的羌除称羌以外,尚有羌方、北羌、羌龙、马羌、多马羌等称呼。董作宾先生认为,"羌方就是羌人之国,殷人称国曰方";[73]而后陈梦家先生进一步提出,"羌方应理解为一流动的游牧民族,羌是他们的种姓";[74]李学勤先生更明确指出,"在殷代,'羌'与'羌方'涵义有广狭的不同。商人泛称西方的异族人为'羌',而'羌方'专指居于羌地的一个方国,与东方异族人'夷'相对。凡卜辞中杀羌若干人或俘羌若干人,均是广义的'羌'。"[75]但有学者对此持不同见解,姚孝遂先生认为,"羌方为殷人最主要的敌国之一,彼此之间经常发生战争。而殷人祭祀时所用之人牲,亦以所掳获之羌方战俘为主要来源。"[76]于省吾先生也认为:"卜辞羌为方国名,所俘获羌国之人亦称之羌。除部分用于劳作成为奴隶外,多用作祭祀时之牺牲而加以杀戮。"[77]结合现有的考古资料和研究,我们认为羌的含义有广狭义之分的观点相对接近历史事实。甲骨文中的羌最常见的是用作人祭的牺牲,此风以武丁时最盛行。据姚孝遂先生的研究,殷人杀戮俘虏的方法有十五种。[78]有关于祭用羌奴的卜辞,或言用羌、吕羌、坐羌、又羌、登羌、升羌;或言晋羌、饭羌、晏羌、鬻羌;或言岁羌、奠羌、伐羌、卯羌、俎羌、妆羌,都是祭名。一次杀祭一至三四百羌不等。据统计,殷墟甲骨文中人祭卜辞近二千条,卜用人牲一万四千余人次,其中用羌近八千人次。[79]实际上商人杀祭的非仅限于羌方的俘虏,甲骨文中用于杀祭的俘虏大多称为羌,此羌非仅限于羌方之羌,而是商对其西方劲敌的泛称。据研究,广义的羌人,除冠有羌之名号者外,商之西北的多方中还有一些是羌人的族裔,其情况正与《后汉书·西羌传》相合,据文献记载的推断能得到卜辞的印证,说明商王朝时包括舌方在内的一些游牧民族方国与古羌族有共同的习俗,看来这就是商人把他们泛称为羌的原因所在。[80]这就表明其时之羌应有广狭义之别。狭义之羌乃是羌方之羌的含义。

商代的西部地区,卜辞又称之为"西土"和"西方",羌方是其中的一个重要组成部分,是商王朝对居于西方羌人的一个区域划分。从陈梦家先生对武丁至乙辛时期卜辞中有关征伐俘获羌的记载统计,[81]我们可以看出,在武丁时期,商王朝对羌的征伐主要是针对广义的羌人,而廪辛至乙辛时期的征伐则主要是针对羌方。这也表明了羌方的发展、壮大过程。关于羌方的活动地域,据陈梦家先生的研究,商王朝的西部羌人主要活动于今山西省南部的介休县和陕西省东部的大荔县一带。[82]而我们认为,与商王朝发生战争的应该是羌人中比较强大的部分即羌方,而相对落后的大部分羌人则仍然活动于商之更西、西北部。因此,羌的分布地望应广于上述之范围。"羌的疆域相当地大,北面和鬼方、吕方为邻,东面有沚、吴、易、雀、犬、周许多国,东南近缶和蜀,大致说来,他们占有现今甘肃省大部和陕西省西部"。[83]这也可以从考古学文化方面得到证实。山西石楼文化的分布区域,北至内蒙古鄂尔多斯,南至汾河下游的吉县、乡宁、洪洞一带,西到洛河、泾河上游,以子午岭为界,与同时期的寺洼文化、辛店文化相邻,东南以太行山脉为界。古文献中所提到的鬼方、土方的活动地区就在这一带。[84]同时也表明了羌与鬼方、土方的居地相连,关系密切,这正好可与甲骨文所载相合。此外,对卜辞中的北羌、马羌、多马羌与羌龙的称呼,董作宾先生认为,北羌,也许是羌方的北支,因为接近沚国的正是他们的北部;[85]陈梦家先生认为,北羌与马羌都是臣属于殷的。马羌可能是马方之羌,可能是马方与羌方(之合称);又,多马羌与多马方亦是相应的。马方与羌方当在相近之处,其活动范围似在河东。此河东与汉代的河东郡相当,今晋南。至于羌龙应是羌方与龙方的合称。龙方与羌方似或合或叛,两者当相近。[86]由此我们可以推断,北羌、马羌(多马羌)、羌龙可能是羌方中较强大的几支,其居地较靠内地并且相近,关系密切。

在甲骨文中,氏也屡见。综合来看,历来诸家对其考释有多种不同的意见。台湾李孝定先生的《甲骨文字集释》总诸家之说,在集释第十二中对"氏"之诸释进行了系统总结,同时也反映了学术界对该问题的认识过程。孙诒讓先生释为侣,训为用;郭沫若先生认为是挈之初文;唐兰先生认为应释为氏,通借为提;王襄先生赞同华石斧先生的意见释为氏,氏通作地;商承祚先生也认为乃氒氏羌之氏,小篆作𢒳,乃其从出,卜辞有合称氏羌或单称氏或羌者;吴其昌先生认为,"氒者,殷代祖丁南庚羊甲时之名臣",又说"氒"为地名;而李旦丘先生则认为商说、吴说及郭氏的考释不及孙氏之确;胡厚宣先生释为氏,谓其义为挈、为致;于省吾先生旧释氒为氏,[87]后释为氏,[88]训为致;丁山先生释为勹,训为引取与抱;鲁实先先生在考证上述诸说的基础上,认为氒象土石旁箸欲堕之形,凡物之堕者,必下至于地。故氏下从一,以象地而孳乳为氏,是氏为氏的初文。并进而考出氏氏一字,二声相同,混用也。并认为卜辞中的氏有五义:一是方国名;二为祭名;三乃厎之初文,其义为致;四则通假为提,以提从是声,与氏为双声叠韵,故是氏通作义礼、观礼;五则氏为抵之初文,义为击也。李孝定先生认为,诸家对氒与氒的不同考释,盖因其从不同的角度来进行。说文曰:"氏,至也,从氏下箸一,一,地也。"契文作氒若氒,象人侧立乎,有所提契之形,其初义当为提,以形近于氏之古文,至篆文遂伪为"氏下箸一"之𢒳耳。孙氏释侣读为吕,李氏则迳释为吕,而契文固侣吕固各有本字;郭氏释挈以说字意,固是而于字形绝远;唐胡诸氏释氏,而契文亦有氏字。惟华氏释氏,鲁氏从之,又从而证成其说,认为氏氏同一字,而不知氏与氏各有专字,可与金文相对。而鲁氏所举之第五意似尚可商榷。[89]我们可以看出，李孝定先生对该问题也只是作了辨析，亦无一确定之答案。上述诸家对◌与◌的考释，为我们今天认识甲骨文中的◌与◌提供了较为全面、客观的基础，而对◌与◌的不同认识，恰好反映了人们认识这个问题的角度各异，所掌握材料的多寡不一，对材料的解读水平不同。结合有关史籍记载，我们认为，甲骨文中的◌与◌应是氐或氏。两字以声韵而论，《广韵》中凡从氏、支、只声之字，均入五支；而凡从氐、耆二声之字，则入六脂。而支、脂二部，韵可以互通，是知氐、氏二者固相混用。汉代刘熙《释名》，以砥训作"纸"；杨君作《颂》（石门颂），借诋为氐，是知氏氐本字无殊，均证明了氏、氐当为一字。[90]至于其含义及其用法，存在不同观点。有人认为在羌人活跃的殷商时期，还没有氐人，[91]即甲骨文中之氐非氐人。而有学者则认为甲骨文中的氐有作为人们共同体之义即氐方。[92]综合来看，甲骨文中氐的含义和用法至少有以下几种：一种认为甲骨文中的氐用作动词，有"致"、[93]"俘获"[94]之意。此外，殷人常常向各地征发供劳役或者供兵役的人，有一个专名叫作"氐"。氐本是"以"字，文丁时省写为"乚、厶"，可是兼有挈带、征发、调用之义；但氐与获有不同之义，羌人在平时就征用他们，为殷王室服各种劳役叫作"氐羌"。若背叛了就征伐他们，拿获他们作俘虏，叫作"获羌"，这"氐"同"获"，乃是在两个不同的情形之下所造成的词字。[95]氐用作动词的情况，在甲骨卜辞中较多，如：[96]

吴　氐羌　甲 351，乙 2148

龙　来氐羌　河 626，630

豙　氐羌　前 784

牧　氐羌　下 12 · 13

叝　氐羌　乙 2466

何　氏羌　乙 2659

另一种观点则认为甲骨文中的氏作为名词用,指的是地名或方国名。如:

贞曰◊来狃往于章前 4·35·1

◊ⅎ元臣　续存 713

贞重般令取◊　甲 2·8·9

贞追◊　戬 9·8

以上卜辞中的◊,均是作方国名讲。金文有《◊父丁爵》(续殷文存下二五页),当为氏方所作之器。先秦地名中,蔡有"泜水"。《左传》僖公三十三年(前 627 年):"晋阳处父侵蔡,楚子上救之,与晋师夹泜而军。"此泜水即今沙河,源出鲁山县西,东流经叶县北入汝河。此外,《左传》昭公二十六年(前 515 年)有"隄上",杜预注:"周地。音低,或音啼",其距离殷墟较近,当为殷王常所游田之地。泜水和隄上,或与甲骨文、金文中的氏方有联系,有可能就是商代的氏方所在之地。可见,甲骨文中确有作为方国名的"氏"一词,其地望大致在今河南省西部,[97]与羌接近。

综上所述,我们知道,从旧石器时代晚期开始,西北甘、青高原的氐羌系统民族就不断地东徙、西进、南下,陆续进入中原及西南地区。甲骨文记载的内容基本上反映的是商代氐羌系统民族在进入中原的过程中与商及他族所发生的关系。我们可以这样认为,羌方、北羌、马羌、氏方代表的是氐羌系统民族中较为强大的部分,从而有能力和实力与商及他族抗衡,而相对落后的部分则不断地继续向外迁徙、移动。后者因其位置的僻远和经济、社会发展的滞后,与商的联系不多,故而在甲骨文中基本没有反映。但甲骨文中所载之氏与羌却能从另一个方面告诉我们,殷商时期的氐羌系统民族是一个实力强大、地域广阔、民族支系众多、经济文化发展不平衡的庞大族群,其为中华民族的形成、西南地区氏羌系统民族的形成和发展提供了源泉和基础。对于甲骨文所记之氐与秦汉以后史籍所见之氐的关系还有一种观点。有学者根据甲骨文和《诗经》中所载氐之地望,认为此与秦汉以来世居陇地的氐族地望不符,并非同族,只是两者的族名或方名偶合,故引起后来的误会。[98]这种看法似可商榷,前述已知,甲骨文中所记之氐与羌,实则应是氏羌系统民族中影响较大的部落,不能认为除了甲骨文中所载之氐、羌外,他处就再无同系之民族,这种认识是不全面的。而有学者则认为,据甲骨文之记载,氐人发源地似在河南、河北,并建立过氒国,亡于西周晚期,到周代以后,氐人才西迁至陇西之陇坻。[99]这种氐人西迁的观点可为我们的研究提供一种思路,但不可信。因为早在周代以前,氐人的考古学文化就已遍布甘、青高原。所以,我们认为,甲骨文中所记的氐与羌、西南地区的氏羌系统民族应源于西北甘、青高原的氏羌系统民族,甘、青高原的氏羌系统民族主要是当地的土著居民,当然其中也融合了其他迁至该地的其他民族。甲骨文中所反映之氐方、羌方(包括北羌、马羌和多马羌、羌龙)只是氏羌系统民族中较为强大的一部分,不能认为是氏羌系统民族的全部。

(三)周代的氐与羌

周代特别是春秋战国时期,是氏羌系统民族发展的一个新阶段。除一部分实力强大的氐人与羌人继续在中原地区不断与华夏族融合发展外,还有一部分大规模向南迁徙,这些向南迁徙的氏羌系统民族对今天我国西南地区氏羌系统民族的形成和分布产生了巨大的影响。

周人与羌人关系密切。《国语·晋语四》载:“昔少典娶于有蟜氏,生黄帝炎帝。黄帝以姬水成,炎帝以姜水成,成而异德,故黄帝为姬,炎帝为姜。”《水经·渭水注》云:“岐水……又屈迳周城南,又历周原下……水北即岐山矣。岐水又东,迳姜氏城南,为姜水。”岐山是周人发迹的地方,而姜水即在岐山的东南。其时姬、姜两姓所居之处极近,疑姬水即岐水。[100]相传周的始祖后稷为姜嫄所生。《诗·大雅·生民》曰:“厥初生民,时维姜嫄,生民如何?克禋克祀,以弗无子。履帝武敏歆,攸介攸止,载震载夙,载生载育,时维后稷。”又《鲁颂·閟宫》亦载:“赫赫姜嫄,其德不回,上帝是依。无灾无害,弥月不迟。是生后稷,降之百福”;“(后稷)即有邰家室”;“(后稷)奄有下土,缵禹之绪。后稷之孙,实维大王,居岐之阳,实始翦商。”[101]姜嫄乃是羌人,姜嫄生周人之始祖后稷,说明周人乃羌人的一支。后稷居于“邰”即今天陕西武功西南。并认为后稷拥有天下之土是继承夏禹的业绩。此外,《大雅·绵》还说,周人的先祖古公亶父迁居周原,娶了姜女为妻,她就是周人子孙所称的太姜。此后,文王的祖父太王娶的是周姜,周武王娶的又是姜太公的女儿邑美,可见羌、周关系十分密切,且在武王伐纣和东征叛乱时羌人均参加并屡建功勋。从周朝分封诸侯来看,除了周的宗室姬姓子弟以外,也以姜姓之国为最多。据顾栋高《春秋大事表》所列的姜姓之国有齐、许、申、吕、纪、州、莱、向、鄣、历等共十个。毋庸置疑,西周以后姜姓占有相当重要的地位,是支持周王朝的基本力量,而且在历史上曾起过不可忽视的作用。[102]上述羌人所建之国进一步促进了进入中原的羌族不断融合为周人的进程。

一般认为,戎作为族群称呼出现于西周。[103]周初时的戎是一个泛称,并非是某一具体民族的称谓。与此同时,戎常与狄互通。戎所包含的族属众多,如羌、氐均包括于其中。与羌、氐人关系密切的戎人主要是居于今山西、陕西及陕甘宁三连接地区华夏族以外的部落,如姜氏戎、义渠戎、陆浑戎等,都是与华夏毗邻或犬牙交错的一些部落。周代为何把包括羌、氐人在内的广大西部、西北部民族称为戎呢? 我们认为,甲骨文中所称的羌与氐,与商关系密切,不断地被商讨伐。而周出于商人眼中的羌,且与羌姓世为婚姻,讳言羌,及后作为周朝分封的羌人诸侯国,其中大部分在周以后已逐渐融合于周人之中。因此,经济、文化相对落后的更靠西部、西北部的一些民族群体并与之为敌者就被称为戎。[104]进入春秋以后,随着周王朝日渐衰落,诸侯国此起彼伏,以羌人为主体的诸戎大量涌入中原地区,散居各地,异常活跃。据《后汉书·西羌传》载:"及平王之末,周遂陵迟,戎逼诸夏,自陇山以东,及乎伊、洛,往往有戎。于是渭首有狄、獂、邽、冀之戎,泾北有义渠之戎,洛川有大荔之戎,渭南有骊戎,伊、洛间有杨拒、泉皋之戎,颍首以西有蛮氏之戎。当春秋时,间在中国,与诸夏盟会。"[105]这些戎,主要活动在今陕西和河南西部,与秦和晋两国关系最为密切。据研究,獂、邽、冀之戎,应属氐人,[106]而义渠之戎则是羌人无疑。[107]实则自西周至春秋时期,戎分布极广,名称亦繁。如有大戎、小戎、骊戎、犬戎、茅戎、姜戎、杨戎、泉皋、伊雒、陆浑之戎。此外还有山戎、北戎等等。由于其常常迁徙,往往又以新居之地名名之,如姜戎的部分又称为陆浑戎,而陆浑戎又称阴戎、九州之戎、伊雒之戎,其内部又有姜姓、允姓等部分;兼之此处称戎,彼处呼狄,异常庞杂、混乱。但戎名虽多,羌人则是其中的重要成分,姜氏之戎便是他们的代表。[108]在陆浑戎的支持下,晋日益强大,并成为晋南大门的守卫者,后楚败陆浑戎后,得以进入伊雒,示威中原,而陆浑戎也有一部分融于楚人。另据《左传·昭公十三年》载:"楚之灭蔡也,灵王迁许、胡、沈、道、房、申于荆焉。"[109]说明周封之姜姓国有的被不断南迁,融于楚人之中,后随着秦的统一而融于秦人中。

《史记·匈奴列传》载:"自陇以西有緜诸、绲戎、翟、獂之戎,岐、梁山、泾、漆之北有义渠、大荔、乌氏、朐衍之戎……各分散居溪谷,自有君长,往往而聚者百有余戎,然莫能相一。"[110]据顾颉刚先生的研究,戎国之数,约计之凡百余,举其荦荦大者则有八,即所谓"西戎八国"。其中,"陇以西"者为今甘肃之陇南及陇西诸县地。"岐、梁以北"者大致为今甘肃之陇东诸县地,兼及陕西、宁夏。此八国者,按以今地及汉地,緜诸在今甘肃天水县,汉置緜诸道,属天水郡;绲戎在今陕西凤翔县,汉置雍县,属右扶风;翟在今甘肃临洮县,汉置狄道,属陇西郡;獂在今甘肃陇西县北,汉置獂道,属天水郡;义渠国广大,其都城在今甘肃宁县,汉置义渠道,属北地郡;大荔在今陕西大荔县,汉县为临晋,《汉书·地理志》云:"故大荔,秦灭之,更名",属左冯翊;乌氏,在今甘肃平凉县西北,汉县为乌氏,属安定郡;朐衍,在今宁夏灵武县东南,汉县为朐衍,属北地郡。以秦之四方别之,则大荔在东,朐衍、义渠、乌氏在北,緜诸、绲戎、翟、獂在西也。此八国与羌戎、允姓戎的地区相联,关系密切。而秦新辟三郡,上郡得自魏,北地得自义渠,陇西得自翟与獂。秦自襄公伐戎,直至昭王灭义渠,始将今陕、甘境内之戎人并合净尽。[111]也就在此时,"秦霸西戎"已成定势。但由于地理及自然条件等因素,"西戎八国"融于秦人的程度远不如中原地区那样广泛、深刻。西戎之中,唯氐羌得以大量保留,亦证他们是戎人的主体。[112]随着秦向西的不断用兵,特别是秦穆公之后,西北羌人迫于秦之压力,在原来向外流动路线的基础上,开始了更大规模、更远距离的迁徙、移动,构成羌人历史及我国西北、西南民族史上的重要时期。据《后汉书·西羌传》载:"至爰剑曾孙忍时,秦献公初立,欲复穆公之迹,兵临渭首,灭狄獂戎。忍季父卬畏秦之威,将其种人附落而南,出赐支河曲西数千里,与众羌绝远,不复交通。其后子孙分别,各自为种,任随所之。或为牦牛种,越嶲羌是也;或为白马种,广汉羌是也;或为参狼种,武都羌是也。忍及弟舞独留湟中,并多娶妻妇,忍生九子为九种,舞生十七子为十七种,羌之兴盛,从此起矣。"[113]往西发展的"出赐支河曲西数千里,与众羌绝远,不复交通"的羌人,即是"绝远未尝往来"的"发羌"、"唐旄",其后成为藏族先民的一部分;有的可能长途跋涉到了今新疆天山南路,成为后来文献上所记载的"婼羌"的组成部分;也有少数可能北迁至今内蒙古西部额济纳旗一带。最为重要的是,大量的羌人继续向西南移动,形成秦汉时期我国西南地区的白马氐、白马羌、牦牛羌、参狼羌、青衣羌等等,奠定了今天我国西南地区民族分布格局的基础。

总体而言,整个周代,由于各种原因,氐、羌的迁徙、移动极为活跃。东进的氐、羌人不断地为晋、楚、魏、秦等国所统治而逐渐华夏化。居于较西的"西戎八国"也不断地为秦所融合。"秦开西戎"使得迁徙到更远的西南地区的氐、羌人与石器时代就开始南下的氐、羌人会合,共同促进着西南地区历史的发展和氐羌系统各民族的形成。

二、氐与羌的关系

(一)氐、羌是两个不同的民族

弄清氐与羌的关系,是研究氐羌系统民族源流必须解决的一个重要问题。总的来说,存在两种观点:一种观点认为氐与羌是同源异流,[114]而另一种观点则认为氐、羌自古是两个不同的民族。[115]至今尚无定论。我们认为,之所以存在这两种看法,主要是研究者对有关记载及其理解存在不同之故。加之古代编纂家对各种材料的认识及其民族观的历史局限性,导致史书中记载模糊、混淆之现象屡见,从而给我们正确认识氐与羌的关系带来了巨大困难。

氐与羌的关系,众说纷纭。较为客观的做法是使用考古学文化材料与文献记载及其他民族学等方面的资料互证。持氐、羌同源异流观点的学者认为,商周之际,氐族尚未从羌人中分化出来,甲骨文中的氐不是族称,而只是作为动词用。春秋战国时,虽有以氐作为族称的记载,但多是氐、羌并提,仍未从羌人中独立出来。氐族最终形成单一的民族是在汉代,是由于一些羌人部落从高原迁到河谷,由游牧转向农耕,并接受汉族经济文化的影响,其语言、经济、文化有所变化而致。[116]综合各种研究,我们认为氐、羌自古即属不同的两个民族的观点较为客观,但二者又是有亲缘关系的民族,他们是在类型相同的考古学文化的基础上发展而来的。

先秦时期,特别是战国以前,因氐、羌关系密切,史书中往往将其合在一起称为氐羌。如《诗经·商颂》曰:"昔有成汤,自彼氐羌,莫敢不来享,莫敢不来王";《竹书纪年》也载:"氐羌来宾"。《山海经》也有记载:"伯夷父生西岳,西岳生先龙,先龙是始生氐羌,氐羌乞姓"。[117]甲骨文中也屡见作为民族称呼的羌或羌方等,而氐方虽记录较少,但也有所反映。这说明当时与商关系密切的氐、羌,其居地可能在商之西。对"氐羌"的认识,主张氐、羌同源,氐源于羌的学者认为,据《逸周书·王会》云"氐羌以鸾鸟"。孔晁注曰:"'氐',羌地。羌不同,故谓之'氐羌';今谓之'氐'矣"。因此,氐羌即氐地之羌,即羌是大名,氐是羌中的一种。但顾颉刚先生认为,如其说,姜是大名,氐为羌中之一种;以羌人种类之多,故称氐为"氐羌",犹称"婼羌"、"钟羌"、"发羌"然。然既氐小而羌大,则《王会》中舍氐羌外必尚有某羌、某羌在,何以不一见也?是则说氐、羌为平列之两名,似较近于事实。[118]我们认为顾先生以为氐与羌应为两族的看法较为正确。此外,其他学者如马长寿先生对于氐与羌是两个不同民族的论述尤为精辟。马先生除认为两者所居之中心地域不同外,还论述了氐、羌各有他们的自称,氐的自称是"盍稚",羌的自称是"芉"、"绵"、"玛",与今天羌族的自称相合。氐者,以其族居于陇坻之南,巴蜀之北,峻岭大阪,岩石崩堕之声远播,故谓之氐。羌者,以其人牧羊为业,供祀羊神,端公戴羊皮帽并饰两角以祈禳,故谓之羌。此外,马先生还从语言、服饰、经济、文化、习俗各方面比较了两者的不同,证明氐与羌虽自古关系密切,但实属不同之两族。关于这一点,黄烈先生也持相似的观点。而杨铭先生认为除可以从上述方面论述氐与羌不同外,还可以从分析论证羌族的形成出发,来证明氐与羌自古不同族。杨先生认为羌有"古羌"(即甲骨文、《诗经》、《尚书》所载之羌或羌方)和"西羌"(秦汉及其以后文献所载之羌)。在古羌阶段,氐人(非甲骨文中的氐方)尚未出现。[119]暂不论这种观点正确与否,但也从另一角度论证了氐与羌不同族。综合而言,氐与羌除中心居地不同外,其经济、社会生活、语言及民族自称等方面均不同。

仔细分析各家之论证,我们认为,在有文字可考的商代,羌作为族称出现的观点已没有异议,其时的羌族有广、狭义之分,已如前面"商代的氐与羌"中所述。而对于氐,我们认为甲骨文中的氐方可能也是西部氐羌系统民族中较强大的迁到中原地区的一部分,其余落后的部分仍处于西部,与羌的其他落后部分相接共处,泛称为羌。内迁的氐方可能当时相对其他的方国如羌方、土方、鬼方等势力较为弱小,且与羌较羌更为接近,有一部分可能已融入商人中,因此商对其用兵不多。杨铭先生认为甲骨文中的氐方与氐人、氐族无任何关系,但他又没有阐明理由,我们认为是可以进一步探讨的。

从第一节我们所论之考古学文化的角度而言,甘、青高原黄河中上游的马家窑文化和齐家文化的主人是氐羌系统民族先民。虽然二者的居地较近且相杂居,但其中心分布区还是不同的。古氐族分布于甘肃东南部的西汉水、白龙江流域,古代羌族分布在青海东部的河曲及其以西以北等地。[120] 从分布地域来看,一个靠东、一个相对靠西,不能混而一谈。其后的考古学文化也证明了这一点,即四坝文化、辛店文化的主人应是羌人,而寺洼文化的主人是氐人。而与此文化相对应的中原王朝是商朝。在甲骨文中有作为民族称谓的氐与羌,因此,我们认为这是同一民族在同一时期的不同分布,也可以这样认为,是氐与羌中较为强大的部分在此之前就不断向东迁徙,与商发生了关系。由于经济文化的不同,其时羌人可能尚处于游牧文化的阶段,较为强悍;相对而言,氐人的经济文化较高,是农业定居民族且与商人较近,因此甲骨文中对羌的记载比对氐的记载更多更频繁。但需要注意的是,此时的羌,除羌方、北羌、马羌(多马羌)外,还不是一个单一的民族,而是西方游牧民族的统称和泛称,其中当然也包括了氐人及其他氐羌系统民族中较落后的部分。

氐与羌虽然是两个不同的民族,但关系密切。两者从起源时即居地相近,甚至错居杂处,导致其考古学文化有时不易分辨,这也从另一侧面说明了二者的密切关系。氐与羌是组成氐羌系统民族的主要的两个大的部分,甚至可以说是甘、青地区氐羌系统民族的代表。他们与周时之姜氏戎及汉以后的西羌既有区别又有联系。

（二）氐与羌的分称

古代甘、青地区的氐羌系统民族是我国历史上一个影响较大的族群。由于其居地相近、关系密切，所以早在商代就已出现合称为氐羌的记载。《诗经·殷武》曰："昔有成汤，自彼氐羌，莫敢不来享，莫敢不来王，曰商是常"。据考证，[121]《诗经》中的商颂等篇，在西周初期以前就已经有了。说明氐羌的合称可能始于商代。而后周初至战国的许多史籍中更是屡见。如前述《荀子·大略篇》载："氐羌之虏也，不忧其系垒也，而忧其不焚也"；《山海经》中也提到氐羌，《海内经》说："伯夷父生西岳，西岳生先龙，先龙是始生氐羌，氐羌乞姓"；战国末年成书的《吕氏春秋·恃君览》也载："氐羌、呼唐，离水之西"，等等。由上述氐、羌之名称研究可知，氐、羌实则是秦人或中原人对其之称呼。氐羌何以会被合称，其义如何？在我国古代，不同族源民族有着相同泛称的并不乏其例，匈奴称胡，鲜卑称东胡，月氏等称杂胡，这绝不意味着他们同族或者同源。这也是氐为何被称为氐羌的原因所在。黄烈先生认为氐羌合称，可能是由于当时之人把与羌关系密切、居地相近的氐人纳入广义之羌人中之故。[122]这种分析是有道理的。

但与此同时，到了战国特别是战国末期，随着人们对氐羌民族的接触和了解增多，在史籍中也就出现了单称氐的记载。一般认为，作为族名的"氐"，应从战国开始逐渐从氐、羌合称向氐、羌单称发展，明确地判断为两个民族。在《山海经》中也明确出现了单称氐的记载。《海内南经》载："氐人国在建木西，其为人，人面而鱼身，无足"；又，《大荒西经》载："有互人之国。炎帝之孙名曰灵恝，灵恝生互人，是能上下于天。"郝懿行《笺》说："互人，即《海内南经》氐人国也。'氐'、'互'二字盖以形近而伪，以俗'氐'正作

'互'字也。"可知互人即氐人。此外,《海内经》中所载之"伯夷父生西岳……先龙是始生氐羌,氐羌乞姓",据顾颉刚先生的研究,"乞"为"允"之伪文。[123]因此,我们可以认为,至迟在战国末年,氐作为族称为中原人所知晓应该是没有问题的。[124]因其已有国(氐人国)、有姓(允姓)、有其传说中的先祖(伯夷)。

氐羌同源的学者认为氐族从羌族中分离出来作为一个独立的民族,最早应在汉代,[125]而有的则认为氐族从羌族中分离出来单独作为一个民族,应是晋代以后的事。[126]我们认为,这两种论断均有不周之感。在甲骨卜辞中,"方"的用法有五种含义:一为纯粹的方向,如东方、西方;二是地祇之四方或方;三是天帝之四方,如"帝于东"、"寮于西";四是方国之方,如羌方、多方;五是四土之代替。[127]而有学者认为,"所谓'方',是人的集体。称'方'者大多是商的敌人,但也有服属于商的"。[128]甲骨文中已有氐方出现,只是记载较少,且与羌、商较近。氐方应指人们共同体,后随着商的不断讨伐,与商邻近的羌、氐已逐渐融于商人中。到西周时,周人把氐、羌及其他氐羌系统民族中的较为落后者泛称为戎。在上面内容中我们已经讨论过,此时之戎也有氐、羌之别,如姜氏戎、陆浑戎、阴戎、九州之戎等应是羌人,而据鱼豢《魏略·西戎传》载,西戎在街、獂、冀道者,则为氐人。说明即使在西周时期,氐人和羌人的发展仍在继续,只是民族名称是各种戎而非确指的氐或羌。到了战国时期,随着秦对全国的逐步统一,民族认识和了解也愈加深入,氐作为中原人赋予这一民族共同体的族称终于正式登上了历史舞台。

第三节　巴族与蜀族

在中国古代西南地区,还分布着势力强大的与氐羌系统民族关系密切的巴和蜀。早在先秦时期，巴族和蜀族就曾建立过巴国和蜀国，武王伐纣时巴族和蜀族也曾鼎力相助，后二国为秦所亡。到了汉代，与氏羌系统有亲缘关系的巴人或被称为賨人、或被称为板楯蛮。而蜀国为秦所灭后，文化水平较高的部分与秦人华夏化，而居地偏远、经济落后的部分则仍然固守自己的传统和文化，被称为"叟族"。

我们认为，在考证巴与蜀的问题上，除大量的有关其文献史料、传说记载要重视外，不断发现的巴、蜀考古学文化也为我们考证巴、蜀的来源、族属、迁徙、分布提供了新的证据。

一、巴族的来源与分布

(一)巴族的来源与分布

巴，最早见于甲骨文中。在殷墟五号"妇好墓"出土的卜辞中，屡见"伐巴方"的记载。[129]巴方的地望，据胡厚宣先生的研究，应在殷西北，约当陕西境内。顾颉刚等人所编《中国历史地图集》将"巴方"的地望暂置于汉水流域黄金峡地段而未加肯定。假如图的位置大体不误，这个巴方是与四川地区相连的。在殷武丁时，应已服于殷。"巴方"之名在殷墟卜辞中出现，可知在公元前13世纪时，已有巴方的记载。对于"巴方"之族属，邓少琴先生认为应为巴族，但具体巴族源于何族也未进一步说明。[130]而李绍明先生认为，甲骨文中虽有巴方的记载，但并未涉及其族源。[131]

学术界最早对先秦时期巴人分布区的明确意见，是由童书业先生提出的。童先生在其《春秋史》中指出，巴人"本居楚、邓、秦三国之间，即今河南南部、湖北北部与陕西南部一带"。[132]后童先生在其《春秋左传研究》中，仍认为早期的巴人分布在汉水上游。[133]

但我们知道,"河南南部"和"湖北北部"大半不在汉水上游,童先生的意见似有待进一步说明。庄燕和先生也撰文认为巴人起源于汉水上游,[134]与童书业先生的意见大体一致。潘光旦先生认为,巴人起源于甘肃天水地区,朝东南方向流徙,其中一支到武落钟离山所在的清江流域定居了。[135]此观点一经提出,影响颇大。但也只是论述了巴人的一支而已。

徐中舒先生认为,"战国时代巴为楚所逼,退居于此(清江),秦汉以后,就沿着这一条路线逐渐向西发展。"[136]但徐先生在后来发表的《巴蜀文化续论》中又彻底否定了这种观点,他说,"巴为姬姓,属周部族";"巴为姬姓或巴为廪君后两说,必有一误。《左传》称楚平王母为巴姬,这是有关巴姓的最早的记录,较后来注家辗转传述之说当更为可信。因此,巴为姬姓之说是不当怀疑的。巴为姬姓,即应为江汉诸姬之一。""《世本》又称'廪君之先故出巫诞',巫即楚所自出,诞与坦同,即为居于平坦土地的部族,诞即为濮族所居之地。据此言之廪君当为楚与濮族的传说,而与巴族无关"。[137]但这种观点论据不充分。《左传》说:"初,共王无冢适,有宠子五人,无适立焉……乃与巴姬密埋璧于大室之庭。"[138]这是巴为姬姓的唯一证据。《华阳国志·巴志》云:"武王既克殷,以其宗姬封于巴。"[139]可知周武王曾将姬姓宗室封于巴地。但这只能说明巴地的统治者是姬姓,而不能说姬姓统治下的民众巴人均为姬姓。

童恩正先生则循徐中舒先生旧说,认为巴人起源于清江长阳。他说:"在《世本》中,有所谓'廪君种'的传说,这可能是巴人自己对古代历史的追忆,虽然简单朴素,但却较为可靠。"[140]在其为《中国大百科全书·民族》卷撰写关于"巴"的释文中是这样说的:"传说巴人起源于武落钟离山(今湖北长阳县境内),最初称王的酋长名叫廪君,所以又称廪君蛮。居住的地域大致先后在今四川东部、陕西南部、湖北和湖南西部一带……西周初期,受周王室分封,在汉水流域建立了巴国。春秋至战国中期,占据川东之地"。[141]《辞海》"巴"字的第一义项也说:"古族名、古国名。主要分布在今渝、鄂交界地带。相传周以前居武落钟离山(今湖北长阳西北)一带,廪君为著名首领,后向川东(今属重庆市)扩展。"[142]此外,《土家族简史》亦载:"巴人最早居住在武落钟离山,即今长阳县境内";"巴人早期的活动区域在湖北长阳县一带"。[143]这些观点的提出,主要依据就是关于巴人在清江的历史记载。最早见于《世本》,及《后汉书》、《水经注》、《晋书》,特别是《后汉书·南蛮西南夷列传》中有关廪君的详细记载。其曰:"巴郡南郡蛮,本有五姓:巴氏、樊氏、曋氏、相氏、郑氏。皆出于武落钟离山。其山有赤黑二穴,巴氏之子生于赤穴,四姓之子皆生黑穴。未有君长,俱事鬼神,乃共掷剑于石穴,约能中者,奉以为君。巴氏子务相乃独中之,众皆叹。又令各乘土船,约能浮者,当以为君。余姓悉沉,唯务相独浮。因共立之,是为廪君。乃乘土船,从夷水至盐阳。盐水有神女,谓廪君曰:'此地广大,鱼盐所出,愿留共居。'廪君不许。盐神暮辄来取宿,旦即化为虫,与诸虫群飞,掩蔽日光,天地晦冥。积十余日,廪君伺其便,因射杀之,天乃开明。廪君于是君乎夷城,四姓皆臣之。廪君死,魂魄世为白虎。巴氏以虎饮人血,遂以人祠焉。"[144]文中所说之武落钟离山,位于今长阳县西北的都镇湾东侧,西北临清江,东南临南汉溪,三面环水,山上五峰并立。据《太平寰宇记》载:"武落钟离山,一名难留山,在长阳县西北七十八里,本廪君所出处也。"[145]所谓"夷水",又谓"盐水",即清江。《通典》卷一八七载:"今夷陵郡巴山县清江水,一名夷水,一名盐水,其源出清江郡清江县西都亭山。"[146]

邓少琴先生也认为巴人源于廪君。邓先生认为,古代数巴并存,有清江廪君白虎之巴,巴诞是廪君族系并兼有獽人的名称,而所谓太皞之巴,应源出氏羌。此外,邓先生还进一步阐明巴之族属其源有二,一为白虎之巴,二为巴蛇之巴。[147]董其祥先生也支持这一看法,并认为賨、蜑、僚、獽等族,曾与巴共处于江汉平原或川东,有些就是巴族的组成部分。[148]我们认为,邓先生所说巴人的两个来源实际是巴人中较大的两个具有代表性的部落。

还有一种观点认为,巴人是黄帝的后裔。其主要依据是《华阳国志·巴志》载:"人皇始出,继地皇之后,兄弟九人分理九州,为九囿,人皇居中州,制八辅。华阳之壤,梁岷之域,是其一囿,囿中之国则巴、蜀矣……其君上世未闻。五帝以来,黄帝、高阳之支庶世为侯伯。"[149]所谓黄帝,是中原文化传说中的人物,也是古代所谓"三皇五帝"谱系中的一个代表。《华阳国志》的这种观点,出现于晋代,其目的在于将各种少数民族的传统,全部纳入中原文化的体系之中。因此我们认为这也是不可靠的。[150]

从史籍来看,最早揭示巴人来源的是《山海经·海内经》。其载曰:"西南有巴国。太皞生咸鸟,咸鸟生乘厘,乘厘生后照,后照是始为巴人。"[151]此太皞氏原系东方部落,属于古代"东夷"的范畴。但西汉末年刘歆于《世经》中又说:"太昊帝作网罟,以田渔,取牺牲,故天下号为庖牺氏。"这又将太昊与庖牺(伏羲)联系在一起。而后宋人罗泌在其《路史》中所说之"伏羲生咸鸟,咸鸟生乘厘,乘厘是司水土,生后炤,后炤生顾相,降处于巴,是生巴人",又将巴族的族源追溯至我国西部的伏羲部落。由于文献记载有牴牾,所以,关于先秦、秦汉巴人的来源与族属,历来有不同之观点。

对于如此矛盾的记载,李绍明先生认为,这是巴族形成过程中有东、西二源在历史传说中的反映,即巴族是以东方的濮越人部落,融合了西方的氏羌人部落发展而来的。[152]但因史料的缺乏,巴族东源迁徙情况尚不清楚,东源说的观点也只是对传说资料的一种分析、一种推测。在后来的研究中,李先生又进一步提出了巴人应有狭义的巴人和广义的巴人之分的观点,认为狭义的巴人指巴国王室或统治者,即《世本》所载的"廪君种",其主源可追溯到濮越人,其次源可追溯到氐羌人;广义的巴人当包括《华阳国志》所记之"其属有濮、賨、苴、共、奴、獽、夷、蜑之蛮",即居于巴国境内的属民均可泛称为巴人,其族属未必一致。[153]白九江先生亦持类似观点。[154]

综合来看,以上诸家之说歧说纷繁,主要因各研究者从巴人不同支系着眼,不同支系其来源不同,关于自身来源的传说也不一样。因此也就出现了不同的观点。

我们认为,要弄清巴人的来源、族属问题,最根本的关键问题在于对"巴"及"巴人"、"巴族"、"巴国"、"巴文化"的含义进行梳理。段渝先生敏锐地看到了这一点,并进行了详细的论证。我们试引之。[155]

巴。《说文解字》:"巴,虫也,或曰食象蛇。"《山海经·大荒北经》:"西南有巴国,有黑蛇、青首、食象。"《山海经·海内南经》:"巴蛇食象,三岁而出其骨。"章炳麟在《文始》中说:"《说文》无莽,盖本作莽,古音莽如姥,借为巴也。"[156]"巴"字在小篆中为"e",象蛇状。而据《后汉书·南蛮西南夷列传》载:"廪君死,魂魄世为白虎,巴氏以虎饮血,遂以人祀焉。"唐樊绰《蛮书》也说:"巴氏祭其祖,击鼓而祭、白虎之后也。"此外,还有人把巴释为草、水流之形,[157]坝子之坝、[158]鱼[159]等等。段渝先生认为,巴其实是一个内涵十分广泛的概念,而它内涵的广泛来源于居于巴地的不同族群对于巴义的不同传说和解说。在古代被称为巴,即北达陕南,包有嘉陵江和汉水上游西部地区,南及黔涪,包有黔中和湘西地区在内的一大片地域之内,分布有"濮、賨、苴、共、奴、獽、夷、蜑之蛮"及"廪君蛮"。他们当中,既有属于濮越系的族群,又有属于氐羌系的族群,还有属于华夏后裔的族群。这种分析是非常客观的。从上述有关巴义的各种解说分析其来源,可知"巴为蛇说"来源于六朝时期居于洞庭湖东岳阳一带的巴人;"巴为草名说"来源于先秦秦汉时期居于今四川广元市以西、剑门关之北,嘉陵江西岸老昭化的苴人,为巴人的一支。而从最广泛的意义上说,巴是一个地域名称。从考古学文化上看,板楯蛮先民的分布地域与廪君蛮先民的分布地域十分接近,前者分布在川东北嘉陵江上游和渠江流域,北至汉中,后者发源于鄂西北竹山,他们都居住在称为巴的界域内,所以他们都是巴人,尽管其族群有别,来源不同,巴最初是地域名称而非族称,后才衍生出巴人、巴国、巴文化等概念。

关于"巴人"的含义,上述已知,学者们有不同的看法。归纳起来主要有以下几种观点。邓少琴先生认为,巴方、巴人、巴氏、巴国、巴王、巴子、巴子国、賨人、板楯蛮、胸忍夷、阆中夷等,均为巴族。[160]但邓先生并未展开来一一论证其为何为巴族,实则对巴族之含义尚无明确之界定。而蒙默先生则认为,巴、蜀皆非族称而为国称或地域名,以其居于巴、蜀之地,故皆得蒙巴、蜀之称。故蜀国有多个,巴国亦有多个,其族与地略皆不同。巴地之国至少有四:有阆中渝水之巴,其族为賨人;有夷水廪君之巴,其族为巫蜑;有涪陵水会之枳巴,其族为獽蜑之民;有汉水中游宗姬之巴,其统治者为华夏周人。[161]这表明蒙先生是从地域的角度来考虑"巴"之含义。在古代,地名可以因族人之居而称为其名如濮人所居而被称之濮水、羌人所居而被称之羌水,那为何在此认为巴应为巴国或巴地而非巴族呢? 因此,蒙先生只是从地理划分的视角对巴人所聚居的四个较大的地域进行了阐述。我们认为,李绍明先生关于巴人有广、狭义的提法较为客观。但其有的内容还可进一步探讨。李先生认为,狭义的巴人指巴国王室或统治者,即《世本》所载的"廪君种"，其主源可追溯到濮越人，其次源可追溯到氐羌人；广义的巴人为"濮、賨、苴、共、奴、獽、夷、蜑之蛮"，即居于巴国境内的民众均可泛称为巴人，其族属未必一致。李先生认为狭义巴人只是指巴国王室或统治者即"廪君种"，这种看法很难令人信服。因为熟知《世本》、《后汉书·南蛮西南夷列传》内容的研究者都知道，廪君种只是巴氏之子务相这一支，而其他四姓，其居地相连、共同进退，我们认为也应属于廪君的近亲部落，且巴国王室的内涵也不仅仅指廪君蛮，还有"汉阳诸姬"之一的"姬姓巴国"。至于李先生所言之广义巴人的内涵，我们认为是非常正确的。

段渝先生认为，巴国是指以姬姓巴王族为主体，并包括版图内的其他族群，在先后以陕东南和川东鄂西为中心而其四至因时而异的地域范围内所建立的国家。但不同时期，由于巴蜀范围的不同，巴国的范围也远非一成不变。在多数情况下，当巴疆缩小后，其故地仍可称巴。这种观点就否定了廪君后裔入川而建立的巴国，也是不全面的。而巴文化则有三个不尽相同的概念。战国以前的巴国文化与巴地文化是有区别的，巴国文化是指宗姬一系的巴国王族的文化，巴地文化则是指巴地各族的文化。春秋末战国初巴国从汉水上游南移长江干流，巴国文化与巴地文化才结合起来，形成完整意义上的巴文化。巴国文化南迁至长江两岸巴（西陵）、巫、夔峡地区和川东地区，成为当地各族的统治者，于是巴国文化与巴地文化始多元共生，从复合、耦合到融合，两种不同文化的空间构架由此基本重合，在考古学上表现为巴国青铜文化与巴地文化（陶、石）相融合，"巴文化"才是完整意义上的可以用"巴"来涵盖并指称国、地、人、文化的一个具有独立意义的文化概念，从而形成巴文化区。[162]

总体说来，虽然巴是一个内涵丰富、族属繁杂的巴民族群体的总称。但我们认为其组成来源大致可以括纳为三个大的部分：一为宗姬之巴，即周初分封在汉水上游与大巴山之间的姬姓巴国，其人民应为巴人的主体；二为太皞伏羲之巴（即邓少琴先生所谓之巴蛇之巴），据李学勤先生研究，这部分巴是巴国的一部分民众，是组成巴人的族群之一；[163] 三为廪君之巴，[164] 属濮系民族，廪君之先，实为由汉至江之濮。廪君早在史前时期已南迁清江流域，不能与上述之姬姓巴国混为一谈。[165] 这三大部分巴及其统治下的巴人民众构成为先秦秦汉时期的巴人。分布在陕南、鄂西、川东、黔涪的包括汉水上游、长江中游两岸及嘉陵江上游的广大地区。

而据《华阳国志·巴志》所载"其（巴）地东至鱼复，西至僰道，北接汉中，南极黔、涪"，[166] 这主要是古代巴国及秦巴郡的四境。鱼复即今四川奉节，僰道即今四川宜宾，黔指原属楚国、后属秦国的黔中郡，辖今湖南西北部及湖北、四川、贵州的邻近地区。大抵西包嘉陵江、涪江之间以至泸州一带，东至奉节，北抵米仓山、大巴山南坡，南极贵州思南一带。这是所有巴人活动的区域，当然源于氐羌、南迁后被称为巴人、賨人或板楯蛮的部分也应主要活动在这一地域内。

（二）与氐羌系统民族关系密切的巴人支系

前文所述潘光旦先生所说巴人源于"太皞伏羲之巴"的观点是可以进一步讨论的。李绍明先生也认为巴人的"次源"是氐羌系统民族。我们认为，"伏羲之巴"是巴人的一个支系，当然也可以理解为李先生所言巴之"次源"。

晋人皇甫谧《帝王世纪》载："（伏羲）生于雷泽，长于成纪"，成纪在今甘肃东南部西汉水以北的成县。由成县沿西汉水往东，经陕西略阳入嘉陵江，经过勉县，即是汉中，这里正是巴地的所在。而在甘肃东南的成县、武都、西和、天水、秦安等地，均发现不少主要是战国秦汉时期巴蜀文化的遗存。看来,从甘肃东南到陕西汉中,其中的一些巴蜀文化遗存应与巴人当中的某一支系有关。[167]

从考古学文化的角度而言,巴式风格鲜明的青铜器,多为兵器,首先是柳叶形青铜剑,其次是双弧形耳矛和舌形钺,它们都是战国时代流行的。柳叶形青铜剑,或认为发源于陕、甘一带,[168]或认为发源于成都平原。[169]从年代来看,成都平原的似乎是商代晚期的,陕、甘一带的都是西周早期和中期的。可是,从数量来看,成都平原的早期柳叶形青铜剑只有3件,即三星堆1件和十二桥2件;宝鸡、岐山、灵台却有20件,其中宝鸡的竹园沟和茹家庄即有13件。巴式矛和巴式钺,宝鸡所出是西周早期的,城固一带所出则有商代晚期的。还有三角形援、长方形直内青铜戈,尽管与同类殷式戈相似,但巴地的也以城固所出的最早。在城固所出有地方特色的殷周青铜器中,某些矛、戈、钺饰有虎纹,虎纹正是巴人的一种近乎族徽的标记。在对上述巴族考古学文化进行系统阐述的基础上,张正明先生分析了巴族起源的诸多观点,并结合有关语言学、民俗学、民族学等方面的资料,得出了“早期的巴人是西部民族,属于藏缅语族;巴人起源于羌人频繁出没乃至长久栖息的地区,即陕西西南部和甘肃东南部,可能还包括四川东北部和重庆西北部的少量边缘地带在内,从流域来说是汉水上游和嘉陵江上游;巴人推进到峡江地带的年代不早于春秋中期;巴人推进到清江流域的年代不早于春秋、战国之际”的观点,[170]我们认为有一定道理。特别是张先生对巴人起源于陕西西南部和甘肃东南部的说法基本上与氐人的考古学文化分布中心是相合的。张先生所论之“巴人”可能就是后来宗姬之巴国所辖下之民众及汉代分布在嘉陵江两岸的賨人和苴人的先民。这可能与春秋战国时期“秦霸西戎”有一定关系。我们知道,甘肃东南部与陕西西南部相连接地带应是氐人传统的居住区,因为秦的进一步扩展和压迫,该地氐人中的一部分不断东移、南下,分布到了汉水上游和嘉陵江上游。当然,这只是规模较大的移徙。在此之前可能早就有氐人东徙和南迁了,因氐人与中原接近,是文化水平发展相对较高的民族。

原居甘南、甘东南一带的氐人,其中的一部分沿汉水南下而居,后和其他巴人一起到达清江流域后,为廪君之巴所统。李绍明先生认为,南下的氐羌人与江汉地区的濮越系两族系的民众在清江流域生息繁衍,经过长期的同化和融合后才形成为廪君人。在廪君人中居于主导或统治地位的是濮越族系的后裔。[171]后由于楚人的不断威逼,一部分不断西徙入川,与原来同属氐人系统沿嘉陵江南下并居其两岸的巴人族群会合,到汉代被称为賨人或板楯蛮、苴人。而有一部分可能继续留居在清江流域,并陆续向西部和南部流动,其中一部分进入了湘西。秦灭巴后,更多的巴人不断向南迁徙,与原先留在鄂西、迁入湘西及黔东北的巴人一起,在融合了这一区域的其他民族后,成为今天川、鄂、湘、黔四省连接地带土家族的主体先民。因此,我们认为,巴人的一支——南迁氐人,可能是今天土家族的先民之一。

综上所述,源于氐人系统的巴人之一支,在先秦时期沿汉水、嘉陵江不断南下,到达汉水上游的部分后可能被宗姬之巴所统治,之后不断南移至清江流域;而有一部分直接沿嘉陵江南下居于江之两岸。总的说来,先秦时期主要活动在阆中渝水(今嘉陵江)和川东北及陕东南、鄂西北的广大地区。到了汉代,巴人中源于氐人的那部分被称为胸忍夷、阆中夷、賨人或板楯蛮、苴人。魏晋南北朝时賨人的一支曾建立过成汉政权,后为东晋大将桓温所灭,居于成都平原的大部分賨人融于华夏族。而留于清江中游及成汉灭后不断南徙的一部分氐人、賨人、巴人与氐人融合而成的廪君人的一部分成为了今天土家族的先民。

二、蜀族的来源与分布

（一）蜀族的来源

蜀之记载，最早见于商代武丁时期的甲骨卜辞中。据董作宾先生的统计有 11 条，[172]而岛邦男博士统计为 31 与 42 字条，[173]据殷墟卜辞中的"𢍰"，孙诒让、叶玉森、商承祚等诸家均释为"蜀"。[174]林向先生认为，这些卜辞，除去重复和不能释读的，共有十种内容的记载即：蜀受年，于蜀，征蜀，至蜀，至蜀有事，𢦏蜀，蜀射，蜀御，在蜀，示蜀。[175]对于"蜀"的含义，许慎《说文解字》、《辞海》及有学者已作过系统论述。[176]总体说来，"蜀"最初是一种民族称呼的观点基本上已取得了学术界的普遍认同。这一民族原是属于古代氏族的一支，其本义"应是商代统治者和卜人集团对居住在四川中西部的一群人的特有称谓。其人群称'蜀'，其族则称'蜀族'，所建之国称蜀国，所居之地也就简称为蜀地了"。[177]

详细记载蜀族古史的是扬雄《蜀王本纪》和常璩《华阳国志·蜀志》。《蜀王本纪》说："蜀之先称王者，有蚕丛、柏濩、鱼凫、开明。是时人萌，椎髻左衽，不晓文字，未有礼乐。从开明已上至蚕丛，积三万四千岁。蜀王之先名蚕丛，后代名曰柏濩，后者名鱼凫。此三代各数百岁，皆神化不死，其民亦颇随王化去。鱼凫田于湔山，得仙，今庙祀之于湔。时蜀民稀少。"[178]《华阳国志·蜀志》亦载："周失纲纪，蜀先称王。有蜀侯蚕丛，其目纵，始称王。死，作石棺石椁，国人从之，故俗以石棺椁为纵目人冢也。次王曰柏灌。次王曰鱼凫。鱼凫王田于湔山，忽得仙道，蜀人思之，为立祠。"[179]说明早期的蜀族主要是由三代蜀王"蚕丛、柏濩、鱼凫"为统治者的蜀民族。

关于蜀族的来源，与传说中的黄帝有关。《史记·五帝本纪》云："黄帝居轩辕之丘，而娶于西陵之女，是为嫘祖……生二子，其后皆有天下：其一曰玄嚣，是为青阳，青阳降居江水；其二曰昌意，降居若水。昌意娶蜀山氏女。"[180] 说明黄帝族系与蜀山氏（即蜀人）关系密切。《史记》正义说，西陵，国名也。据考证，西陵国的地望在今四川盐亭。[181]《华阳国志·蜀志》亦言："至黄帝，为其子昌意娶蜀山氏之女，生子高阳，是为帝颛顼；封其支庶于蜀，世为侯伯。历夏、商、周，武王伐纣，蜀与焉。"[182] 所谓蜀山，即岷江上游的岷山。若水，即今川西高原边缘的雅砻江。后世的许多著作都把蜀山氏定在今雅砻江和岷江流域上游一带，极可能是蜀人的原始居地。实际上，蜀山氏的来源极为古远，早在《世本》、《山海经》等先秦史籍中就记有蜀山氏名号，及至汉初，除《史记》外，在《大戴礼记》等史籍中均有蜀山氏的名号，而且诸书并载"蜀山氏之女名昌濮"。说明其记载应是比较准确的。具体而言，蜀山氏所居之地又名叠溪。据考，叠字应出于先秦金文嫘祖二字合文之省，[183] 当为黄帝元妃嫘祖曾经入蜀的证据。这表明，蜀山氏是一支善于驯养蚕桑并利用桑蚕丝作为纺织原料的族群，它的名称来源于古代"以事为氏"的通行命氏之法。蜀山氏的名称显然意味着这一族群在公元前二千六七百年就已经站在了中国蚕桑丝绸早期起源的门槛上了，它的经济文化在当时的中国处于领先地位。[184]

此外，蜀族来源于岷山，还可以从其考古学文化上窥见一斑。前文已述，蜀族是流行大石崇拜的即"石棺石椁，国人从之"。三星堆1号祭祀坑内出土一块与金、玉、铜器共生的大石，明显地是大石崇拜的遗迹。无独有偶，在岷江上游理县佳山寨中，也出土一块不规则的梯形自然石块。两者虽然异时异地，但其大石崇拜传统如出一辙，绝非偶然。另外，三星堆1号坑的方向为北偏西

45°,2号坑为北偏西55°,共同朝向蚕丛氏所由兴起的岷山。而同一时期成都羊子山土台大型礼仪建筑,方向也是北偏西55°,同样朝向蚕丛氏发祥的岷山。这一系列现象无不显示出存在于其中的深刻的内在联系,说明其源头都在岷山,都与蚕丛氏始居岷山石室有不可分割的渊源关系。[185]

关于蜀族来源于雅砻江和岷江上游一带的岷山是无疑了,但其源于何族这一点必须明确。关于蜀族的族属问题,有学者认为应源于氐族,与叟密切相关。[186]而段渝先生认为,早期的蜀族,其部落有别,来源非一,实为一复合型民族,[187]蚕丛与鱼凫为氐族,"早期蜀族是由成都平原先蜀文化的居民与分别来自岷江上游氐族的不同支系融合形成的"。[188]段先生之所以有这样的观点,主要是基于"关于柏濩,历代史籍语焉不详。考古资料中,三星堆文化第1、2期之间有一个明显的变化,而第2期与第3、4期一脉相承,为鱼凫氏统治时期的文化。据此,如以史籍所记三代顺序,则有可能第1期包括有柏濩的文化遗存。但柏濩一代的史事无考"[189]而作出的推测,没有更多的证据。我们认为,先秦汉晋的史籍均把三代蜀王的名号同时相记,说明其关系是非常密切的,不能因为历史语焉不详就作出"柏濩"非氐羌系统民族的结论。段先生对三星堆文化1期与2期的明显变化也没有作出详细解释,因此还可进一步探讨。

关于蜀与叟的关系。前述《尚书·禹贡》中记西羌部落中有"渠叟",《汉书·地理志》录《禹贡》即将"搜"写作"叟",足见二字同音异写。《汉书·武帝纪》载:"北发渠搜,氐羌来服",[190]可证"渠搜(叟)"是氐羌的一种。在古音中,叟为侯部字,蜀为屋部字,屋为侯的入声,所以叟、蜀古音相近。《尚书·牧誓》引《伪孔传》说"蜀,叟。叟者,蜀夷之别名"。[191]又,《后汉书·董卓列传》载:

"吕布军有叟兵内反",注曰:"叟兵即蜀兵也。汉代谓蜀为叟。"[192]
则说明所谓蜀,就是指叟或氐而言。到魏晋时,叟与氐相联系之处
更多,足证在大部分情况下,氐和叟就是一回事。[193]我们认为,叟
族、蜀族为同一民族的观点大致不误,但其为氐或为羌尚需进一步
分析和探讨。持蜀源于氐族观点的学者主要是从魏晋记载中多见
氐与叟(傁)相连得出的不全面认识。关于这一问题,我们将会在
第二章第四节中详细论述。

(二)蜀族的分布与发展

据甲骨文记载,至少在殷商后期,蜀已成为一方国,并与殷王
朝有过密切关系。关于甲骨文中"蜀"的地望,林向先生对各家之
说进行了总括,共有七种不同的观点:一,在鲁。自今之山东泰安
南至汶上皆蜀疆土;二,在晋。故城在今山西新绛西;三,在河曲西
南;四,乃殷西北之敌;五,当在今陕西和四川境;六,初居川西高
原,后入成都平原;七,在汉水上游,只是到西周时期,才转移到成
都平原。殷时之蜀非自称,也非一国一族,而是商王室和濮人集团
用来记述这一大片部族众多、地域广袤的"西土"偏南的土地的泛
称。[194]这种观点比较客观。因为甲骨文中的"蜀"可能是其时大大
小小部落的一个统称,还处于向蜀人、蜀族发展的分化、融合过程
中。

从有关史料记载和考古学文化的分析可以看出,蜀族的分布
地域应与其来源、迁徙息息相关。我们认为,蜀族最初居于川西高
原,后入成都平原的观点比较符合历史。前文已知,蜀族源于岷江
上游的岷山,并行石棺石椁之俗,这已为岷江上游所发掘出的秦汉
时代数量众多的石棺葬所证。[195]初,蜀之先蚕丛活动的区域,主要
是岷江上游一带。正因为如此,在汶川、灌县境内尚有不少以蚕为

名的古地名遗迹,如蚕崖关、蚕崖石、蚕崖市之类。在鱼凫的时代,蜀族逐渐向东南方向的成都平原发展。上述之"鱼凫田于湔山",湔山在灌县(今都江堰市)境内。此外彭县相传尚有鱼凫山,温江有鱼凫城,其发展的线索是相当清楚的。到了杜宇时代,则蜀族的疆域可以说已到极盛时期,当然,蜀族的分布范围也随之扩大。

从文献记录的角度来看,先秦史籍未记蜀的疆域,汉时扬雄《蜀王本纪》亦未明言。蜀族分布的有关相对确切的记载见于《华阳国志·蜀志》,先说"历夏、商、周,武王伐纣,蜀与焉。其地东接于巴,南接于越,北与秦分,西奄峨嶓。地称天府,原曰华阳"。又说:"七国称王,杜宇称帝,号曰望帝,更名蒲卑。自以功德高诸王,乃以褒斜为前门,熊耳、灵关为后户,玉垒、峨眉为城郭,江、潜、绵、洛为池泽,以汶山为畜牧,南中为园苑。"[196]蒙文通先生认为,常志所说的蜀的疆域,事实上也只能说是秦灭蜀时的疆域。用《汉书·地理志》所载"与巴、蜀同俗"的区域来衡量,也至少要包括西汉时的汉中、汶山、越嶲、沈黎、广汉、蜀、犍为甚至永昌等郡。[197]李绍明先生认为,常璩所言之蜀国范围当属可信。其疆域,北部拥有褒斜,此乃汉中盆地通往关中要道,历来如此。《史记·秦本纪》言,秦惠公十三年(前387年),"伐蜀,取南郑"。可知汉中(南郑)当时为蜀所领有。西北部,蜀拥有汶山,相当于今阿坝藏族羌族自治州(以下简称阿坝州)一带。此处为川西北高原草地,可为畜牧,至今犹然。西部即所谓"后户"的熊耳山在今青神县,灵关在今汉源与甘洛两县交界处,皆是川西盆地的边缘。至于中心地带的玉垒山蜀国的主体民族或可称为蜀族,在殷周之时,大约经历了蚕丛、柏灌、鱼凫、杜宇、开明等几个王朝。以上这个区域在地理学上属横断山脉,在今都江堰市,峨眉山在今峨眉山市,江(岷江)、潜(嘉陵江)、绵(绵远河)、洛(雒水)四条江,亦主要在川西盆地,这正是蜀国的核心区域。至于所谓"园苑"的南中，乃是蜀国的南部边陲，已达到今四川西南部及贵州西北部和云南东北部。蜀的东境，常氏未明言。[198]说明在蜀国最强大的时候，蜀族已基本分布在今天的川东、川南和川西南的广大地区以及滇北、滇东北与黔西南交界处。

到了战国后期，蜀为秦所灭，秦把广大的蜀地纳入了中原王朝的统一治理之下。秦汉时期，由于郡道（县）设置的不断调整，原来包括广大地域的蜀国已成为秦汉王朝郡县系统中的蜀郡。虽然秦汉时蜀郡所辖地域不断发生变化，但蜀族基本上还是分布在原来广阔的地域之中，在中原文化的影响下，蜀族中经济文化发展较高的部分慢慢融于汉族之中，而处于边地、相对落后的部分则沿着固有的传统继续向前发展，被称为"叟"，成为汉晋时期"西南夷"的重要组成部分，唐以后与昆明等族一起发展成为"乌蛮"。

注　释

1　陈炳应、卢冬：《古代民族》，敦煌文艺出版社 2004 年版，第 17—18 页。

2　中国科学院考古研究所甘肃工作队：《甘肃永靖大河庄遗址发掘报告》，载《考古学报》1974 年第 2 期；中国科学院考古研究所甘肃工作队：《甘肃永靖秦魏家齐家文化墓地》，载《考古学报》1975 年第 2 期；甘肃省博物馆：《武威皇娘娘台遗址第四次发掘》，载《考古学报》1978 年第 4 期。

3　颜訚：《甘肃齐家文化墓葬中头骨的初步研究》，载《考古学报》1955 年第 9 册；陈炳应、卢冬：《古代民族》，敦煌文艺出版社 2004 年版，第 22 页。

4　俞伟超：《古代"西戎"和"羌"、"胡"考古学文化归属问题的探讨》，载《先秦两汉考古学论集》，文物出版社 1985 年版，第 181 页。

5　张广立、赵信、王仁湘：《黄河中上游地区出土的史前人形彩绘与陶塑初释》，载《考古与文物》1983 年第 3 期；俞伟超：《关于"卡约文化"和"辛店文化"的新认识》，载中国中亚文化研究协会：《中亚学刊》第 1 辑，中华书局 1983 年版，第 15 页。

6　甘肃省文物考古研究所：《甘肃省文物考古工作五十年》，载《新中国考古工作五十年》,文物出版社 1999 年版,第 444—445 页。

7　翁独健:《中国民族关系史纲要》,中国社会科学出版社 2001 年版,第 45 页。

8　俞伟超:《关于"卡约文化"和"辛店文化"的新认识》,载中国中亚文化研究协会:《中亚学刊》第 1 辑,中华书局 1983 年版。

9　甘肃省博物馆:《甘肃省文物考古工作三十年》,载文物编辑委员会:《文物考古工作三十年》,文物出版社 1981 年版,第 144 页。

10　卢连成:《扶风刘家先周墓地剖析——论先周文化》,载《考古与文物》1985 年第 2 期。

11　夏鼐:《临洮寺洼山发掘记》,载中国科学院考古研究所:《考古学论文集》,科学出版社 1961 年版,第 27 页。

12　甘肃省博物馆:《甘肃省文物考古工作三十年》,载文物编辑委员会:《文物考古工作三十年》,文物出版社 1981 年版,第 144 页。

13　《中国大百科全书·考古卷》"寺洼文化"条,中国大百科全书出版社 1986 年版,第 486 页。

14　李振翼:《甘南藏区考古集萃》,民族出版社 2001 年版。转引自陈炳应、卢冬:《古代民族》,敦煌文艺出版社 2004 年版,第 28 页。

15　尹盛平:《猃狁、鬼方的族属及其与周族的关系》,载《人文杂志》1985 年第 1 期。

16　石硕:《从旧石器晚期文化遗存看黄河流域人群向川西高原的迁徙》,载《西藏研究》2004 年第 2 期。

17　张增祺:《滇国与滇文化》,云南美术出版社 1997 年版,第 274 页。

18　四川省文物管理委员会、四川省文物考古研究所:《四川省考古五十年概略》,载《新中国考古工作五十年》,文物出版社 1999 年版,第 378 页。

19　《丹巴县中路乡罕额依遗址发掘简报》,载四川省文物考古研究所:《四川考古报告集》,文物出版社 1998 年版,第 74 页。

20　四川省文物管理委员会、四川省文物考古研究所:《四川省考古五十年概略》,载《新中国考古工作五十年》,文物出版社 1999 年版,第 384—385 页。

21　西藏自治区文物局:《新中国成立以来西藏自治区考古工作成果》,载《新中国考古工作五十年》,文物出版社 1999 年版,第 419 页;西藏自治区文物管理委员会、四川大学历史系:《昌都卡若》,文物出版社 1985 年版,第 151 页。

22　熊正益:《略论卡若文化及其与南北原始文化的关系》,载云南省博物馆:《云南省博物馆建馆三十五周年论文集》,云南人民出版社1986年版,第56—57页。

23 李昆声:《云南原始文化族系试探》,载云南省博物馆:《云南人类起源与史前文化》,云南人民出版社1991年版,第334页。

24 西藏自治区文物局:《新中国成立以来西藏自治区考古工作成果》,载《新中国考古工作五十年》,文物出版社1999年版,第418页。

25 西藏自治区文物局:《新中国成立以来西藏自治区考古工作成果》,载《新中国考古工作五十年》,文物出版社1999年版,第418页。

26 西藏自治区文物管理委员会:《概述近十年的西藏文物考古工作》,载文物编辑委员会:《文物考古工作十年》,文物出版社1991年版,第288页。

27 李昆声:《云南原始文化族系试探》,载云南省博物馆:《云南人类起源与史前文化》,云南人民出版社1991年版,第334页。

28 阚勇:《元谋大墩子新石器时代遗址及其研究》,载云南省博物馆:《云南人类起源与史前文化》,云南人民出版社1991年版,第309页。

29 李昆声、肖秋:《试论云南新石器时代文化》,载云南省博物馆:《云南人类起源与史前文化》,云南人民出版社1991年版,第281页。

30 李昆声、肖秋:《试论云南新石器时代文化》,载云南省博物馆:《云南人类起源与史前文化》,云南人民出版社1991年版,第282—285页。

31 云南省文物考古研究所:《云南省文物考古五十年》,载《新中国考古工作五十年》,文物出版社1932年版,第406页。

32 云南省文物考古研究所:《云南省文物考古五十年》,载《新中国考古工作五十年》,文物出版社1934年版,第410—411页。

33 《太平御览·四夷部一五》卷七九四,中华书局1960年版,第3523页。

34 《荀子·大略篇》,载《诸子集成》,上海书店1987年影印本,第330页。

35 汪宁生:《云南考古》,云南人民出版社1980年版,第155页。

36 云南省博物馆:《云南古代文化的发掘与研究》,载文物编辑委员会:《文物考古工作三十年》,文物出版社1981年版,第376页。

37 阚勇:《滇西青铜文化浅谈》,载云南省博物馆:《云南青铜文化论集》,云南人民出版社1991年版,第61页。

38 竺可桢:《中国近五千年来气候变迁的初步研究》,载《考古学报》1972年第1期;水涛:《甘、青地区早期文明兴衰的人地关系》,载水涛:《中国西北地区青铜时代考古论集》,科学出版社 2001 年版,第 168—171 页。

39　水涛:《甘、青地区青铜时代的文化结构和经济形态研究》,载水涛:《中国西北地区青铜时代考古论集》,科学出版社 2001 年版,第 288、297、307 页。

40　北京大学考古系、甘肃省文物考古研究所:《甘肃葫芦河流域考古调查》,载《考古》1992 年第 11 期;李非、李水城、水涛:《葫芦河流域的古文化与古环境》,载《考古》1993 年第 9 期。

41　水涛:《甘、青地区早期文明兴衰的人地关系》,载水涛:《中国西北地区青铜时代考古论集》,科学出版社 2001 年版,第 177—178 页。

42　尤中:《中国西南民族史》,云南人民出版社 1985 年版,第 9—10 页。

43　《后汉书·西羌传》,中华书局标点本 1965 年版,第 2876 页。

44　"藏彝走廊"是由费孝通先生在 1980 年前后提出的一个历史—民族区域概念,主要指今川、滇毗邻地区横断山高山峡谷地区。参见费孝通:《关于我国的民族识别问题》,载《中国社会科学》1980 年第 1 期;《谈深入开展民族调查问题》,载《中南民族学院学报》1982 年第 3 期。申旭:《藏彝民族走廊与茶马古道》,载《西藏研究》1999 年第 1 期;高泽祯:《"藏彝走廊历史文化学术讨论会"综述》,载《中国藏学》2004 年第 3 期;石硕:《藏彝走廊:历史与文化》,四川人民出版社 2005 年版。

45　颜訚:《甘肃齐家文化墓葬中头骨的初步研究》,载《考古学报》1955 年第 9 册;中国社会科学院考古研究所:《新中国的考古发现和研究》,文物出版社 1984 年版,第 189—190 页。

46　韩康信、潘其风:《殷代人种问题考察》,载《历史研究》1980 年第 2 期;李济:《中国民族的形成》,江苏教育出版社 2005 年版,第 346 页。

47　姚孝遂、肖丁:《小屯南地甲骨考释》,中华书局 1985 年版,第 98 页。

48　于省吾:《甲骨文字诂林》,中华书局 1990 年版,第 125 页。

49　罗琨:《殷商时期的羌和羌方》,原载《甲骨文与殷商史》第三辑,上海古籍出版社 1991 年版;现收入宋镇豪、段志洪:《中国古文字大系·甲骨文献集成·专题分论·方国地理文化生活》,四川大学出版社 2001 年版第 28 册,第 239 页。

50　韩康信、潘其风:《殷代人种问题考察》,载《历史研究》1980 年第 2 期。

51　步达生先生在 1928 年发表的甘肃史前人种研究(其中包括少数河南出土的材料)报告中指出,这个地区的史前居民与现代华北居民之间有许多共同点,称为"原中国人"。他们的体质又具有东方人种的性质。在这些史前人骨中,新石器时代的标本与现代华北人的差异较远一些,而各史前文化后期的标本与现代华北人的差异较少。新石器时代的标本在一些性质上与东部的西藏人类型有些接近。该结果被国内外学者广泛引用,但也有人提出异议。见杨希枚:《河南安阳殷虚墓葬中人体骨骼的整理和研究》,载《历史语言研究所集刊》第42本,1976年。转引自:韩康信、潘其风:《古代中国人种成分研究》,载《考古学报》1984年第2期。

52　韩康信、潘其风:《古代中国人种成分研究》,载《考古学报》1984年第2期。

53　云南省博物馆:《云南丽江人类头骨的初步研究》,载《古脊椎动物与古人类》1977年第15卷第2期;童恩正:《人类可能的发源地——中国西南地区》,载童恩正:《中国西南民族考古论文集》,文物出版社1990年版,第10页。

54　童恩正:《人类可能的发源地——中国西南地区》,载童恩正:《中国西南民族考古论文集》,文物出版社1990年版,第9页。

55　翟国强:《先秦西南民族史论》,云南大学2006届博士研究生学位论文,第47页。

56　转引自董永利、石宏、李卫翔等:《怒江大峡谷及下游地区7个云南少数民族YAP位点的多态性研究》,载《人类学学报》2002年第3期;石宏、董永利、李卫翔等:《中国云南25个少数民族Y染色体DYS287位点的地理多态性》,载《中国科学》(C辑)2002年第4期。

57　钱亚屏、初正韬、卫灿东等:《中国云南五个民族DYS287位点多态性的调查》,载《中华医学遗传学杂志》1999年第6期。

58　徐旭生:《中国古史的传说时代》,广西师范大学出版社2003年版,第23页。

59　黄烈:《中国古代民族史研究》,人民出版社1987年版,第39、41页。

60　《太平御览·四夷部一五》卷七九四,中华书局1960年版,第3523页。

61　章太炎:《西南属夷小记》,载李绍明、程贤敏:《西南民族研究论文选(1904—1949)》,四川大学出版社1991年版,第4页。

62　《国语·周语》,上海古籍出版社1978年版,第104页。

63　冉光荣、李绍明、周锡银:《羌族史》,四川民族出版社1985年版,第3页。

64　徐旭生:《中国古史的传说时代》,广西师范大学出版2004年版,第264页。

65　沈薇薇:《山海经译注》,黑龙江人民出版社2003年版,第199页。

66　黄烈:《中国古代民族史研究》,人民出版社1987年版,第45页。

67　尤中:《中国西南民族史》,云南人民出版社1985年版,第9页。

68　苏秉琦:《中国文明起源新探》,生活·读书·新知三联书店1999年版,第62页。

69 沈薇薇:《山海经译注》,黑龙江人民出版社2003年版,第148、181、199页。

70 顾颉刚:《史林杂识 初编·氏》,中华书局1963年版,第64页。

71 郭郛:《山海经注证》,中国社会科学出版社2004年版,第680、857页。

72 杨铭:《氐族史》,吉林教育出版社1991年版,第18页。

73 董作宾:《殷代的羌与蜀》,原载《说文月刊》1943年3卷第7期,后收入李绍明、程贤敏:《西南民族研究论文选》,四川大学出版社1991年版,第78页。

74 陈梦家:《殷虚卜辞综述》,科学出版社1956年版,第281页。

75 李学勤:《殷代地理简论》,科学出版社1959年版,第80页。

76 姚孝遂、肖丁:《小屯南地甲骨考释》,中华书局1985年版,第98页。

77 于省吾:《甲骨文字诂林》,中华书局1990年版,第125页。

78 姚孝遂:《商代的俘虏》,载《古文字研究》第1辑,第337页。

79 胡厚宣:《中国奴隶社会的人殉和人祭》(下篇),载《文物》1974年第8期。

80 罗琨:《殷商时期的羌和羌方》,原载《甲骨文与殷商史》第三辑,上海古籍出版社1991年版;现收入宋镇豪、段志洪:《中国古文字大系·甲骨文献集成·专题分论·方国地理文化生活》,四川大学出版社2001年版第28册,第239页。

81 陈梦家:《殷虚卜辞综述》,科学出版社1956年版,第277—279页。

82 郑杰祥:《商代地理概论》,中州古籍出版社1994年版,第314页。

83 顾颉刚:《从古籍中探索我国的西部民族——羌族》,载《社会科学战线》1980年第1期。

84 山西省考古研究所:《山西省考古工作五十年》,载《新中国考古工作五十年》,文物出版社1999年版,第70—71页。

85 董作宾:《殷代的羌与蜀》,原载《说文月刊》1943年3卷第7期,后收入李绍明、程贤敏:《西南民族研究论文选》,四川大学出版社1991年版,第78页。

86 陈梦家:《殷虚卜辞综述》,科学出版社1956年版,第277—284页。

87 于省吾:《双剑誃殷契骈枝·释氐》,北京虎坊桥大业印刷局1940年影印,第59—60页。

88 于省吾:《甲骨文字释林》,中华书局1979年版,第460页。

89 李孝定:《甲骨文字集释》,1970年版(台湾),第3737—3752页。

90 李孝定:《甲骨文字集释》,1970年版(台湾),第3748页;杨铭:《氐族的起源、形成及其与羌族的关系》,载杨铭:《西南民族史研究》,重庆出版社2000年版,第134

页。

91　冉光荣、李绍明、周锡银：《羌族史》，四川民族出版社 1985 年版，第 49 页。

92　杨铭：《氐族史》，吉林教育出版社 1991 年版，第 10 页。

93　于省吾：《甲骨文字释林》，中华书局 1979 年版，第 460 页；鲁实先：《卜辞姓氏通释之一》，载《东海学报》第 1 卷第 1 期。

94　陈梦家：《殷虚卜辞综述》，科学出版社 1956 年版，第 279 页。

95　董作宾：《殷代的羌与蜀》，原载《说文月刊》1943 年 3 卷第 7 期；后收入李绍明、程贤敏：《西南民族研究论文选》，四川大学出版社 1991 年版，第 82 页。

96　陈梦家：《殷虚卜辞综述》，科学出版社 1956 年版，第 277—278 页。

97　鲁实先：《卜辞姓氏通释之一》，载《东海学报》第 1 卷第 1 期；李孝定：《甲骨文字集释》，1970 年版（台湾），第 3748—3749 页；杨铭：《氐族的起源、形成及其与羌族的关系》，载杨铭：《西南民族史研究》，重庆出版社 2000 年版，第 134 页。

98　杨铭：《氐族的起源、形成及其与羌族的关系》，载杨铭：《西南民族史研究》，重庆出版社 2000 年版，第 136 页。

99　何光岳：《氐羌源流史》，江西教育出版社 2000 年版，第 110—114 页。

100　顾颉刚：《从古籍中探索我国的西部民族——羌族》，载《社会科学战线》1980 年第 1 期。

101　周振甫：《诗经译注》，中华书局 2002 年版，第 423、425、536、537 页。

102　王俊杰：《论商周的羌与秦汉魏晋南北朝的羌》，载《西北师范学院学报》（哲学社会科学版）1982 年第 3 期。

103　冉光荣、李绍明、周锡银在《羌族史》（四川民族出版社 1985 年版）中认为戎之名始见于西周；任乃强《羌族源流探索》（重庆出版社 1984 年版）认为戎的称呼当西周以后才有，但没有举出相关证据。王俊杰在载于《西北师范学报》（哲学社会科学版，1982 年第 3 期）的《论商周的羌与秦汉魏晋南北朝的羌》中认为，戎之称始于商末。综合有关材料和研究来看，我们认为戎之称应始于西周。

104　陈连开：《夏商时期的氐羌》，载《云南民族学院学报》（哲学社会科学版）1993 年第 4 期。

105　《后汉书·西羌传》，中华书局标点本 1965 年版，第 2872 页。

106　杨铭：《氐族史》，吉林教育出版社 1991 年版，第 16 页。

107　冉光荣、李绍明、周锡银：《羌族史》，四川民族出版社 1985 年版，第 43 页。

108　李绍明、冉光荣、周锡银：《论羌与戎》，载尹达、张政烺、邓广铭等：《纪念顾颉刚学术论文集》（下册），巴蜀书社 1990 年版，第 777、780、781 页。

109　王守谦、金秀珍、王凤春注译：《左传全译·昭公十三年》，贵州人民出版社 1990年版，第 1245 页。

110　《史记·匈奴列传》，中华书局标点本 1982 年版，第 2883 页。

111　顾颉刚：《史林杂识　初编·秦与西戎》，中华书局 1963 年版，第 59—60 页。

112　李绍明、冉光荣、周锡银：《论羌与戎》，载尹达、张政烺、邓广铭等：《纪念顾颉刚学术论文集》（下册），巴蜀书社 1990 年版，第 785 页。

113　《后汉书·西羌传》，中华书局标点本 1965 年版，第 2875—2876 页。

114　岑仲勉：《氐族源流蠡测》，载《中山大学学报》（哲学社会科学版）1959 年第 1、2期合刊；李绍明：《关于羌族古代史的几个问题》，载《历史研究》1963 年第 5 期；方国瑜：《彝族史稿》，四川民族出版社 1984 年版；冉光荣、李绍明、周锡银：《羌族史》，四川民族出版社 1985 年版；万永林：《中国古代藏缅语民族源流研究》，云南大学出版社 1997 年版。

115　顾颉刚：《史林杂识　初编·氐》，中华书局 1963 年版；胡昭曦：《论汉晋的氐羌和隋唐以后的羌族》，载《历史研究》1963 年第 2 期；马长寿：《氐与羌》，上海人民出版社 1984 年版；黄烈：《中国古代民族史研究》，人民出版社 1987 年版；杨铭：《氐族史》，吉林教育出版社 1991 年版。

116　李绍明：《氐》，载中国大百科全书编纂委员会：《中国大百科全书·民族卷》，中国大百科全书出版社 1986 年版，第 91 页；冉光荣、李绍明、周锡银：《羌族史》，四川民族出版社 1985 年版，第 51 页。

117　沈薇薇：《山海经译注》，黑龙江人民出版社 2003 年版，第 199 页。

118　顾颉刚：《史林杂识　初编·氐》，中华书局 1963 年版，第 64 页。

119　杨铭：《氐族的起源、形成及其与羌族的关系》，载杨铭：《西南民族史研究》，重庆出版社 2000 年版，第 148—152 页。杨铭：《氐族史》，吉林教育出版社 1991 年版，第 23—24 页。

120　马长寿：《氐与羌》，上海人民出版社 1984 年版，第 9—12 页。

121　常教：《商颂作于殷商述考》，载《文献》1988 年第 1 期。

122　黄烈：《有关氐族来源和形成的一些问题》，载《历史研究》1965 年第 2 期。

123　顾颉刚：《史林杂识　初编·氐》，中华书局 1963 年版，第 64 页。

124　杨铭:《氐族史》,吉林教育出版社1991年版,第17页。

125　李绍明:《关于羌族古代史的几个问题》,载《历史研究》1963年第5期。

126　万永林:《中国古代藏缅语民族源流研究》,云南大学出版社1997年版,第15页。

127　陈梦家:《殷虚卜辞综述》,科学出版社1956年版,第319页。

128　李学勤:《殷代地理简论》,科学出版社1959年版,第61页。

129　《试论殷虚五号墓的"妇好"》,载《考古学报》1957年第2期;董其祥:《甲骨文中的巴与蜀》,载《西南师范学院学报》(哲学社会科学版)1980年第3期。

130　邓少琴:《巴史新探》,载邓少琴:《邓少琴西南民族史地论集》(上),巴蜀书社2001年版,第7—8页。

131　李绍明:《川东南土家与巴国南境问题》,载《思想战线》1985年第6期。

132　童书业:《春秋史》(重印加"导读"本),上海古籍出版社2003年版,第125页。

133　童书业:《春秋左传研究》,上海人民出版社1980年版,第241—243页。

134　庄燕和:《巴史中的几个问题》,载《西南师范学院学报》(哲学社会科学版)1979年第4期。

135　潘光旦:《湘西北的"土家"与古代的巴人》,载潘光旦:《潘光旦民族研究文集》,民族出版社1995年版,第184—186页。

136　徐中舒:《巴蜀文化初论》,载《四川大学学报》(哲学社会科学版)1959年第2期。

137　徐中舒:《巴蜀文化续论》,载《四川大学学报》(哲学社会科学版)1960年第1期。

138　王守谦、金秀珍、王凤春注译:《左传全译·昭公十三年》,贵州人民出版社1990年版,第1233页。

139　(晋)常璩撰,刘琳校注:《华阳国志·巴志》,巴蜀书社1984年版,第21页。

140　童恩正:《古代的巴蜀》,四川人民出版社1979年版,第6—29页。

141　《中国大百科全书·民族卷》,中国大百科全书出版社1986年版,第21页。

142　《辞海》,上海辞书出版社1999年版,第274页。

143　《土家族简史》编写组:《土家族简史》,湖南人民出版社1986年版,第17页。

144　《后汉书·南蛮西南夷列传》,中华书局标点本1965年版,第2840页。

145　《太平寰宇记》卷一四七,金陵书局光绪8年版,第5页。

146　《通典·边防三》卷一八七,中华书局1984年版,第997页。

147　邓少琴:《巴蜀史稿》,重庆地方志资料组1986年,第44—81页;邓少琴:《巴史再探》、《巴史三探》,载邓少琴:《邓少琴西南民族史地论集》(上),巴蜀书社2001

年版,第41—84页。

148　董其祥:《巴史新考》,重庆出版社1983年版,第26—30页。

149　(晋)常璩撰,刘琳校注:《华阳国志·巴志》,巴蜀书社1984年版,第20页。

150　童恩正:《古代的巴蜀》,四川人民出版社1979年版,第8页。

151　沈薇薇:《山海经译注》,黑龙江人民出版社2003年版,第198页。

152　李绍明:《川东南土家与巴国南境问题》,载《思想战线》1985年第6期。

153　李绍明:《巴人与土家族关系问题》,载李绍明:《巴蜀民族史论集》,四川人民出版社2004年版,第58—61页。

154　白九江:《巴人寻根:巴人·巴国·巴文化》,重庆出版社2007年版,第39页。

155　段渝:《巴人来源的传说与史实》,载《民族研究》2006年第6期。

156　转引自熊传新:《湘西土家族出土遗物与巴人的关系》,载《西南师范学院学报》(哲学社会科学版)1980年第4期。

157　蒙文通:《巴蜀古史论述》,四川人民出版社1981年版,第9—12页。

158　徐中舒:《巴蜀文化初论》,载《四川大学学报》(社会科学)1959年第2期。

159　张勋燎:《古代巴人的起源及其与蜀人、僚人的关系》,载《南方民族考古》(第一辑),四川大学出版社1987年版,第45—49页。

160　邓少琴:《巴史新探》,载邓少琴:《邓少琴西南民族史地论集》(上),巴蜀书社2001年版,第7—16页。

161　蒙默:《试论古代巴、蜀民族及其与西南民族的关系》,载《贵州民族研究》1983年第4期。

162　段渝:《巴人来源的传说与史实》,载《历史研究》2006年第6期;段渝:《政治结构与文化模式——巴蜀古代文明研究》,学林出版社1999年版,第66—70页。

163　李学勤:《巴史的几个问题》,载《巴渝文化》第3辑,1994年,第41—45页。

164　杨华先生对近20余年来地下考古发现资料进行研究后得出,新石器时代晚期至夏商时期的巴人遗址多密集地分布在长江西陵峡及西陵峡出口一带的宜都、枝江、当阳一带。清江中上游地区最具有代表性的长阳"香炉石巴人遗址",最早也只能追溯到夏代。新石器时代晚期出现空白,并且夏商时期的巴人遗址发现很少。通过对鄂西、长江三峡、川东、洞庭湖地区相当于夏商时期的近千处早期巴人遗址的比对分析,杨华先生得出了巴人的起源地并非在清江流域的结论。从鄂西、长江三峡、清江等地区早期巴人遗址的分布情况来看,可推测出巴人进入清江流域的大致路线。即清江巴人氏族部落早在夏代或夏代以前曾活动在鄂西、长江三峡地区，约在夏代开始逐渐沿清江而上向清江中游地区进发。古人类迁徙一般都是沿河流向前，清江巴人也是如此。迁徙的起点应在清江出口处的今枝城市境。巴人溯清江而上，沿途有时停宿于清江岸边的岩洞里，故《世本》中记有巴人五姓宿居于洞穴中的故事，说五姓"皆出于武落钟离山，其山有赤、黑二穴"。五姓曾为争夺部落首领位置，用原始的办法比武，后廪君被拥戴为君长。当他们进入到长阳西部的渔峡口后，巴人觉得这里地理环境比较适宜居住，便在这里安居下来，历经夏、商、周长达1 000余年之久。杨先生所说的"香炉石巴人遗址"实则应是早于廪君到达清江流域之前就生存于斯的巴人土著，后为廪君所统。见杨华：《对巴人起源于清江说若干问题的分析》，载《四川文物》2001年第1期。

165　徐中舒：《巴蜀文化续论》，载《历史研究》1960年第1期；段渝：《试论宗姬巴国与廪君蛮夷的关系》，载《四川历史研究文集》，四川省社会科学院1987年版，第19—35页；段渝：《巴人来源的传说与史实》，载《历史研究》2006年第6期。

166　(晋)常璩撰，刘琳校注：《华阳国志·巴志》，巴蜀书社1984年版，第25页。

167　段渝：《巴人来源的传说与史实》，载《历史研究》2006年第6期。

168　卢连成、胡智生：《宝鸡强国墓地》，文物出版社1988年版，第445页。

169　段渝：《巴蜀青铜文化的演进》，载《文物》1995年第3期；江章华：《巴蜀柳叶形剑研究》，载《考古》1996年第9期。

170　张正明：《巴人起源地综考》，载《华中师范大学学报》(人文社会科学版)2004年第6期。

171　李绍明：《川东南土家与巴国南境问题》，载《思想战线》1985年第6期；李绍明：《夜郎与巴蜀相关民族的族属问题》，载《华中师范大学学报》(人文社会科学版)2006年第4期。

172　董作宾：《殷代的羌与蜀》，原载《说文月刊》1943年3卷第7期，后收入李绍明、程贤敏：《西南民族研究论文选》，四川大学出版社1991年版，第93页。

173　转引自林向：《殷墟卜辞中的"蜀"——成都平原商代遗存初析》，载《殷墟博物苑苑刊》创刊号，中国社会科学院出版社1989年版。

174　李孝定：《甲骨文字集释》，1970年版(台湾)，第3911—3912页。

175　林向：《殷墟卜辞中的"蜀"——成都平原商代遗存初析》，载《殷墟博物苑苑刊》创刊号，中国社会科学院出版社1989年版。

176 童恩正:《古代的巴蜀》,四川人民出版社 1979 年版,第 55—56 页;(晋)常璩撰,任乃强校注:《华阳国志校补图注》,上海古籍出版社 1987 年版,第 220 页;段渝:《玉垒浮云变古今——古代的蜀国》,四川人民出版社 2001 年版,第 18—21 页。

177 赵殿增:《从"眼睛"崇拜谈"蜀"字的本义与起源——三星堆文明精神世界探索之一》,载《四川文物》1997 年第 3 期。

178 《全上古三代秦汉三国六朝文·全汉文》卷五十三,河北教育出版社 1997 年版,第 736 页。

179 (晋)常璩撰,刘琳校注:《华阳国志·蜀志》,巴蜀书社 1984 年版,第 181 页。

180 《史记·武帝本纪》,中华书局标点本 1982 年版,第 10 页。

181 段渝:《嫘祖考》,载《炎黄文化研究》1997 年第 4 期。

182 (晋)常璩撰,刘琳校注:《华阳国志·蜀志》,巴蜀书社 1984 年版,第 175 页。

183 邓少琴:《巴蜀史迹探索》,四川人民出版社 1983 年版,第 136 页。

184 段渝:《玉垒浮云变古今——古代的蜀国》,四川人民出版社 2001 年版,第 22—23 页。

185 段渝:《四川通史》(第一册),四川大学出版社 1993 年版,第 183 页。

186 童恩正:《古代的巴蜀》,四川人民出版社 1979 年版,第 55—56 页。

187 段渝:《论蜀史"三代论"及其构拟》,载《社会科学研究》1987 年第 6 期。

188 段渝:《四川通史》(第一册),四川大学出版社 1993 年版,第 31—35 页。

189 段渝:《四川通史》(第一册),四川大学出版社 1993 年版,第 33 页。

190 《汉书·地理志》,中华书局标点本 1962 年版,第 160 页。

191 《十三经注疏·尚书正义》"周书·牧誓",上海古籍出版社 1990 年版,第 155 页。

192 《后汉书·董卓列传》,中华书局标点本 1965 年版,第 2333—2334 页。

193 童恩正:《古代的巴蜀》,四川人民出版社 1979 年版,第 56 页。

194 林向:《殷墟卜辞中的"蜀"——成都平原商代遗存初析》,载《殷墟博物苑苑刊》创刊号,中国社会科学出版社 1989 年版。

195 童恩正:《四川西北地区石棺葬族属试探——附谈有关古代氐族的几个问题》,载《思想战线》1978 年第 1 期。

196 (晋)常璩撰,刘琳校注:《华阳国志·蜀志》,巴蜀书社 1984 年版,第 175、182 页。

197 蒙文通:《巴蜀史的问题》,载《四川大学学报》(哲学社会科学版)1959 年第 5 期。

198 李绍明:《夜郎与巴蜀相关民族的族属问题》,载《华中师范大学学报》(人文社会科学版)2006 年第 4 期。

第 二 章

秦汉时期中国西南氐羌系统民族的发展

秦汉时期,随着秦汉国家的统一和发展,氐羌系统民族也在不断向各地迁徙。总体来看,氐的居住地与先秦时期相比相差不大,而羌则更大范围地向西、向南移动,并与当地土著融合发展。在西南地区除了有白马羌、牦牛羌、参狼羌、青衣羌外,还有属于氐羌系统的其他民族,如昆明族、叟族、摩沙族、僰族、蜀族、冉駹、白狼、槃木、唐菆、徙、筰都、邛都、和夷、丹、犁等及与氐羌关系密切的寯人或板楯蛮。从众多民族名称的出现,可以看出当时氐羌系统民族发展的同源异流的基本势态。

第一节　氐族

在第一章中我们主要从考古学文化的角度对氐人进行了论述,并对先秦时期的氐人特别是甲骨文中的氐方及氐与羌的关系进行了辨析。下面重点论述秦汉时期西南地区氐族的来源与分布,白马氐与白马羌的关系。

商代甲骨文所载的"氐方"告诉我们,氐人早在商时即已活跃在中原地区,当然这只是氐人中较为先进的最先向东迁徙的那部分。而大部分的氏人则仍然生息在今天的甘南、川北、宁南相连地区。甲骨文中所见之氏人后随历史的发展,迅速融于商、周、秦人中,成为华夏族的一部分;而居于甘、宁、川交界处的氏人则相对稳定地居于原地。汉代郡县的设置,使氏人所在地区纳入了汉王朝的管辖范围,促进了他们的进一步分化、融合和发展。

一、氏族的来源与分布

(一)氏族的来源

秦汉时期居于甘南、川北、宁南地区的氏族,应源于寺洼文化的主人。鱼豢《魏略·西戎传》载:"此(氏人)盖乃昔所谓西戎在于街、冀、獂道者也。"[1] 即氏人乃春秋时西戎的一部分。氏人属农业定居民族,自发迁徙的较少,因此鱼豢所说的氏人的先民是街、冀、獂道诸戎,与氏族的传统居地完全相符。

街,《汉书·地理志》作街泉,属天水郡。在今甘肃庄浪东南。史籍中不见街之名,而仅见邽戎。《史记·秦本纪》载,秦武公十年(前688年)"伐邽、冀戎;初县之",邽即《汉书·地理志》之上邽,属陇西郡。应劭说:"史记故邽戎邑也。"颜师古说:"邽音圭",而街的读音亦同圭。[2]《北史·氏传》载:"自汧、渭抵于巴、蜀,种类实繁,或谓之白氏,或谓之故氏。"[3] 而故、邽同声。[4] 所以,街、邽、故虽然写法不一,但读音相同,可能皆是氏人之先民。《汉书·地理志》有故道,是故氏道的简称,在今陕西宝鸡以南。综合来看,邽、街戎的活动中心,是汉代陇西郡的上邽县,在今甘肃天水。

冀,《汉书·地理志》属天水郡。在今天水东北。《水经·渭水上》载:

"又东过冀县北……东北流迳平襄县故城南,故襄戎邑

也";"其水北迳冀县城北。秦武公十年,代冀戎,县之。故天水郡治。"⁵

说明其地原为冀戎所居。

獂道,《汉书·地理志》属天水郡。《水经·渭水上》载:"又东过獂道县南",又说"渭水又东南,迳獂道县故城西。昔秦孝公西斩戎之獂王于此。应劭曰:獂,戎邑也。汉灵帝中平五年别为南安郡。"⁶《史记·秦本纪》载,秦孝公西斩戎之獂王系秦孝公元年(前361年)事。《史记·匈奴列传》载:

> "秦穆公得由余,西戎八国服于秦,故自陇以西有縣诸、绲戎、翟、獂之戎",他们"各分散居溪谷,自有君长,往往而聚者百有余戎,然莫能相一"。⁷

由上可知,獂作为西戎八国之一,秦穆公时被征服,秦孝公时又斩戎之獂王。獂与秦周旋数百年,关系密切,后为秦所灭。獂道在今甘肃天水西北。西汉时在此设獂道,说明此前尚有獂戎部落活动在这一带。

此外,我们还可以从氐人的有关居住风俗中找出一些线索。《诗经·秦风》载:"在其板屋,乱我心曲"一句。《毛传》:"西戎板屋"。唐孔颖达解释说:

> "地理志云:天水、陇西,山多林木,民以板为屋,故秦诗云'在其板屋'。然则秦之西垂民亦板屋,言西戎板屋者,此言'乱我心曲',则是君子伐戎,其妻在家思之,故知板屋谓'西戎板屋',令想君子伐得而居之也。"⁸

《秦风·小戎》是春秋时期的作品,成于诗三百集成以前,即周景王元年(前544年)以前。在此期间,秦人多次伐戎,但其伐西垂之戎,有记载的为两次,一次为秦武公十年(前 688 年)伐邽、冀戎,一次为秦穆公三十七年(前 623 年)伐西戎。即使是最后一次,也应包括街、冀、獂在内。《水经·渭水上》载:"上封(邽),故封(邽)戎国也。秦武公十年,伐邽,县之";"其乡居悉以板盖屋,毛公所谓西戎板屋也。"[9]《南齐书·氐传》也说:"(氐人)无贵贱皆为板屋土墙。"可见街、冀、獂戎是有居住板屋风俗的戎人。从居住方式相同来看,说街(邽)、冀、獂戎是氐人的先民,也是可以成立的。[10]

　　综上所述,在春秋战国时期的西戎中,确实存在秦汉时称为氐族之先民,因其所在之地名街(邽)、冀、獂而被名为街(邽)、冀、獂戎。这一地区是氐人传统居住地区的北部,战国时期的义渠更在其东北,而羌人更在其西。而鱼豢《魏略·西戎传》载:"氐人有王,所从来久矣。"则街(邽)、冀、獂王为氐王的可能性是较大的。春秋战国时期的街(邽)、冀、獂戎到了秦汉时期已被明确地称为氐人。

(二)氐族的分布

　　秦汉时期西南地区的氐族,分布地与其原始分布地基本一致,即集中于川北与甘南、陕南相连地带。司马迁《史记·西南夷列传》对我国秦汉时期西南地区的民族进行了第一次翔实的记载。司马迁是到过西南地区的,因此该记载应真实可靠。其载:

　　　"西南夷君长以什数,夜郎最大;其西靡莫之属以什数,滇最大;自滇以北君长以什数,邛都最大:此皆椎结,耕田,有邑聚。其外西自桐师以东,北至楪榆,名为嶲、昆明,皆编发,随畜迁徙,毋常处,毋君长,地方可数千里。自嶲以东北,君长以什数,徙、筰都最大;自筰以东北,君长以什数,冉駹最大。

其俗或土箸，或移徙，在蜀之西。自冉駹以东北，君长以什数，白马最大，皆氐类也。此皆巴蜀西南外蛮夷也。"[11]

在此，司马迁从文化、社会生产、经济生活的角度对西南地区的民族作了分类记述。但对于上述文字，学者们有不同的理解。归纳起来，主要有以下三种观点：一种观点认为，西南夷皆氐类；[12]一种观点认为，西南夷中的徙、筰都、冉駹、白马都是氐人；[13]一种观点认为，西南夷中的氐指的是冉駹东北一些的部落，如白马氐。[14]之所以存在这些不同的看法，主要是人们对这段文字解读的角度和各人所持的看法各异。从历史发展的角度及其他记载对照来看，我们认为，第三种观点更为客观。徐中舒先生认为"史记所称氐类，是指分布在四川贵州云南三省非汉族的蛮夷而言。他们的社会经济有的'椎结、耕田、有邑聚'，有的'编发、随畜迁徙'，有的'或土箸，或移徙'"，但他本人对此问题的认识也较为模糊，正如他所言"经济文化悬殊如此，而总称为氐类，这是一个很难解答的问题"。而李绍明先生认为的"居住在自白龙江经岷江上游、大渡河流域，以至洱海、滇池，这片广大地方的夜郎、靡莫、滇、邛都、嶲、昆明、徙、筰都、冉、駹、白马等部落皆为氐类"的观点，是李先生就其所持的氐羌同源异流，氐出于羌的观点所作出的分析。关于这一点上一章已作解释，此不赘述。胡昭曦先生认为徙、筰都、冉駹、白马都是氐人，并引《汉书·张骞传》载："今使大夏从羌中险，羌人恶之……从蜀宜径又无寇，乃令发间使出駹、出筰、出徙邛、出僰。"此"可证汉人是认为冉駹、筰、徙邛、僰都与西羌有别，皆非西羌"。实则胡先生还可进一步研究，冉駹、筰、徙邛、僰都与西羌有别，皆非西羌，这也是事实。但它们都是与氐羌系统民族关系密切的民族，是氐羌系统民族南下后和当地土著或其他民族融合发展形成的民族，当然与西羌也就有一定区别。《汉书·西南夷两粤朝鲜传》关于此段记载与《史记·西南夷列传》所载略同，而《后汉书·南蛮西南夷列传》所载稍异："自嶲东北有莋都国，东北有冉駹国，或土著，或随畜迁徙。自冉駹东北有白马国，氐种是也。"又曰："白马氐者，武帝元鼎六年（前111年）开，分广汉西部，合以为武都。"[15]此外，常璩《华阳国志》在记载氐与南中诸族时也迥然有别，均无概指西南夷皆氐类。之后的《通典》亦载："氐者西戎之别种，在冉駹东北，广汉之西，君长数十，而白马最大。"[16]《太平御览》亦说："汉书曰，蜀之西，冉駹以东北，君长以十数，白马最大，皆氐类也。"[17]近人黄烈先生也认为，"这里氐种显然是就白马国而言"。[18]马长寿先生也认为，"原文把徙、筰都二族与冉駹并列，谓'其俗或土著，或移徙，在蜀之西'，已作一小结。下文'自冉駹以东北，君长以什数，白马最大'，谓'皆氐类也'，又作一小结。最后一语'此皆巴蜀西南外蛮夷也'，是总结上文及前未引文中的夜郎、滇、邛都、嶲、昆明之类皆为西南夷。"因此，马先生认为司马迁所谓的氐类应是冉駹以东北的以白马为最大的十几个部落。[19]这种认识是比较客观的。

秦汉时期，中国西南地区的氐人主要分布于其所设置的几个郡中。据《汉书·地理志》载，陇西郡、武都郡、广汉郡、蜀郡均有氐人所居，从分布来看，与西南地区有关的氐人就主要集中在广汉郡和蜀郡，下面详述之。

广汉郡。"广汉，莽曰广信。葭明，郪，新都，甸氐道，白水出徼外，东至葭明入汉，过郡一，行九百五十里……刚氐道，涪水出徼外，南至垫江入汉，过郡二，行千六十九里。阴平道，北部都尉治。"[20]又，《汉书·百官公卿表》曰："汉有蛮夷曰道"，颜师古注曰："氐，夷种名也。氐之所居，故曰氐道"，[21]则说明在广汉郡内的甸氐道、刚氐道，是氐人的主要聚居区，而阴平道则是以氐人为主的多民族聚居区。

甸氐道，据《大清一统志》载甸氐故道"在文县西"。且吴云逵《武阶备志》亦说，"甸氐故城在文县西南"。可知汉代的甸氐道，在今甘肃文县铁楼乡到四川平武县白马乡一带。20 世纪八九十年代曾在白马乡一带出土秦半两、五铢钱，以及陶器、铁器等，为秦汉时遗物，估计汉代的甸氐道就在白马乡附近。[22]

刚氐道，《汉书·地理志》曰："涪水出徼外，南至垫江入汉。"据《水经·涪水》载，"涪水出广汉属国刚氐道徼外"，又说"东南迳涪县西"。[23]《华阳国志·汉中志》亦载："刚氐县，涪水所出，有金银矿。"并注曰："刚氐县，本作'刚氐'，《封泥考略》卷五有'刚氐道长'封泥，《长安获古编》有'刚氐右尉'封泥，可证。'刚氐'乃省文。两汉曰刚氐道……故城在涪水上游，《清一统志》云，在今平武县东。"[24]又，顾祖禹《读史方舆纪要》"龙安府"条下说：平武县，"汉广汉郡刚氐道地"；江油县，"汉为刚氐道地"。[25]从上述可知，涪水即今四川之涪江，发源于松潘东北雪栏山，汉代的刚氐道在今川西北的平武至江油一带。

阴平道，因有阴平氐等少数民族所居而设之道。《汉书·地理志》虽未详载，但我们从《华阳国志·汉中志》和《三国志·魏书》中可窥见一斑。《华阳国志》载，阴平郡即汉之阴平道，"东接汉中，南接梓潼，西接陇西，北接酒泉（按：酒泉应为武都）。土地山险，人民刚勇。多氐傁，有黑、白水羌、紫羌、胡虏风俗、所出与武都略同"。[26]《三国志》载："又故武都地阴平街左右，亦有（氐）万余落（按：落在此应为户之意）。"[27]在这儿，氐傁即氐；仅在阴平就有氐人万余落。这表明氐人是最多、影响最大的少数民族，说明阴平道也是氐人的一个聚居区，位置大致也应在甘南、川北一带。

蜀郡。有湔氐道，禹贡岷山在西徼外，江水所出，东南至江都入海,过郡七,行二千六百六十里。[28]实则湔氐道即秦时所置之湔氐县。"(李冰)乃至湔氐县,见两山对如阙,因号天彭阙",而"据《水经》,故城在今松潘北"。[29]《水经·江水》:"岷山在蜀郡氐道县,大江所出,东南过其县北";"始发羊膊岭下……东南下百余里,至白马岭,而历天彭阙……江水自天彭阙东迳汶关,而历氐道县北。汉武帝元鼎六年,分蜀郡北部,置汶山郡以统之。县本秦始皇置"。[30]则氐道县即为湔氐道。

湔氐道的位置,《读史方舆纪要》"成都府"条下载:"湔氐废县,在(茂)州西北。汉为湔氐道,属蜀郡。"[31]《大清一统志》曰:"古湔氐道,在(松潘)厅西北。"对此,学者有不同的看法,有的认为在今松潘县北元坝子乡;[32]有的则认为在今天灌县、汶川一带。[33]在汉代,四川西北有湔水、湔山等名,都是指今天的岷江及其支流,都因有湔氐这一支氐人活动于此,遂有了湔山、湔水之名。从上述记载来看,第一种观点更接近事实。湔氐应主要分布、活动在岷江上游地区。

总体而言,秦汉时期中国西南地区的氐人主要分布于川北地区,这一地区的氐人与甘南、青海西部连结地带的氐人应是同一系统的。

二、白马氐与白马羌辨

秦汉时期,西南地区的氐人主要就聚居在上述广汉郡之甸氐道、刚氐道、阴平道和蜀郡之湔氐道。这些氐人,实则就是《史记·西南夷列传》中所载的氐类,当然包括势力最大的白马氐。

在我国秦汉时期的各种历史记载中,白马氐是较为明确记录下来的氐类之一。最早见于《史记·西南夷列传》所载之"自冉駹以东北,君长以什数,白马最大,皆氐类也"。《汉书》所载同,并载

"（西汉置）广汉西白马为武都郡".[34]《后汉书·南蛮西南夷列传》又载："自冉駹东北有白马国，氐种是也"；"白马氐者，武帝元鼎六年开，分广汉西部，合以为武都。土地险阻，有麻田，出名马、牛、羊、漆、蜜。氐人勇戆抵冒，贪货死利……元封三年，氐人反叛，遣兵破之，分徙酒泉郡".[35]可见，汉代的白马氐，原属广汉北部都尉（安帝后改属国都尉）所治，其地与武都相错，后归并入武都郡，故武都又有白马氐出现。这和《汉书》所载"武帝元封三年秋七月，武都氐人反，分徙酒泉郡"即同一事。

在汉代及其以后的史书记载中，白马氐有时又被称为白马羌。有研究者认为白马氐即白马羌；[36]有的认有白马羌是由白马氐演变而来；[37]有的则认为白马氐与白马羌是两个不同的民族，有时混称是因为其地有氐羌杂居之缘故。[38]综合来看，我们认为第三种观点更接近事实，但仍需深入探讨。

方国瑜先生、李绍明先生之所以认为白马氐即白马羌，主要是其持氐羌同源异流的观点；而何光岳先生认为，白马羌由白马氐演变而来。其实氐、羌杂居，互相融合，有时称白马氐，有时称白马羌，但总而言之，皆为羌族分支，以白马为图腾。此外，何先生认为"广义的羌人，包括戎、氐、羌三大部分"。[39]按其观点推论，则应是白马氐由白马羌发展而来，而此为何谓白马羌由白马氐演变而来，这是值得进一步研究的。后来在《羌族史》中，对白马氐与白马羌的关系，李绍明先生的观点略有变化，"唐代之武州、成州，在汉代均属武都郡。当一支羌人来此之后，又受到氐人的强烈影响，以致名之曰'白马羌'。如同'胡人'迁此，则称之为'白马胡'一样。"如果我们把"白马胡"认为就是"白马氐"或"白马羌"，是难以解释的。

我们认为，秦汉时期，氐与羌的主要居地虽然区别明显，但有一部分仍交错杂居,加之当时史学家对民族的认识、划分也不是太明确,"史书常沿袭历史习惯,氐羌不分,常把氐人的活动,多混之于羌人之中,或笼统呼之曰羌类"。[40]这给我们今天认识白马氐与白马羌带来一些混乱。

先考白马氐。据考,白马是地名,古白马部落原在甘肃文县西北,古白水上游。《水经·漾水》曰:"白水西北出于临洮县西南西倾山,水色白浊……白水又东南,入阴平……白水又东南,径阴平道故城南,王莽更名摧虏矣,即广汉之北部也。广汉属国都尉治,汉安帝永初三年分广汉蛮夷置。有白马水,出长松县西南白马溪,东北径长松县北。而东北注白水。白水又东,径阴平大城北,盖其渠帅自故城徙居也。"[41]白马从水得名,白马氐即指散居在白马水一带的氐人。白马为阴平道所辖,汉初属广汉郡,元鼎六年分广汉西部置武都郡时,改属武都郡。武都郡为氐人的重要分布区,河池(即仇池)直至魏晋以后尚为氐人的重要据点。《史记·西南夷列传》中所记白马为氐中最大,除此之外,还有数十个属氐类的部落。《汉书·地理志》颜师古注:甸氐道,"白水出徼外";刚氐道,"涪水出徼外";湔氐道,"禹贡岷山在西徼外,江水所出"。清吴卓信撰《汉书·地理志补注》卷四五曰:"凡言徼外者,皆谓去其郡县之境不甚远。"上述史料,说明氐族乃习惯于沿河谷居住之民族。氐族发展的方向,除湔氐道的氐族外,主要是由西北向东或向南,盖皆沿河谷移动者。由此推之,自白马溪、白马水,以至阴平道,盖为白马氐部落早期聚居之地。后来一部分往东,定居在武都、略阳等地,氐道的氐族属之。唐杜佑《通典·州郡六》曰:"武都郡武州,古白马氐(氏)之国,西戎之别种也";"同谷郡成州,古白马氐(氏)国";"顺政郡兴州,战国时为白马氐之东境"。[42]唐代的武州、成州接境,在汉时皆为武都郡地,而兴州故治在略阳,其地为白水所经。这都是由阴平东迁之氐族，故亦称为白马氐。而另一部分由阴平往南，沿涪水上游至四川平武境者，据《通典·州郡六》载："龙州，汉及魏为无人之境，晋得之属阴平郡，宋齐皆因之，后魏置油江郡，西魏置龙州"；"油江（县），有石门山，与氐分界"。[43]又《元和郡县志》卷三三载："石门山，在（龙州江油）县东一百三里，有石门戍，与氐分界"。所谓"无人之境"殆言汉人少，未置州县。其地在汉为刚氐道，前已言之，盖为氐族之南境。是以刚氐道的氐族亦为白马氐的一支。唐代江油县乃今平武，石门山在今平武县治西南。则刚氐道的氐族以石门山为与汉人分界处。其仍留在阴平者，则是汉代甸氐道的氐族。[44]以上记载和研究说明，今甘肃文县西北至武都一带是白马部落的主要原始居地，这和先秦时期氐人的分布是一致的。在秦汉时期由于各种原因除一部分留居原地即汉之甸氐道外，其他的氐人则不断向东向南移动，迁居汉武都郡、陇西郡之氐道，广汉郡之刚氐道、阴平道及蜀之湔氐道。因此，可以认为，上述氐道、刚氐道、阴平道、湔氐道之氐人均是白马部落的分支。从其分布的地理位置来看，氐族的活动范围已从甘肃南部扩大到了东部及四川西部和北部一带。至于后来史书中记甘肃酒泉及陕西扶风、始平、京兆等地有氐人的记载，则都是被迫从阴平、武都迁徙而去的，其地原无氐族，如《汉书·武帝纪》载："武都氐人反，分徙酒泉。"[45]《北史·氐传》载："氐者西夷之别种，号曰白马。"[46]因此，我们认为史籍中所载之"白马"如没有明言属"白马氐"或"白马羌"时，则应指氐族之一部。[47]

再考白马羌。白马羌主要分布在今四川绵阳地区北部和甘肃武都地区南部。东汉这里属蜀郡北部都尉、广汉属国。[48]《华阳国志·汉中志》载："阴平郡，本广汉北部都尉，永平后，羌虏数反，遂置为郡……土地山险，人民刚勇，多氐傁，有黑、白水羌、紫羌，胡虏风俗、所出与武都略同。"又载,"武都郡,本广汉西部都尉治也,元鼎六年别为郡……土地险阻,有麻田,氐傁,多羌戎之民。"[49]这里的阴平郡,相当于今平武、北川、江油及松潘等部分地区。公元2世纪初,活动在这些地区的除氐人外,还有各种不同的羌人,甘南之武都地区也是如此。黑、白水羌,就是指居于黑水、白水左右的羌人。黑水见《水经·漾水》载:"(白水)东南流与黑水合,水出羌中,会贞按:《华阳国志》,阴平县有黑白水羌。《通鉴》,宋元嘉二年,秦王炽磐遣将吉毗等,南击黑水羌酋邱担大破之。《元和志》,黑水出秦岭山,山在尚安县西北一百六十八里。水在今文县西北徼外。"[50]黑水即今四川南坪的黑河,白水即今流经南坪和甘肃文县的白水江。说明在汉代,在甘肃、川北一带的氐族分布区,也有羌人杂处。"白马羌"的由来,或与《水经》中白马水有关。今四川平武与甘肃文县一带,尚有白马岭、白马关、白马峪等地名。平武县的"白马藏人",其所信奉的神称为"白马土主"。应是羌人的一支南下后与氐人杂居相处,深受氐人之影响,且又居于白水左右,因此被称为"白马羌"。

汉代大量的羌族分布在广汉、武都地的记载甚多。《后汉书·西羌传》说:

　　"其后子孙分别,各自为种,任随所之……或为白马种,广汉羌是也"。[51]

《华阳国志·南中志》载:"安帝永初中,汉中、阴平、广汉羌反,征战连年。"[52]即白马羌亦称为广汉羌。《华阳国志·蜀志》载:"宣帝地节三年,武都白马羌反";[53]《汉中志》载:"安帝永初二年,阴平、武都羌反……四年,羌复来……元初二年,羌复来,巴郡板楯救之。"[54]《后汉书·西羌传》亦载:

"桓帝建和二年,白马羌千余人寇广汉属国,杀长吏,益州刺史率板楯蛮讨破之"。[55]

《资治通鉴》也载顺帝永和二年(137年),"二月,广汉属国都尉击破白马羌";桓帝建和二年(148年),"白马羌寇广汉属国,杀长吏。"[56]说明属羌人一支的白马羌在武都地也有分布,因此有时也被称为武都羌。故而我们认为,广汉羌、一部分武都羌与白马羌异名实同。

综上所述,从其族源及其分布来考,白马氐为氐人中的一支,而白马羌则是羌人中的一支。二者不能混而为一。

第二节　羌族

秦汉时期中国西南地区羌族的分布与发展,应从秦朝建立之前的战国时期开始梳理。随着秦统一"全国"局面的形成,原来分布于秦国西部的以羌人为主体的戎人不断被东迁到中原邻近地区,逐渐融入华夏族中,而更多的羌人则不断向西、向南及西南迁徙,向南、向西南迁徙的部分在与他族融合、分化的基础上,形成为秦汉时期中国西南地区的白马羌、牦牛羌、参狼羌、青衣羌及其他同源异流民族。

一、羌族的分化与迁徙

东周以降,以羌人为主体的诸戎,大量涌入中原的广大地区。后因齐、晋、楚、秦相继称霸,诸戎屡遭征伐,大部分始渐次融合于华夏族。特别是秦国屡次对诸戎的征伐,使其在历经了五百多年时间里,更多地被秦国所融合。[57]初,周平王因避犬戎之乱东迁洛邑,以襄公有功封其为诸侯,赐其岐以西之地,并说:"戎无道,侵夺我岐、丰之地，秦能攻逐戎，即有其地。"[58]其后至秦武公时，依次灭"丰王"、"亳王"和"彭戏氏"，占有了关内原宗周之地。后又向西于"（武公）十年（前688年），伐邽、冀戎，初县之。十一年，初县杜、郑。灭小虢。"[59]扩展到全部渭水流域。秦穆公时，"秦用由余谋伐戎王，益国十二，开地千里，遂霸西戎。"[60]而同一件事，在他处则记作"秦穆公得由余，西戎八国服于秦"。[61]据顾颉刚先生的考证："《本纪》于国名未个别举出，《匈奴传》则说之曰：'自陇以西，有緜诸、绲戎、翟、獂之戎；岐、梁山、泾、漆之北，有义渠、大荔、乌氏、[朐]昫衍之戎……各分散居溪谷，自有君长，往往而聚者百有余戎，然莫就相一'，是戎国之数，约计之凡百余，举其荦荦大者则有八。"[62]并详细论证了"西戎八国"的位置，具体内容见本书第一章，兹不赘述。后来秦国在这些地区设置了陇西郡，把其纳入了郡县统治，加快了这些戎人的发展进程。

　　从历史发展的角度来说，秦对西戎的多次用兵，特别是秦穆公及其以后，不断对西戎征伐，给西戎民族的社会、政治、经济、文化生活等带来了巨大而深远的影响。《后汉书·西羌传》的记载可以让我们窥见一斑。"羌无弋爰剑者，秦厉公时为秦所拘执，以为奴隶。不知爰剑何戎之别也。后得亡归，而秦人追之急，藏于岩穴中得免。羌人云爰剑初藏穴中，秦人焚之，有景象如虎，为其蔽火，得以不死。既出，又与劓女遇于野，遂成夫妇。女耻其状，被发覆面，羌人因以为俗，遂俱亡入三河间。诸羌见爰剑被焚不死，怪其神，共畏事之，推以为豪。河湟间少五谷，多禽兽，以射猎为事，爰剑教之田畜，遂见敬信，庐落种人，依之者日益众。羌人谓奴为无弋，以爰剑尝为奴隶，故因名之。其后世世为豪"。"《后汉书》曰：'遂俱亡入河湟间。'今此言三河，即黄河、赐支河、湟河也"。[63]这段话告诉了我们如下信息：一是爰剑是其时秦人的奴隶，一定程度上受秦人生产、生活的影响；二是当时羌戎居地的三河间在爰剑之前的经济生活是以狩猎为主，之后在爰剑的帮助下过渡到了田畜农业生产阶段；三是羌人披发习俗的来源。由此看来，秦人对羌人的影响是显而易见的。

秦献公、秦孝公、秦始皇时对西北羌人的多次征伐，使西北的羌戎民族集团不断向外迁徙，为今后我国西北、西南民族分布格局的形成奠定了重要基础。"至爰剑曾孙忍时，秦献公初立，欲复穆公之迹，兵临渭首，灭狄獂戎。忍季父卬畏秦之威，将其种人附落而南，出赐支河曲西数千里，与众羌绝远，不复交通。其后子孙分别，各自为种，任随所之。或为牦牛种，越嶲羌是也；或为白马种，广汉羌是也；或为参狼种，武都羌是也。忍及弟舞独留湟中，并多娶妻妇，忍生九子为九种，舞生十七子为十七种，羌之兴盛，从此起矣"。"及忍子研立，时秦孝公雄强，威服羌戎。孝公使太子驷率戎狄九十二国朝周显王。研至豪健，故羌中号其后为研种。及秦始皇时，务并六国，以诸侯为事，兵不西行，故种人得以繁息。秦既兼天下，使蒙恬将兵略地，西逐诸戎，北却众狄，筑长城以界之，众羌不复南度"。[64]

总体而言，春秋、战国以降，原来聚居在西北甘、青高原的羌人受到中原诸侯们的排挤，有的被征服融合，有的则到处流散。从公元前7世纪中叶秦穆公及其以后，秦国发动大规模征服、兼并其邻近的羌部落的活动，导致了羌人向西部、西南的更大规模、更远距离的迁徙、移动。"出赐支河西数千里"的羌人成为"发羌"、"唐旄"，成为藏族先民的一部分；有的迁到了新疆天山南路，成为"婼羌"的组成部分；也有少数可能北迁至今内蒙古西部额济纳旗一带。最为重要的是，大量的羌人继续向西南移动，形成秦汉时期我国西南地区的白马羌、牦牛羌、参狼羌、青衣羌、昆明族、摩沙族等民族。他们与当地原有居民共同生活，由于自然条件的差别，有的处河谷地带,有的据丘陵地区,有的则在深山密林之中,加上其他因素的影响,决定其走上不同的发展道路。有的强大,有的弱小;或农耕,或畜牧;或与汉族同化,或与土著结合。[65]向西、西南迁徙的羌人在历史的发展过程中,成为了今天中国西南地区汉藏语系藏缅语族的重要先民。

二、牦牛羌的来源与分布

《后汉书·西羌传》载,秦献公时古羌人由赐支河曲南下于西南的一支就有"牦牛种,越嶲羌"。段玉裁《说文解字》卷二说:"牦、犛、旄三字同音,故随用一字。"可见,牦牛羌也即旄牛羌。《后汉书·南蛮西南夷列传》"莋都"载:"元鼎六年,以为沈黎郡。至天汉四年,并蜀为西部,置两都尉,一居旄牛,主徼外夷,一居青衣,主汉人。"[66]而《华阳国志·蜀志》所考更为具体,西部都尉辖青衣、严道、徙、旄牛四县。且进一步明确了两部都尉,一治旄牛,主徼外羌人;一治青衣,管汉民。此徼外羌即旄牛羌。旄牛,本旄牛夷之地,汉武帝开为县,东汉、蜀、晋因。《水经·江水》亦载:"沈黎郡,汉武帝元鼎六年,以蜀郡西部莋都置,理旄牛道,天汉四年置都尉,主外羌,在邛崃山表。自蜀西度邛莋,其道至险",[67]纪昀案云:"莋都即旄牛县,亦曰旄牛道,故城在今雅州府青溪县南部"。清溪县即今汉源县,其地原为莋都,亦即旄牛羌部的中心,后来汉朝在此设置沈黎郡。[68]关于沈黎郡所辖之地望,任乃强先生认为,《汉书·武帝本纪》注引臣瓒曰:"《茂陵书》沈黎莋都,去长安三千三百三十五里,领县二十一"中的二十一个县,[69]可确定的有九县:旄牛、徙、严道、青衣、莋都五县及越嶲郡之莋秦、定莋、大莋、姑复四县。故二十一县中只有十二县不知名。这种把越嶲郡之属县纳入沈黎郡的说法颇为牵强。但其后所说"沈黎郡失名之十二县,皆当在今康定、九龙、乾宁、道孚、炉霍县内,随当时部落酋长请置吏者置立。大都皆犛牛种之小酋,贪赏赐者所请。时皆牧部,人无定居,县不能立,故旋复废去,并已属于旄牛都尉也"。[70]所言极是。或许正因为初置沈黎郡时所领二十一县包括了徼外广大地区,所以在撤沈黎郡后特设一都尉主管徼外夷事务,又由于主管徼外夷事务的都尉居旄牛县,所以在叙述旄牛县时自然将徼外地区囊括于内。[71]这也表明,任先生认为徼外夷与旄牛种羌人关系极为密切。

又,《后汉书·安帝纪》元初五年李贤注引《华阳国志》云:旄牛县"在邛崃山表"。邛崃山即今大相岭。《水经·沫水》:"沫水(今大渡河)出广柔徼外,东南过旄牛县北,又东至越嶲零道县(今甘洛一带)"。《方舆纪要》卷七三:"旄牛城在黎州千户所(今汉源之清溪)南"。据此,旄牛县故治当在今汉源县南大渡河南岸之大树堡一带。[72]旄牛羌除分布在汉源县外,还不断南迁到今川西南之西昌至滇西北、滇北地区。因此,在秦汉时期,旄牛羌除主要分布在沈黎郡外,还广布于越嶲郡。

《汉书·地理志》载:

> "越嶲郡,武帝元鼎六年开……县十五:邛都(今西昌、德昌),遂久(今永胜、丽江),灵关道(今喜德),台登(今冕宁南部之泸沽),定莋(今盐源、盐边、宁蒗),会无(今会理、会东、宁南),莋秦(今冕宁北部),大莋(今米易),姑复(今永胜、华坪一带),三绛(今会理西南之黎溪、姜驿),苏示(今西昌北部之礼州),阑(今越西),卑水(今昭觉、布拖、普格、美姑),潧街(今峨边),青蛉(今永仁、大姚北部)。"[73]

此外,方国瑜先生在释"潧街"县时,认为"关于潧街地名,别无记载,殊难考校。惟从越嶲郡部族区域言之,大渡河南旄牛夷地,汉时设县,蜀以后不属越嶲郡,灵关、阑二县如此……疑灅街在越西以东之峨边、甘洛,盖古时亦为旄牛夷所居之地也"。[74]在以上诸县中,均有羌系统民族分布。应该说,旄牛羌应是其中较大之种。无怪乎《后汉书·西羌传》载,"或为旄牛种,越嶲羌是也",是说战国时羌人西徙南下至越嶲者为旄牛种是也。因此,旄牛羌也被称为越嶲羌。

"元初四年,益州、永昌、越嶲诸夷封离等反";[75]《后汉书·南蛮西南夷列传》载:

> "(安帝元初)五年,卷夷大牛种封离等反叛,杀遂久令……乔乃遣从事杨竦将兵至楪榆击之,贼盛未敢进。先以诏书告示三郡,密徵求武士,重其购赏。乃进军与封离等战,大破之,斩首三万余级,获生口千五百人,资财四千余万。"[76]

封离即旄牛羌人,其人口众多、经济发达可从上面窥见一斑。

总体而言,在秦汉时期,源于羌系统民族的旄牛羌,初聚居于旄牛县,后不断南迁,与羌人的其他支系及当地土著杂居于大渡河以南、安宁河流域及滇北、滇西北的金沙江两岸,并成为当时羌人中的大种之一。之所以被称为旄牛羌,大部分学者认为可能这支羌人擅长于饲养牦牛之故。[77]这也可以从当时的一些记载看出,《史记·西南夷列传》曰:"巴蜀民或窃出商贾,取其筰马、僰僮、髦牛,以此巴蜀殷富";[78]史书还记载有旄牛道,《三国志·蜀书·张嶷传》载:"(越嶲)郡有旧道,经旄牛中至成都,既平且近;自旄牛绝道,已百余年,更由安上,既险且远。嶷遣左右赍货币赐路……开通旧道,千里肃清,复古亭驿。奏封路为牦牛毗王。"[79]这说明旄牛羌所养的牦牛较为有名,影响较大,遂成为这支羌人的名号。有学者认为旄牛羌或许就是《尚书·牧誓》八国"庸、蜀、羌、髳"中的髳,因其地产旄牛,故转称其人为旄牛夷,又称其地为旄牛。[80]这也可备一说。此外,还有学者认为,"氂牛种越巂羌"实指青衣羌。[81]这种观点的有力依据是认为西南夷民族应包有氐、羌、夷三系统民族,而我们前面已经说过,夷系民族只不过是氐羌系统民族的一种概称。此外,其证据是越巂境内这些被称作"旄牛种"的人并非"旄牛夷",而是"羌",故其特以"旄"和"氂"两个音、义相同而写法各异的字来对"夷"和"羌"加以区分,同时将"氂牛种越巂羌"置于《后汉书·西羌传》中来叙述,而将东汉时活跃于蜀郡西部汉嘉郡境内的"旄牛夷"的事迹则放在《后汉书·南蛮西南夷列传》中来叙述。因青衣羌来自旄牛县和旄牛夷活动的地方,他们被越巂地区的人群称作"氂牛种"。但"氂牛种越巂羌"与"旄牛夷"不是一回事。这种观点有一定道理,但还可进一步探讨。不能因为作者安排的体系、内容不同就断定"氂牛种越巂羌"与"旄牛夷"是两个不同的民族。我们认为,氂与旄是同音异写,可以互用,上述中华书局标点本1965年版《后汉书·西羌传》中所载之"或为旄牛种,越巂羌是也",即写成"旄"字。旄牛种越巂羌,即是指羌人旄牛夷而非青衣羌。之所以会有学者认为旄牛种越巂羌是青衣羌,主要因为当时确有一部分青衣羌南下到了越巂郡,和旄牛夷杂居在一起,但不能认为旄牛种越巂羌就是青衣羌。后来青衣羌(或称青羌)被诸葛亮北迁回青衣江流域。而旄牛种越巂羌仍然聚居在越巂郡。

据何耀华先生的研究,在以后的历史发展中,旄牛羌中的一部分与他族融合发展为彝族,一部分加入了汉族,一部分发展成为川西南的藏族,分散在滇西北的一部分发展成为后来的普米族。[82]这种观点较为可信。

三、参狼羌的来源与分布

参狼羌属羌之一支,在战国时向南迁徙,秦汉时主要聚居、分布在今甘肃武都地区。《水经·羌水》说:"羌水出羌中参狼谷……《后汉书·羌无弋爱剑传》云,或为参狼种,武都羌是也。谷因种人得名……彼俗谓之天池白水矣。"[83]羌水即白龙江。《后汉书·西羌传》载:"自爱剑以后,子孙支分凡百五十种。其九种在赐支河首以西,及在蜀、汉徼北,前史不载口数。唯参狼在武都,胜兵数千人。"[84]"武都郡,本广汉西部都尉治也,元鼎六年别为郡……西接阴平。土地险阻,有麻田,氐傁,多羌戎之民……有瞿堆百顷险势,氐傁常依之为叛。汉世数征讨之,分徙其羌远至酒泉、敦煌。其攻战垒成处所亦多。"[85]在对"氐傁"进行解释时,刘琳先生认为,武都郡古为氐、羌族的一个聚居区,氐称白马氐,羌称参狼羌。后一句话不太准确,因为在武都郡的羌人除了参狼羌以外,还有白马羌,而这两种羌人还可以统称为武都羌。因羌戎之民反抗汉朝的统治,被多次征讨,远徙到酒泉、敦煌,因此参狼羌的一部分也被远徙。

到了东汉,武都参狼羌人起义而被征服。"(建武)十三年,武都参狼羌与塞外诸种为寇,杀长吏。援将四千余人击之,至氐道县……豪帅数十万户亡出塞,诸种万余人悉降"[86]。又,"中元元年,武都参狼羌反,杀略吏人,太守与战不胜,陇西太守刘盱遣从事辛都、监军掾李苞,将五千人赴武都,与羌战,斩其酋豪,首虏千余人。时武都兵亦更破之,斩首千余级,余悉降"[87]。到了安帝时,参狼羌人开始内附,"(安帝永初二年)冬,广汉塞外参狼种羌二千四百口复来内属"[88]。

在上文论述中,我们知道,白马羌也称广汉羌、武都羌,而参狼羌亦可称为武都羌,因此,史志中的武都羌究竟为何种羌人,必须视具体情况分析之。正因为武都郡是氐、羌杂居地,而羌又非只一种,因此,有时给人们认识武都郡之羌人族系带来一些混淆或似是而非的认识。另一方面,因广汉与武都相近,且均为氐、羌杂居,有人就混称其为"广汉塞外参狼种羌"、"武都塞上白马羌"等等。[89]

四、青衣羌的来源与分布

羌人的一支南下到古之青衣水,并居于青衣水周围地区,遂被称为青衣羌。曾建立过青衣羌国。秦汉时之青衣羌基本上分布于青衣水,后可能有部分不断南迁至越嶲郡,在三国时曾为蜀国所用。其骁勇善战,号为飞军。[90]

《华阳国志》说:"时青衣有沫水出蒙山下",[91]"高后六年,城僰道,开青衣",""'开青衣'谓秦已置县,秦汉之际废绝,今又开置为县"。[92]说明秦曾置青衣县。《水经·青衣水》亦载:"青衣水出青衣县西蒙山,东与沫水合也。县故青衣羌国也。"[93]秦汉时,青衣羌就主要聚居于青衣羌国即青衣县。关于青衣县,《华阳国志·蜀志》载:"'汉嘉'即青衣县,古青衣羌国";[94]而《水经·青衣水》所载更为详细:"汉武帝天汉四年,罢沈黎郡,分两部都尉,一治青衣,主汉民。公孙述之有蜀也,青衣不服,世祖嘉之,建武十九年以为郡。安帝延光元年,置蜀郡属国都尉。青衣王子心慕汉制,上求内附。顺帝阳嘉二年,改曰汉嘉。"[95]对青衣县地理位置的明确,上述引文中青衣水、沫水之义甚为关键。青衣江,至今亦名羌江,有二源,一出宝兴,一出芦山县,经天全、雅安、洪雅、夹江,在乐山汇入岷江,沿这条江上游居住的多为青衣羌人。[96]关于沫水,古有二说:一指今大渡河,一指今宝兴河。《水经·沫水》载:"沫水出广柔徼外……东南过旄牛县北,又东至越嶲灵道县(今四川甘洛县），蒙山南。东北与青衣水合……沫水又东……东入于江。"[97]此沫水乃指大渡河。而上述《华阳国志》所记之沫水则是指宝兴河。《水经·沫水》还说："沫水出岷山西，东流过汉嘉郡，南流冲一高山，山上合下开，水迳其间。山即蒙山也。"[98]此沫水即指宝兴河。宝兴河发源于宝兴县北，南流经县城西，又南经灵关，又南经铜头山下铜头峡。临河一峰高耸，圆径十里，《水经》所谓"上合下开，水迳其间"指此。宝兴河又东南流，历灵鹫山下，经芦山县西，至县南与芦山河合，是为青衣江。又东南流至乐山县西会大渡河，东入岷江。以上二说唯源头所指不同，而下游实为一水。故合流之后，或称沫水，或称青衣水，或称大渡水，名异而实同。刘琳先生据此认为，青衣县故城当即今芦山县治（今二水在芦山东南沙田相会）。[99]这是非常客观的。

　　对于羌人南下进入青衣江的时间，据石硕先生的研究，至少在公元前316年秦灭蜀以前就已经存在于今雅安青衣江地区，并与其地之"筰都夷"形成杂处局面，[100]故秦灭蜀以后在其地所设边卡被称作"羌筰之塞"。[101]既然羌人在公元前316年以前就已经存在于青衣江地区，而秦灭蜀上距《后汉书·西羌传》所记羌人南迁的秦献公时代（前384年—前362年）仅有四五十年时间，所以青衣江地区的这些羌人是否是从秦献公时代才开始南迁的就很值得怀疑。由于目前记载羌人南迁史实的《后汉书·西羌传》最早提到的羌人自西北南下的时间为秦献公时代，故传统上人们多以秦献公时代为羌人南迁之始。但羌人早在秦灭蜀的公元前316年以前即存在于青衣江地区的事实，预示着羌人南下迁入西南地区的时间很可能比史籍记载的时间要早。这和我们在第一章所论氐羌系统民族早在石器时代就开始不断南迁是相合的。青衣羌是进入藏彝走廊时间最早、南下最远的一支羌人，他们南下入踞青衣江流域地区的时间很可能在秦献公时代以前。从上述《水经注》于汉"青衣县"条下注"县故青衣羌国也",可知在汉高后六年"开青衣县"以前,羌人在青衣县曾拥有相当势力,很可能建立过具有一定规模的酋邦一类的青衣羌国。羌人远在汉以前就活跃于青衣江地区并在当地拥有相当势力的情况,不仅印证史籍记载秦"南距羌筰之塞"可信,也从另一侧面说明了羌人在青衣江流域地区应有较为久远的历史。

从上述所论青衣水及其所流经的地域来看,我们认为,秦汉时期的青衣羌主要分布在今天雅安地区及与阿坝州连接地带。三国时期,青衣羌有很大部分南迁至越巂郡地,后为诸葛亮北迁还至青衣江流域的蜀地。魏晋以后,青衣羌可能与其地的其他氐羌系统民族相融合而不见于史载。

第三节　冉駹、白狼、槃木、唐菆、徙、筰都、邛都、和夷、丹、犁

先秦以来不断南徙的氐羌系统民族,由于所分布的地理位置、生存环境各异,产生了不同的支系,而其名称也各不相同,有冉駹、白狼、槃木、唐菆、徙、筰都、邛都、和夷、丹、犁等等,这些民族大多分布在川西北的岷江上游及其以西的雅砻江、金沙江流域和青衣江、大渡河、安宁河,可以说基本上遍布于整个川西北、川西和川西南地区,有一部分还南徙至滇西北地区。

一、冉駹的来源与分布

冉駹,最早见于甲骨卜辞中。据饶宗颐先生对有关甲骨文的研究,[102]认为"冉为武丁以来之重要贞人,盖以冉为氏","冉地近

羌必在陕蜀之交","冉与羌及白(僰)人有关"。甲骨文中有"冉
駹"的记载,说明冉駹历史悠久,可能在较早时从氐羌系统民族中
分化出来,但具体属氐系统或羌系统,饶先生并未进一步论述。但
饶先生也指出其地在陕蜀之交,并与羌和僰人有一定关系,勾勒出
了冉駹的分布地和其族属问题。

对于冉駹的认识,有学者认为冉和駹实为两个部落或部落联
盟的合称,[103]而有学者则认为冉駹是一个整体。[104]关于冉駹的来
源、族属问题,也是见仁见智,有学者认为,冉駹源于氐羌系统民
族,但没有确指属氐羌系统民族中的何种民族;[105]有学者明确认
为,冉駹源于氐羌系统民族中的氐族;[106]有学者则认为,冉駹属夷
系民族;[107]还有学者则认为,汉之冉駹即隋唐之嘉良,亦即近代的
嘉戎,乃远古时从西藏琼部东迁出来的一族,非氐非羌,是藏族之
一种。[108]秦汉时期的冉駹,其分布问题也存在不同观点。有学者认
为秦汉时期的冉駹应分布在四川松潘与甘肃文县之间,[109]有学者
则认为在岷江上游的茂汶一带。[110]

综合来看,我们认为冉駹应是一个整体而非两个部落,汉以前曾
建立过冉駹国,其应源于氐人,在秦汉时期主要分布在岷江上游一带。

马长寿、任乃强、李绍明、童恩正、段渝诸位先生基本上都是从
《史记·大宛列传》所载之"乃令骞因蜀犍为发间使,四道并出:出
駹,出冉,出徙,出邛、僰,皆各行一二千里";[111]《史记·司马相如
列传》所载"因朝冉从駹,定筰存邛,略斯榆,举苞满";[112]《汉书·
西南夷两粤朝鲜传》之"自駹以东北,君长以十数,白马最大"及
《魏略·西戎传》所载"或号青氐,或号白氐,或号蚺氐,此盖虫之
类而处中国"来分析判断,[113]认为冉和駹分举或仅举其一的做法表
明冉、駹应为两个部落而非一个部落群体。而我们认为,冉駹在有
的地方单独或称冉,或称駹,从一定角度反映出二者文化面貌应是

比较相近甚至相同，并且可以互相代替，"冉駹夷、冉駹国、冉駹都尉三种称谓虽略有不同，但可明显看出，'冉駹'已成为一个总地名的称呼，因此，把冉和駹分开为两个部落或两个古代民族都是不妥的"。[114]大多数的学者还是将其视为一个民族。此外，李绍明先生从《史记·西南夷列传》所载之"西南夷"皆"氐类"的视角出发，认为"氐"是对所有氐羌系统民族的泛称。这是李先生氐羌同族观点的一种体现。祁庆富先生认为冉駹地区的主要民族属氐羌系统民族，这是无疑的，但具体属氐羌系统的什么民族，也没有具体展开论述。

马长寿先生对冉駹族属问题的认识有一个变化过程，先认为属氐，[115]后又认为应属藏人的一支。[116]马先生主要从族名音韵和文化习俗两方面来论证冉駹为嘉戎，这有一定道理，因为氐羌系统民族的一些文化面貌是相近的，这也为所发掘的石棺葬所证实。[117]隋唐时期，从冉駹中分化出来的一支形成了嘉良夷。按嘉良夷的地望，当在今丹巴、靖化、懋功一带，所谓"嘉良有水，阔六七十丈"，即今之大渡河，[118]其地在今甘孜藏族自治州（以下简称甘孜州）之西北部，与茂汶邻近。此与马先生所论汉代的冉駹，其后裔为现在尚居住于汶川、理县境内的嘉戎族的观点基本上是一致的。但认为冉駹是"藏族之一种"的观点是不够严谨的，实则是至隋唐时期发展成为嘉戎的那部分冉駹是今天藏族先民的一部分。

《史记·西南夷列传》对冉駹的记载是较详细的，其载曰："自筰以东北，君长以什数，冉駹最大。其俗或土著，或移徙，在蜀之西。"[119]汉武帝元光六年，派司马相如出使"西夷"，"司马长卿便略定西夷，邛、筰、冉、駹、斯榆之君皆请为内臣"。[120]冉駹表示愿意臣服于汉。元鼎六年，"南越破后，及汉诛且兰、邛君，并杀筰侯，冉駹皆振恐，诸（请）臣置吏。乃以……冉駹为汶山郡"。[121]《后汉

书·南蛮西南夷列传》载:"冉駹夷者,武帝所开。元鼎六年,以为
汶山郡。至地节三年,夷人以立郡赋重,宣帝乃省并蜀郡为北部都
尉。其山有六夷七羌九氐,各有部落。"[122]且《华阳国志·蜀志》也
载:"汶山郡……有六夷、羌胡、羌虏、白兰峒、九种之戎"。[123]表明
在秦汉时期,冉駹所在之地是一个多民族杂居地,尤以氐、羌为多。
冉駹主要分布在岷江上游,其活动中心,大概在今茂县、汶川县和
理县一带。至于蒙默、刘琳、唐光沛等诸位先生所说的冉駹可能是
属于上述之"六夷"之列,我们认为是可以商榷的。因为在《史
记·西南夷列传》中,已把冉駹列出作为代表,表明其人数、势力
是较为强大的,且言冉駹夷地有九氐之言,那从数量上来说,当然
冉駹应属氐而非夷;此外,关于上述"峒"之释也可以帮助我们澄
清对冉駹族属的认识。据《后汉书》王先谦集解引惠栋曰:《华阳
国志》云:"有六夷、羌胡、羌虏、白蘭、蛤、九种之戎也"。同为《华
阳国志》的记载,便有"峒"与"蛤"的不同。据王先谦校补引"柳
从辰曰:今《华阳国志》汉魏丛书本与惠氏所引合,廖寅本蛤作峒,
今案蛤峒皆无考,当作蚺。《通志》云:氐其种非一,或号青氐,或
号白氐,或称蚺氐,此盖中国人即其服色而名之也"。"据上引文,
氐人有多种,青氐白氐蚺氐皆其种类。蚺氐之蚺与冉駹之冉,似为
同名异字"。[124]至确。因此,冉駹无疑属氐人。再者,我们可以从冉
駹的含义来进行考证,也能得出冉駹应是氐人,并由此可以看出秦
汉时期冉駹的分布。

　　冉駹之得名,可能是与冉山和駹水有关。冉山在今何处已不
可考,但唐代于茂州都督府下所设的羁縻州中有冉州及冉山县,可
知冉山当在茂州附近。《后汉书·郡国志》于蜀郡汶江道注引《华
阳国志》曰:"濊水、駹水出焉。多冰寒,盛夏凝冻不释。孝安延光
三年复立之以为郡";又于緜虒道注引《华阳国志》曰:"有玉垒山,

出璧玉,湔水所出。"[125]如此看来,湔水是当地的主流,即今岷江上游,则驒水无疑为湔水支流。它很可能是今之杂谷脑河。[126]据《明史·四川土司》载:"茂州,古冉驒国地。汉武帝置汶山郡,宣帝为北部都尉。隋为蜀州,寻改会州。唐贞观改茂州。宋、元仍旧,治汶山县。"[127]这就告诉我们,唐时的茂州即古冉驒国所在。关于冉驒国,《后汉书·南蛮西南夷列传》载:"冉驒夷者,武帝所开。元鼎六年,以为汶山郡。至地节三年,夷人以立郡赋重,宣帝乃省并蜀郡为北部都尉。其山有六夷七羌九氐,各有部落。"《华阳国志·蜀志》也说:"汶山郡,本蜀郡北部冉驒都尉,孝武元鼎六年置。旧属县八……东接蜀郡,南接汉嘉,西接凉州酒泉,北接阴平。有六夷、羌胡、羌虏、白兰峒、九种之戎。"以上记载所谓冉驒国、冉驒夷、冉驒都尉,虽然没有解释冉驒的含义,但大概告诉我们冉驒之地的民族及其分布。《汉书·地理志》广汉郡有"甸氐道、刚氐道、阴平道",又蜀郡下有"緜虒、湔氐道、汶江、广柔、蚕陵"。[128]而《后汉书·地理志》也载:蜀郡下有"湔氐道、汶江道、緜虒道、广柔",广汉属国下有"阴平道、甸氐道、刚氐道"。[129]可见蜀郡、广汉郡或广汉属国所辖之道县,乃是因汶山郡省并后,将所属道县划归所致。汶山郡的区域在汉晋时常有变迁,自汉武帝元鼎六年立郡之后,于宣帝地节三年省并其管辖,改置蜀郡北部都尉;光武时仍归蜀郡,置湔山、汶山、緜虒三道,隶益州;灵帝时复置汶山郡,领汶江、广柔、蚕陵三县,仍属益州;晋置汶山郡,领松州一带及汶山、昇迁(也写作升迁)、都安、广阳、兴乐、平康、蚕陵、广柔八县,隶益州,即上述《华阳国志》中的旧属县八。总体来看,汶山郡的大多数属县始终是在岷江上游一带。特别是湔氐道、刚氐道、阴平道都是氐人的传统居地,汶山郡省并以后以这些道所置广汉郡、蜀郡、广汉属国,其地也应是氐人的主要聚居区。因此,从这一角度而

言,冉駹应属氐族。另一方面,上述诸道县,至今仍可考。如汉代
的汶山郡治汶江,即茂县凤仪镇,湔氐道即今松潘,緜虒县(道)在
今汶川之緜虒镇,广柔县在汶川县西北,蚕陵县即今茂县叠溪,这
些地方主要都在今茂县、汶川县、理县境内。其余甸氐、刚氐、阴平
三道则在今平武、北川、文县一带,与此区毗连。据此可以推之,汶
山郡的区域主要在今岷江上游的茂县、汶川县和理县一带,其郡治
在今茂县凤仪镇。[130]

　　从考古学文化的角度来看,四川北部的石棺葬,主要分布在阿
坝州的汶川、理县和茂汶三县的岷江两岸,据考古学家研究,这些
石棺葬的时代,大致是从战国一直延续到西汉晚期。[131]这也是学者
们最先发现和研究石棺葬的地区。

　　石棺葬又被称为石棺墓、石板墓、岩板墓等。20 世纪七八十
年代是西南地区石棺葬的大发现时期。其发现的地点和数量众
多,地域也不再限于岷江上游,如在青衣江上游、大渡河下游、川西
高原、川西南山地、滇西北和滇中高原、西藏东部等地区都有发现,
这大大地加深了学者们对石棺葬时空分布和文化内涵的认识。但
岷江上游地区仍然是考古工作进行最多的地区,同时也是研究的
重点区域。[132]对于石棺葬的主人,有戈人说、月氏人说、氐人说、羌
人说、僰人说、多民族说、夷人说等。[133]之所以出现这么多观点,是
因为学者们研究的视角、广度、深度使然。根据第一章的论述我们
知道,石棺葬是黄河上游马家窑文化马家窑类型中一个比较突出
的原始文化因素,这种葬俗应是南下的氐羌系统民族所常见的。
综合分析后我们认为,石棺葬的主人为氐羌系统民族的观点应大
致不误,[134]但某一地域的石棺葬其究竟属氐系民族或属羌系民族
应具体分析墓葬出土物并结合有关记载和材料来讨论其族属,不
能一概而论。

　　具体而言,岷江上游石棺葬的主人可能就是氐人。童恩正先生从考古学、文化人类学的视角,并结合古文献记载,对以岷江上游为主,也包括川西其他地区的石棺葬居民的族属进行了深入讨论,认为这原是一种居住在黄河上游的氐羌系统民族,在新石器时代后期部分南迁,进入川西北地区后与当地民族杂居,在农业定居过程中,他们与羌族的区别日益显著,构成了川西北氐族的先民。秦汉时期其文化达到最繁荣阶段,遍及今阿坝州、甘孜州和凉山彝族自治州(以下简称凉山州)的一部分。秦汉以后,川西北的氐族部分融入藏族,部分以嘉良夷、嘉戎等名称而见于历史,另一部分则可能南下至川黔边境一带,最终与汉苗诸族同化。[135]林向先生则通过对羌族传说的分析,并结合古文献和考古学资料,也认为岷江上游的石棺葬属于氐族,羌族传说中的戈基人即是氐族。羌人南迁到达岷江上游的时间在战国秦汉以后,大量出现则在西汉武帝以后,约在西汉末期他们通过"羌戈大战"打败并消灭了当地的戈基人,此后石棺葬俗也就消失了。[136]段渝先生从文献记载,结合石棺葬文化和"羌戈大战"的传说也认为冉駹应属氐人。[137]

　　从民族学资料具体来看,上述岷江上游羌族世代口耳相传的民间史诗《羌戈大战》,[138]记述羌族未到岷江上游之前,当地原住民是戈基人,其居处以"日补坝"为中心,日补坝在今茂县大坝。日补二字为冉駹的同音异写,今马尔康尚有"日布乡",金川有"日旁梁子"。日布、日旁与日补音近相通,词根相一,均为冉駹地名的西移。[139]此外,在理县桃坪巫师唱经中载:"戈基人供神马头龙,马王神主能上天";而《山海经·中次九经》亦载:"凡岷山之首,自女几山至于贾超之山,凡十六山,三千五百里。其神状皆马身而龙首。"[140]马头龙或马身龙首的神,据传是駹的形象,与羌族巫师传唱的戈基人之马王神一致。戈基人是氐族,则冉駹也应为氐族无疑。[141]

概而言之，秦汉时期，源于氐人的冉駹民族，主要分布在岷江上游一带，并随着历史的发展不断分化、融合。在大量羌人南下到达岷江上游时，双方可能发生了激烈的冲突，最终羌人胜出。因此，原来冉駹聚居地的岷江上游一带继而成为羌人在西南地区的主要集中地。以冉駹人为主的氐族或被征服，或被迫外徙，后一部分融入藏族，一部分融于汉等族。到魏晋以降，基本上不见其记载。现今聚居于岷江上游茂县、汶川县、理县等地的羌族自称"尔玛"、"尔麦"、"日玛"、"日麦"，这与"冉駹"的读音几乎相同。我们认为，可能在羌戈大战时，有大部分的冉駹人融入了羌族之中。因为氐人冉駹先于羌人徙居岷江上游，其社会发展水平可能高于羌人，后并于羌人后，仍保持其生产生活方式，可能成为一部分羌人的自称。后渐遂成为羌族的自称。

二、白狼、槃木、唐菆的来源与分布

秦汉时期在岷山以西的雅砻江、金沙江流域，旄牛羌以西，分布着白狼、槃木、唐菆等部落百余个。《后汉书·南蛮西南夷列传》说："永平中，益州刺使梁国朱辅，好立功名，慷慨有大略。在州数岁，宣示汉德，威怀远夷。自汶山以西，前世所不至，正朔所未加。白狼、槃木、唐菆等百余国，户百三十余万，口六百万以上，举种奉贡，称为臣仆。辅上疏曰：'……今白狼王唐菆等慕化归义，作诗三章。路经邛来大山零高坂，峭危峻险，百倍歧道。繦负老幼，若归慈母。远夷之语，辞意难正……有犍为郡掾田恭与之习狎，颇晓其言，臣辄令讯其风俗，译其辞语……。'帝嘉之，事下史官，录其歌焉。"[142]以上史料，告诉了我们如下几点：第一，白狼、槃木、唐菆是族源关系密切的百余羌部落中较强大且具有代表性的

三个部落;第二,这些部落都分布在汶山以西。在上面讨论"冉
駹"时,我们已知道了汉代的汶山郡,其地在今阿坝州东南的岷江
上游一带。而白狼、槃木、唐菆等部落在汶山以西,可知在今甘孜
州境内。从白狼、唐菆等与内地交通须经邛崃大山(大相岭)等情
况推断,其部落应在今甘孜州东南部;[143]第三,这些部落在东汉永
平中以白狼为代表曾向汉朝进歌三首,即有名的《白狼歌》,表达
了对汉朝的慕化归义。

　具体说来,白狼等部落应分布在旄牛徼外,源于羌人。《后汉
书·和帝纪》载:"(永元)十二年春二月,旄牛徼外白狼、楼薄夷率
种人内属。"[144]《后汉书·南蛮西南夷列传》亦说:"永元十二年二
月,蜀郡旄牛徼外白狼、楼薄蛮夷王唐缯等率种人十七万口归义内
属,诏赐金印紫绶小豪钱帛和有差。"关于旄牛县,我们在论述旄
牛羌时已作了讨论。《后汉书·南蛮西南夷列传》载:"元鼎六年,
以为沈黎郡。至天汉四年,并蜀为西部,置两都尉,一居旄牛,主徼
外夷,一居青衣,主汉人。"[145]而《华阳国志》直接说居旄牛者主徼
外羌。又,《水经·江水》亦说:"沈黎郡,汉武帝元鼎六年,以蜀郡
西部莋都置,理旄牛道,天汉四年置都尉,主外羌,在邛崃山表。自
蜀西度邛莋,其道至险",[146]纪昀案云:"莋都即旄牛县,亦曰旄牛
道,故城在今雅州府青溪县南部。"清溪县即今汉源县,其地原为
莋都,亦即旄牛羌部的中心,后来汉朝在此设置沈黎郡。汉源县南
部有大渡河,由西经此东流,这与《水经·若水》所载:"大度水出
徼外,至旄牛道,南流入于若水"相合。[147]又,据石硕先生研究,汉武
帝时期,特别是在沈黎郡设立的十四年间,西汉王朝显然已同旄牛
县以西"徼外夷"的人群发生过比较直接的接触和联系,且沈黎郡
最初的范围曾包括了若水即雅砻江一带的"旄牛徼外"地区。此
背景显然正是撤沈黎郡后汉朝在原沈黎郡西部,其实际控制的一

个县——旄牛县专设一名"主徼外夷"都尉的原因。[148]此外,在上面论述"旄牛羌"时,我们认为汉代所置旄牛县(道)、旄牛都尉管辖的"徼外羌"即旄牛羌,而白狼、槃木、唐菆等诸部是在"旄牛徼外",也应是旄牛县或旄牛都尉所"主"(驻防、管理、接洽之义)的"外羌"范围,其种与旄牛羌也必然有关。旄牛羌的中心虽然在沈黎郡一带,但在汉代已有一部分迁入越嶲郡内,并形成相当力量。[149]汉代,白狼羌的分布中心,可能在今甘孜州巴塘一带的金沙江流域地区,其分布地域则可能包括了从当时旄牛县的大渡河以西雅砻江、金沙江流域的大片地区,即大体包括了今甘孜州的康定、雅江、里塘、新龙、巴塘这一广阔地带,甚至可能包括今西藏的芒康、贡觉等金沙江以西的部分地区。[150]

此外,从对《白狼歌》的研究,也可以为我们探究白狼、槃木、唐菆等诸部的族属、来源提供一些线索。

《白狼歌》作为研究古代白狼诸部语言的珍贵资料,历来受到重视。许多学者用比较语言学的方法对《白狼歌》进行研究,并已取得一些成就。丁文江先生于 1936 年发表文章认为《白狼歌》为彝语;此后,杨成志、王静如、马长寿、方国瑜、董作宾、陈宗祥、马学良、戴庆厦等诸位先生均有关于《白狼歌》的研究论述。其中除马长寿先生认为白狼语与今阿坝州境内的嘉戎藏语有关、陈宗祥认为与今川滇交界处的普米语有关外,大多数学者均认为白狼语属于现今汉藏语系藏缅语族的彝语支语言,方国瑜等先生则进而指出它属于彝语支中的纳西语。[151]我国汉藏语系藏缅语族彝语支的语言有彝语、傈僳语、纳西语、哈尼语、拉祜语、基诺语与白语七种,[152]而土家语亦与彝语支相近。这些语言在语法结构、基本词汇和声调等方面都有许多共同之处。语言的接近正说明这些民族在历史上有着亲缘关系。彝语支各族既然在汉代还没有分化为现在这样多的民族,那白狼羌人的语言与彝语支各种语言接近,那就不足为奇。[153]这也可以从另一个角度告诉我们,白狼、槃木、唐菆等"外羌"应属于氐羌系统民族中的羌人。当然,现在有学者认为白狼语是越人歌谣,与壮语关系密切,[154]这也可备一说;有学者还在探索白狼语与西夏语的密切关系。[155]

总体而言,秦汉时期的白狼、槃木、唐菆等诸部主要分布在今甘孜州的东南部,与旄牛羌相接且关系密切。从其分布范围和对《白狼歌》的研究和分析,我们认为白狼、槃木、唐菆应属南迁羌人的一部分。

三、徙、筰都、邛都的来源与分布

(一)徙的来源与分布

徙,音斯,又可称为"斯"、"斯榆"、"斯臾"、"斯都"。《史记·西南夷列传》载:"自嶲以东北,君长以什数,徙、筰最大……在蜀之西。"集解引徐广曰:"徙在汉嘉",[156]汉嘉即今天四川雅安地区天全县。刘琳先生在校注《华阳国志》时亦说:"徙阳,本徙人所居,汉武帝置徙县,东汉、蜀因,晋改名徙阳。西魏于此置始阳县(徙、始声近),唐为始阳镇。即今天全县东三十里的始阳镇。辖今天全县地。"[157]又,《史记·司马相如列传》载:"司马长卿便略定西夷,邛、筰、冉、駹、斯榆之君皆请为内臣";"因朝冉徙駹,定筰存邛,略斯榆,举苞满"。索隐引张揖云:"斯俞,国也"。案:今斯读如字,《益部耆旧传》谓之"斯臾"。《华阳国志》邛都县有四部,斯臾一也。[158]可见汉代居住在今凉山州西昌一带的徙人,原来是从天全迁徙而来的。因此秦汉时期的徙人大致分布在今四川雅安地区及凉山州一带。

徙为南下羌人的一支。《汉书·彭越传》载:汉高祖十一年赦免彭越为庶人,"徙蜀青衣"。颜注引文颖曰:"青衣,县名。"[159]《后汉书·郡国志》说:"汉嘉故青衣,阳嘉二年改。"[160]是汉初已有青衣县,应是秦置。两汉因。汉顺帝阳嘉二年改名汉嘉。蜀、晋因。青衣县,古青衣羌国。[161]我们知道,青衣羌国的主体民族应是青衣羌,因此,徙可能与青衣羌关系密切,或许是青衣羌的一支。《华阳国志·蜀志》还说:"高后六年……开青衣。"[162]徙即包括于内。又载"天汉四年,罢沈黎,置两部都尉:一治旄牛,主外羌;一治青衣,主汉民"。[163]《史记·西南夷列传》"正义引《括地志》云:'筰州本西蜀徼外,曰猫羌嶲。《地理志》云徙县也。"[164]则徙应属"外羌",是"旄牛种青衣羌"的一支。[165]

(二)筰都的来源与分布

筰都,筰字或可作"莋"、"笮"。《后汉书·南蛮西南夷列传》载:"莋都夷者,武帝所开,以为莋都县。其人皆被发左衽,言语多好譬类,居处略与汶山夷同……元鼎六年,以为沈黎郡。"[166]据刘琳先生研究,"夷"在古代一般作为东方和西南方少数民族的通称,这里专指羌系统的民族。《元和志》卷三二:"凡言笮者,夷人于大江水上置藤桥,谓之笮。其定笮、大笮皆是近水置笮桥处。"按谓"夷人"称桥为"笮",此确有之,今纳西语、彝语称桥均与"笮"音近。但定笮、大笮等是以笮人而得名,而"笮"人之称并非来自笮桥。"笮"当是其部族自称的译音。光绪《盐源县志》谓:"笮为夷之自名,今夷谓九所曰阿笮,丽江人至今自称为笮。"么些(纳西族)经典《东巴经》及《放牲经》即称人为"zho",与"笮"音极合。汉人称笮人之邑为笮都,故又转称其人为"笮都夷"。[167]所言极是。沈黎郡之所在,《汉书·地理志》、《后汉书·郡国志》皆不载;《华阳国志·蜀志》载："元鼎六年……西部筰都为沈黎郡……天汉四年,罢沈黎,置两部都尉:一治旄牛,主外羌;一治青衣,主汉民。"[168]《后汉书·南蛮西南夷列传》亦载:"至天汉四年,并蜀为西部,置两都尉,一居旄牛,主徼外夷;一居青衣,主汉民。"东汉安帝延光二年改为蜀郡属国,灵帝时改为汉嘉郡。[169]蜀汉、西晋因之。可见,汉嘉郡的辖境基本上就是沈黎郡辖境,基本没什么变化。《后汉书·郡国志》载:"蜀郡属国,故属西部都尉,延光元年(按,同书《南蛮西南夷列传》为延光二年为是)以为属国都尉,别领四城……汉嘉故青衣(今芦山)……严道(今荥经)……徙(今天全东)旄牛(今汉源南)。"[170]上述四县,汉嘉为青衣羌国,而严道则是蜀、邛杂居之地,与羌无关,徙则是徙都,只有旄牛一县为筰人集中聚居之地。则秦汉以前,筰人主要分布在今汉源县。[171]

《华阳国志·蜀志》载:"元鼎六年,以广汉西部白马为武都郡,蜀南部邛都为越嶲郡,北部冉駹为汶山郡,西部筰都为沈黎郡,合置二十余县。"此二十余县,当指史料中所言四郡所辖县的总数。据对《汉书·地理志》所载在此地域的县数,除去因郡境变化归属不同从而重复的县,以及后来设置的县数,共二十余县,基本上与《华阳国志》所载相合。[172]根据史料的记载来看,战国到汉初,筰都仅分布在今汉源大渡河南北,汉武帝末叶以后才逐渐南迁至雅砻江流域今凉山州西南地区。[173]

《史记·西南夷列传》集解引徐广曰:"徙在汉嘉,筰音昨,在越嶲。"索隐引服虔云:"二国名。"韦昭云:"徙县属蜀。筰县在越嶲。"正义《括地志》云:"筰州本西蜀徼外,曰猫羌嶲。《地理志》云徙县也。《华阳国志》雅州邛崃山本名邛筰山,故邛人、筰人界。"[174]《后汉书·郡国志》也有"邛崃山本名邛筰,故邛人、筰人界"之载,[175]说明今大相岭是邛人、筰人的分界。筰都以南是邛人的分布区,汉初以前筰都南界当不过今越西,但汉武帝天汉四年以后,这种状况发生了改变。《汉书·地理志》载:"越巂郡……县十五:……定筰……筰秦,大筰……"。师古注曰:"本筰都也。"[176]说明这三个带"筰"字的县均应是越巂郡内筰人所集中居住之地。这三个县之筰人应是汉武帝罢沈黎郡的同时取消筰都县后南迁至越巂郡的。[177]

筰都当是羌人的一支。"'筰都',部族名,为'牦牛羌'之一部"。[178]《史记·大宛列传》载:"北方闭氐、筰",正义曰:"筰,白狗羌也。皆在戎州西北也。"[179]则白狗羌原来和氐一样分布在岷江上游的川北、甘南一带,与"居处略与汶山夷同"相合。后来不断南下到沈黎郡、越巂郡。所以,筰都应是岷江上游白狗羌南下的一支。[180]也属牦牛羌之一支。

(三)邛都的来源与分布

《史记·西南夷列传》说:"自滇以北君长以什数,邛都最大。"[181]《后汉书·南蛮西南夷列传》载:"邛都夷者,武帝所开,以为邛都县(今西昌、德昌、普格、昭觉等县一带)。无几而地陷为汙泽,因名为邛池,南人以为邛河。后复反叛。元鼎六年,汉兵自越巂水伐之,以为越巂郡。"[182]《水经·若水》亦载:"邛都县,汉武帝开邛筰置之。县陷为池,今因名为邛池,南人谓之邛河……元鼎六年,汉兵自越巂水伐之,以为越巂郡,治邛都县。"[183]

关于越巂郡的范围,《汉书·地理志》载:"越巂郡,武帝元鼎六年开……户六万一千二百八,口四十万八千四百五。县十五:邛都,遂久,灵关道,台登,定筰,会无,筰秦,大筰,姑复,三绛,苏示,阑,卑水,潬街,青蛉。"[184]又据《后汉书·郡国志》云:"越巂郡十四城,户十三万一百二十,口六十二万三千四百一十八。(十四县即)邛都,遂久,灵关道,台登,青蛉,卑水,三缝(应为三绛),会无,定莋,阐(即应为阑),苏示,大莋,莋秦,姑复。"[185]东汉与西汉相比,虽略有变化(省灊街),但与今之地域来看,据方国瑜先生的考释,越嶲郡大致包括了今天安宁河流域与金沙江南北以四川西昌为中心的峨边、甘洛、越西、冕宁、喜德、美姑、西昌、昭觉、布拖、普格、德昌、盐源、米易、盐边、会理、会东、宁南、攀枝花、华坪、永胜、丽江、宁蒗、永仁等县、市。[186]秦汉时期的邛人主要就分布在上述广大区域内。当然,也有一部分邛人往北发展,进入了今汉源以北,与蜀杂居。据《华阳国志·蜀志》载:临邛县"本有邛民,秦始皇徙上郡实之"。又"临邛县,秦置,两汉、蜀、晋因之。故城即今邛崃县治,距成都一百六十里。辖今邛崃、蒲江、大邑三县地"。[187]临邛县之得名,应与邛人相临近而得名。可见,邛人已向北到达了蜀郡,并与蜀人杂处。

邛人源于何族?学术界至今尚无定论。有学者认为,邛人属氐羌系统民族中的叟人;[188]有学者认为邛人属百濮系统民族,是当地的土著。[189]在对文献记载研究的基础上,我们结合考古资料,认为在秦汉时期越嶲郡广大区域内,不仅有大量氐羌系统的民族居住,如上所述的牦牛种羌人及其支系徙、筰都等,及我们后面将要研究的叟族、僰族等;同时也有不少的百濮系统的民族生活在其中。他们中的一部分均被称为邛人。

尤中先生之所以认为越嶲郡邛都为氐羌系统民族中的氐人,主要是从地理位置的因素来考虑。尤先生认为叟族中的后进部分即西部和南部地带的叟,发展成为汉代的徙和邛都。关于徙的族属,前面已作过探讨,应属牦牛种青衣羌。

我们认为,如果从文献的角度无法判断邛都人的族属和来源,是否可以从考古学文化的视角作一些探索。这就涉及了有关濮人的问题。[190]

据记载,濮人最早居住在今长江中游的江汉地区即古荆州地区。其地,商以前为三苗所居。商、西周时的濮人是一个势力强大的族群,分布在华夏族的正南,即今重庆、湖北及其以南的广大地区,结合其他文献所载来看,濮人就主要分布在今重庆东部、湖北的南部,即春秋时所说的"濮在楚南"或"濮在楚西南"。[191]战国以后,原活跃于江汉地区的百濮就鲜见于文献记载,这主要是由于与濮人居于相同地域的楚国在向外扩张的过程中消灭了作为政治实体的濮,凌纯声先生从对《九歌》的研究中也认为,当时的"濮僚"人是楚国的被统治民族。[192]其时,濮的基本地区或曰中心地带,应在长江以南的洞庭湖地区和"五溪"一带,其文化影响,南面可能已到达长沙和长沙以南地区。西周末年以后,随着楚在江汉地区的崛起,濮的活动范围逐渐缩小。[193]而受到楚国镇压的濮人则向其分布区的西边、南边、西南边迁徙移动,大量进入了今川、滇、黔。所以江汉地区基本上已见不到濮人,而汉晋以后,关于百濮在西南地区的记载则大量见于文献。[194]进入川、滇、黔的濮人,在与当地人民的融合发展中创造了灿烂的文化。如大石墓文化。

大石墓文化,主要分布于川南的西昌、米易、德昌、越西、喜德和滇西的姚安、祥云、弥渡、南涧、宾川、巍山、双江等地。[195]这种以青铜器为主的文化,也与贵州古夜郎地区青铜文化有一些共同之处,其中特别是陶器的风格反映最为突出。如陶器多为火候较低质地松软的细夹砂陶,陶色多灰、红两种。器物均以罐、杯为主,器形均系敞口、长颈、腹下平直且长,耳多数为带形板耳。出土的陶器器形均瘦长。纹饰中刻划纹占的比例较大,而部分陶器底部有叶脉纹也是其共同特征。[196]对于大石墓文化的主人,学术界普遍认为是濮人,但对这儿濮人的族属却有两种不同的看法。一种观点认为濮人即今天南亚语系孟高棉语族之先民，[197]而另一种观点则认为濮人即当时的邛都，后世一部分僚人的先民。[198]我们认为后者的观点更接近于历史。这也可以从民族志的资料得到印证。现凉山最多的少数民族彝族认为大石墓是"濮苏乌乌"的石头房子，而非其祖先所留。据称，彝族的祖先进入凉山时，是以畜牧为主，而"濮苏乌乌"早已定居于此，经营农业。以后彝族战胜了"濮苏乌乌"，并占有其地。这一传说与贵州可乐地区彝族对夜郎文化墓葬的传说惊人地相似。正因为古代彝族的先民和濮族有一段相处和斗争的历史，所以甚至在彝族的成语中也留下了痕迹。彝族形容事情混乱为"濮合诺合孜"，直译为"濮话彝话混杂不清"，就从一个侧面反映了这种关系的存在。[199]认为濮人是今天居于滇西澜沧江以西南亚语系孟高棉语族先民的观点，则主要混淆了两类濮人，即受杜预《左传释例》对《左传·文公十六年》中一段话解释的影响。"楚大饥……庸人率群蛮以叛楚，麇人率百濮聚于选"。这里的濮本是指江汉地区的濮，但杜预注道："建宁郡（今云南曲靖县西）南有濮夷，无君长总统，各以邑落自聚，故称百濮也。"这儿指的是滇南的濮族。而后经其他学者研究，[200]此地之建宁郡仍为建宁县之误，其地在今湖南湘潭北境。这是非常正确的。另外，在汉代永昌郡的范围内的一部分濮人，则是另一种情况。这部分濮人西汉时称为苞满，东汉时称为闽濮，后又称为裸濮、文面濮、赤口濮、折腰濮、黑僰濮等，元代以后多写作蒲人或蒲蛮。从其习俗来看，仍处于比较原始的状态，无论在社会发展、生产力水平、风俗习惯等方面均与我们上述所讨论的濮人迥然不同，他们可能才是构成今天南亚语系孟高棉语族的先民。可见同称为濮，并不一定属于同一族系。[201]这也就是说云南地区所谓的"濮"是两个起源不同的族群在某一个时期使用的同一个称呼，这在民族历史的发展中是完全可能的。

我们认为，"邛都"应初为一个地名、一个行政区划名，大概包括今天四川省的西昌、德昌、普格、昭觉一带。汉时属越嶲郡。后成为居住在这一地域民族的一个称呼，并随其四处迁徙移动而不断被称为邛人、邛民。所以，虽然同是邛都人，但在民族来源上是有区别的，有些为百濮系统民族，有些为氐羌系统民族。

把上面所考之越嶲郡的地域范围和大石墓文化所涉及的地域范围比较，我们发现，有一部分地域是重合的，如西昌、米易、德昌、越西、喜德，但有一部分并没有重合如峨边、甘洛、美姑、昭觉、布拖、普格、盐源、盐边、会理、会东、宁南、攀枝花及其西北的华坪、永胜、丽江、宁蒗等地。我们是否可以这样认为，分布于安宁河两岸的重合地带，是属百濮系统民族的邛都人的主要聚居地，没有重合部分的邛都人则属氐羌系统民族，而分布在滇西地区姚安、祥云、弥渡、南涧、宾川、巍山的大石墓文化则是百濮系统的民族继续南迁留下的遗迹。

四、和夷、丹、犁的来源与分布

（一）和夷的来源与分布

和夷最早见于《尚书·禹贡》，其载曰："岷、嶓既藪，沱、潜既道，蔡、蒙旅平，和夷底绩。"[202]《水经·桓水》引郑玄曰：和上，夷所居之地也。和读桓。《地理志》曰：桓水出蜀郡蜀山西南行羌中者也。《尚书》又曰：西倾因桓是来。马融、王肃云：西治倾山，惟因桓水是来，言无他道也……桓水出西倾山，更无别流，所导者惟斯水耳。赵云：《禹贡锥指》曰，古者桓有和音，故郑康成破和为桓。《晋地道记》云，梁州自桓水以南为夷，《书》所谓和夷底绩。此说是也。[203]后《史记·夏本纪》亦载:"华阳黑水惟梁州:汶、嶓既蓺,沱、涔既道,蔡、蒙旅平,和夷厎绩。"[204]西倾山所出之桓水,为今白龙江,东南流至甘肃文县东与白水东合,再东南流注嘉陵江。至于岷江称桓,不是指岷江正流,而是指其下游的支流大渡河。大渡河在古代称为"渽水",据载:"渽水出徼外,南至南安,东入江过郡三,行三千四十里。"[205]而《说文》和《水经》作"渎水","渎水"即桓水。渽、和、桓音近相通。宋毛晃《禹贡指南》注曰:"和夷,西南夷也。"尤中先生认为,夏朝时之和夷分布在岷山、嶓山及其支脉和蔡山、蒙山地区。和夷的西北部与西戎、氐、羌、渠叟的聚居区相连接。它显然是西戎、氐、羌、渠叟部落群分布向西南的延伸。[206]而有学者则进一步认为,和夷是先秦时期分布在大渡河以南的族类。[207]

关于和夷的来源与族属问题,学术界探讨的不是太多。尤中先生认为和夷部落群是西戎、氐、羌的近亲集团。[208]有学者在综合了多种研究观点后认为,"和"是当地民族语言,本义为"山",与夷相连为"和夷",与水相连为和水。桓水、渎水是同一水的不同记音,即今大渡河。和夷是指居住在蜀郡桓水以北地区的山区民族,包括这一地区在先秦至汉代的蜀人、氐、羌、徙(叟)、厓、僰、筰,他们都是氐羌系统的民族。[209]有学者认为,先秦时期大渡河以西、以南的族类以羌族为多,故和夷的族属与羌族有关。[210]有学者从民族神话和历史记载分析后直接认为,和夷可能就是今天哈尼族的先民。[211]我们认为,这些观点并没有相互对立,只是研究的深广度有异,总体而言,和夷属于羌系民族的观点应大致不误。潘光旦先生也曾说过:"和夷,疑亦族名,言禹平此部分水土,此种人亦曾出力致功也。此地区为'彝'族旧地,或当禹时已尔。"[212]说明先秦时期大渡河以南的族类应包括有大量的羌系民族,和夷便是其中之一。

(二)丹、犁的来源与分布

秦汉时期,大渡河和青衣江流域除分布有和夷外,还有丹和犁。据《史记·秦本纪》载:秦惠文王十四年,"丹、犁臣";秦武王元年,"伐义渠、丹、犁"。关于丹、犁,正义曰:二戎号也,臣伏于蜀。蜀相杀蜀侯,并丹、犁二国降秦。在蜀西南姚府管内,本西南夷,战国时蜀、滇国,唐初置犁州、丹州也。[213]说明先秦时期的丹、犁应为两个大的部落,并建丹、犁二国,后为秦所并。而姚府即姚州都督府,知州治在府附郭,即弄栋川,今之姚安城区。[214]辖姚安、大姚、永仁等,其时南下的丹、犁等羌人已迁徙至此。战国时的丹、犁则主要在汉之沈黎郡内,而沈读为丹,黎与犁之繁体字犛形近音同。沈黎郡之名当来自于丹、犁二族。从前述内容我们已知,汉时之沈黎郡是旄牛等羌人的杂居地,由此推之,丹、犁二族也应为羌系民族,[215]由于史料有限,具体是羌系统之何族现已无法考证。但从文献所记载出现丹、犁的具体名称来看,至迟在战国时,丹和犁已从羌人系统中分化出来,不断南迁并越过金沙江来到了滇北,与分布在当地的其他民族相融合。据对可见之资料查询,汉以后基本上不见于记载。

第四节　昆明族与叟族

秦汉时期,甘、青高原不断南下的氐羌系统民族在与石器时代以来就陆续南迁到西南地区的同系民族汇合,在与当地民族融合发展的基础上,出现了不同于氐和羌名称的一些民族,如昆明族、叟族等等。昆明族和叟族是秦汉时期特别是汉代西南地区较为强大、突出的代表。由于处于西南地区,遂被称为"西南夷",东汉以后又被称为"南中"夷。从其文化、来源等分析，我们认为，昆明族和叟族应属羌系统民族。从历史发展的角度来看，二者关系密切，到唐时融合发展成为今天汉藏语系藏缅语族彝语支的重要先民之一即乌蛮。因此，为方便论述，我们将二族放在一节进行探讨。

一、昆明族的来源与分布

（一）昆明族的来源

昆明族作为中国古代西南的一个民族，最早见于司马迁的《史记·西南夷列传》："西自桐师（今保山市）以东，北至楪榆（今大理市），名为嶲、昆明。皆编发，随畜迁徙，毋长处，毋君长，地方可数千里……皆氐类也。"[216] 从文献记载来看，昆明族是氐羌系统民族中较强大的一个民族群体。关于昆明族的源流，学术界有不同的看法，大部分学者认为昆明族是我国古代西北的氐羌系统民族南下形成的，但有的学者认为昆明族是云南的土著民族，或认为昆明族源于濮人，诸说种种，为我们客观认识昆明族的源流问题提供了多种思路，但同时也说明对该问题的探讨还有待进一步深入。

认为昆明族是土著民族的较有代表性的学者是张增祺先生。张先生认为，在新石器时代晚期，昆明人主要分布在怒江、澜沧江河谷地带，约在公元前 12 世纪时大量昆明人进入洱海区域，之后不断东迁到达滇池区域以西地区，这与昆明族的迁徙及其分布地域的历史记载相吻合，这是毋庸置疑的；此外，张先生又从昆明人的考古学文化特征"有肩石（铜）斧"、"竖穴土坑墓"等入手，得出了"昆明并非源自西北地区的羌人，而是活动于怒江、澜沧江河谷的土著民族"的结论。[217] 实际上，"有肩石（铜）斧"、"竖穴土坑墓"

虽然是昆明族的考古学文化特征,但这并不能成为说明昆明族是土著的有力证据。

另外,梁启超先生在《历史上中国民族之观察》一文中认为昆明族为濮人族属:"除冉駹北迄汉中,为氐羌部落外,自余(即夜郎、滇、邛都、筰都、昆明)则皆濮族也。"[218]梁启超先生将今天百越系统民族中的夜郎、滇和氐羌系统民族中的邛都、筰都、昆明误认为源于濮族是可以理解的,因为当时学术界对民族源流这一类问题还没有给予太多的关注。结合史料来看,先秦时濮人的分布区与氐羌系统民族隔得很远,故昆明族不可能与濮有源流上的关系。又《逸周书·王会解》说:"伊尹受命,于是为四方令曰:'……正南瓯邓……百濮……,请令以珠玑……为献。'"[219]《左传·昭公九年》记载东周贵族詹桓回忆西周兴盛时的疆域时说:"及武王克商……巴、濮、楚、邓,吾南土也。"[220]这都说明在殷商和西周,濮分布在商及西周王朝的南面,并受其统治,且拥有一支力量不小的军队参与华夏族的军事斗争。《尚书·牧誓》载:"嗟! 我友邦冢君……及庸、蜀、羌、髳、微、卢、彭、濮人,称尔戈,比尔干、立尔矛,予其誓。"[221]正因为如此,濮人才向西周王朝称臣纳贡,即《逸周书·王会解》所载成周之会时,"卜(濮)人贡以丹砂"。

前述已知,商、西周时期的濮人分布在华夏族的正南。当时华夏族活动中心在今西安为中心的陕西、山西、河南一带,那么其"正南"就是今重庆、湖北及其以南的广大地区,结合其他文献如《国语·郑语》"叔熊逃难于濮",可知这时的濮与楚分布地相连,只有这样,叔熊才容易"逃难于濮"。即濮的具体位置就应位于今重庆东部、湖北的南部,也就是春秋时所说的"濮在楚南"或"濮在楚西南"。[222]也就说明在商和西周之时,濮人的活动范围是到达不了西南地区,特别是到达不了今云南省的。因此,夏商西周时期西南地区是没有濮人的。也就不能把人数颇多的昆明族误释为濮了。随着楚国的强大,濮人不断受到挤压,春秋中期以后,濮人已被挤压到"五溪"一带,从史书的记载和历史学家的考证,也是可以肯定的。[223]濮、楚经过几百年的力量对比后,濮最后被楚灭亡。从历史的宏观角度来看,楚国灭亡的是作为政治实体的濮,但作为一个民族的濮并没有被彻底消灭,按常理推测受到楚国镇压的濮人极有可能向他们分布区的南边、西南边迁徙移动,因为进入战国以后,楚国境内就看不到有关濮人的记载了。[224]

以上谈到战国以后楚国境内已看不到有关濮人的记载,但秦汉时期关于西南的民族文献中却开始频繁出现濮人的记载,这一状况当说明濮人向西南迁徙移动的可能性是存在的。关于这一点,我们在上文已有论述。综合来看,进入西南地区的濮人绝大多数进入了氐羌系统民族分布区和百越后裔分布区。因此,当时之濮与昆明族是有一部分混居杂处,但昆明人并非濮人。对此,吕思勉先生认为:"显著之别有二:濮族椎结,而此族(昆明族)编发,一;濮族耕田有邑聚,而此族(昆明族)随畜移徙,二也。自汉至唐尚然。"[225]

那么,昆明族为土著民族说或昆明族源于濮人的说法,均有可商榷之处。我们认为昆明是以羌人为主体,在从西北南下,沿着今天藏彝走廊进入西南的过程中,吸收了少量本地人群而形成的民族。下面我们将从考古学文化的角度,继续探讨昆明族的族属源流问题。

在昆明族分布区发现了一些重要的遗迹和遗物,这些东西恰与西北地区氐羌的南迁有着较多的联系。对此,汪宁生先生认为,"值得注意的是一些特殊器物,如林芝发现一种细腰型石网坠(就卵石两边打出缺口),这正是云南忙怀及澜沧江流域其他新石器文化遗址中常见器物。又如卡若遗址陶器上常见划纹,其风格和云南洱海地区及元谋大墩子新石器文化遗址的陶器颇为相似。以上反映出西藏的雅鲁藏布江流域、昌都地区和云南西部、北部的新石器文化之间已存在着某些联系,这种联系或与这片地区历史上沿着横断山脉及其河谷地带自北而南民族迁徙浪潮有关。"[226]这表明,汪宁生先生对昆明族为土著民族的说法并不肯定,而其论述从另一方面则说明了昆明族与氐羌系统民族的关系。

在大理地区发现近五十处遗址,主要分布在佛顶、马龙、白云诸峰,特点为掘土坑半穴居,有石斧、石刀、夹砂陶,与甘肃出土者更为接近,故方国瑜先生说:"最古居住在洱海地区之昆明人,为古羌人之一支,属于羌文化系统。"[227]滇中、滇西和滇西北地区的新石器文化,显然与我国黄河中上游的仰韶文化、齐家文化有关。特别是通过西藏昌都卡若遗址的发掘,看得愈加明显。[228]

在第一章的论述中,我们已经知道,卡若遗址分布于澜沧江上游、青藏高原的东部——横断山脉中。北面与黄河中上游甘肃地区、南面与云南澜沧江中下游相连。多数研究者认为:卡若文化与上述两地区原始文化虽有较大的区别,但仍可看出其千丝万缕的关系,如红烧土房屋、条形石斧、彩陶等,特别是农作物粟米和人工饲养的猪等。[229]

卡若遗址的陶器在器型上(多罐、盆、钵)、纹饰上(以绳纹、划纹为主),以及磨制石器又均与四川礼州、云南元谋大墩子遗址相似。[230]金沙江中游大墩子—礼州类型的石器有双孔半月形石刀、梯形石斧、石锛等,陶器为手制夹砂陶,火候低,陶色红褐相间不均匀,纹饰有划纹、点刺纹、网格纹、附加堆纹等等,多平底器,以罐为主,有少数圈足器,而不见三足、圜底、尖底器。[231]作为滇西地区新石器文化代表的马龙类型,居住遗址有半地穴房屋、炉灶和窖穴。房屋有圆形、方形两种。其文化特征就陶器而言,以夹砂陶为多,器形以圈底、带耳和带流器为主,纹饰以断线压纹最为发达,少数陶器上有刻符。石器特征是存在开刃于"弓背"的半月形石刀,此外,鸟翼形石刀为云南其他地区新石器文化所不见。[232]上述新石器时代文化,显然与我国黄河上游的仰韶文化、马家窑文化和齐家文化有关。"在元谋大墩子遗址内发现比大理市马龙遗址的半地穴式房屋进步的平地起建的粘土木结构房屋 15 座。在宾川县白羊村遗址发现平地起建的粘土木结构房屋 11 座。这 26 座房屋均属新石器时代⋯⋯元谋、宾川、永仁县的史前房屋与黄河流域的仰韶文化之郑州大河村、陕西庙底沟、洛阳王湾、西安半坡房屋建筑特征相似。以上 3 县数十座史前房屋在建筑特征上显然属于北方体系,这是我国西北地区新石器时代氐羌族系的先民们南迁时传播的建筑技术"。[233]

古代西北的氐羌系统民族在青铜时代也在源源不断南下,从昆明族主要分布区域内的青铜时代考古学文化中也可探寻出其南下并有部分即羌人的一支与当地土著融合形成昆明族的踪迹。公元前 12 世纪,洱海区域的新石器文化向青铜文化过渡,至今在与洱海新石器文化相当范围内发现了五十余处青铜文化遗存。洱海区域的青铜文化以祥云大波那墓葬为代表。青铜器有心形钁、凹銎长条形锄、曲刃矛、圆刃钺、三叉格剑、铜鼓、禽鸟杖头。陶器有侈口深腹罐、双耳罐(耳较小)、敞口平底碗、高圈足豆。[234]此外,洱海地区所出双耳罐当源于甘青地区齐家文化的"安拂拉式"双耳陶罐。而剑川鳌凤山墓地的仰身直肢葬、侧身屈肢葬、仰身屈肢葬等也与巴塘扎金顶墓地的葬式如出一辙,所出双耳罐、单耳罐与甘肃永靖秦魏家齐家文化墓地所出同类器物相似。

汪宁生先生认为,以剑川鳌凤山、祥云红土坡为代表的游牧青铜文化,使用石棺并实行二次葬俗,随葬青铜器外又以宽耳陶罐(安佛拉式)为典型器物,与川西北同类石棺墓属同一类型的文化。它们在云南的分布有一定的范围,即主要分布在滇北和滇西地区。它们的主人原非土著居民,可能在新石器时代已进入云南,到了青铜时代便与当地的土著发生种族或文化的相互渗透。由于各种因素的影响,昆明族内部的社会经济发展也是不平衡的,因此就出现了张增祺先生所说的以"土坑墓"为主的农业文化和以"石棺葬"为代表的游牧经济。[235]二者都应属于"昆明之属"的考古学文化。

再者,从墓葬而言,剑川鳌凤山墓地的解肢葬与齐家文化的身首分离的葬俗(秦魏家 M60)似有同样含义。此外,在滇西遗址中存在着大量火葬墓。"同区域内的昆明族,直到晋朝时期仍用火葬"。[236]火葬是古氐羌民族很早就存在的葬俗。考古材料表明,黄河流域上游青海境内循化的马家窑文化半山类型墓葬存在火葬形式;青铜时代寺洼文化和卡约文化的墓葬也存在大量火葬。"氐羌人古代是实行火葬的,故氐羌人后裔今藏缅语各族的火葬应本于传统的文化"。[237]这也说明昆明族应是南下氐羌人的一支。从上述在昆明族分布区的考古学文化与甘青地区氐羌考古学文化的比较来看,前者与后者关系密切,这与我国历史上民族的迁徙相关。研究表明,西北地区氐羌系统民族从新石器时代以来就不断地南下,在一个很长时期内未曾中断过。其迁徙路线,应当是沿着岷江、雅砻江及横断山脉的几条大河——怒江、澜沧江、金沙江河谷通道即学界所称的藏彝民族走廊南下到达了西南地区,至青铜时代连绵不绝。从其文化特征来看,应属西戎民族集团中的氐羌随着历史的发展,随西北原始文化的主人不断向南迁徙,把其文化带到了川西北、川西、滇西北及滇西地区,与当地的土著居民融合,有一部分即成为秦汉西南夷中的昆明族,并不断发展强盛。

据《华阳国志·南中志》载："(南中)夷人大种曰昆,小种曰嶲。"战国末至西汉时期,云贵高原的古代民族通称西南夷,当地亦即被称为西南夷地区。"昆"即昆明族或昆明人,是南中人数最多,势力最强者。其后一部分发展演变为南北朝及唐时之乌蛮,成为今天彝族的先民之一。昆明族源于氐羌系统民族,还可以从有关文献记载、昆明族的分布地望及其分化演变考之。

《辞海》昆明夷条:"古族名。始见于《史记·西南夷列传》。汉代西南夷的一支,源于氐羌。"[238] 王钟翰先生主编的《中国民族史》也说:"(西南夷中)属于氐羌族系的部族有:……,昆明……。"[239] 田继周先生说:"较多的人认为,昆明也属于氐羌族系,我也同意这种看法。"[240] 日本学者白鸟芳郎先生认为,滇西地区的昆明人最先来源于甘青地区的羌人,他在研究了《后汉书·西羌传》及相关文献后认为:"这些广义的羌人,他们带着'昆明'或'昆弥'这个名称,从敦煌一直向南移居,成为进入中国西南地区的'昆明蛮',和'么些蛮'一样,反映出基本上相同的牧羊民族的生活状况。"[241] "由于西南夷分布极广……,属于氐羌系的民族有……昆明……等"[242]。

当然,也有认为昆明族与哀牢有源流关系的看法。邱树森先生认为:"昆明族的族源有二,一为沿西线南迁的氐羌族,一为滇西的土著哀牢部。"[243] 邱先生认为昆明族的第二个源头是哀牢,其证据为《华阳国志·南中志》中讲述了九隆传说后认为:九隆为"南中昆明祖之"。[244] 但从九隆神话与夜郎竹王神话相比较,都源出于一个共同的神话母体类型,故我们认为哀牢的族属可能包括有百越系统民族。据张增祺先生所言,疑"南中昆明祖之"的"祖"为"阻"。如果这一见解不错的话,哀牢非昆明族的来源之一,可能是百越系统的民族。对此,何平教授曾明确认为哀牢与昆明无关,是百越系统民族,傣泰民族的先民,而昆明则是汉藏语系藏缅语族彝语支民族的先民。他说:"傣—泰民族先民中的一支在公元前几个世纪的时候,从岭南地区迁往了哀牢山一带,他们迁到哀牢山一带时,被人们称为哀牢,哀牢山也因此而得名。此后,被称为哀牢的这些傣—泰民族的先民又从哀牢山向南向西发展,向南发展的哀牢人……逐渐形成今天西双版纳的傣族和境外的老族及泰国的泰族等民族,向西发展的哀牢……逐渐形成了德宏一带的傣族和境外缅甸北掸邦的掸族。"[245] 而有学者研究认为,哀牢夷是以濮、越为主体并包括氐羌人的多民族共同体。[246]这说明了其时之哀牢地为多民族杂居,要分析哀牢究指濮、越或氐羌,则要根据当时之语境、事境才能断之。

　　到了唐代,在一些文献中又错误地将昆明族与北方的古代民族匈奴和突厥联系起来,这也是不对的。《新唐书·南蛮传下》载:"爨蛮西有昆明蛮,一曰昆弥,以西洱河为境,即楪榆河也。距京师九千里……人辫发、左衽,与突厥同。随水草畜牧,夏处高山,冬入深谷。尚战死,恶病亡,胜兵数万。"[247]认为"昆明蛮"因为"人辫发、左衽,与突厥同",就认为昆明族是突厥系民族是不妥的,因为昆明族来源于北方的游牧民族,所以进入西南后还保留一些游牧文化特征是不足为奇的,但不足以认定就与突厥有族源上的关系,其所相同者顶多也就是有共同的游牧文化背景而已! 在具体的文化特点上也不全相同:"(突厥)其俗畜牧为事,随逐水草,不恒厥处。穹庐毡帐,被发左衽。"[248]又《周书·突厥传》载:"(突厥)其俗被发左衽,穹庐毡帐,随水草迁徙,以畜牧射猎为务。"[249]另外,《通典·边防三》载:"昆弥国,一曰昆明,西南夷也。在爨之西洱河为界,即楪榆河。其俗与突厥略同。相传云:与匈奴本是兄弟国也。汉武帝得其地入益州部,其后复绝。"[250]这种观点也是站不住脚的,即只看到昆明族与匈奴都有游牧文化背景,故而误认为昆明族与匈奴和突厥有族属源流关系。

(二)昆明族的分布

我们知道,古代昆明族的分布区域较广阔,但各个历史时期又有所不同。其分布区域随着不断向外扩张逐渐扩大。在新石器时代就南迁至澜沧江河谷的昆明族创造了高度发达的新石器文化。大约在公元前 12 世纪,"昆明文化"开始由新石器文化向青铜文化过渡之时,昆明人也开始由澜沧江河谷不断地向外扩张。其中一部分在公元前 12 世纪后陆续沿澜沧江支流进入洱海区域,他们逐步占据了澜沧江以东及金沙江以南广大地区。当昆明人进入上述地区后,即以他们原有的有肩石斧的器形,铸出滇西地区最早的有肩铜斧。剑川海门口铜石并用时代的文化遗址,正好反映了两个时代和两种文化的交替过程。到后来,整个洱海区域及滇西地区的青铜斧全部变成"昆明式"的有肩斧,说明当时"昆明"已成为滇西地区的主要民族。约在春秋末或战国初,昆明族又以洱海区域为中心,继续向东扩展。他们经过今弥渡、祥云、姚安等地,首先和当地的"大石墓"文化相接触。姚安黄牛山"大石墓"葬之上叠压一批竖穴土坑墓,墓中有和"昆明式"相似的青铜器等考古资料说明,当昆明族大规模向东扩张时,原居于该地的"大石墓"民族被迫向他地迁徙或部分融合于昆明人中。[251]

战国末至西汉初,东迁的昆明族经过楚雄、元谋、牟定、禄丰一带,由于遇到比他们更为强大的滇王国,昆明族的大规模向东扩张行动才受到遏制,双方展开了激烈争战。之后昆明族绕过滇王国的正面抵抗,通过今武定、禄劝等地向其北境曲靖地区渗透,并有一部分沿南盘江沿岸向滇王国的东境移动。至此,昆明族经过几个世纪的扩张迁徙,形成了西自怒江、东到南盘江流域,横跨云南东西千余里的"一字形"地带。史载"建武十八年,夷渠帅栋蚕与姑复、楪榆、弄栋、连然、滇池、建伶、昆明诸种反叛,杀长吏",可见昆明已发展至滇中并向滇东挺进。东汉初、中期,昆明族分布区的东、西两端都有较大变化。东端的昆明族的一部分向滇东北原为僰人分布区扩展,东汉中、晚期,滇东北的昆明族又向黔西及凉山地区发展。与此同时,昆明族的另一部分沿南盘江流域向滇东南地区扩张。西端的昆明族则有向南移动的趋势。[252] 至此,昆明人已几乎分布于我国现代彝族居住的大部分地区。

秦汉时期的昆明族是势力较大、人数较多的民族,经常与汉发生冲突和战争。《史记·大宛列传》载:"其北方闭氐、筰,南方闭巂、昆明。昆明之属无君长,善寇盗,辄杀略汉使,终莫得通。"又说:"是时汉既灭越,而蜀、西南夷皆震,请吏入朝。于是置益州、越巂、牂柯、沈黎、汶山郡⋯⋯乃遣使柏始昌、吕越人等岁十余辈,出此初郡抵大夏,皆复闭昆明,为所杀,夺币财,终莫能通至大夏焉。于是汉发三辅罪人,因巴蜀士数万人,遣两将军郭昌、卫广等往击昆明之遮汉使者,斩首虏数万人而去。其后(元封二年)遣使,昆明复为寇,竟莫能得通。"《史记·西南夷列传》也载:"岁余,皆闭昆明,莫能通身毒国。"[253] 据《汉书·地理志》载,益州郡有二十四县,其中楪榆、邪龙、云南、弄栋、比苏、不韦、巂唐、来唯八县在"西自桐师以东,北至楪榆"的洱海和永昌地区。《汉书·西南夷两粤朝鲜传》载:"孝昭始元元年,益州廉头、姑缯民反⋯⋯后三岁,姑缯、楪榆复反。"[254] 廉头即弄栋,姑缯即青蛉。均为昆明夷。《后汉书·南蛮西南夷列传》说:"建初元年,哀牢王类牢与守令忿争,遂杀守令而反叛⋯⋯明年春,邪龙县昆明夷卤承等应募,率种人与诸郡兵击类牢于博南。"表明邪龙的主要居民是昆明族。又说，"（元初）五年，卷夷大牛种封离等反叛，杀遂久令"。[255]封离应是遂久的大牛种蛮夷。另，《后汉书·南蛮西南夷列传》说："及王莽政乱……越嶲姑复夷人大牟亦皆叛。"[256]此大牟疑即大牛，亦即牦牛、旄牛。知遂久与姑复部落为同种属——昆明夷。[257]

《新唐书·南蛮传下》载："咸亨三年（672年），昆明十四姓率户二万内附，析其地为殷州、总州、敦州，以安辑之。殷州居戎州（今宜宾）西北，总州居西南，敦州居南，远不过五百余里，近三百里。其后又置盘、麻等四十一州，皆以首领为刺史。昆明东九百里，即牂柯国也。兵数出，侵地数千里。元和八年（813年），上表请尽归牂柯故地。开成元年（836年），鬼主阿珮内属。会昌中（841年—846年），封其别帅为罗殿王，世袭爵。"[258]"昆明十四姓"居住在这一带地方不始于唐朝初年，而是远在汉朝时期，他们从汉朝到唐朝时期都一直居住在这一带地方。[259]

由上可知，秦汉时期特别是两汉时期，昆明族主要分布在益州郡之楪榆（今大理）、邪龙（今魏山）、云南（今祥云）、弄栋（今姚安），越嶲郡之青蛉（今大姚）、遂久（今永胜）、姑复（今华坪）及东汉永昌郡的部分县域之内，且有一部分昆明族已东进到了滇东北、滇北、川南及黔西地区。

二、叟族的来源与分布

（一）叟族的来源

秦汉时期的叟人也是活跃于西南地区的一个较大的民族。关于叟人的族属、源流等问题，学术界至今也尚无定论。有学者认为叟与蜀关系密切，叟人是今天白族的先民，[260]有学者认为叟人是中亚南迁的塞种人，[261]有学者则认为叟人为夷系民族，[262]更多学者认为叟人来源于氐羌系统民族，[263] 还有学者认为叟人是在东汉时从昆明族中分化出来的。[264] 下面逐一论之。

王叔武先生认为叟族之称起于东汉，著于蜀（汉），而盛于西晋。北自天水、略阳，南至南中，都有叟人。叟人又分为氐叟、斯叟、青叟和叟四种，通称之为叟，均为叟人。叟人是今天白族的先民。辩证来看，王先生的观点有的方面是正确的，但有的地方则似有以偏概全之嫌。我们认为，从《华阳国志》所载十一处"氐傁"来看，似与叟是相区别的一个概念，因为在《华阳国志》说到氐傁之处，同时也有叟并列出现。氐傁一词很可能是缘于魏晋时蜀地之人对蜀之北氐人地方部落首领的一个特定称谓，是出自蜀地之人的一个俗称。[265] 因此，氐傁（叟）实则属氐族而非叟人。秦汉魏晋时期的叟人到了唐宋时期，大部分与昆明人融合发展成为"乌蛮"，这一观点，学术界已基本取得了共识；而部分居于越巂郡的叟人则不断南下，越过金沙江到达了滇西地区，与汉代进入该地的僰族、汉族及当地的土著居民一起融合发展成为了今天的白族。因此，可以说白族先民中有一部分叟人，但不能认为所有的叟人均发展成为今天的白族。

张增祺先生从晋宁石寨山出土青铜器上的一组人物图像的族属探讨出发，认为那些穿窄长衣裤、高鼻深目的蓄须者，是中亚南迁的塞种人。即《史记·西南夷列传》上所载之"巂"人，"巂"是塞的音译，而"塞"又可能是"斯基泰"的短读音。关于这组人物图像，冯汉骥先生认为可能与西北地区的游牧民族有关，[266] 而汪宁生先生认为可能是身毒或僄人侨居滇西地区者。[267] 这三种说法均有可取之处，说明这一组人非云南土著居民，而张先生则更进一步分析认为属"塞种人"。这都是真知灼见。但张先生认为这些"塞种人"就是"巂人"，也就是后来的叟人，这种说法就有可商榷之处。

我们认为，见于图像的"塞种人"就仅见于晋宁石寨山的青铜图像上，而他处则不见。只因读音相近就把为数较少的"塞种人"认为就是汉晋时期人数、势力稍逊于昆明族的叟人，这就不可取了。此外，汪先生认为来源于西方侨居滇西地区的身毒和僄人，但除认为身着长裤与《蛮书》所载长裈蛮有关外，也没有举出更多的证据。

　　蒙默先生认为叟人属夷系民族。汉代的叟人不是一个统一的民族，也不是部分氐羌的部落或部族，更不是今天白族的先民，而是指包括青羌、旄牛夷、徙人、青衣羌、西蕃、胡羌、氐、賨等古代民族。首先，蒙先生主张的夷系民族是与氐、羌对称的一个民族，认为汉代西南地区的夷种如牦牛夷、白狼夷、冉駹夷、徙及旄牛徼外夷百余国等均属于笮都夷，是西南地区的土著，是今天彝语支民族的先民。我们姑且不论其对西南地区的民族划分是否正确，但蒙先生所说的上述所谓"夷系"民族如牦牛夷、白狼夷、冉駹夷及旄牛徼外夷百余国等非氐非羌，就与历史事实有所出入。我们知道，《汉书·西南夷列传》中把西南地区的民族统称为"夷"，其中有不少地方分别论述过"西夷"和"南夷"民族。但我们认为，"西南夷"只是汉人对西南地区少数民族的一个统称和泛称，虽然有时也可以作为一种民族来看待，但只是表明其是少数民族而非汉族之义。如果严格按照字面意思来看和蒙先生的观点推测，此夷系民族是自古居于西南地区的土著居民，到汉时才被称为"夷"，那之前又称为什么呢？关于这一点，蒙先生或许没有考虑到。至于叟人所包括的诸多民族，是蒙先生分别对南中叟人、越嶲叟人、蜀中叟兵、氐傁与賨叟进行分析、比较后得出的结论。但其有的论据和论证失之偏颇。如南中叟兵亦即南中青羌、越嶲叟帅高定元为西蕃等。均尚可进一步探讨。

　　刘琳先生认为，叟是在东汉时期才从昆明部族中分化出来的。

其依据就是"叟"这个称呼始见于东汉以后的史籍中。我们认为，虽然"叟"的称呼是在东汉以后的史籍中才见，但这一民族并非在东汉才形成或出现。由于叟人与昆明族关系密切，所以被误认为属同族异支是可以理解的。

我们认为，叟人来源于氐羌系统民族的观点较为可信。首先，叟人最早见于《禹贡》："织皮、昆仑、析支、渠搜，西戎即序……有此四国，在荒服之外，流沙之内。羌、髳之属皆就次叙，美禹之功及戎狄也。"[268]《史记·五帝本纪》曰："西戎、析枝、渠搜、氐、羌。"[269]《史记·夏本纪》又说："织皮昆仑、析支、渠搜，西戎即序。"集解引孔安国曰："织皮，毛布。此四国在荒服之外，流沙之内。羌、髳之属皆就次序，美禹之功及戎狄也。"索隐郑玄以为衣皮之人居昆仑、析支、渠搜，三山皆在西戎。王肃曰："昆仑在临羌西，析支在河关西，西戎在西域。"王肃以为地名，而不言渠搜。今按：《地理志》金城临羌县有昆仑祠，敦煌广至县有昆仑障，朔方有渠搜县。[270]《汉书·武帝纪》载："北发渠搜，氐羌来服。"注引服虔曰："（渠搜）地名也。"应劭曰："《禹贡》析支、渠搜属雍州，在金城河关之西，西戎也。"晋灼曰："《王恢传》'北发、月支可得而臣'，似国名也。《地理志》朔方有渠搜县。"臣瓒曰："《孔子三朝记》云'北发渠搜，南抚交趾'，此举北以南为对也。《禹贡》渠搜在雍州西北。渠搜在朔方。"师古曰："北发，非国名也，言北方即可征发渠搜而役属之。瓒说近是。"[271]《汲冢周书》卷七《王会》第五十九："成周之会……渠搜以犬，犬者，露犬也，能飞，食虎豹……东向。孔晁：渠叟，西戎之别名也。"渠叟即渠搜。归纳诸说，我们认为，渠叟乃西戎民族之一，是古代西北氐羌系统民族中之一部，因特征较为明显逐渐从氐羌系统民族中分化出来。之后也与氐羌系统民族一起不断南迁，到达了西南地区，主要聚居在汉代的越嶲郡及汉晋时期的南中地区，[272]

跨越嶲水而居遂被单称为嶲,而东汉以后即被音译称为叟。

关于"叟"人,方国瑜先生有过精辟的论述。他认为,"同称为叟,而有渠叟、氐叟、青叟、斯叟、苏祈叟之别,则以地不同而异名。至于滇池和邛都的叟人,则总称之为'夷叟'"。[273]这种观点有一定可取之处,如斯叟为徙地之叟人,苏祈叟为苏祈县之叟人等。对于氐叟与叟的关系,前面已说过,氐叟与叟非一族也。并认为《华阳国志》中始见之氐傁(氐叟)为氐族,而单称之叟则为夷系民族。[274]综合分析来看,我们认为氐傁(氐叟)之为氐族较为可信,但夷系民族应是氐羌系统民族在西南地区的又一通称,而非单独的一个非氐羌族系。《华阳国志·蜀志》定筰县说:"筰,筰夷也。汶山曰夷,南中曰昆明,汉嘉、越嶲曰筰,蜀曰邛,皆夷种也。"[275]

前面说过,"叟"这一称呼始见于东汉以后的汉族史籍中。西汉所著之《史记》、《汉书》均不载,而屡见于《后汉书》、《华阳国志》、《三国志》、《晋书》等史籍中。《后汉书·南蛮西南夷列传》载:"永平元年,姑复夷复叛,益州刺史发兵讨破之,斩其渠帅,传首京师。后太守巴郡张翕,政化清平,得夷人和。在郡十七年,卒,夷人爱慕,如丧父母。苏祈叟二百余人,赍牛羊送丧,至翕本县安汉,起坟祭祀。诏书嘉美,为立祠堂。"[276]此史料中的姑复夷、苏祈叟均应为叟人。刘琳先生在为苏示县作注时说,苏示县本苏祈部落所居,苏祈邑君冬逢妻为旄牛王女,则苏祈与旄牛夷同为羌种。[277]所说甚是。《华阳国志·李特雄期寿势志》载:"泰宁元年,越嶲斯叟反,攻围任回及太守李谦,遣其征南费黑救之。咸和元年复,斯叟破。二年,谦移郡民于蜀。"[278]斯叟即徙地之叟人。《华阳国志·南中志》说:"先主薨后,越嶲叟帅高定元杀郡将军焦璜,举郡称王以叛。益州大姓雍闿亦杀太守正昂……益州夷复不从闿,闿使建宁孟获说夷叟曰:'官欲得乌狗三百头,膺前尽黑,蟒脑三斗,斸木构三丈

者三千枚,汝能得不?'夷以为然,皆从闿。斲木坚刚,性委曲,高
不至二丈,故获以欺夷。"[279]说明益州郡的叟人又被称为夷叟。

随着历史的发展,属于古代羌系统民族的叟族也在不断发展,
其族称也由原来的"渠搜"转为"嶲"、"叟"、"蜀"等等。从民族学
的角度来说,"叟"即"人"之义。摩沙或么些的"沙"、"些",诸苏
的"苏",纳西的"西",傈僳的"傈"等等,均为"叟"音之转。[280]关于
叟人的语言,《水经·存水》曰:"存水出犍为郁邬县……益州大姓
雍闿反,结垒于山,系马柳柱,柱生成林,今夷人名曰雍无梁林,□
梁,夷言马也。"[281]又,《华阳国志·南中志》建宁郡同载此事,"雍
闿反,结垒于县山,系马柳柱生成林,今夷言雍无梁林,——无梁,
夷言马也"。[282]《太平御览》卷三五九引《南中志》作"今夷言无梁
林,无梁,夷言马也"。各本不同。闻宥先生认为,"无梁"两字只代
表一个单音节的词,原语应是 mrag 或 mlang 之类,和缅语最相近。
传抄同文堂写本《缅甸馆杂字》的对音为"麦浪",和"无梁"还很相
似。现在中缅边境一带若干民族的语言称马仍与缅语相近。[283]而方
国瑜先生把诸本合校之后进一步认为,"今夷言雍无梁林,无梁,夷
言系马也",就是"雍闿系马之林"。彝语"马"为 mu,系为 lai,古音
"无"读"明"母,彝语无舌根鼻随声(ng),可知"无梁"即彝语"系
马",宾词在动词前的语法亦相同。所以叟人语言即古彝语。[284]

综上所述,我们认为,叟人主要源于古代的氐羌系统中的羌系
民族,后不断南迁至西南地区,被称为"嶲"、"叟",后有一部分被
称为"蜀"。在汉晋时期比较活跃,与昆明族杂居共处。

(二)叟族的分布

《史记·西南夷列传》之"西自桐师(今保山市)以东,北至楪榆
(今大理市),名为嶲、昆明"及《华阳国志·南中志》云:"夷人大种

曰'昆',小种曰'叟'。皆曲头木耳,环铁裹结,无大侯王,如汶山、汉嘉夷也",[285]表明南迁至西南地区的叟族主要与昆明族杂居相处。

《后汉书·南蛮西南夷列传》载:"永平元年,姑复夷复叛……苏祈叟二百余人,赍牛羊送丧,至禽本县安汉,起坟祭祀。诏书嘉美,为立祠堂。"[286]姑复县和苏祈县为越嶲郡之所辖。姑复在今云南永胜、华坪一带,苏祈在今四川西昌礼州。又,《华阳国志·南中志》载:"先主薨后,越嶲叟帅高定元杀郡将军焦璜。"[287]同事《三国志·蜀书·张嶷传》亦说:"初,越嶲郡自丞相亮讨高定之后,叟夷数反,杀太守龚禄、焦璜,是后太守不敢之郡,只住安上县,去郡八百余里,其郡徒有名而已。"[288]《华阳国志·李特雄期寿势志》亦载:"泰宁元年,越嶲斯叟反,攻围任回及太守李谦,遣其征南费黑救之。咸和元年复,斯叟破。二年,谦移郡民于蜀。"[289]以上史料说明以下三点:第一,越嶲郡在汉代当是叟人的主要聚居和分布地,叟人势力极大,并有叟帅,以高定(元)最强,其所统辖之下的夷人多为叟夷;第二,越嶲郡内不仅有苏祈叟,还有叟夷、斯叟等叟人;第三,汉代的越嶲郡所辖地域甚广,前述已知辖今西昌为中心的安宁河两岸及金沙江南北的攀枝花、永仁、永胜、华坪等川南、滇北、滇西北部分地区,在这一地区叟人势力较大。

秦汉时的叟人除主要分布在越嶲郡外,还有部分分布于益州郡和永昌郡。《史记·西南夷列传》载:"滇王者,其众数万人,其旁东北有劳浸、靡莫……元封二年,天子发巴蜀兵击灭劳浸、靡莫,以兵临滇。滇王始首善,以故弗诛。滇王离难西南夷,举国降,诸置吏入朝。于是以为益州郡,赐滇王王印,复长其民。"[290]同事《华阳国志·南中志》载:"元封二年,叟反,遣将军郭昌讨平之。因开为郡,治滇池上,号曰益州。"[291]《后汉书·光武帝纪》注引《华阳国志》:"武帝元封二年叟夷反,将军郭昌讨平之,因开为益州郡。"[292]

这里劳浸、靡莫换为了叟,说明晋常璩撰《华阳国志》时,叟人在原劳浸、靡莫地已较多。"谷昌县,汉武帝将军郭昌讨夷,平之,因名郭昌以威夷,孝章时改为谷昌也",[293] 谷昌县属汉之益州郡即今之昆明市。《华阳国志·南中志》还说:"先主薨后……益州大姓雍闿亦杀太守正昂……益州夷复不从闿,闿使建宁孟获说夷叟曰:'……'夷以为然,皆从闿。"[294]

综上,我们认为,在汉代益州郡当确有大量叟人分布。1936年,云南昭通洒鱼河边古墓中掘出铜印一枚,为正方驼纽,上刻"汉叟邑长"款文。[295] 说明叟人的势力已到达了滇东北地区。此外,《华阳国志·南中志》载:"(建宁)郡久无太守,功曹周悦行郡事,轻敏,不下其板。逊至,怒,杀悦。悦弟秦臧长周昺合夷叟谋,以赵涛父混昔为建宁,有德惠,欲杀逊树涛。"[296] 说明秦臧也有夷叟,汉晋之秦臧县即今之禄丰、罗次、富民一带,表明滇北也分布有叟族。

西汉所置之益州郡及在汉明帝永平十二年分益州而置的永昌县,均有嶲唐县。关于嶲唐,《汉书·地理志》说:"周水首受徼外。又有类水,西南至不韦,行六百五十里";[297] 此外,《后汉书·郡国志》注曰:"本西南夷,《史记》曰古为嶲、昆明。《古今注》曰:'永平十年置益州西部都尉,治嶲唐,镇尉哀牢人楪榆蛮夷。'《华阳国志》曰:'有周水从徼外来。'"[298] 周水即今之怒江,类水即漾濞江。刘琳先生在校注《华阳国志》之嶲唐县时也认为嶲唐县原为嶲唐部族地,并说嶲唐又简称嶲(《史》《汉》之《西南夷传》称为"嶲、昆明",《盐铁论》称"嶲唐、昆明",可证嶲即嶲唐),种族当与昆明同属藏缅语族。今澜沧江、怒江两岸保山市以北皆其故地,东接昆明、东北近越嶲,其故城在今云龙西南、澜沧江西之漕涧镇。[299] 这表明,秦汉时期在今澜沧江和怒江两岸的云龙、永平、保山、凤庆等地有嶲人分布,可能是越嶲的一支继续南下的结果,并与昆明族不断融合发展。

综上所述,我们认为秦汉时期的叟族来源于古代氐羌系统的羌系统民族,大部分分布在越嶲郡,汉代部分分布于益州郡和东汉所置之永昌郡内,大概在今天的川南、滇北、滇西北、滇西南和滇东北地区,其分布地与昆明族相接并错居杂处,魏晋时期叟族的势力发展到仅次于昆明族即所谓"(南中)大种曰昆,小种曰叟"。魏晋以后大部分融合、发展形成了唐宋时期的乌蛮。

第五节　摩沙族与僰族

秦汉时期的摩沙族和僰族也是源于先秦时期氐羌系统的民族,在与他族融合和发展的基础上,到了秦汉已不再单称为氐或羌,而被称为摩沙族和僰族。

一、摩沙族的来源与分布

(一)摩沙族的来源

摩沙族,最早见于《华阳国志》。《华阳国志·蜀志》"定筰县"说:"筰,筰夷也。汶山曰夷,南中曰昆明,汉嘉、越嶲曰筰,蜀曰邛,皆夷种也。县在郡西,渡泸水。宾刚徼,曰摩沙夷。有盐池,积薪,以齐水灌,而后焚之,成盐。汉末,夷皆锢之,张嶷往争。夷帅狼岑,槃木王舅,不肯服。嶷禽,挞杀之,厚赏赐余类,皆安。官迄有之,北沙河是。"[300]前面我们认为,西南地区的夷系民族应是氐羌系统民族的又一通称,则摩沙夷也应源于氐羌系统民族。学术界也普遍认为,摩沙夷源于甘、青地区的古羌人,唐宋时称为么些蛮,也就是今天纳西族的先民。但对于摩沙夷究竟属于古羌人中的哪一支学术界还存在不同观点。

方国瑜、和志武和李绍明诸先生认为,摩沙夷来自河湟地带南迁的古羌人,与牦牛羌之一支白狼羌有族属渊源关系;[301]张增祺先生则认为摩沙夷与白狼羌有族属源流关系,但摩沙夷非牦牛羌。[302]

我们认为,摩沙夷源于白狼羌的观点没有疑义。从前述秦汉时期的白狼、槃木、唐蕺的来源和分布我们知道,白狼羌是牦牛道徼外羌即牦牛羌的一支,也是南下羌人的一支。

《三国志·蜀书·张嶷传》载:"定莋、台登、卑水三县去郡三百余里,旧出盐铁及漆,而夷徼久自固食。嶷率所领夺取,署长吏焉。嶷之到定莋,定莋率豪狼岑、槃木王舅,甚为蛮夷所信任。"[303]上述史料中之夷帅狼岑与这里的率豪狼岑当为同一人。槃木王舅意为槃木王之舅。二人当是其时摩沙夷中较有威信之人。

狼岑、槃木王舅和白狼关系密切,也应属旄牛羌。方国瑜、和志武二位先生认为,所谓牦牛羌,散居在祖国西南蜀郡边境广大地区,支别名号很多,么些族是其中之一支。[304]章太炎先生也说:"唐时所谓么些蛮,即羌种流入者。"[305]李绍明先生认为,白狼人与纳西族有着族属上的联系。汉代的旄牛羌与白狼羌属于同一族系,旄牛羌的一支已发展到筰都、邛都地区,即今雅安地区南部与凉山州一带,而白狼羌仍主要居于今康南一带。白狼羌的一部分后来沿金沙江、雅砻江进入今川滇边境一带,其后裔即晋代的摩沙夷以及唐代的磨些蛮以及现今的纳西族。[306]实则摩沙夷的名称在汉代即已出现。

旄族以旄牛得名,字或作犛、氂、髦、猫,并与摩字同音。而摩沙之"沙",在其族语中意为"人"或"族",摩沙之名正与旄羌同。旄羌分支当不止一种,《后汉书·西羌传》说"犛牛、白马羌在蜀汉,其种别名号皆不可纪知也"。而摩沙以旄得名,则摩沙盖为旄羌之主要民族,故其名号如是也。[307]所言极是。

　　张增祺先生之所以认为摩沙夷非旄牛羌,主要基于以下几点:首先是摩沙夷迁入云南的时间比旄牛羌早,且摩沙夷和旄牛羌没有循相同路线进入西南。其支撑材料即丽江、德钦、盐源、石渠、贡觉、义敦、巴塘等地的石棺葬。第一章我们已明确上述地点所出石棺葬是南下氐羌人的遗留物。张先生认为旄牛羌之南迁至川南滇西北的时间是《史记·后汉书》所载的秦献公初立时(前384年),而据石棺葬年代的测定,石棺葬主人摩沙夷迁到云南的时间应是公元前10世纪左右,早于旄牛羌。但我们认为,上述地区石棺葬的族属属白狼羌无疑,但不能以此证明与旄牛羌无关。因为上述史载之旄牛羌的大规模南迁只是羌系统民族南迁中影响较大的一次,不能以这一次的记载来否认氐羌系统民族自石器时代以来就不断南徙的事实,在公元前384年旄牛羌(可能其时不被称作旄牛羌)就存在不断南迁的可能。而李绍明先生在其文章《康南石板墓族属初探》中进一步论证了上述地区石棺葬属白狼羌人,并得出白狼羌属旄牛羌的论断。第二,张增祺先生认为摩沙夷的聚居区非旄牛羌所在的越巂郡。张先生之所以持此观点主要是对上述史料中"渡泸水"中的"泸水"的理解所致。张先生认为,泸水应是金沙江而非雅砻江。但我们认为,在古代西南地区被称为"泸水"的河流所指非一,有指雅砻江者、有指金沙江者、有指安宁河者,等等。《水经注·若水》载:"若水出蜀郡旄牛徼外,守敬按:……《后汉书·注》泸水一名若水,出旄牛徼外……今水曰雅砻江";"《益州记》曰:'泸水源出曲罗巂(在今木里县东北、冕宁县西,泸水至此萦回三折成S形)下三百里,曰泸水。两峰有杀气,暑月旧不行,故武侯以夏渡为艰,泸水又下合诸水而总其目焉,故有泸江之名矣。'会贞按:《御览》三十四引《益州记》,泸水即武侯渡处,水有热气,暑不敢行。比此微略。《后汉书·西南夷传·注》,泸水一名若水。《方舆纪要》,其源若水,下流曰泸水。据《益州记》则泸水自有源。《禹贡锥指》,水出曲罗嶲,其地当在若水东,下流合若水,故若水兼泸水之目。《华阳国志》,三定莋县在越嶲郡西,渡泸水。此指雅砻江,即若水也。又云,三绛县道通宁州,渡泸得蜻蛉县,会无县路通宁州,渡泸得螳螂县。此指金沙江,即《汉志》之绳水,《水经》之若水也。"[308]因此我们认为,此处之"渡泸水"应指渡过雅砻江而非金沙江。从《后汉书》、《华阳国志》、《水经》诸书皆载之白狼、槃木、唐菆的史料来看,均是越嶲郡徼外羌,属旄牛羌。

总而言之,摩沙夷源于甘、青地区南下羌人的一支,至秦汉时期,特别到汉时被称为白狼羌,而更南的部分则被称为摩沙夷。因此,汉代的摩沙夷应属白狼羌,而白狼羌又是旄牛羌的重要组成部分。因此,我们认为,摩沙夷属旄牛羌的一支。

(二)摩沙族的分布

《华阳国志·蜀志》"定莋县"说:"莋,莋夷也。汶山曰夷,南中曰昆明,汉嘉、越嶲曰莋,蜀曰邛,皆夷种也。县在郡西,渡泸水。宾刚徼,曰摩沙夷。有盐池,积薪,以齐水灌,而后焚之,成盐。汉末,夷皆锢之,张嶷往争。夷帅狼岑,槃木王舅,不肯服。嶷禽,挞杀之,厚赏赐余类,皆安。官迄有之,北沙河是。"[309]则摩沙夷分布于定莋县及其西徼。泸水即雅砻江;刚徼,在今木里一带,盖汉晋越嶲之西徼。"西方之气金刚",故曰"刚徼"。[310]关于"定莋县",《汉书·地理志》和《后汉书·郡国志》载皆属越嶲郡。《汉书·地理志》说:"定莋,出盐。步北泽在南。都尉治。"颜师古注曰:"本莋都也。"[311]《后汉书·郡国志》注亦引上述《华阳国志》之内容。从史料内容可以判断出,"定莋"以产盐著称,为古代民族的争夺场所。《元和郡县志》卷三二说:"昆明县,东北至嶲州三百里,本汉定莋县也,属越嶲郡。"又《元史·地理志》曰:"柏兴府,昔摩沙夷所居,汉为定莋县,隶越巂郡,唐立昆明县。"嘉庆《四川通志》卷四"舆地志·建置沿革考"以为汉之"定筰县"即今之盐源县,唐之昆明,元之柏兴府,所说甚是。方国瑜先生认为"定筰县"还应包有今盐边、宁蒗,因永宁亦自古为摩沙夷所居也。[312]这也有一定道理。

综合来看,汉代的摩沙夷大部分分布于今盐源县,与昆明族和叟族杂居,一部分分布在今木里、盐边,后可能有很大一部分西迁至宁蒗、华坪、丽江、永胜等地。

二、僰族的来源与分布

(一)僰族的来源

僰族是我国汉晋时期西南地区较为活跃的民族之一。对其来源、族属、迁徙,多有学者论述,论见不一。关于僰人之来源、族属,有濮人说、僚人说、戎人说、氐羌说、彝族说、氐人说,等等,至今尚未取得共识。

持濮人说者,[313]大都因僰、濮发音相同,《吕氏春秋·恃君览》载"僰读为匍匐之匐",古代无轻唇音,又可读为"濮"。所以,将僰与濮混而为一,以僰为濮。从地理位置而言,秦汉时期南中地区有濮,但一部分分布于滇西地区,以哀牢为主(这里的哀牢是指秦之苞满、汉之闽濮),在永昌郡内;一部分分布在滇南地区,以句町为主,在兴古郡内,虽同称为濮,但地理分布不同,族属也不同。而且滇西地区的濮为现今南亚语系孟高棉语族的佤族、布朗族等族的先民,而滇南地区的濮人则大部分融于百越系民族之中、少部分融合于氐羌系统民族中。[314]我们认为,仅仅从二字发音相同就断定僰、濮为同族的说法是不科学的,还需进一步深入探讨。

认为僰人即是僚人的代表是蒙默先生。他认为汉代的胜僰县魏晋时改属兴古郡,而兴古郡"多鸠僚濮",而"鸠僚濮"在有的文献记载中又直接称为"僚";川南之"故僰侯国",魏晋以来居有不少僚人,唐初在此又设了南州。《太平寰宇记》卷一二二引唐《九州记要》载"(南州)僰溪生僚招慰以置之",且当地也有"僰溪"、"僰人桥"等地名。据此,持僰为僚者就很肯定地认为僰族即是僚人。[315] 因为胜僰县的居民应为僰族,而且原僰道县也是僰人的聚居区,所以僰人就是僚人。祁庆富先生也持同样的观点。[316] 但我们认为胜僰县不能因为其县名有僰字就认为其居民是僰族,这胜僰是王莽为鼓舞士气而把胜休县改为胜僰县。此外,汉时僰道县的主要居民是僰人这是毋庸置疑的,但后来僰人由于汉族移民的增加、南中大姓的争战及封建王朝镇压昆明诸种的反抗等原因,不断向滇西迁徙移动。因此到唐时之南州,其地居民仍为僰人的说法是值得商榷的。

持僰人为戎人说的代表是何光岳先生。[317] 他在《僰人的来源和迁徙》和《氐羌源流史》中皆有此论:"僰人古叫白老,亦即白民,为六戎之一",但在《氐羌源流史》中,《僰人的来源和迁徙》一章却被放于"中编氐族系统"而非"上编戎族系统"中。另,何先生只是说僰人为六戎之一,其他五戎是什么都没有交待,且僰人为何为六戎之一也没有进行论证。

方国瑜先生在《略论白族的形成》一文中认为,[318] 南诏建国以前住在洱海南部的"白蛮",由僰道迁来是可能的。据《吕氏春秋·恃君览》所载僰人原住在青衣江入岷江地带,属于氐羌系统。林超民先生赞同方国瑜先生的观点,他在《僰人的族属与迁徙》一文中,[319] 也认为僰人是氐羌的一支。郑德坤先生认为僰的族属同邛、同滇、同氐羌。[320] 王文光先生在《僰人源流考》一文中也主张僰人"属于古代氐羌系统"。[321] 氐羌说的观点没有确指僰人属氐或属羌(虽有学者认为属羌,但由于其主张氐羌同源一族,所以属氐或属羌也没有交待清楚),没有就此问题进行深入探讨。

僰为彝说的观点在20世纪50年代就有人提出,但只是零星地谈及而没有提出更多证据。[322]朱文旭先生在《僰为彝说》一文中,[323]主要从彝文古籍《勒俄特依》、《西南彝志》所记之bu[33]与僰的关系、彝族神石与僰人"乞子石"、彝族支系称谓与僰之关系等方面来讨论彝与僰的关系。这种研究视角有一定可取之处,但其依据之材料与所持观点的关系还可进一步探讨。因为我们知道,语言亲属关系是判断族属源流的重要方面,从其论证来看,只能说明僰人中的一部分后来融合加入发展成为彝语支的民族。且在论述彝人神石时仅据宋《太平御览·郡国志》所记"乞子石在马湖南岸,东石腹中出一小石,西石腹中怀一小石,故僰人乞子于此有验,因号乞子石"就作出判断,彝人神石与僰人乞子石的关系。这也只能说明融合发展为彝语支之一的彝族吸收了僰人的某些风俗。因此,认为僰人后来完全发展成了彝族的观点是不完全正确的。

氐人说的代表是王叔武、马曜和张增祺三位先生。[324]差不多与方国瑜先生同时,王叔武先生在《关于白族族源问题》一文中,认为僰人是氐族,为羌族的别支。马曜先生认为,"'僰'和'叟'不是一个族,但'僰'和'叟'都是氐人"。张增祺先生对僰人的族属问题曾作过详细论述。他认为古代僰人最早属于氐人中的一支,原来也是游牧民族。但僰和氐也有区别,这不仅因为僰人比氐人汉化程度更深,而且秦、汉以来僰人在发展过程中又融合了不少汉人。也可以说,僰是以氐人为主的氐、汉融合体。僰人是南迁氐族中的一支。

综合各家所论,我们认为氐人说的观点较为客观。据考证,"僰"字最早见于甲骨文和金文中。马叙伦说:"甲骨文有'棥'方,又有'僰'字,叶玉森谓是一字。又《路史·国名记》谓僰侯国为商世侯伯。卜词之'焚'方即僰国。"[325]周代青铜器薛尹卣有僰字,为人名,又称为僰卣。说明僰人的出现是较早的。疑甲骨文和金文中的僰字可能是有关僰人先民的零星记载。

有关秦汉时期僰人的记载,多见于汉代史籍。《说文解字·人部》僰字条解释说:"僰,犍为蛮夷。"《史记·西南夷列传》载:"巴蜀民或窃出商贾,取其筰马、僰僮、髦牛,以此巴蜀殷富。"索隐引韦昭云:"僰属犍为"。服虔云:"旧京师有僰婢。"正义曰:今益州南戎州北临大江,古僰国。[326]《汉书·地理志》僰道注引应劭曰:"故僰侯国也。"[327]《史记·司马相如列传》说,"唐蒙使略通夜郎西僰中",又"南夷之君,西僰之长,常效贡职,不敢怠堕"。索隐曰:"夜郎、僰中,文颖曰皆西南夷。后以为夜郎属牂柯,僰属犍为。"[328]知僰族在夜郎以西,而《史记·大宛列传》载:"(汉武帝)乃令骞因蜀犍为发间使,四道并出:出驍,出冉,出徙,出邛、僰,皆各行一二千里。"[329]《汉书·食货志》说:"时又通西南夷道,作者数万人,千里负担馈饷,率十余钟致一石,散币于邛僰以辑之。"应劭注曰:"邛属临邛,僰属犍为。"师古曰:"本西南夷两种也。邛,今邛州也。僰,今僰道县也。"[330]说明秦汉时期的僰人已是一个较大的民族群体,主要居于汉犍为郡之僰道。

僰人,"也可以说僰是以氐人为主体的氐汉融合体"。[331]《说文解字·羊部》记其他蛮夷皆从虫、从犬、从羊,唯独僰字从人,并言其"颇有顺理之性",说明其汉化程度之高。又《水经·江水》引《地理风俗记》曰:"(僰)夷中最仁,有人(仁)道,故字从人。"[332]据鱼豢《魏略·西戎传》载:"其(氐人)俗,语不与中国同,及羌杂胡同,各自有姓,姓如中国之姓矣。其衣服尚青绛。俗能织布,善田种,畜养豕牛马驴骡。其妇人嫁时著袿露,其缘饰之制有似羌,袿露有似中国袍。皆编发。多知中国话,由与中国错居故也……今虽都统于郡国,然故自有王侯在其虚落间。"[333]从上可知,氐人文化介于汉、羌之间,且以汉文化成分更多些。我们认为,在古代西南的少数民族中,只有具有像氐人汉化程度较深的少数民族才能和"有仁道"的僰人相比附。[334]

另一方面,从以上史料我们可以看出,僰人历史悠久,到达西南地区后建立过僰侯国。据《华阳国志·蜀志》僰道县条说:"滨江有兵栏,李冰所烧之。"《庆符县志》对此事也载:"秦时,僰道王据守横江,李冰破之,追北于汉阳山。"这就告诉我们,李冰在公元前256—前251年被秦昭王任命为蜀郡守,由此推知,僰侯国的建立至少也是在公元前3世纪之前。[335]从西汉开始,朝廷曾专设僰道来管辖僰人。由于秦汉时期特定的历史环境,迫使原居汧渭、岐陇一带的氐人,自公元前7至2世纪不得不作大规模的迁徙活动。由前述"氐族的来源和分布"可知,秦汉时期,西起陇西,东至略阳,南达岷江流域下游地区都是氐人分布区。氐人的东部为汉族,西部为羌族,羌和氐一样,均作由北向南的纵贯式发展。从汉初僰道及"僰侯国"所处的地理位置看,他们只可能属于古代的氐族。[336]

(二)僰人的分布

最早记录僰人的史籍是《吕氏春秋·恃君览》,其文曰:"氐、羌、呼唐、离水之西,僰人、野人、篇笮之川,舟人、送龙、突人之乡;多无君。"[337]其时的氐、羌应是氐人和羌人的泛称,有一部分已从西北地区迁居于离水,离水即今之岷江;而篇笮之川则为今之四川盐源、盐边一带,说明有一支僰人已从岷江西南迁至大渡河南。

在汉代,县有蛮夷曰道。秦汉时已然在僰人聚居地设置了僰道,汉属犍为郡。关于僰道之情况,《华阳国志·蜀志》说,"高后六年,城僰道";又"僰道县,在南安东四百里,距郡百里,高后六年城之。治马湖江会,水通越嶲。本有僰人。故《秦纪》言僰童之富,汉民多,渐斥徙之"。[338]《华阳国志·巴志》载:"(巴)其地东至鱼复,西至僰道。"[339]刘琳先生说,僰道县,故僰人邑。《舆地广记》卷三一谓秦置县,可信。两汉、蜀、晋因。辖今宜宾、屏山、长宁、南溪等县市地及高县之一部。[340]秦、西汉时僰人聚居于岷江流域,后南下居于汉所设之犍为郡,且以僰道为中心,散居其南。《水经·江水》载:"(江水)又东南过僰道县北,若水、淹水合从西来注之。"[341]若水即雅砻江,淹水即金沙江,这与"治马湖江会"合,可证僰道故城即今宜宾市。

　　西汉中后期,原居于僰道县一带的僰人,因当地"汉民多,渐斥徙之",有一部分又继续南下。他们沿着"五尺道"首先进入了滇东北昭通地区,形成了僰人的另一个聚居地。据《太平御览》卷七九一引《永昌郡传》曰:"朱提在犍为南千八百里,治朱提县。川中纵广五六十里,有大泉池水,顷(僰)名千顷池。又有龙池以灌溉种稻。"[342]而《华阳国志·南中志》载:"朱提郡……先有梓潼文齐,初为属国,穿龙池,溉稻田,为民兴利,亦为立祠。"[343]文齐是朱提的地方官,其在朱提任职的时间据考是西汉平帝元始一年至五年(1—5 年),则僰人能命名、利用千顷池、龙泉,当是与之同时或稍后。[344]

　　此外,《汉书·王莽传下》说:"更始将军廉丹击益州不能克,征还。更遣复位后大司马护军郭兴、庸部牧李棽击蛮夷若豆等",又言"今胡虏未灭诛,蛮僰未绝焚",后又载:"及北狄胡虏逆舆泪南僰虏若豆、孟迁,不用此书。有能捕得此人者,皆封为上公,食邑万户,赐宝货五千万。"师古注曰:"若豆、孟迁,蛮僰之名也。"[345]说明其时僰族是莽之大敌,也从另一个角度说明了僰族势力强大。《后汉书·南蛮西南夷列传》载:"及王莽政乱,益州郡夷栋蚕、若豆等起兵杀郡守。"[346]说明僰族早已迁至益州郡,当分布在滇池周围,且势力强大,能杀郡守。王莽再度征伐而不能克,将益州郡之胜休县改为胜僰县以图吉利。《汉书·地理志》载:"胜休,河水东至毋棳入桥。莽曰胜僰。"[347]《水经·温水》曰:"(温水)而东南迳兴古之胜休县,王莽更名胜僰县。"[348]据《水经·温水》所载,胜休县当在江川县南,据王先谦《汉书补注》所说,则当在今建水县境。[349]则其地当在滇池之南。

在文献中,除了单称僰以外,还有西僰、羌僰、氐僰、邛僰、滇僰、蛮僰、僚僰,等等。对于这一现象,张增祺先生认为,我国古文献上之所以称羌僰、西僰、僚僰、邛僰、滇僰等,主要是指其地域而言的,即羌地之僰、滇地之僰、邛地之僰等等,并不涉及其族源。[350]所言甚是。从中也可以看出其时僰人分布之广、人数之多。

综上所述,我们认为,古僰人分布之区域,秦、西汉时以僰道(今宜宾市)为中心,散居南境,广布于西南羌、滇、邛、僚人所居之地,西汉后期继续不断南迁至滇东北、滇东、滇中乃至滇西洱海地区,至魏晋时僰道基本已无僰人,故《华阳国志》言"本有僰人"。魏晋以降,南迁之僰人融于南中之爨,后又与一部分叟共同发展成为西爨白蛮,最后在融合汉族等民族的基础上发展演变为藏缅语族之白族。

第六节　賨人与苴人

巴为秦灭后,其统治下的大部分少数民族逐渐融于华夏族之中。秦汉时期,与氐羌系统民族有关的一部分巴人被称为胊忍夷、阆中夷、賨人或板楯蛮、苴人,仍旧活跃于其原居地的广大地域。

一、賨人的来源与分布

对于賨人的来源,从我们在第一章的论述中已知道,是源于甘、青地区氐系统民族的一支,在南迁的过程中不断与巴人相融合而形成的一个新的族群。后为巴所统,在汉代因居于朐忍县、阆中县又被称为朐忍夷和阆中夷,但更普遍的是被称为賨人、板楯蛮。

关于板楯蛮、賨人名称的来源问题,邓少琴先生作过细致的研究。邓先生认为,板楯即木盾,是一种武器,又称为彭排或彭旁,使用这种武器的民族遂被称为板楯蛮或彭人(即《尚书·牧誓》八国中之"彭人")。《水经·江水》曰:"江水又东,彭水注之。水出巴渠郡獠中,东南流迳汉丰县……又南,迳朐忍县西六十里,南流注于江,谓之彭溪口。"[351] 地以"彭"称,彭即彭排;人以"板楯"称,而"板楯蛮"即"朐忍夷"之异称。《华阳国志·巴志》说:"秦昭襄王时,白虎为害,自秦、蜀、巴、汉患之。秦王乃重募国中:'有能杀虎者,邑万家,金帛称之。'于是朐忍廖仲药、何射虎、秦精等乃作白竹弩于高楼上,射虎,中头三节……夷人安之。汉兴,亦从高祖定秦有功。高祖因复之,专以射白虎为事,户岁出賨口四十,故世号'白虎复夷',一曰'板楯蛮',今所谓'弜头虎子'者也。"[352] 则賨之一名,应起于汉世,汉时"朐忍夷"每岁"户出'賨钱',口钱四十",以其口算钱不如汉人每年征取一百二十钱之多,故称此为"賨钱",而人亦遂蒙上"賨民"之称,其所聚居之地也就称为"賨城"了。故《华阳国志·巴志》说:"宕渠盖为故賨国,今有賨城、卢城。秦始皇时,有长人二十五丈见宕渠。"又说:"阆中有渝水,賨民多居水左右。天性劲勇,初为汉前锋,陷阵,锐气喜舞。帝善之,曰:'此武王伐纣之歌也。'乃令乐人习学之,今所谓'巴渝舞'也。"[353] 渝水賨民所舞者,又名之曰"巴渝舞",足以说明"巴"之一为"彭",为"賨",为"板楯蛮",为"朐忍夷",为

"阆中夷"。[354]童恩正先生也认为此处之彭,可能是巴人(巴族)的一支,也可能是其代称。[355]然而,邓少琴先生在多方考证后又认为,髳即虎也,《牧誓》八国中之"髳",应解释为廪君之巴,曾参加武王伐纣,会师牧野。但其后所说"西土八国无巴,巴为髳之一名所代替,甲骨文中亦少巴名,有之则为'虎方'之称"的提法,[356]又让人颇为不解。其观点与前述之"彭人"为巴人的说法不一致。而实则甲骨文中已有"巴方"的记载,因此,我们认为邓先生前面的观点基本正确,而后一种看法可以进一步讨论。

《后汉书·南蛮西南夷列传》载:"板楯蛮夷者,秦昭襄王时有一白虎,常从群虎数游秦、蜀、巴、汉之境,伤害千余人。昭王乃重募国中有能杀虎者,赏邑万家,金百镒。时有巴郡阆中夷人,能作白竹之弩,乃登楼射杀白虎。昭王嘉之,而以其夷人,不欲加封,乃刻石盟要,复夷人顷田不租,十妻不算,伤人者论,杀人者得以倓钱赎死。"又说:"至高祖为汉王,发夷人还伐三秦。秦地既定,乃遣还巴中,复其渠帅罗、朴、督(昝)、鄂、度、夕、龚七姓,不输租赋,余户乃岁入賨钱,口四十。世号为板楯蛮夷。阆中有渝水,其人多居水左右。天性劲勇,初为汉前锋,数陷陈。俗喜歌舞,高祖观之,曰:'此武王伐纣之歌也。'乃命乐人习之,所谓巴渝舞也。"[357]可以看出,《华阳国志》中的"朐忍夷"在《后汉书》中记为"阆中夷"。"朐忍"故城在今之云阳县地,汉县辖今云阳、开县及万县之一部直至湖北利川县地;"阆中"故城即今阆中县治。辖今之阆中、苍溪、仪陇三县及剑阁、盐亭县的小部分地区。[358]其时之朐忍县和阆中县均为巴郡所辖之地,也是板楯蛮的聚居地。此外,前引之"宕渠"一名,也与板楯蛮、賨人有关。《国语·吴语》载:"奉文犀之渠",韦昭注云:"渠,楯也。"[359]则说明巴人中擅长使用板楯这一特殊技能的族群被称为板楯蛮。其居地即在宕渠。关于宕渠,秦时已置县。两汉、蜀、晋因。宕渠故城即古賨国城,在今渠县土溪南岸之城坝。西汉宕渠县包括今之整个达县地区及营山、广安、城口等县地。和帝分置汉昌、宣汉二县后,宕渠县辖今渠县、营山、广安、邻水、大竹等县地。[360]则賨城故地处于朐忍与阆中之间,表明秦汉时賨人已遍布今之川东北、重庆市以东、东北、北部与川北联接地带。但这还不是賨人的全部分布地,因为在秦汉时严道县治所在之荥经,也有賨人居住。

杨慎《徙阳县辨》引《玉篇》"郳"下注:"鍬国夏为防风氏,周髳,汉之賨叟也,在蜀之边。"汉武帝时在严道地区(今荥经、雅安一带)分设徙县,"蜀之边"指的就是严道地区。此外,20世纪60年代末,雅安清衣江畔出土了"賨侯之赆"铜印,从印的形制及印文来看,均为汉代之物,是严道地区的賨侯致送礼品的专用印。上述我们已知道,賨人因射杀白虎有功及伐定三秦,其渠帅"不输租赋"。所以,可能居于雅安一带的賨人是七姓賨人南迁而来,只有"赆"(一种变通形式的输纳、交纳礼品)之义务。可以认定的是,严道賨人乃秦时来此,直至成汉时期。[361]

关于賨人的族属,学术界也是意见不一。童恩正先生认为賨人是后世僚族的先民,是构成现代壮傣民族先民集团中的一个组成部分。他认为僚族系百越的一支,汉武帝开发西南夷时夜郎国的民族大部分为夷僚。[362]董其祥先生也持同样的观点。[363]段渝先生认为賨人(板楯蛮)是百濮的一支。[364]而邓少琴先生认为賨人是氐族的一支。[365]最后一种观点可能比较普遍一些。因为持賨人为濮越说观点的学者们主要依据就是扬雄《蜀都赋》和《史记·司马相如列传》郭璞注《上林赋》里面的一句话。扬雄说:"东有巴賨,绵延百濮。"说明的是东面分布的巴和賨或巴人中的賨人,其分布广大连接到百濮分布地之义,而非巴賨为百濮之义。而郭璞注曰:

"巴西阆中有俞水,獠人居其上,皆刚勇好舞,汉高募取以平三秦。后使乐府习之,因名巴俞舞也。"[366]这是史书中第一次出现獠人居"俞水"的记载。可能在郭璞时期,已有部分獠人迁居到了渝水地区,所以把后来迁入渝水的獠当作了昔日的賨人。此外,日本学者梶山胜先生在对西南夷印章进行考证后认为,居住区域和族属不是决定钮形的决定因素,而生活方式才可能是决定印钮的最主要因素。并认为如果賨人出自百越,那么基本就应为以从事农业为主的民族,如是,赐给他们"汉归义賨邑侯"那样的羊钮金印则不合适。既然是生活方式为决定印钮的因素,那么对于以定居农业为生活基础的民族来说,似乎蛇钮要比羊钮更为适宜。不过,即便賨族原是百越的一支,但设想由于其离开故地移居他乡,加上接受了周围的氐、羌族的影响,生活方式逐渐向以游牧或畜牧为主的形态发生转化,那么,授予其羊钮的印章也没有什么奇怪的。反过来,如果賨族是氐族的一支系,对于游牧民族的氐族来说,赏赐给他们与其关系最为密切的羊为钮的印章是顺理成章的事情。那么,对于其支系的賨族下赐的印为羊钮也没有什么奇怪的。在这种场合,賨族尽管也许受到了移居地或周围的农业民族的影响而进行着农业耕作,但可能仍然是以游牧或畜牧作为主要生活方式的。[367]虽然梶先生并没有给我们賨族是氐或非氐的肯定回答,但从"汉归义賨邑侯"的赐封和汉武帝对賨人的赏识、使用(作战)及前述氐人的南迁来看,賨人无疑与氐人的关系更密切、更接近。因此,我们认为,賨人是甘、青地区南迁氐人的一支,但在迁徙的过程中,与巴人发生了融合,已非单纯的氐人,汉代被称为賨人(賨族)。

概而言之,秦汉时期的賨人,因其居于胸忍、阆中又被称为胸忍夷、阆中夷,因其善于使用板楯这一兵器又被称为板楯蛮,实则这四种称呼均为异称实同,都是指南下氐人的一支与巴人相融合发展而来的新的族群——賨人(賨族)。秦汉时期,賨人的分布地有所扩大,除分布在川东北嘉陵江两岸及与渝相连地带,渝东、东北与鄂西南以外,还有一部分南下到了今天雅安一带。

二、苴人的来源与分布

关于苴人。我们认为,苴人也应是原居甘、青的氐人南下的一支。因处苴而被称为苴人。《华阳国志·蜀志》载:"蜀王别封弟葭萌于汉中,号苴侯,命其邑曰葭萌焉。"[368] 又,《华阳国志·汉中志》载:"晋寿县,本葭萌城,刘氏更曰汉寿。水通于巴西,又入汉川。"[369] 地在今四川广元市以西、剑门关之北,嘉陵江西岸的老昭化。这一地带应是蜀国的统属地,否则蜀王怎会封其弟于此,而且该地之苴人肯定有一部分是蜀族。我们认为,苴人的居地与甘南、陕西南相接,且有嘉陵江贯穿其中,氐系统民族极易顺江而下,居于嘉陵江两岸。李绍明先生也认为,"关于苴,实为巴人中的一支,与廪君人有密切关系。"[370] 前文所述已知,李绍明先生认为廪君人的来源包括了氐羌人。

综上,我们可以认为,苴人中至少有一部分是属于氐羌系统民族的。只是其南迁以后,也是与巴人发生了一定程度的融合,被称为苴人。这部分苴人,以后可能陆续融入了賨人之中。

注　　释

1　《三国志·魏书·乌丸鲜卑东夷传》所引之《魏略·西戎传》,中华书局标点本 1959 年版,第 858 页。

2　唐作藩:《上古音手册》,江苏人民出版社 1984 年版,第 44、60 页。

3　《北史·氐传》,中华书局标点本 1974 年版,第 3171 页。

4　唐作藩:《上古音手册》,江苏人民出版社1984年版,第42页。

5　《水经注疏·渭水》,江苏古籍出版社1986年版,第1477、1479页。

6　《水经注疏·渭水》,江苏古籍出版社1986年版,第1473—1474页。

7　《史记·匈奴列传》,中华书局标点本1982年版,第2883页。

8　《毛诗注疏·国风·秦》,四部备要。转引自杨铭:《氐族的起源、形成及其与羌族的
　　关系》,载杨铭:《西南民族史研究》,重庆出版社2000年版,第145页。

9　《水经注疏·渭水》,江苏古籍出版社1986年版,第1493、1494页。

10　黄烈:《有关氐族来源和形成的一些问题》,载《历史研究》1965年第2期;杨铭:
　　《氐族史》,吉林教育出版社1991年版,第15页。

11　《史记·西南夷列传》,中华书局标点本1982年版,第2991页。

12　徐中舒:《巴蜀文化续论》,载《四川大学学报》(哲学社会科学版)1960年第1期;
　　李绍明:《关于羌族古代史的几个问题》,载《历史研究》1963年第5期。

13　胡昭曦:《论汉晋的氐羌和隋唐以后的羌族》,载《历史研究》1963年第2期。

14　黄烈:《有关氐族来源和形成的一些问题》,载《历史研究》1965年第2期;马长寿:
　　《氐与羌》,上海人民出版社1984年版,第10页。

15　《后汉书·南蛮西南夷列传》,中华书局标点本1965年版,第2844、2859页。

16　《通典·边防五》卷一八九,中华书局1984年版,第1017页。

17　《太平御览》卷七九一,中华书局1960年版,第3507页。

18　黄烈:《有关氐族来源和形成的一些问题》,载《历史研究》1965年第2期。

19　马长寿:《氐与羌》,上海人民出版社1984年版,第23页。

20　《汉书·地理志》,中华书局标点本1962年版,第1597页。

21　《汉书·地理志》,中华书局标点本1962年版,第1610页。

22　杨铭:《氐族史》,吉林教育出版社1991年版,第31页。

23　《水经注疏·涪水》,江苏古籍出版社1986年版,第2716、2717页。

24　(晋)常璩撰,刘琳校注:《华阳国志·汉中志》,巴蜀书社1984年版,第173页。

25　顾祖禹:《读史方舆纪要》龙安府条,中华书局2005年版,第3396、3402页。

26　(晋)常璩撰,刘琳校注:《华阳国志·汉中志》,巴蜀书社1984年版,第165页。

27　《三国志·魏书·乌丸鲜卑东夷传》所引之《魏略·西戎传》,中华书局标点本
　　1959年版,第859页。

28　《汉书·地理志》,中华书局标点本1962年版,第1598页。

29　（晋）常璩撰，刘琳校注：《华阳国志·蜀志》，巴蜀书社 1984 年版，第 201 页。

30　《水经注疏·江水》，江苏古籍出版社 1986 年版，第 2733—2736 页。

31　顾祖禹：《读史方舆纪要》成都府条，中华书局 2005 年版，第 3184 页。

32　（晋）常璩撰，刘琳校注：《华阳国志·蜀志》，巴蜀书社 1984 年版，第 302 页；蒲孝荣：《四川政区沿革与治地今释》，四川人民出版社 1986 年版，第 11 页。

33　罗开玉：《秦汉三国湔氐道湔县考》，载《四川师范学院学报》（哲学社会科学版）1985 年第 3 期。

34　《汉书·西南夷两粤朝鲜传》，中华书局标点本 1962 年版，第 3837、3842 页。

35　《后汉书·南蛮西南夷列传》，中华书局标点本 1965 年版，第 2844、2859 页。

36　方国瑜：《彝族史稿》，四川民族出版社 1984 年版，第 18 页；李绍明：《关于羌族古代史的几个问题》，载《历史研究》1963 年第 5 期。

37　何光岳：《氐羌源流史》，江西教育出版社 2000 年版，第 292 页。

38　冉光荣、李绍明、周锡银：《羌族史》，四川民族出版社 1985 年版，第 99 页。

39　何光岳：《氐羌源流史》，江西教育出版社 2000 年版，前言之第 1 页。

40　尚理、周锡银、冉光荣：《论"白马藏人"的族属问题》，载四川省民族研究所：《白马藏人族属问题讨论集》，1980 年 9 月出版，第 12 页。

41　《水经注疏·漾水》，江苏古籍出版社 1986 年版，第 1710—1714 页。

42　《通典·州郡六》，中华书局 1984 年版，第 934 页。

43　《通典·州郡六》，中华书局 1984 年版，第 934 页。

44　赵卫邦：《平武"白马藏族"的族别问题》，载四川省民族研究所：《白马藏人族属问题讨论集》，1980 年 9 月出版，第 82 页。

45　《汉书·武帝纪》，中华书局标点本 1962 年版，第 194 页。

46　《北史·氐传》，中华书局标点本 1974 年版，第 3171 页。

47　（晋）常璩撰，刘琳校注：《华阳国志·蜀志》，巴蜀书社 1984 年版，第 219 页。

48　冉光荣、李绍明、周锡银：《羌族史》，四川民族出版社 1985 年版，第 98 页。

49　（晋）常璩撰，刘琳校注：《华阳国志·汉中志》，巴蜀书社 1984 年版，第 165、155 页。

50　《水经注疏·漾水》，江苏古籍出版社 1986 年版，第 1710 页。

51　《后汉书·西羌传》，中华书局标点本 1965 年版，第 2876 页。

52　（晋）常璩撰，刘琳校注：《华阳国志·南中志》，巴蜀书社 1984 年版，第 348 页。

53　（晋）常璩撰，刘琳校注：《华阳国志·蜀志》，巴蜀书社 1984 年版，第 300 页。

54　(晋)常璩撰，刘琳校注：《华阳国志·汉中志》，巴蜀书社 1984 年版，第 112—113 页。

55　《后汉书·西羌传》，中华书局标点本 1965 年版，第 2899 页。

56　《资治通鉴》卷五二"顺帝永和二年"条，中华书局 1956 年版，第 1679 页；卷五三"桓帝建和二年"条，中华书局 1956 年版，第 1714 页。

57　冉光荣、李绍明、周锡银：《羌族史》，四川民族出版社 1985 年版，第 45—46 页。

58　《史记·秦本纪》，中华书局标点本 1982 年版，第 179 页。

59　《史记·秦本纪》，中华书局标点本 1982 年版，第 182 页。

60　《史记·秦本纪》，中华书局标点本 1982 年版，第 194 页。

61　《史记·匈奴列传》，中华书局标点本 1982 年版，第 2883 页。

62　顾颉刚：《史林杂识　初编·秦与西戎》，中华书局 1963 年版，第 59 页。

63　《后汉书·西羌传》，中华书局标点本 1965 年版，第 2875 页。

64　《后汉书·西羌传》，中华书局标点本 1965 年版，第 2875—2876 页。

65　尤中：《中国西南民族史》，云南人民出版社 1985 年版，第 10 页；冉光荣、李绍明、周锡银：《羌族史》，四川民族出版社 1985 年版，第 48 页。

66　《后汉书·南蛮西南夷列传》，中华书局标点本 1965 年版，第 2854 页。

67　《水经注疏·江水》，江苏古籍出版社 1986 年版，第 2763—2764 页。

68　李绍明：《康南石板墓族属初探——兼论纳西族的族源》，载《思想战线》1981 年第 6 期。

69　《汉书·武帝本纪》，中华书局标点本 1962 年版，第 189 页。

70　(晋)常璩撰，任乃强校注：《华阳国志校补图注》，上海古籍出版社 1978 年版，第 197 页。

71　石硕：《汉代的"筰都夷"、"旄牛徼外"与"徼外夷"——论汉代川西高原的"徼"之划分及部落分布》，载《四川大学学报》(哲学社会科学版)2004 年第 4 期。

72　(晋)常璩撰，刘琳校注：《华阳国志·蜀志》，巴蜀书社 1984 年版，第 304、306 页。

73　《汉书·地理志》，中华书局标点本 1962 年版，第 1600 页；方国瑜：《中国西南历史地理考释》，中华书局 1987 年版，第 132—134 页。

74　方国瑜：《中国西南历史地理考释》，中华书局 1987 年版，第 130 页。

75　(晋)常璩撰，刘琳校注：《华阳国志·南中志》，巴蜀书社 1984 年版，第 348 页。

76　《后汉书·南蛮西南夷列传》，中华书局标点本 1965 年版，第 2853 页。

77　冉光荣、李绍明、周锡银：《羌族史》，四川民族出版社 1985 年版，第 96 页；王文光：

《中国古代的民族识别》,云南大学出版社 1997 年版,第 241 页。

78　《史记·西南夷列传》,中华书局标点本 1982 年版,第 2993 页。

79　《三国志·蜀书·张嶷传》,中华书局标点本 1959 年版,第 1053 页。

80　(晋)常璩撰,刘琳校注:《华阳国志·南中志》,巴蜀书社 1984 年版,第 306 页。

81　石硕:《"牦牛种越嶲羌"考辨》,载《云南民族大学学报》(哲学社会科学版)2005 年第 4 期。

82　何耀华:《川西南藏族史初探》,载《思想战线》1985 年第 4 期。

83　《水经注疏·羌水》,江苏古籍出版社 1986 年版,第 2712 页。

84　《后汉书·西羌传》,中华书局标点本 1965 年版,第 2898 页。

85　(晋)常璩撰,刘琳校注:《华阳国志·汉中志》,巴蜀书社 1984 年版,第 155 页。

86　《后汉书·马援传》,中华书局标点本 1965 年版,第 836 页。

87　《后汉书·西羌传》,中华书局标点本 1965 年版,第 2879 页。

88　《后汉书·西羌传》,中华书局标点本 1965 年版,第 2898 页。

89　冉光荣、李绍明、周锡银:《羌族史》,四川民族出版社 1985 年版,第 100 页。

90　(晋)常璩撰,刘琳校注:《华阳国志·南中志》,巴蜀书社 1984 年版,第 357 页。另据石硕先生考证,"移南中劲卒青羌万余家于蜀"之"青羌"即"青衣羌",青衣羌不断南徙进入越嶲郡。这些青衣羌人主要沦为职业军旅,因其英勇善战而被称为"劲卒"、"飞军"。其时越嶲已划归云南郡,因此南中当包括原越嶲地。因此,移南中青羌于蜀是指移原越嶲郡之青羌进入蜀地青衣江流域地区。参见石硕:《"牦牛种越嶲羌"考辨》,载《云南民族大学学报》(哲学社会科学版)2005 年第 4 期。

91　(晋)常璩撰,刘琳校注:《华阳国志·蜀志》,巴蜀书社 1984 年版,第 207 页。

92　(晋)常璩撰,刘琳校注:《华阳国志·蜀志》,巴蜀书社 1984 年版,第 214 页。

93　《水经注疏·青衣水》,江苏古籍出版社 1986 年版,第 2937—2938 页。

94　(晋)常璩撰,刘琳校注:《华阳国志·蜀志》,巴蜀书社 1984 年版,第 304 页。

95　《水经注疏·青衣水》,江苏古籍出版社 1986 年版,第 2938 页。

96　冉光荣、李绍明、周锡银:《羌族史》,四川民族出版社 1985 年版,第 101 页。

97　《水经注疏·沫水》,江苏古籍出版社 1986 年版,第 2962—2965 页。

98　《水经注疏·沫水》,江苏古籍出版社 1986 年版,第 2964 页。

99　(晋)常璩撰,刘琳校注:《华阳国志·蜀志》,巴蜀书社 1984 年版,第 207—208、305 页。

100　石硕：《羌人入据青衣江流域时间探析》，载《民族研究》2007 年第 2 期。

101　《汉书·枚乘传》载："昔者，秦西举胡戎之难，北备榆中之关，南距羌笮之塞，东当六国之从……今汉据全秦之地……而南朝羌笮"。中华书局标点本 1962 年版，第 2362 页。

102　饶宗颐：《甲骨文中的冉与冉駹》，载《文物》1998 年第 1 期。

103　马长寿：《嘉戎民族社会史》，载《民族学研究集刊》第 4 期，1944 年 10 月；李绍明：《关于羌族古代史的几个问题》，载《历史研究》1963 年第 5 期；李绍明：《冉駹与冉家人的族属问题》，载李绍明：《李绍明民族学文选》，成都出版社 1995 年版，第 667 页；童恩正：《四川西北地区石棺葬族属试探——附谈有关古代氐族的几个问题》，载《思想战线》1978 年第 1 期；任乃强：《任乃强民族研究文集》，民族出版社 1990 年版，第 319—321 页；段渝：《玉垒浮云变古今：古代的蜀国》，四川人民出版社 2001 年版，第 314 页。

104　胡昭曦：《论汉晋的氐羌和隋唐以后的羌族》，载《历史研究》1963 年第 2 期。

105　李绍明：《关于羌族古代史的几个问题》，载《历史研究》1963 年第 5 期；李绍明：《冉駹与冉家人的族属问题》，载李绍明：《李绍明民族学文选》，成都出版社 1995 年版；祁庆富：《西南夷》，民族出版社 1990 年版，第 135 页。

106　马长寿：《嘉戎民族社会史》，载《民族学研究集刊》第 4 期，1944 年 10 月；胡昭曦：《论汉晋的氐羌和隋唐以后的羌族》，载《历史研究》1963 年第 2 期；童恩正：《四川西北地区石棺葬族属试探——附谈有关古代氐族的几个问题》，载《思想战线》1978 年第 1 期；段渝：《玉垒浮云变古今：古代的蜀国》，四川人民出版社 2001 年版，第 314—316 页。

107　蒙默、刘琳、唐光沛等：《四川古代史稿》，四川人民出版社 1988 年版，第 96 页。

108　马长寿：《氐与羌》，上海人民出版社 1984 年版，第 25—26 页。

109　胡昭曦：《论汉晋的氐羌和隋唐以后的羌族》，载《历史研究》1963 年第 2 期。

110　李绍明：《关于羌族古代史的几个问题》，载《历史研究》1963 年第 5 期；童恩正：《四川西北地区石棺葬族属试探——附谈有关古代氐族的几个问题》，载《思想战线》1978 年第 1 期。

111　《史记·大宛列传》，中华书局标点本 1982 年版，第 3166 页。

112　《史记·司马相如列传》，中华书局标点本 1982 年版，第 3049 页。

113　《汉书·西南夷两粤朝鲜传》，中华书局标点本 1962 年版，第 3837 页；《三国志·

魏书·乌丸鲜卑东夷传》所引之《魏略·西戎传》，中华书局标点本 1959 年版，第 858 页。

114　曾文琼：《岷江上游石棺墓族属试探》，载《中央民族学院学报》1984 年第 1 期。

115　马长寿：《嘉戎民族社会史》，载《民族学研究集刊》第 4 期，1944 年 10 月。

116　马长寿：《氐与羌》，上海人民出版社 1984 年版，第 25—26 页。

117　童恩正：《四川西北地区石棺葬族属试探——附谈有关古代氐族的几个问题》，载《思想战线》1978 年第 1 期。

118　任乃强：《附国非吐蕃——与岑仲勉先生商榷》，载《康藏研究月刊》1947 年第 4 期。

119　《史记·西南夷列传》，中华书局标点本 1982 年版，第 2991 页。

120　《史记·司马相如列传》，中华书局标点本 1982 年版，第 3047 页。

121　《史记·西南夷列传》，中华书局标点本 1982 年版，第 2997 页。

122　《后汉书·南蛮西南夷列传》，中华书局标点本 1965 年版，第 2857—2858 页。

123　(晋)常璩撰，刘琳校注：《华阳国志·蜀志》，巴蜀书社 1984 年版，第 295 页。

124　童恩正：《四川西北地区石棺葬族属试探——附谈有关古代氐族的几个问题》，载《思想战线》1978 年第 1 期；桑秀云：《邛都、筰都、冉駹等夷人的族属及迁徙情形》，载《中央研究院历史语言研究所集刊》第 52 本，"中华民国"七十年九月。

125　《后汉书·郡国志》，中华书局标点本 1965 年版，第 3509 页。

126　李绍明：《关于羌族古代史的几个问题》，载《历史研究》1963 年第 5 期。

127　《明史·四川土司》，中华书局标点本 1974 年版，第 8022 页。

128　《汉书·地理志》，中华书局标点本 1962 年版，第 1597—1598 页。

129　《后汉书·地理志》，中华书局标点本 1965 年版，第 3509、3514 页。

130　李绍明：《关于羌族古代史的几个问题》，载《历史研究》1963 年第 5 期；(晋)常璩撰，刘琳校注：《华阳国志·蜀志》，巴蜀书社 1984 年版，第 295—297、300—303 页。

131　冯汉骥、童恩正：《岷江上游的石棺葬》，载《考古学报》1973 年第 2 期；曾文琼：《岷江上游石棺墓族属试探》，载《中央民族学院学报》1984 年第 1 期。

132　罗二虎：《20 世纪西南地区石棺葬发现研究的回顾与思考》，载《中华文化论坛》2005 年第 4 期。

133　罗二虎：《20 世纪西南地区石棺葬发现研究的回顾与思考》，载《中华文化论坛》2005 年第 4 期。

134　段丽波、龚卿：《中国西南氐羌民族溯源——从考古学文化的视角》，载《广西民族大学学报》(哲学社会科学版)2007 年第 4 期。

135　童恩正:《四川西北地区石棺葬族属试探——附谈有关古代氐族的几个问题》,载《思想战线》1978 年第 1 期。

136　林向:《"羌戈大战"的历史分析——岷江上游石棺葬的族属》,载《四川大学学报丛刊》1984 年第 20 辑。

137　段渝:《玉垒浮云变古今:古代的蜀国》,四川人民出版社 2001 年版,第 314—316 页。

138　《羌戈大战》,载汶川县人民政府:《羌族释比的故事》,2006 年 6 月印,第 135—158 页。

139　徐学书:《试论岷江上游"石棺葬"的源流》,载《四川文物》1987 年第 2 期。

140　沈薇薇:《山海经译注》,黑龙江人民出版社 2003 年版,第 105 页。

141　罗世泽:《从羌族民间传说看岷江上游石棺葬人的族属》,未刊稿 1985 年。转引自段渝:《玉垒浮云变古今:古代的蜀国》,四川人民出版社 2001 年版,第 315 页。

142　《后汉书·南蛮西南夷列传》,中华书局标点本 1965 年版,第 2854—2855 页。

143　李绍明:《康南石板墓族属初探——兼论纳西族的族源》,载《思想战线》1981 年第 6 期;冉光荣、李绍明、周锡银:《羌族史》,四川民族出版社 1985 年版,第 97—98 页。

144　《后汉书·和帝纪》,中华书局标点本 1965 年版,第 186 页。

145　《后汉书·南蛮西南夷列传》,中华书局标点本 1965 年版,第 2854 页。

146　《水经注疏·江水》,江苏古籍出版社 1986 年版,第 2763—2764 页。

147　《水经注疏·若水》,江苏古籍出版社 1986 年版,第 2946 页。

148　石硕:《汉代的"笮都夷"、"牦牛徼外"与"徼外夷"——论汉代川西高原的"徼"之划分及部落分布》,载《四川大学学报》(哲学社会科学版)2004 年第 4 期。

149　李绍明:《康南石板墓族属初探——兼论纳西族的族源》,载《思想战线》1981 年第 6 期。

150　石硕:《汉代的"笮都夷"、"牦牛徼外"与"徼外夷"——论汉代川西高原的"徼"之划分及部落分布》,载《四川大学学报》(哲学社会科学版)2004 年第 4 期。

151　丁文江:《爨文丛刻(甲编)》之《序》,商务印书馆 1936 年版;王静如:《东汉西南夷白狼慕汉歌诗本语译证》,载《西夏研究》第一集,1930 年;马长寿:《四川古代民族历史考证》,载《青年中国季刊》第一卷第四期,1940 年;方国瑜:《么些民族考》,载《民族学研究集刊》第四集,1944 年 10 月;董作宾:《读史编么些文字典甲种》,载《中国文化研究所集刊》第一卷第二期,1940 年;陈宗祥、邓文峰:《"白狼

歌"研究述评〉，载《西南师范学院学报》(哲学社会科学版)1979 年第 4 期；马学
良、戴庆厦：《〈白狼歌〉研究》，载《民族语文》1982 年第 5 期。

152　关于彝语支所包括的民族语言，学术界也还存在不同认识，马学良先生在《汉藏
语概论》(民族出版社 2003 年版，第 408 页)中认为，彝语支民族不包括白语，而
应包括怒语(碧江)。

153　李绍明：《康南石板墓族属初探——兼论纳西族的族源》，载《思想战线》1981 年
第 6 期。

154　黄懿陆：《东汉〈白狼歌〉是越人歌谣》，载《广西民族研究》2001 年第 3 期；罗起
君：《白狼歌诗译解》，载《河池学院学报》2005 年第 1 期。

155　黄振华：《白狼王远夷乐德歌新解》，载《宁夏大学学报》(哲学社会科学版)1998
年第 3 期。

156　《史记·西南夷列传》，中华书局标点本 1982 年版，第 2991—2992 页。

157　(晋)常璩撰，刘琳校注：《华阳国志·蜀志》，巴蜀书社 1984 年版，第 305 页。

158　《史记·司马相如列传》，中华书局标点本 1982 年版，第 3047—3049 页。

159　《汉书·彭越传》，中华书局标点本 1962 年版，第 1880—1881 页。

160　《后汉书·郡国志》，中华书局标点本 1965 年版，第 3515 页。

161　(晋)常璩撰，刘琳校注：《华阳国志·蜀志》，巴蜀书社 1984 年版，第 304 页。

162　(晋)常璩撰，刘琳校注：《华阳国志·蜀志》，巴蜀书社 1984 年版，第 214 页。

163　(晋)常璩撰，刘琳校注：《华阳国志·蜀志》，巴蜀书社 1984 年版，第 218 页。

164　《史记·西南夷列传》，中华书局标点本 1982 年版，第 2992 页。

165　祁庆富：《西南夷》，民族出版社 1990 年版，第 135 页；段渝：《玉垒浮云变古今：古
代的蜀国》，四川人民出版社 2001 年版，第 318 页。

166　《后汉书·南蛮西南夷列传》，中华书局标点本 1965 年版，第 2854 页。

167　(晋)常璩撰，刘琳校注：《华阳国志·蜀志》，巴蜀书社 1984 年版，第 321 页；方国
瑜：《么些民族考》，载《民族学研究集刊》第 4 集，1944 年 10 月。

168　(晋)常璩撰，刘琳校注：《华阳国志·蜀志》，巴蜀书社 1984 年版，第 218 页。

169　《后汉书·南蛮西南夷列传》，中华书局标点本 1965 年版，第 2854、2857 页。

170　《后汉书·郡国志》，中华书局标点本 1965 年版，第 2515 页。

171　段渝：《玉垒浮云变古今：古代的蜀国》，四川人民出版社 2001 年版，第 319 页。

172　(晋)常璩撰，刘琳校注：《华阳国志·蜀志》，巴蜀书社 1984 年版，第 218、220 页。

173　段渝:《玉垒浮云变古今:古代的蜀国》,四川人民出版社2001年版,第319页。

174　《史记·西南夷列传》,中华书局标点本1982年版,第2991—2992页。

175　《后汉书·郡国志》,中华书局标点本1965年版,第3515页。

176　《汉书·地理志》,中华书局标点本1962年版,第1600页。

177　段渝:《玉垒浮云变古今:古代的蜀国》,四川人民出版社2001年版,第320页。

178　(晋)常璩撰,刘琳校注:《华阳国志·蜀志》,巴蜀书社1984年版,第219页。

179　《史记·大宛列传》,中华书局标点本1982年版,第3166—3167页。

180　段渝:《玉垒浮云变古今:古代的蜀国》,四川人民出版社2001年版,第321页。

181　《史记·西南夷列传》,中华书局标点本1982年版,第2991页。

182　《后汉书·南蛮西南夷列传》,中华书局标点本1965年版,第2852页。

183　《水经注疏·青衣水》,江苏古籍出版社1986年版,第2947—2948页。

184　《汉书·地理志》,中华书局标点本1962年版,第1600页。

185　《后汉书·郡国志》,中华书局标点本1965年版,第3511页。

186　方国瑜:《中国西南历史地理考释》,中华书局1987年版,第132—134页。

187　(晋)常璩撰,刘琳校注:《华阳国志·蜀志》,巴蜀书社1984年版,第244—245页。

188　尤中:《中国西南民族史》,云南人民出版社1985年版,第31页。

189　罗开玉:《古代西南民族墓葬研究提要》,载罗开玉、罗伟先:《华西考古研究》
　　　(一),成都出版社1991年版,第4页;段渝:《玉垒浮云变古今:古代的蜀国》,四
　　　川人民出版社2001年版,第326页。

190　段丽波:《濮、越民族考——从考古学文化的视角》,载《学术探索》2007年第3期。

191　《史记·楚世家》正义注引刘伯庄云,中华书局标点本1982年版,第1694页。

192　石钟键:《凌纯声的铜鼓研究——译凌文代序》,载中国古代铜鼓研究会:《第二次
　　　古代铜鼓学术讨论会资料集》,第147页。

193　舒向今:《试探考古学上的濮文化》,载《民族研究》1993年第1期。

194　王文光、段丽波:《昆明族源流考释》,载《贵州民族学院学报》(哲学社会科学版)
　　　2006年第6期。

195　张增祺:《西南地区的"大石墓"及其族属》,载张增祺:《中国西南民族考古》,云
　　　南人民出版社1990年版,第66页。

196　宋世坤:《贵州古夜郎地区青铜文化初论》,载中国考古学会:《中国考古学会第二
　　　次年会论文集(1980)》,文物出版社1982年版,第183—184页。

197　张增祺：《西南地区的"大石墓"及其族属》，载张增祺：《中国西南民族考古》，云南人民出版社1990年版，第72—78页。

198　童恩正：《四川西南地区大石墓族属试探——附谈有关古代濮族的几个问题》，载《考古》1978年第2期。

199　童恩正：《近年来中国西南民族地区战国秦汉时代的考古发现及其研究》，载童恩正：《南方文明》，重庆出版社2004年版，第278页；蒙默：《僰为僚说》（下），载《凉山彝族奴隶制研究》1978年第1期。

200　包渔庄：《说"白人"坟》，载中国悬棺葬学术讨论会秘书组编印：《悬棺葬资料汇集》，1980年12月，第36页。在此文中，包先生认为，孔颖达正义引释例"郡"已作"县"，是其误，在唐初则已然。

201　宋蜀华：《百越》，吉林教育出版社1991年版，第218—219页；童恩正：《四川西南地区大石墓族属试探——附谈有关古代濮族的几个问题》，载《考古》1978年第2期。

202　《十三经注疏·尚书正义》"夏书·禹贡"，上海古籍出版社1990年版，第83页。

203　《水经注疏·桓水》，江苏古籍出版社1986年版，第2940—2941页。

204　《史记·夏本纪》，中华书局标点本1982年版，第63页。

205　《汉书·地理志》，中华书局标点本1962年版，第1598页。

206　尤中：《中华民族发展史》第1卷，晨光出版社2007年版，第29页。

207　段渝：《玉垒浮云变古今：古代的蜀国》，四川人民出版社2001年版，第321页。

208　尤中：《中华民族发展史》第1卷，晨光出版社2007年版，第29页。

209　李宗放：《"和夷"诸解与我见》，载《西南民族学院学报》（哲学社会科学版）1997年第6期。

210　段渝：《玉垒浮云变古今：古代的蜀国》，四川人民出版社2001年版，第322页。

211　冉光荣、李绍明、周锡银：《羌族史》，四川民族出版社1985年版，第199页；李光荣：《论哈尼族神话的优美》，载《民族文学研究》1998年第2期。

212　潘光旦：《中国民族史料汇编》，天津古籍出版社2005年版，第69页。

213　《史记·秦本纪》，中华书局标点本1982年版，第207—209页。

214　方国瑜：《中国西南历史地理考释》，中华书局1987年版，第307页。

215　段渝：《玉垒浮云变古今：古代的蜀国》，四川人民出版社2001年版，第322页。

216　《史记·西南夷列传》，中华书局标点本1982年第2版，第2991页。

217　张增祺：《"昆明"与"昆明文化"》，载张增祺：《中国西南民族考古》，云南人民出版社 1990 年版,第 34 页。

218　梁启超:《饮冰室文集》,云南教育出版社 2001 年版,第 1685 页。

219　《逸周书·王会解》,辽宁教育出版社 1997 年版,第 63 页。

220　王守谦、金秀珍、王凤春注译:《左传全译·昭公九年》,贵州人民出版社 1990 年版,第 1194 页。

221　周予同:《中国历史文选》,上海古籍出版社 1985 年版,第 9 页。

222　《史记·楚世家》正义注引刘伯庄云,中华书局标点本 1982 年版,第 1694 页。

223　舒向今:《试探考古学上的濮文化》,载《民族研究》1993 年第 1 期。

224　吴永章:《中南民族关系史》,民族出版社 1992 年版,第 38 页。

225　吕思勉:《中国民族史》,东方出版社 1996 年版,第 278 页。

226　汪宁生:《从文物考古材料看滇藏关系》,载《汪宁生论著萃编》(上卷),云南民族出版社 2001 年版,第 714—715 页。

227　方国瑜:《中国西南历史地理考释》,中华书局 1987 年版,第 17 页。

228　李昆声、肖秋:《试论云南新石器时代文化》,载云南省博物馆:《云南人类起源与史前文化》,云南人民出版社 1991 年版,第 284 页。

229　西藏自治区文物局:《新中国成立以来西藏自治区考古工作成果》,载《新中国考古五十年》,文物出版社 1999 年版,第 419 页。

230　李昆声:《云南原始文化族系试探》,载云南省博物馆:《云南人类起源与史前文化》,云南人民出版社 1991 年版,第 334 页。

231　阚勇:《元谋大墩子新石器时代遗址及其研究》,载云南省博物馆:《云南人类起源与史前文化》,云南人民出版社 1991 年版,第 309 页。

232　李昆声、肖秋:《试论云南新石器时代文化》,载云南省博物馆:《云南人类起源与史前文化》,云南人民出版社 1991 年版,第 281 页。

233　李昆声:《云南艺术史》,云南教育出版社 2001 年 8 月第 2 版,第 47 页。

234　云南省文物考古研究所:《云南省文物考古五十年》,载《新中国考古工作五十年》,文物出版社 1999 年版,第 406 页。

235　李东红:《从考古材料看白族的起源》,载《中央民族大学学报》(哲学社会科学版)2004 年第 1 期。

236　尤中:《云南民族史》,云南大学西南边疆民族历史研究所编印,1985 年 10 月,第 22 页。

237　汪宁生：《云南考古》，云南人民出版社 1980 年版，第 155 页。

238　《辞海》，上海辞书出版社 2000 年版，第 1672 页。

239　王钟翰：《中国民族史》，中国社会科学出版社 1994 年版，第 291 页。

240　田继周：《秦汉民族史》，四川民族出版社 1996 年版，第 436 页。

241　[日]白鸟芳郎著，朱桂昌译：《石寨山文化的担承者》，原载《石棚》第 10 号，1976
　　　年；译文载云南民族研究所编《民族研究译丛》。转引自张增祺：《中国西南民族
　　　考古》，云南人民出版社 1990 年版，第 32—33 页。

242　胡绍华：《中国南方民族发展史》，民族出版社 2004 年版，第 41 页。

243　邱树森等：《中国少数民族简史》，河北教育出版社 1994 年版，第 70 页。

244　(晋)常璩撰，刘琳校注：《华阳国志·南中志》，巴蜀书社 1984 年版，第 424 页。

245　何平：《从云南到阿萨姆——傣—泰民族历史再考与重构》，云南大学出版社 2001
　　　年版，第 203 页。

246　耿德铭：《哀牢国与哀牢文化》，云南人民出版社 2003 年版，第 170 页。

247　《新唐书·南蛮传》，中华书局标点本 1975 年版，第 6318 页。

248　《隋书·突厥传》，中华书局标点本 1973 年版，第 1864 页。

249　《周书·突厥传》，中华书局标点本 1971 年版，第 909 页。

250　《通典·边防三》，中华书局 1984 年版，第 1002 页。

251　张增祺：《彝族的渊源及其形成》，载张增祺：《中国西南民族考古》，云南人民出版
　　　社 1990 年版，第 304—305 页。

252　张增祺：《彝族的渊源及其形成》，载张增祺：《中国西南民族考古》，云南人民出版
　　　社 1990 年版，第 306 页。

253　《史记·大宛列传》，中华书局标点本 1982 年版，第 3166、3170—3171 页；《史
　　　记·西南夷列传》，中华书局标点本 1982 年版，第 2996 页。

254　《汉书·西南夷两粤朝鲜传》，中华书局标点本 1962 年版，第 3843 页。

255　《后汉书·南蛮西南夷列传》，中华书局标点本 1965 年版，第 2851、2853 页。

256　《后汉书·南蛮西南夷列传》，中华书局标点本 1965 年版，第 2846 页。

257　林超民：《试论汉唐间西南地区的昆明》，载《民族研究》1982 年第 1 期。

258　《新唐书·南蛮传》，中华书局标点本 1975 年版，第 6318— 6319 页。

259　尤中：《中国西南的古代民族》，云南人民出版社 1980 年版，第 43 页。

260　王叔武：《白族源于滇僰、叟、爨考述》，载《云南社会科学》1988 年第 3 期；马曜：

《汉晋时期白族先民族名的演变——略论僰人消失与叟人和爨人出现的原因》，载《云南社会科学》1997 年第 4 期。

261 张增祺：《"嶲人"——云南古代的斯基泰民族》，载张增祺：《中国西南民族考古》，云南人民出版社 1990 年版，第 42— 44 页。

262 蒙默：《说"叟"》，载《思想战线》1992 年第 2 期；《试论汉代西南民族中的"夷"与"羌"》，载《历史研究》1985 年第 1 期。

263 方国瑜：《汉晋时期西南地区的部族郡县及经济文化》，载方国瑜：《方国瑜文集》，云南教育出版社 2001 年版，第 240 页；尤中：《中国西南民族史》，云南人民出版社 1985 年版，第 59 页；童恩正：《古代的巴蜀》，四川人民出版社 1979 年版，第 55—56 页。

264 （晋）常璩撰，刘琳校注：《华阳国志·南中志》，巴蜀书社 1984 年版，第 365 页。

265 陈东、石硕：《魏晋时期的"氐傁"与"叟"辨析》，载《云南民族大学学报》(哲学社会科学版)2007 年第 5 期。

266 冯汉骥：《云南晋宁石寨山出土文物的族属问题试探》，载《考古》1961 年第 9 期。

267 汪宁生：《晋宁石寨山青铜器图像所见古代民族考》，载《考古学报》1979 年第 4 期。

268 《十三经注疏·尚书正义》"夏书·禹贡"，上海古籍出版社 1990 年版，第 84 页。

269 《史记·五帝本纪》，中华书局标点本 1982 年版，第 43 页。

270 《史记·夏本纪》，中华书局标点本 1982 年版，第 65、67 页。

271 《汉书·武帝记》，中华书局标点本 1962 年版，第 1610 页。

272 南中地区，是魏晋之际对今云南省、贵州西部和川西南部分地区的一个地理概称，大概相当于诸葛亮所置之七郡，也即公元 302 年晋所设的宁州的地域范围。因此，有时在论说南中地区事时，或说宁州事。

273 方国瑜：《彝族史稿》，四川民族出版社 1984 年版，第 20 页。

274 陈东、石硕：《魏晋时期的"氐傁"与"叟"辨析》，载《云南民族大学学报》(哲学社会科学版)2007 年第 5 期；蒙默：《说"叟"》，载《思想战线》1992 年第 2 期。

275 （晋）常璩撰，刘琳校注：《华阳国志·蜀志》，巴蜀书社 1984 年版，第 320 页。

276 《后汉书·南蛮西南夷列传》，中华书局标点本 1965 年版，第 2853 页。

277 （晋）常璩撰，刘琳校注：《华阳国志·蜀志》，巴蜀书社 1984 年版，第 317 页；《三国志·蜀书·张嶷传》载："逢妻，旄牛王女"，中华书局标点本 1959 年版，第 1052 页。

278 （晋）常璩撰，刘琳校注：《华阳国志·李特雄期寿势志》，巴蜀书社 1984 年版，第

672 页。

279　（晋）常璩撰，刘琳校注：《华阳国志·南中志》，巴蜀书社 1984 年版，第 351—352 页。

280　（晋）常璩撰，刘琳校注：《华阳国志·南中志》，巴蜀书社 1984 年版，第 365 页。

281　《水经注疏·桓水》，江苏古籍出版社 1986 年版，第 2972—2973 页。

282　（晋）常璩撰，刘琳校注：《华阳国志·南中志》，巴蜀书社 1984 年版，第 408 页。

283　闻宥：《语源丛考·雍无梁林解》，载《中华文史论丛》1980 年第 4 辑。

284　方国瑜：《彝族史稿》，四川民族出版社 1984 年版，第 21 页。

285　（晋）常璩撰，刘琳校注：《华阳国志·南中志》，巴蜀书社 1984 年版，第 364 页。

286　《后汉书·南蛮西南夷列传》，中华书局标点本 1965 年版，第 2853 页。

287　（晋）常璩撰，刘琳校注：《华阳国志·南中志》，巴蜀书社 1984 年版，第 351 页。

288　《三国志·蜀书·张嶷传》，中华书局标点本 1959 年版，第 1052 页。

289　（晋）常璩撰，刘琳校注：《华阳国志·李特雄期寿势志》，巴蜀书社 1984 年版，第
　　　672 页。

290　《史记·西南夷列传》，中华书局标点本 1982 年版，第 2997 页。

291　（晋）常璩撰，刘琳校注：《华阳国志·南中志》，巴蜀书社 1984 年版，第 393 页。

292　《后汉书·光武帝纪》，中华书局标点本 1965 年版，第 71 页。

293　（晋）常璩撰，刘琳校注：《华阳国志·南中志》，巴蜀书社 1984 年版，第 407 页。

294　（晋）常璩撰，刘琳校注：《华阳国志·南中志》，巴蜀书社 1984 年版，第 351—352 页。

295　《新纂云南通志》，云南人民出版社 2007 年版，第 41 页。

296　（晋）常璩撰，刘琳校注：《华阳国志·南中志》，巴蜀书社 1984 年版，第 373 页。

297　《汉书·地理志》，中华书局标点本 1962 年版，第 1601 页。

298　《后汉书·郡国志》，中华书局标点本 1965 年版，第 3514 页。

299　（晋）常璩撰，刘琳校注：《华阳国志·南中志》，巴蜀书社 1984 年版，第 439 页。

300　（晋）常璩撰，刘琳校注：《华阳国志·蜀志》，巴蜀书社 1984 年版，第 320 页。

301　方国瑜：《么些民族考》，载《民族学研究集刊》第 4 辑，1944 年 10 月；方国瑜、和志
　　　武：《纳西族的渊源迁徙和分布》，《民族研究》1979 年第 1 期。李绍明：《康南石
　　　板墓族属初探——兼论纳西族的族源》，载《思想路线》1981 年第 6 期。

302　张增祺：《“摩沙”源流考略》，载张增祺：《中国西南民族考古》，云南人民出版社
　　　1990 年版，第 89 页。

303　《三国志·蜀书·张嶷传》，中华书局标点本 1959 年版，第 1053 页。

304　方国瑜、和志武：《纳西族的渊源、迁徙和分布》，载《民族研究》1979 年第 1 期。

305　章太炎：《西南属夷小记》，原载《制言半月刊》1936 年第 25 期，后收入李绍明、程贤敏：《西南民族研究论文选》，四川大学出版社 1991 年版，第 5 页。

306　李绍明：《康南石板墓族属初探——兼论纳西族的族源》，载《思想战线》1981 年第 6 期。

307　方国瑜：《么些民族考》，载《民族学研究集刊》第 4 期，1944 年。

308　《水经注疏·若水》，江苏古籍出版社 1986 年版，第 2944、2959 页。

309　（晋）常璩撰，刘琳校注：《华阳国志·蜀志》，巴蜀书社 1984 年版，第 320 页。

310　（晋）常璩撰，刘琳校注：《华阳国志·蜀志》，巴蜀书社 1984 年版，第 322 页。

311　《汉书·地理志》，中华书局标点本 1962 年版，第 1600 页。

312　方国瑜：《中国西南历史地理考释》，中华书局 1987 年版，第 126 页。

313　朱希祖：《云南濮族考》，载《青年中国季刊》创刊号，1939 年出版；任乃强：《四川上古史新探》，四川人民出版社 1986 年版；邓少琴：《巴蜀史稿》（重庆地方史资料丛刊），1986 年 4 月。

314　《西南彝志》，载贵州省民族志编委会：《民族志资料汇编》第十集，1989 年版。

315　蒙默：《僰为僚说》，载《凉山彝族奴隶制研究》1977 年第 1 期。

316　祁庆富：《西南夷》，民族出版社 1990 年版，第 156 页。

317　何光岳：《僰人的来源和迁徙》，载《吉首大学学报》（哲学社会科学版）1998 年第 1 期；《氐羌源流史》，江西教育出版社 2000 年版。

318　方国瑜：《略论白族的形成》，载杨堃、方国瑜、秦凤翔等：《云南白族的起源和形成论文集》，云南民族出版社 1957 年版，第 46 页。

319　林超民：《僰人的族属与迁徙》，载《思想战线》1982 年第 5 期。

320　郑德坤：《僰人考》，载《说文月刊》第 4 卷。

321　王文光：《僰人源流考》，载云南省社会科学院研究生部：《云南省社会科学院研究生论文选》，云南人民出版社 1987 年版，第 83 页。

322　秦凤翔：《略论白语的系属问题及白族的形成和发展》，载《云南日报》1956 年 10 月 10 日；龚自知：《关于白族形成问题的一些意见》，载《云南日报》1956 年 10 月 26 日。后二文均收入杨堃、方国瑜、秦凤翔等：《云南白族的起源和形成论文集》，云南人民出版社 1957 年版。在二文中，秦先生提出"唐以前僰是指彝族"，并把僰与濮混为一谈；龚先生说："唐以前'僰'是指的彝族我认为这完全对……'僰'

原是指的彝族，后人才把它的专有含义，从读音上混淆起来，混'僰'为'白'，甚至于混'僰'为俗称摆夷的傣。"后来也有学者写过相关文章支持上述观点，但总体来看显得论据不够充分。

323　朱文旭:《僰为彝说》，载《中央民族大学学报》(哲学社会科学版)1996 年第 3 期。

324　王叔武:《关于白族族源问题》，载《历史研究》1957 年第 4 期;马曜:《大理文化论》，云南教育出版社 2001 年版;张增祺:《僰说》，载《云南社会科学》1981 年第 4 期;张增祺:《古代的"僰人"与"僰文化"》，载张增祺:《中国西南民族考古》，云南人民出版社 1990 年版。

325　《说文解字六书疏》。转引自林超民:《僰人的族属与迁徙》，载《思想战线》1982 年第 5 期。

326　《史记·西南夷列传》，中华书局标点本 1982 年版，第 2993 页。

327　《汉书·地理志》，中华书局标点本 1962 年版，第 1599 页。

328　《史记·司马相如列传》，中华书局标点本 1982 年版，第 3044 页。

329　《史记·大宛列传》，中华书局标点本 1982 年版，第 3166 页。

330　《汉书·食货志》，中华书局标点本 1962 年版，第 1158 页。

331　张增祺:《僰说》，载《云南社会科学》1981 年第 4 期。

332　《水经注疏·江水》，江苏古籍出版社 1986 年版，第 2774 页。

333　《三国志·魏书·乌丸鲜卑东夷传》所引之《魏略·西戎传》，中华书局标点本 1959 年版，第 858—859 页。

334　张增祺:《古代的"僰人"与"僰文化"》，载张增祺:《中国西南民族考古》，云南人民出版社 1990 年版，第 51 页。

335　王文光:《僰人源流考》，载云南省社会科学院研究生部:《云南省社会科学院研究生论文选》，云南人民出版社 1987 年版，第 83 页。

336　张增祺:《古代的"僰人"与"僰文化"》，载张增祺:《中国西南民族考古》，云南人民出版社 1990 年版，第 53—54 页。

337　《诸子集成》(二)，长春出版社 1999 年版，第 672 页。

338　(晋)常璩撰，刘琳校注:《华阳国志·蜀志》，巴蜀书社 1984 年版，第 215、285 页。

339　(晋)常璩撰，刘琳校注:《华阳国志·巴志》，巴蜀书社 1984 年版，第 25 页。

340　(晋)常璩撰，刘琳校注:《华阳国志·蜀志》，巴蜀书社 1984 年版，第 286 页。

341　《水经注疏·江水》，江苏古籍出版社 1986 年版，第 2773 页。

342　《太平御览》卷七九一，中华书局 1960 年版，第 3509 页。

343　（晋）常璩撰，刘琳校注：《华阳国志·南中志》，巴蜀书社 1984 年版，第 414 页。

344　王文光：《僰人源流考》，载云南省社会科学院研究生部：《云南省社会科学院研究生论文选》，云南人民出版社 1987 年版，第 84 页。

345　《汉书·王莽传下》，中华书局标点本 1962 年版，第 4155、4163、4181 页。

346　《后汉书·南蛮西南夷列传》，中华书局标点本 1965 年版，第 2846 页。

347　《汉书·地理志》，中华书局标点本 1962 年版，第 1601 页。

348　《水经注疏·温水》，江苏古籍出版社 1986 年版，第 2980 页。

349　转引自王叔武：《关于白族族源问题》，载《历史研究》1957 年第 4 期。

350　张增祺：《古代的"僰人"与"僰文化"》，载张增祺：《中国西南民族考古》，云南人民出版社 1990 年版，第 50 页。

351　《水经注疏·江水》，江苏古籍出版社 1986 年版，第 2806—2807 页。

352　（晋）常璩撰，刘琳校注：《华阳国志·巴志》，巴蜀书社 1984 年版，第 34—35 页。

353　（晋）常璩撰，刘琳校注：《华阳国志·巴志》，巴蜀书社 1984 年版，第 96、37 页。

354　邓少琴：《巴史新探》，载邓少琴：《邓少琴西南民族史地论集》（上），巴蜀书社 2001 年版，第 7—13 页。

355　童恩正：《古代的巴蜀》，四川人民出版社 1979 年版，第 16—17 页。

356　邓少琴：《巴史三探》，载邓少琴：《邓少琴西南民族史地论集》（上），巴蜀书社 2001 年版，第 74—79 页。

357　《后汉书·南蛮西南夷列传》，中华书局标点本 1965 年版，第 2842—2843 页。

358　（晋）常璩撰，刘琳校注：《华阳国志·巴志》，巴蜀书社 1984 年版，第 79、93 页。

359　转引自邓少琴：《巴史新探》，载邓少琴：《邓少琴西南民族史地论集》（上），巴蜀书社 2001 年版，第 11 页。

360　（晋）常璩撰，刘琳校注：《华阳国志·巴志》，巴蜀书社 1984 年版，第 99 页。

361　何元灿：《严道僰人考》，载李绍明、林向、徐南洲：《巴蜀历史·民族·考古·文化》，巴蜀书社 1991 年版，第 84—90 页。

362　童恩正：《古代的巴蜀》，四川人民出版社 1979 年版，第 39—51 页。

363　董其祥：《巴史新考》，重庆出版社 1983 年版，第 26—28 页。

364　段渝：《四川通史》（第一册），四川大学出版社 1993 年版，第 250 页。

365　邓少琴：《巴蜀史迹探索》，成都出版社 1983 年版，第 106—110 页。

366　《史记·司马相如列传》,中华书局标点本 1982 年版,第 3039 页。

367　梶山胜:《汉魏晋时期蛮夷印章的使用方法——以西南夷印章为主进行的考察》,载四川大学博物馆、中国古代铜鼓研究学会:《南方民族考古》(第三辑),四川科学技术出版社 1991 年版,第 113—130 页。

368　(晋)常璩撰,刘琳校注:《华阳国志·巴志》,巴蜀书社 1984 年版,第 191 页。

369　(晋)常璩撰,刘琳校注:《华阳国志·汉中志》,巴蜀书社 1984 年版,第 150 页。

370　李绍明:《夜郎与巴蜀相关民族的族属问题》,载《华中师范大学学报》(人文社会科学版)2006 年第 4 期。

第 三 章

魏晋南北朝时期中国西南
氏羌系统民族的分化与融合

魏晋南北朝时期是中国历史上民族大迁徙、大融合、大发展的时期,原居边境的匈奴、鲜卑、羯、氐、羌等少数民族纷纷入主中原,建立政权,加速了本民族的汉化进程。此时期,在中国西南地区,除了賨人建立过成汉政权外,其他氐羌系统民族仍处于不断分化与融合发展的过程中,最有特点的是自三国以降,汉族大姓和官兵不断南迁南中地区,并不断融于当地少数民族之中,成为西南地区氐羌系统民族的新鲜血液,不断促进着氐羌系统民族的发展和壮大,为近现代中国西南氐羌系统民族的形成积极准备着。

第一节　氐族

自汉以降,氐族不断被东迁。至魏晋时,氐人除了原来在武都、阴平二郡的聚居地外,在关中和陇右又形成两个分布中心,进入关中和陇右的氐族,魏晋以后逐渐融入汉族;居于原阴平等地的氐族,与周围各族不断融合、分化和发展,最终大部分融入汉族,一部分融入吐蕃,一部分融于羌人之中。

一、氐族的迁徙与分布

三国时期,中国西南部为蜀汉的统治范围。为了取得战争的主动权,氐人常处于曹魏和蜀汉的争夺之中。曹魏、蜀汉对氐人的争夺造成了氐人的迁徙,其分布与秦汉时期相比发生了新变化。

秦汉时期西南地区的氐人主要居住在广汉郡之甸氐道、刚氐道、阴平道及蜀郡之湔氐道,也即甘南、川北一带,这也是氐族分布的南境。到魏晋南北朝时,西南地区的氐族就主要聚居在阴平郡。《华阳国志·汉中志》曰:"阴平郡,本广汉北部都尉。永平后,羌虏数反,遂置为郡。属县四,户万,去洛二千三百四十四里。东接汉中,南接梓潼,西接陇西,北接酒泉。土地山险,人民刚勇。多氐傁,有黑、白水羌、紫羌,胡虏风俗,所出与武都略同。"[1] 据考,阴平郡乃建安二十年曹操平汉中时置,蜀汉因之。晋初省,泰始中复置,《晋书·地理志》载:"阴平郡,泰始中置。统县二(阴平县、平广县),户三千。"[2]"阴平县,郡治,汉曰阴平道也";"甸氐县,有白水,出徼外,入汉"。[3] 则阴平县包括了汉之甸氐道。甸氐县,两汉称甸氐道。蜀汉因。晋省入阴平县。其故地在今白水上游,四川南坪县一带。至于汉之刚氐道,蜀汉时称县,晋废。[4] 秦时的湔氐县,汉时被称为湔氐道,蜀曰氐道县,到了晋时改为升迁县,其地于第一章中已考,在今松潘北的北元坝子乡、岷江上游一带。

《北史·氐传》载:"氐者西夷之别种,号曰白马……秦、汉以来,世居岐、陇以南,汉川以西,自立豪帅。汉武帝遣中郎将郭昌、卫广灭之,以其地为武都郡。自汧、渭抵于巴、蜀,种类实繁,或谓之白氐,或谓之故氐,各有侯王,受中国封拜。"[5] 这段史料描述的是秦汉时期氐族的分布情况,但汉末以后,历史发生了变化。

其时,介居于陇、蜀之间的有两大氐王,一是兴国氐王阿贵,一是百顷氏王杨千万,两王各拥有氏众万余户。同时,下辨等地有氏帅雷定等七部,河池氏王窦茂,也各拥氏众万余户。这是势力较大的氏王,其他还有许多无名的王侯小帅分布在沔、陇各地。在曹魏和蜀汉两大政权之间,氏族多是倒向后者的。[6] 这也导致了秦汉时期居于甘南、川北氏族的多次被迫向北迁徙。

《三国志·魏书·张既传》载:"太祖将拔汉中守,恐刘备北取武都氏以逼关中,问既。既曰:'可劝使北出就谷以避贼,前至者厚其宠赏,则先者知利,后必慕之。'太祖从其策,乃自到汉中引出诸军,令既之武都,徙氏五万余落出居扶风、天水界。"[7] 胡三省注《资治通鉴》曰:"武都,本白马氏地……操盖已弃武都而不有矣。诸氏散居秦川,符氏乱华自此始。"[8] 这次氏人的北迁,当然也包括阴平之氏人。江统《徙戎论》说:"徙扶风、始平、京兆之氏,出还陇右,著阴平、武都之界。"[9] 说明阴平的氏人基本已被迁到关中地区,以至于"(景元四年)冬十月,艾自阴平道行无人之地七百余里",[10] 是因为氏人基本均北迁之故。

因此,魏晋南北朝时期,虽然仍有昔日氏人聚居的阴平县、升迁县等县存在,但这里的氏族基本上都被北迁了,因此岷江上游和阴平郡的氏人减少了,而陇右、沔、渭一带的氏人增多,有隃糜氏、沔氏、兴国氏、略阳氏,等等。[11]

综上所述,魏晋南北朝时期,由于战争等历史原因,原居甘南、川北岷江上游一带的氏族被北迁,分布到了关中地区。留在原地的氏族也不断为蜀、魏所争夺。西南地区氏族的分布地与秦汉时期相比,有一定变化。但总体来看,虽然大量氏族被北迁,但甘南、川北仍是氏族在西南地区的重要聚居地。

二、氏族的分化与融合

三国时期,曹魏对氏人的北迁,导致西南地区的氏族大量迁到关中、陇右之地，使其较快融入了汉族之中。西晋南北朝时期，以氐族为主曾先后建立过前秦、后凉及仇池诸国（前仇池国、后仇池国、武都国、武兴国、阴平国），这是氐族历史上活动最频繁的时期，对西南地区氐族的影响也非同一般。从地理分布而言，西南地区岷江上游一带的氐族实则是和甘肃阴平、武都紧密联系的。以武都为中心的今陇南、川西北地区，是我国氐人最早的聚居地，是从东汉末年到北周建立过前述仇池诸国的地方。另一方面，此地又爆发过多次氐民反抗北朝统治的斗争。[12]在这些反抗斗争中，客观上增加了今陕、甘、川三省连接地区的氐族与南、北汉族交流、接触的机会，使之不断吸收汉文化，从而逐渐融入汉族中。

《魏略·西戎传》载："（氐人）其种非一，称槃瓠之后，或号青氐，或号白氐，或号蚺氐，此盖虫之类而处中国，人即其服色而名之也……各有王侯，多受中国封拜……其俗，语不与中国同，及羌杂胡同，各自有姓，姓如中国之姓矣。其衣服尚青绛。俗能织布，善田种，畜养豕牛马驴骡。其妇人嫁时著袿露，其缘饰之制有似羌，袿露有似中国袍。皆编发。多知中国语，由与中国错居故也……今虽都统于郡国，然故自有王侯在其虚落间。"[13]说氐人为槃瓠之后，显是附会，而其得名于所衣之服色，也是推测。但其汉化之表现却是事实。《文献通考》所载与此类似，"氐者，西戎之别种，在冉駹东北、广汉之西，其种非一，或号青氐，或号白氐，或称蚺氐，此盖中国人即其服色而名之也。土地险阻，有麻田……氐人勇敢，抵冒，贪货死利……俗能织布，善田种，畜羊豕牛马驴骡"；"语不与中国及羌、胡同，各自有姓，如中国之姓。其衣服尚青……婚姻备六礼，知书疏，多知中国语，由与中国错居故也。"[14]由上可知，氐族因受汉文化的影响，虽有自己的语言，但也知汉文、懂汉话，婚姻习俗仿汉俗。

关于魏晋南北朝时氐人的历史详见于《北史·氐传》，其载曰："汉建安中，有杨腾者，为部落大帅。腾勇健多计略，始徙居仇池，方百顷，因以为号。四面斗绝，高七里余，蟠道三十六回，其上有丰水泉，煮土成盐。腾后有名千万者，魏拜为百顷氐王。千万孙名飞龙，渐强盛，晋武帝假平西将军。无子，养外甥令狐茂搜为子。惠帝元康中，茂搜自号辅国将军、右贤王，群氐推以为主。关中人士流移者，多依之"，茂搜死后，其子难敌继位，并与弟坚头分部曲。"难敌自号左贤王，屯下辨；坚头号右贤王，屯河池。难敌死，子毅立，自号使持节、龙骧将军、左贤王、下辨公……臣晋，晋以毅为征南将军"。后杨氏家族内部不断发生争权夺位之事。东晋末年，杨玄"号征西大将军、开府仪同三司、秦州刺史、武都王。虽蕃于宋，仍奉晋义熙之号。后始用宋元嘉正朔"。这说明了两点：一是杨玄势力较大，控制了今天陕、甘、川连接地带的大量氐人聚居区；二是杨玄处于晋、宋的周旋之中。杨玄死后，其弟杨难当代之，后自立为大秦王，先附于宋，后又反。"寻而倾国南寇，规有蜀土，袭宋益州，攻涪城，又伐巴西，获雍州流人七千余家，还于仇池。宋文帝怒，遣将裴方明等伐之。难当为方明所败，弃仇池，与千余骑奔上邽"。之后，杨氏家族一直斡旋于南、北朝之间，活动在武都、白水郡一带。北魏末年西魏初，武都上下周围的氐酋又活跃起来，但最后均为西魏所平定。[15]

总体来看，自汉武帝元鼎六年开武都郡，迫使氐人外流；到三国时曹魏数次徙氐人于关中，乃至前、后秦时亦再三徙氐人出武都，大大减少了武都、阴平之地的氐族。而与此同时，中原各朝都派军队、官吏等坐镇氐族地区，加之工匠、商人以及流民源源不断的流入，使汉人及其他民族成分的人数不断增加，这就在一定程度上改变了该地区的民族构成，为氐族的分化和融合创造了条件。

在氐民外迁、汉族及其他民族迁入的背景下,氐人与汉等民族通婚,这就为广大氐民与汉族的融合奠定了基础。因此,到南北朝及至隋时,大部分氐人已融入汉族之中。[16]作为单一民族的氐族就消失在历史的舞台上。

　　概而言之,魏晋南北朝时期西南地区的氐族,由于各种原因分化为两部分,一部分被迫北徙,进入关中,很快融于汉族之中;而留居原地的氐族,在后来杨氏政权及其他如前秦、后秦及南、北朝政权的统治下,加快了民族之间的交流和融合,后来大部分融入汉族之中,一部分为吐蕃所并,融入后来的藏族之中,还有一部分与其近邻羌族相融合。

第二节　羌族

　　魏晋南北朝时期,中国西南地区实则是氐羌系统民族杂居之地。与氐族一样,由于地理位置的关系,羌族也不断被迁徙。但由于蜀汉政权的中心在西南,因此西南地区大部分的羌族仍居原地,比较活跃,文献中除了称羌以外,又出现了不同于秦汉时期羌人称谓的记载。

一、羌族的迁徙与分布

　　三国时期,我国西南地区的羌族成为了魏、蜀争夺的主要对象。骁勇善战的羌族可比于汉时之賨人。因此魏、蜀甚至吴都大量征调羌人从军。在曹军中,有"湟中、羌、僰"及武都氐羌;而在蜀汉政权中,有"賨、叟、青羌散骑、武骑一千余人,此皆数十年之内所纠合四方之精锐"。[17]为了控制更多的羌人,保证兵源和巩固其统治,各统治者在战争中都竭力把其内迁。如魏正始元年(240

年),在陇西打败姜维后,魏就将羌人三千户强迁入关中。正始九年(248年)龙夷(今青海湖附近)的羌人迁居今四川新繁县。建兴三年(225年)秋,诸葛亮平定南中后,"移南中劲卒青羌万余家于蜀,为五部,所当无前,号为飞军"。[18]出于战争的需要而不断迁徙羌人的做法,一定程度上改变了羌人的分布和加快了羌人的汉化进程。

另一方面,魏晋时期西北的行政区划略有变动。即将雍州陇西五郡及益州广汉属国的阴平划为秦州。从此,秦州包括陇西、南安、天水(汉阳)、略阳、武都、阴平六郡。因此,魏晋时西南地区的羌人就主要分布于秦州以西今甘肃洮河流域和白龙江上游的甘南藏族自治州(以下简称甘南州)及益州的汶山郡岷江两岸。[19]在甘南州以东,先后出现了羌人的分支宕昌羌和邓至羌,与北魏、西魏关系密切,后为吐谷浑所并。汶山郡的羌人也比较活跃,出现了从羌人中分化出来的白兰羌、女国羌、可兰羌、附国羌等不同支系。

《华阳国志·蜀志》载:"汶山郡,本蜀郡北部冉駹都尉,孝武元鼎六年置。旧属县八……东接蜀郡,南接汉嘉,西接凉州酒泉,北接阴平。有六夷、羌胡、羌虏、白兰峒、九种之戎。"[20]按,蜀汉汶山郡辖绵虒、汶江、湔氐、蚕陵、广柔、都安、白马、平康八县。此外,又改置广汉属国为阴平郡,设阴平县(今甘肃文县西北)、广武县(今四川青川县青溪镇)、刚氐县(今四川平武县古城)。不仅如此,蜀汉还在汶山郡边缘地带建了"五围"。《华阳国志·大同志》载:"蜀以汶山郡北逼阴平、武都,故于险要置守,自汶江、龙鹤、冉駹、白马、匡用五围,皆置修屯牙门。"后"晋初以御夷徼,因仍其守。"[21]可见,对羌人的控制是十分严密的。

总体来看,魏晋南北朝时期西南地区的羌族主要就分布在汶山郡及甘南一带,包括今四川阿坝以东及其与青海东部相连一带、大渡河上游至甘南相接地区,有部分与氐族错居杂处。由于各种因素的影响,西部的羌族还在向西南地区迁徙,仍处于不断的分化和融合的过程中。

二、羌族的分化与融合

魏晋南北朝时期,西南地区的羌族在与他族融合发展的过程中,不断分化出新的支系,在称谓上也出现了与秦汉时期不同的特点。较大的有宕昌羌、邓至羌、白兰羌、女国羌、可兰羌、附国羌、党项羌等羌人支系。

(一)宕昌羌

宕昌羌,汉以后,宕昌分布在洮河以东,白水之北,渭水以南的地区。过着以牧畜为主、相对定居的生活。南北朝时较为活跃。宕昌羌或与汉代的且昌羌有关。《水经注·羌水》载:"羌水出羌中参狼谷。彼俗谓之天池白水矣。《地理志》曰:出陇西羌道。东南流迳宕昌城东,西北去天池五百余里。"[22]则羌水上游之羌又可能为参狼种的后代。[23]

《北史·宕昌传》、《周书·宕昌传》均记宕昌事,但《周书》所记尤详。其载曰:"宕昌羌者,其先盖三苗之胤。周时与庸、蜀、微、卢等八国从武王灭商。汉有先零、烧当等,世为边患。其地,东接中华,西通西域,南北数千里。姓别自为部落,各立酋帅,皆有地分,不相统摄。宕昌即其一也。俗皆土著,居有栋宇。其屋织犛牛尾及羖羊毛覆之。国无法令,又无徭赋。唯征伐之时,乃相屯聚;不然,则各事生业,不相往来。皆衣裘褐,牧养犛牛羊豕,以供其食。父子伯叔兄弟死者,即以其继母、世叔母、及嫂弟妇等为妻。俗无文字,但候草木荣落,以记岁时。三年一相聚,杀牛羊以祭天。"说明宕昌羌乃羌之别种,尚存原始的族内转房婚。又说,"有梁勤者,世为酋帅,得羌豪心,乃自称王焉。其界自仇池以西,东西千里,席水以南,南北八百里。地多山阜,部众二万余落。勤孙弥忽,始通使于后魏"。则其分布区在今甘肃东南宕昌县至四川白龙江流域地区,并与北魏开始有往来。

宕昌羌与北魏关系密切,"自弥忽至仚定九世,每修职贡不绝"。但后见"两魏分隔,遂怀背诞。永熙(532年—534年)末,仚定乃引吐谷浑寇金城。大统初,又率其种人入寇……朝廷方欲招怀殊俗,乃更以其弟弥定为宕昌王"。但弥定先和后寇,于保定四年(564年)"寇洮州,总管李贤击走之。是岁,弥定又引吐谷浑寇石门戍,贤复破之。高祖怒,诏大将军田弘讨灭之,以其地为宕州"。[24]宕昌王被灭后,其民众仍居原地,渐为兴起之邓至羌所融合。

(二)邓至羌

在宕昌羌衰落之际,与之毗邻的邓至羌却兴然而起。《北史·邓至传》载:"邓至者,白水羌也,世为羌豪,因地名号,自称邓至。其地自亭以东,平武以西,汶岭以北,宕昌以南,土风习俗,亦与宕昌同。"[25]《周书·邓至传》说:"邓至羌者,羌之别种也。有像舒治者,世为白水酋帅,自称王焉。其地北与宕昌相接,风俗物产亦与宕昌略同。"[26]说明邓至羌是羌之一种,居于白水,强大后即以地名号。关于其地域,除前述《北史》所载外,杜佑《通典》所载更详,其载曰:"其(邓至)地自千亭以东,平武以西,汶岭以北,宕昌以南。今懷道郡(今四川松潘)之南,通北郡(今四川理县通化)之北,交川、临翼(今松潘及茂汶之间)、同昌(今甘肃文县西部)郡之地也。"[27]白水江正是这个区域的一条主流,故白水流域之羌,名曰白水羌。则其地域大概包括了今川、甘间的白水江以及岷江的上游，而中心区可能是在甘肃的文县镇羌堡一带。[28]

邓至羌在南北朝时期与北魏关系极为密切。《北史·邓至传》载："其王像舒治遣使内附，高祖拜龙骧将军、邓至王，遣贡不绝。周文命章武公导率兵送之……又有东亭卫、大赤水、寒宕、石河、薄陵、下习山、仓骧、覃水等诸羌国，风俗粗犷，与邓至国不同焉。亦时遣贡使，朝廷纳之，皆假之以杂号将军，子、男、渠帅之名。"[29]则宕昌的势力退出甘松地区之后，邓至据有了这一带。邓至不仅常常遣使通好，而且王位的继承也要得到北魏的同意，并受其保护。《魏书·高祖纪》载："……邓至诸国并遣使朝献"，"邓至世子，虽因缘至都，亦宜赉及，可赐三百"；又说，"邓至王舒像彭遣子旧诣阙朝贡，并奉表，求以位授旧，诏许之"。[30]西魏恭帝元年（554年），"（邓至王）檐桁失国来奔，太祖令章武公导率兵送复之"。[31]以后，史籍中就少见邓至羌的记载。

关于邓至羌的流向问题，学术界普遍认为，可能是因其后日益衰弱而竟至泯灭。[32]但也有学者进一步认为，邓至羌日渐衰落而融于藏族之中。[33]

（三）白兰羌

白兰羌是南北朝末年兴起的羌人的一支。杜佑《通典》说："白兰，羌之别种，周时兴焉。"[34]按，"周"指宇文周，故其名不见于此前之史载。《北史·白兰传》载："白兰者，羌之别种也。其地东北接吐谷浑，西北利摸徒，南界那鄂。风俗物产，与宕昌略同。周保定元年，遣使献犀甲、铁铠。"[35]顾颉刚先生认为："白兰国得名于境内之白兰山。顾祖禹《读史方舆纪要》卷六十五云：'白兰山，在吐谷浑西南。慕容魔庶兄吐谷浑国于洮水之西，南极白兰。其后每被侵伐,辄保白兰以自固。又西南即伏罗川,刘宋元嘉二十九年,吐谷浑王拾寅始居伏罗川,盖未离白兰之险也。'"并从附国羌的地理位置推之,白兰羌疆域在今青海、四川间,离甘肃的西南部也不远,白兰山即巴颜喀拉山;[36]而有学者进一步指出,白兰羌的分布地应在今四川甘孜州北部、青海果洛藏族自治州(以下简称果洛州)南部及玉树藏族自治州(以下简称玉树州)东部三连接地带,[37]至确。但还有学者认为白兰山是柴达木盆地南面的布尔汗布达山,白兰部落是在此山北部活动,其中心在柴达木河流域;[38]有学者亦认为白兰在柴达木南端的格尔木一带;[39]有人认为白兰国境约在今青海果洛州境内,包括玛多、玛沁、甘德、达日、班玛及久治各县的一部或大部,东北与吐谷浑在今海南州兴海、与甘德相接;西南依巴颜喀拉山与今之玉树州北部相邻;西北与今鄂陵、札陵相通,依山面河,居险守冲,与史籍所谓"地既险远,辄保白兰以自固"的记载相合。[40]还有学者认为,白兰当在青海兴海以西海西蒙古族藏族自治州的南部山带上。[41]《中国历史地图集》则将白兰标定于青海达日县一带。而我们认为,之所以会出现这些不同的观点,主要是白兰羌在南北朝时期活动地域较为广阔之故,可能确实有一支北达格尔木,但其主要活动地域还是应在今天四川甘孜州、青海果洛州和玉树州相连地带。从《北史》所载来看,其时的白兰羌过着以农业为主兼营畜牧业的生活。

　　在《北史》中,还有两个与白兰羌关系非常密切的族称:白狼、嘉良。李范文先生在多方论证下认为,白兰乃白狼羌西徙之一部分,由于牦牛羌与内地隔绝百余年,他们的情况中原不甚了解,致使一个民族出现了三种不同的称号:白狼、白兰、嘉良。到了唐代,白狼、嘉良夷消失了,仅剩下白兰,但从今天青海的格尔木地区南徙阿坝州,为吐蕃所属。[42]李先生的观点有一定道理,但他认为白

兰是在唐代才南徙至今四川甘孜州的说法不太准确。因为从前述
我们知道,在南北朝时期,白兰即已活动于吐谷浑南,宕昌之西南
的青海东南及与川西北相连地带。隋唐之后,白兰已不见于记载,
基本上融于藏族的先民吐蕃之中。

(四)可兰羌

可兰羌,羌之一支。《北史·吐谷浑传》说:"白兰山西北,又
有可兰国,风俗亦同(同于吐谷浑)。目不识五色,耳不闻五声,是
夷蛮戎狄之中丑类也。土无所出,直大养群畜,而户落亦可万余
人。顽弱不知斗战,忽见异人,举国便走。性如野兽,体经工走,逐
不可得。"[43]摒弃封建史家的偏见,我们可以看出,后进的可兰羌尚
处于氏族部落或组织的发展阶段,过着不定居的游牧生活。其不
识礼节、不辨文字,穿饰简陋,被视为异类,当是羌人中较为落后的
一支。关于其分布,顾颉刚先生认为,"'可兰'今无考,而其音与
'喀喇'极似,疑即在今巴颜喀喇山西脉巴颜喀喇得里本山一
带"。[44]则可兰羌当分布在青藏高原东部一带。后可能也融入了藏
族之中。

(五)女国羌

女国羌可能是一个尚处于母系氏族阶段的部落联盟。《北
史·吐谷浑传》载:"白兰西南二千五百里,隔大岭,又度四十里
海,有女王国。人庶万余落,风俗土著,宜桑麻,熟五谷,以女为王,
故因号焉。"[45]说明女国羌已过着农业定居的生活。顾颉刚先生认
为,女王国,当指今藏中。而大岭,当为今唐古拉山脉。[46]从地理位
置上看,"白兰西南"是唐古拉山脉,而"四十里海"当为今拉萨北
部的纳木错湖,因此女王国可能就是在今以拉萨为中心的西藏地

区。[47]

《北史·西域传》对女王国的记载更加详细,其载曰:"女国,在葱岭南。其国世以女为王,姓苏毗,字末羯,在位二十年。女王夫号曰金聚,不知政事。国内丈夫,唯以征伐为务。山上为城,方五六里,人有万家。王居九层之楼,侍女数百人,五日一听朝,复有小女王共知国政。其俗(贵)妇人轻丈夫,而性不妒忌。男女皆以彩色涂面,而一日中或数度变改之。人皆被发。以皮为鞋。课税无常。气候多寒,以射猎为业……尤多盐,恒将盐向天竺兴贩,其利数倍。亦数与天竺、党项战争。其女王死,国中厚敛金钱,求死者族中之贤女二人,一为女王,次为小王。"说明女王国是以女性为主导地位的一个小国,首领为女性且世袭,与印度关系密切,有商业往来。此外,还数次与印度及党项羌发生战争,说明其具有一定的战斗力。"贵人死,剥皮,以金屑和骨肉置瓶中,埋之。经一年,又以其皮纳铁器埋之。俗事阿修罗神,又有树神,岁初以人祭,或用猕猴。祭毕,入山祝之,有一鸟如雌雉,来集掌上,破其腹视之,有众粟则年丰,沙石则有灾,谓之鸟卜"。这反映出了女王国的丧葬风俗、宗教崇拜和原始的占卜习俗,表明其尚处于原始社会向阶级社会过渡的阶段。"隋开皇六年(605 年),遣使朝贡,后遂绝"。[48]

南北朝时的女王国,其最初的起源地应在西藏的拉萨地区。后为吐蕃并后,分为两支:一支东迁昌都地区,称东女国;一支西迁至克什米尔之刘城地区,称西女国。[49]《旧唐书·东女国传》云:"东女国,西羌之别种,以西海中复有女国,故称东女焉。"[50]因此,女王国分为东西两个是事实。我们认为,西女国可能就是何耀华先生认为的在西藏阿里地区的女王国,后来发展演变成为古格王国。[51]总之,女王国兴起于南北朝末期,之后渐为吐蕃所并,最后大部分融于吐蕃之中。

（六）附国羌

附国羌是南北朝时期的又一支羌人，其势力远比女国羌强大。《北史·附国传》曰："附国者，蜀郡西北二千余里，即汉之西南夷也。有嘉良夷，即其东部，所居种姓自相率领，土俗与附国同，言语少殊。不统一，其人并无姓氏。附国王字宜缯。其国南北八百里，东西千五百里。无城栅，近川谷，傍山险。"又说，"嘉良有水阔六七十丈，附国有水阔百余丈，并南流。用皮为舟而济"。[52]关于嘉良夷，我们在第二章已详细论述过，其源于冉駹，冉駹属氐人的一支。任乃强先生认为隋唐时期，从冉駹中分化出来的一支形成了嘉良夷。按嘉良夷的地望，当在今丹巴、靖化、懋功一带，所谓"嘉良有水，阔六七十丈"，即今之大渡河。李绍明先生也持相同观点。[53]准确而言，嘉良夷主要分布在大渡河上游、大金川一带。既然嘉良夷的地望已基本确定，则其西"有水阔百余丈，并南流"的附国就应在今之金沙江、雅砻江上游一带，应大致不误。[54]有学者进一步认为，附国之中心在今甘孜、道孚一带。[55]另一方面，"蜀郡西北二千余里，即汉之西南夷也"，说明附国应包于"西南夷"的范围内。关于西南夷，有学者已作了详细论述，认为所谓"西南夷"应包括两层含义，一是民族概念，二是地域概念。从民族的角度而言，西南夷指的是两汉时期我国西南的少数民族，其中又有西夷和南夷之分，上述之嘉良夷的先民冉駹即属西夷，且越嶲、沈黎、汶山、武都四郡均为西夷；从地理而言，西南夷指的则是两汉王朝在巴蜀以西、以南和西南新设郡县的少数民族地区。[56]汉之冉駹在汶山郡，而其西之附国即应属西南夷中羌人的一支，分布在今天西藏、青海与四川连接地区，而非像有的学者所认为的附国地在今西藏。[57]

《北史·附国传》载:"附国南有薄缘夷,风俗亦同(同于附国)。西有女国。其东北连山绵亘数千里,接于党项。往往有羌,大小左封、昔卫、葛延、白狗、向人、望族、林台、春桑、利豆、迷桑、婢药、大碟、白兰、北利摸徒、那鄂、当迷、渠步、桑悟、千碉,并在深山穷谷,无大君长。其风俗略同于党项,或役属吐谷浑,或附附国。"[58]"薄缘夷"即汉代的白狼羌,后为吐蕃所役,称为薄缘夷。[59]其他居于附国东北的上述诸多部落,可能都属于大大小小的羌人部落。《北史·附国传》又说:"(附国)俗好复仇,故垒石为巢,以避其患。其巢高至十余丈,下至五六丈,每级以木隔之,基方三四步,巢上方二三步,状似浮图。于下级开小门,从内上通,夜必关闭,以防贼盗。国有重罪者,罚牛。人皆轻捷,便击剑……妻其群母及嫂,儿弟死,父兄亦纳其妻。好歌舞,鼓簧,吹长角。有死者,无服制,置尸高床之上,沐浴衣服,被以牟甲,覆以兽皮。子孙不哭,带甲舞剑而呼云:'我父为鬼所取,我欲报冤杀鬼。'自余亲戚,哭三声而止。妇人哭,必两手掩面。死家杀牛,亲属以猪酒相遗,共饮嗷而瘗之。死后一年,方始大葬,必集亲宾,杀马动至数十匹。立木为祖父神而事之。"[60]巢即碉,即《后汉书·冉駹传》所说之"邛笼",是羌俗,大量分布在岷江、大渡河、雅砻江以及金沙江的部分地区。非西藏城堡制度之"宗"(城之义)。孙宏开先生从地望、建筑、名称等方面考证了邛笼系操羌语支语言民族所特有。[61]这也从侧面说明了附国羌的地域。此外,当时的附国羌可能尚处于原始社会向阶级社会过渡的阶段,有一定习惯法,实行族内转房婚,行二次葬俗,从其丧葬仪式来看,存在鬼神崇拜和祖先崇拜。吐蕃强大后,附国羌也为其所并。

（七）党项羌

在宕昌羌、邓至羌衰弱之时,正是党项羌兴起之际。《北史·党项羌传》说:"党项羌者,三苗之后也。其种有宕昌、白狼,皆自称猕猴种。东接临洮、西平,西拒叶护,南北数千里,处山谷间。每姓别为部落,大者五千余骑,小者千余骑。织犛牛尾及羖羺毛为屋,服裘褐,披毡为上饰。俗尚武力,无法令,各为生业,有战阵则屯聚,无徭役,不相往来。养犛牛、羊、猪以供食,不知稼穑。其俗淫秽蒸报,于诸夷中为甚。无文字,但候草木以记岁时。三年一聚会,杀牛羊以祭天。人年八十以上死者,以为令终,亲戚不哭;少死者,则云夭枉,共悲哭之。"[62]说"党项羌,三苗之后",显是附会,且与宕昌、白狼相混,此不可信。《旧唐书·西戎·党项羌传》亦载:"党项羌,在古析支之地,汉西羌之别种也。魏、晋之后,西羌微弱,或臣中国,或窜山野。自周氏灭宕昌、邓至之后,党项始强。其界东至松州,西接叶护,南杂春桑、迷桑等羌,北连吐谷浑,处山谷间,互三千里。"[63]则说明党项羌早已存在,只不过是宕昌、邓至亡后,党项羌才发展起来。他们之间可能有相互融合的关系,但不是同一羌支。

其地域从上述来看,党项羌"东接临洮(甘肃岷县)、西平(青海西宁),西拒叶护(西突厥),南北数千里";"其界东至松州(四川松潘),西接叶护,南杂春桑、迷桑,北连吐谷浑"。则党项羌应分布在今四川甘孜州、西藏东部一带,[64]但这只是党项羌在西南地区的部分;有学者认为其地域应在巴颜喀拉山之东,即今积石山一带,[65]这种说法又太含糊。因此,我们认为,南北朝时的党项羌应分布在北达积石山、南至甘孜、西至藏东、东达松潘,甘、青、川及藏东相连这一广大地域内,并与羌族的其他支系交错杂处。

从上述史料来看,当时的党项羌尚处于部落联盟的阶段,以种姓为部落,无农业生产,过着游猎的不定居生活。《旧唐书·西戎·党项羌传》还载:"有细封氏、费听氏、往利氏、颇超氏、野辞氏、房当氏、米擒氏、拓拔氏,而拓拔最为强族……妻其庶母及伯叔母、嫂、子弟之妇……然不婚同姓……死则焚尸,名为火葬……自周及隋,或叛或朝,常为边患。"[66]说明党项羌也行族内转房婚之俗,但已是氏族外婚制。死后火葬,这是羌俗。党项羌与北周及隋关系比较密切,后来逐渐发展壮大,与中原联系更多。其后,由于吐蕃的不断进攻,唐中期以来党项羌陆续东迁至陕西、甘肃、宁夏等省,而以住在今陕西横山、甘肃庆阳和宁夏灵武的党项羌尤为强悍,于公元11世纪建立了包括今宁夏大部、陕西北部、甘肃西部以及内蒙古、青海部分地区的西夏国,都兴庆府(今宁夏回族自治区首府银川市)。

第三节　昆明族与叟族

魏晋南北朝时期,西南夷地区的一部分被称为南中。主要是指今云南及其与四川、贵州相连地带。昆明族和叟族大体就分布在这一地域范围内。

一、昆明族、叟族的迁徙与分布

秦汉以降,昆明族与叟族仍错居杂处,但其分布各有重点。汉时桐师、楪榆之间以昆明族为主;而叟族主要分布在邛都地区,且向西南延伸,和昆明族错居杂处。《华阳国志·蜀志》"定筰县"条说:"筰,筰夷也。汶山曰夷,南中曰昆明,汉嘉、越巂曰筰,蜀曰邛,皆夷种也。县在郡西,渡泸水。"[67]定筰县,西汉置,东汉、蜀、晋因。至齐梁废,北周始于故县设定筮镇,唐初置昆明县,即今之盐源县地。说明当地从秦汉至唐时乃是昆明族、叟族杂居之地。

从第一章的论述可知,秦、西汉时期的叟族主要分布在越巂郡、益州郡,东汉时还有一部分分布于永昌郡内,大概在今天的川南、滇北、滇西北、滇西南和滇东北地区,与昆明族杂处。昆明族在秦汉时主要分布在滇西,势力强大,屡次阻止汉王朝向西南的开拓计划,并不断向滇东、滇北、滇南发展,有一部分到达了滇东北和黔西地区。《三国志·蜀书·李恢传》载:"以恢为庲降都督,使持节领交州刺史,住平夷县。先主薨,高定恣睢于越巂,雍闿跋扈于建宁,朱褒反叛于牂柯。丞相亮南征,先由越巂,而恢案道向建宁。诸县大相纠合,围恢军于昆明。时恢众少敌倍,又未得亮声息,绐谓南人曰:'官军粮尽,欲规退还,吾中间久斥乡里,乃今得旋,不能复北,欲还与汝等同计谋,故以诚相告。'南人信之,故围守怠缓。于是恢出击,大破之,追奔逐北,南至盘江,东接牂柯,与亮声势相连。南土平定,恢军功居多,封汉兴亭侯,加安汉将军。"[68]李恢所居之平夷县,即今贵州毕节县地,南下建宁(滇池地区),被围于昆明,突围后南至盘江,东接牂柯,与诸葛亮会师滇池。可见此"昆明"在盘江以北,平夷以南,牂柯以西,建宁以东,即后来所谓"牂柯昆明",在今黔西滇东地区。"围恢军于昆明"的"昆明"不是地名,应是民族名称,即围恢军于昆明族的居地。知滇东黔西亦有昆明族。[69]在诸葛亮南征时,滇东黔西已有大量昆明族居住,则其迁徙至该地的时间应早于南征之时。在围攻李恢的南人中,不仅有昆明族,叟族也杂于其中,因《三国志·蜀书·李恢传》又说:"后军还,南夷复叛,杀害守将。恢身往扑讨,铟尽恶类,徙其豪帅于成都,赋出叟、濮耕牛战马金银犀革,充继军资,于时费用不乏。"[70]经过魏晋南北朝时期的迁徙和发展,昆明族的分布已与现代彝族的分布格局基本吻合。

魏晋南北朝时期,昆明族和叟族发展成为南中地区较强大的势力和民族,故《华阳国志·南中志》载:"夷人大种曰'昆',小种曰'叟'。皆曲头木耳,环铁裹结,无大侯王,如汶山、汉嘉夷也。"[71]《水经·温水》亦载:"温水(今南盘江)又西迳昆泽县南,又迳味县(今曲靖)……诸葛亮讨平南中,刘禅建兴三年,分益州郡,置建宁郡于此。水侧皆是高山,山水之间,悉是木耳夷居,语言不同,嗜欲亦异",[72]说明滇东北的木耳夷昆明族和叟族居住在今南盘江两岸的山区和半山区。其风俗"曲头",是古代昆明族、叟族用于头部的一种铜制装饰品,亦可称做"头箍"或"发箍"。原物用薄铜片弯曲而成,其上有乳钉、鸟兽纹等。两端有穿孔,便于系索紧束,大小与人的头围相等;"木耳"是昆明族佩戴的大耳环,原为木制,故名之;"环铁",即铁镯或铁项圈;"裹结",大概是指其发型而言,头上挽髻而以布缠裹。[73]木耳夷之间"语言不同,嗜欲亦异",说明昆明族、叟族之间及各族内部之间,经济、文化发展极不平衡。

综上所述,秦汉时期,昆明族和叟族就已迁徙、分布在滇西北、滇西南、滇东南与黔西一带及川南与滇北、滇东北相连地带。这样的格局,经过魏晋南北朝时期的继续巩固和加强,基本上固定了下来。在特定的历史条件下,随着南下汉族不断迁入南中,使得昆明族和叟族走向了新的分化和融合。

二、昆明族、叟族的分化与融合

魏晋南北朝时期的昆明族与叟族分布面甚广。主要分布在今天澜沧江以东、红河以北地带。还有一部分越过澜沧江以西,到达今保山一带。东部到达了今滇、桂、黔相连地带,北部则自今大渡河往北,直抵甘、青高原的羌族聚居区。[74]我们认为,昆明族和叟族的中心聚居区应该在大渡河以南,包括今四川凉山州及云南省大部分地区、贵州省西部被称为南中的广大地区。[75]在如此广阔的地域范围内,有的处高山、有的居平坝,他们之间及其内部的经济、文化发展是极不平衡的。这就必然导致昆明族和叟族的分化及其与他族包括汉族的融合发展。

魏晋南北朝时期,各种势力和政权为维护自身的统治及发展其势力,也特别注意对西南地区昆明族和叟族的经营和统治,陆续把汉族官吏和士兵南遣,并不断把昆明族和叟族纳入各种政治统治的框架之下。进入南中地区的汉族,为了笼络当地的少数民族,加强其统治,出现了"夷化"现象,这主要是因为南迁的汉族,从人数上和当地的少数民族相比,恰如汪洋大海中的水珠;其次,为了统治当地的少数民族,不得不任用、依靠当地少数民族的首领,以达到"以夷治夷"的目的,汉族大姓不得不学习、吸收某些夷文化,以扩大、赢得夷人的信任和支持。《华阳国志·南中志》载:"其(南中夷人)俗征巫鬼,好诅盟,投石结草,官常以盟诅要之。"[76]说明夷人昆明族和叟族信仰巫鬼崇拜的原始宗教,且官府也必须从之。《三国志·蜀书·张裔传》亦说:"先是(诸葛亮南征之前),益州郡杀太守正昂,耆率(帅)雍闿恩信著于南土,使命周旋,远通孙权。乃以裔为益州太守,径往至郡。闿遂趑趄不宾,假鬼教曰:'张府君如瓠壶,外虽泽而内实粗,不足杀,令缚与吴。'"[77]对此《华阳国志·南中志》又说:"先主薨后,越嶲叟帅高定元杀郡将军焦璜,举郡称王以叛。益州大姓雍闿亦杀太守正昂。更以蜀郡张裔为太守。闿假鬼教曰:'张裔府君如瓠壶,外虽泽而内实粗,杀之不可缚与吴。'于是执送裔于吴……牂牁郡丞朱提朱褒领太守,恣睢。丞相诸葛亮以初遭大丧,未便加兵,遣越嶲太守巴西龚禄住安上县,遥领郡。从事蜀郡常顾行部南入,以都护李严书晓谕闿。闿答曰：'愚闻天无二日，土无二王。今天下派分，正朔有三，远人惶惑，不知所归。'其傲慢如此。顾至牂牁，收郡主簿考讯奸。褒因杀顾为乱。益州夷复不从闿，闿使建宁孟获说夷叟曰……夷以为然，皆从闿。"⁷⁸从上述史料我们可以看出，汉族大姓雍闿被视为"耆帅"，即夷帅；"假鬼教"，至少是从形式上信仰了夷人的巫鬼宗教。雍闿能使夷人首领孟获说益州夷叟作乱，说明雍闿已取得了当地夷帅的信任，基本上已达到了"以夷治夷"的目的。《华阳国志·南中志》说："夷中有桀黠能言议屈服种人者，谓之'耆老'，便为主。论议好譬喻物，谓之'夷经'。今南人言论，虽学者亦半引'夷经'。"⁷⁹夷人文化知识程度很低，故雍闿欲叛变，必须经过宗教形式，假托鬼教，用一种譬喻的言语，以决定其行动。所谓"譬喻"，是较"象征"、"谜语"低一级之语言，较谜语更具体之言词，如上述"张裔府君如瓠壶，外虽泽而内实粗"，此暗示张裔无能，不足畏也。又说"杀之不可缚于吴"，此乃一种鬼教，一种魔术的言语。且等于一种命令；又是韵文，容易记忆，因此传播很快。在当时夷人心中，这等于一篇"神意所决定的文告"。⁸⁰也只有通过这种方式，才能信服夷人。从另一个角度而言，"今南人言论，虽学者亦半引'夷经'"，表明与夷人杂处之汉族基本上已被"夷化"。

三国以后，汉族不断进入南中地区，带来了先进的生产方式，促进了当地经济、文化的发展。《华阳国志·南中志》说："朱提郡，本犍为南部，孝武帝元封二年置，属县四。建武后省为犍为属国。至建安二十年，邓方为都尉，先主因易名太守……先有梓潼文齐，初为属国，穿龙池，溉稻田，为民兴利，亦为立祠。大姓朱、鲁、雷、兴、仇、递、高、李，亦有部曲。其民好学，滨犍为，号多人士，为宁州冠冕。"⁸¹这表明滇东北地区的经济和文化更多地受到了汉文化的浸润和影响。

关于南下汉族与昆明族和叟族的融合、发展及其"夷化",还可以从考古材料窥见一斑。东汉两晋时期的墓葬,在云南已发现多处。滇东北和滇东地区把这一时期的墓葬称为"梁堆",即高大封土堆之意。其中1963年在昭通后海子发现的有题记的壁画墓,为我们展示了东晋时期滇东北地区的夷汉民族情况。从题记可考,该墓属其时之汉族大姓霍氏,汪宁生先生认为,其主人极有可能就是历史上有名的霍彪。此墓北壁上部绘龟蛇、莲花和云气,下部绘墓主人坐像。此人穿汉式宽大袍服,手执麈尾,周围有伞盖、团扇等仪仗,又有侍从多人,亦多着汉装。东壁上部绘楼阙和白虎等,下部绘执幡者一列及骑马狩猎者一列。西壁上部绘楼阙、青龙等,下部绘人物四列,最上一列手持环首刀,最下一列骑马,均穿汉装;其中两列头顶梳尖髻,形如今四川凉山彝族的"天菩萨",身着披毡,亦与彝族相同,他们似处在穿汉式服装者监视之下。南壁上部绘朱雀、云气等,下部绘房屋一所,有斗拱,瓦顶,檐牙高翘。从四壁画我们可以看出,南中大姓霍氏属汉族,穿汉式服装,信仰汉族的四神,并使用相应的仪仗等;此外,在霍氏统治之下,有各种身份不同之人即夷汉部曲。我们知道,诸葛亮南征之后,曾把少数民族中的羸弱者分配给大姓为部曲,由于这些少数民族反抗性太强,不得不收买其中"恶夷"来管理之,久而久之这些"恶夷"可以袭官,乃渐服属于汉,形成"夷汉部曲"。西壁下部的四列人物应就是"夷汉部曲"的形象。"夷部曲"地位最低,他们必须在已经归化的身着汉装的"汉部曲"监视下行动。[82]我们认为,这些"夷部曲"中就有今天彝族的先民昆明族和叟族。因此,在魏晋时的滇东北地区,实则是汉、夷杂处之地,早已有了汉族和少数民族融合发展的事实。

总体而言,魏晋南北朝时期,由于昆明族和叟族是当地势力较大的民族,其分化不明显,融合的趋势是南下的一部分汉族逐渐融入昆明族和叟族之中。当然,西南地区的夷人特别是叟人的一部分则产生了分化,这就是越嶲郡的叟人。《华阳国志·蜀志》载:"章武三年(223年),越嶲叟大帅高定元称王,恣睢,遣斯都耆帅李承之杀将军梓潼焦璜,破没郡土……延熙三年(240年),蜀安南将军马忠讨越嶲郡夷,郡夷刚很,皆鸥视。忠率越嶲太守张嶷将所领之郡,诱杀苏祁邑君冬逢及其弟隗渠等,怀集种落,威信允著,诸种渐服……嶷迁后,复颇奸轨。虽有四部斯臾及七营军,不足固守,乃置赤甲、北军二牙门及斯臾督军中坚,卫夷徼";又说:"邛都县……又有四部斯臾"。[83]而《华阳国志·李特雄期寿势志》亦载:"泰宁元年,越嶲斯叟反,攻围任回及太守李谦,遣其征南费黑救之。咸和元年夏,斯叟破。二年,谦移郡民于蜀。"[84]则至魏晋南北朝时期,叟人聚居地之一的越嶲郡,其耆帅为高氏家族。这一支叟人,后来可能不断南徙,越过了金沙江,分化发展成为今天白族的先民之一。有学者对《姚郡世守高氏源流总派图》进行研究后认为,高定元乃大理国相或大中国高量成之祖。量成的子孙八人分牧八郡,姚安是大理国的统矢郡,为八郡之一,高氏子孙世守之。今传白族高氏诸族谱,于唐以前世系率多攀附内地汉族高门,此为谱牒之常例,无待究诘,惟此谱不加忌避,以一个被历史贤相诸葛亮所镇压的"叟帅"为其族祖,是有其一定的内涵的。由此我们也可以得到一个有益的启示,说明大理国高氏之兴也并非出于偶然,是有其世袭的、传统的基础,符合古代民族社会政治发展史规律的。然则越嶲斯叟也是白族的来源之一。[85]

综上所述,魏晋南北朝时期,昆明族和叟族的分布地域与秦汉时期相比,变化不大,有一定的中心聚居区但又杂居相处。昆明族和叟族与南迁的汉族有一定程度的融合发展,与中原地区的剧烈的各民族大融合相比,其融合是缓慢的、潜移默化的。这主要也是因为,当时的南中与中原相比,相对要稳定和封闭,特别是南北朝时期,南朝只是遥领宁州,但实际上宁州已经不受其统治了。这种相对闭塞的环境限制了其间各民族的互相融合、流动,因此其分化不明显,除了越嶲郡的一部分叟人分化发展成为今天白族先民之一外,大部分的叟族及基本上所有的昆明族在南北朝以后,在与南下汉族融合发展的过程中逐渐形成了新的民族共同体,被称为"乌蛮",成为了唐宋时期西南地区的重要民族群体之一。

第四节　摩沙族与僰族

秦汉时期,摩沙族和僰族就与昆明族、叟族交错杂居于我国西南地区。汉代,源于羌人的摩沙族大部分与昆明族、叟族杂居于越嶲郡的定筰县(今盐源县),一部分居住在木里、盐边,后可能西徙至宁蒗、华坪、丽江、永胜等地,也即《华阳国志》所言之"宾刚徼,曰摩沙夷";而源于氐人的僰族则渐离僰道(今宜宾市),散居南境,广布于西南羌、滇、邛、僚人所居之地,持续不断南迁至滇东北、滇东及滇中等地。

一、摩沙族的迁徙与分布、分化与融合

魏晋南北朝时期的摩沙族,其分布与秦汉时期相比,变化不大。只是可能到了南北朝时期,有一部分摩沙族南徙至今洱海以东地区,至唐时建立过越析诏。汉晋之摩沙夷,在唐代又被称为磨些蛮。樊绰《云南志》卷三载:"越析,一诏也。亦谓之磨些诏。部落在宾居,旧越析州也。去囊葱山一日程";卷一说:"越析州今西洱河东一日程。越析州咎长故地也";卷二曰:"囊葱山在西洱河

东隅,河流俯啮山根。土山无树石。高处不过数十丈。面对宾居、越析。山下有路,从渠敛赵出登川";卷五又说:"(渠敛赵)东北至毛郎川,又东北至宾居汤,又北至越析川,磨些诏故地也"。[86]渠敛赵即今大理凤仪;登川即今大理邓川;宾居北即今大理宾川县城,越析诏城应在其地,所管为洱海以东地区。摩沙族具体何时迁至越析州,不得而知,但其兴于开元年间,为当时六诏之一,后为蒙舍诏所败。据方国瑜、尤中等先生的研究,[87]"盖么些族是从双舍地区(今盐边县境)渡泸而南至越析州,聚成部落,其势渐盛,既为南诏击败,又退回双舍,此后泸水以南无么些居民了"。所考甚确。

　　总体看来,魏晋南北朝时期的摩沙族主要分布在雅砻江下游与金沙江相连地带及金沙江两岸川西南与滇西北相连一带,主要在今天盐源、盐边、木里、宁蒗、丽江、永胜等地,其中的一支可能迁徙分布到了宾川县地。

　　从摩沙族的分布地来看,比较集中。这种分布的大聚居状态,有利于本民族文化的传承和发展。但从更大范围来看,摩沙族东、南部与昆明族、叟族、僰族相连,北与吐蕃相接。因此,摩沙族可能也与这些民族发生了联系,并出现了比较微妙的融合关系。但由于这种融合可能只出现在摩沙族与他族杂居的边缘地带,所以在这一时期,摩沙族仍是以同源同流的发展主线为主,异源同流的融合发展不明显。

二、僰族的迁徙与分布、分化与融合

　　魏晋南北朝时期的僰族是南中地区较大的又一民族。这一民族的南迁,对我国西南地区近现代白族的形成意义重大,其分化不明显,但其分布地的逐渐西移,特别是与汉族等的融合,可能是同时期西南地区氐羌系统民族中最为激烈的。

　　从第二章的论述中我们已知,秦、西汉时期僰族主要聚居在僰道(今宜宾市),西汉后期以降,不断南下进入滇东北。因此在秦汉时期,形成了僰人的两个居住中心即僰道和朱提郡(今昭通地区)。之后,僰人又不断南下西徙,逐渐进入了滇东,到达了滇中及滇西地区。魏晋南北朝时期僰族的分布虽与秦汉时期相比相差不大,但重心已发生了变化。秦、西汉时期,主要聚居于川西南、滇东北一带,但东汉以后,特别是魏晋以降,僰人已遍居滇东、滇中及滇西洱海一带。僰道、朱提郡已基本没有僰族。

　　僰族为什么会南下、西徙呢? 我们认为主要有这么几个原因。[88]一是汉族不断南迁至南中地区。东汉末年至魏晋南北朝时期,北方长期战乱不止,很多汉族纷纷南徙,致使通往西南地区的僰道涌入了大量汉族,特别是南下汉族中的大姓,迁入滇东北地区后,形成了有名的南中大姓,如《华阳国志·南中志》所载之“大姓焦、雍、娄、爨、孟、量、毛、李”等。对于这些进入南中地区的大姓,汉魏统治者实行夷汉分治的政策,致使民族矛盾加深,夷民不堪苛剥,导致僰族等少数民族起而反抗。《后汉书·南蛮西南夷列传》所载:“及王莽政乱,益州郡夷栋蚕、若豆等起兵杀郡守”,[89]正是这种情况的反映。另一方面,当时在滇东北地区的少数民族中,叟族和昆明族占了主要部分,“汉叟邑长印”表明叟人势力的强大,因而迁入的僰族势必会与之产生一些冲突,必定会受其挤压不断南下。再者,迁入南中地区的汉族大姓至东晋南北朝时期基本上已控制了宁州地区,大姓势力与中原王朝的矛盾、与当地昆明族、叟族的矛盾,必定会对僰族产生影响。最后,也是最直接的一个因素就是战争。魏晋南北朝时期,中原王朝对宁州地区仍有经营,由于奉行民族压迫和民族剥削的不平等政策,导致了少数民族的反抗斗争。封建王朝为了镇压反抗,曾多次从滇东北、滇东调集夷人至滇西地区作战,从而加快了僰族南下、西徙的步伐。《后汉书·南蛮西南夷列传》载:"建武十八年,夷渠帅栋蚕与姑复、楪榆、弄栋、连然、滇池、建伶、昆明诸种反叛,杀长吏。益州太守繁胜与战而败,退保朱提。十九年,遣武威将军刘尚等发广汉、犍为、蜀郡人及朱提夷,合万三千人击之。尚军遂度泸水,入益州界……二十年,进兵与栋蚕等连战数月,皆破之。明年正月,追至不韦,斩栋蚕帅。"[90]"犍为及朱提夷"中必定有僰族存在。由于上述种种因素的影响,僰族的迁徙过程可能持续到了南北朝时期。

僰族在不断的南迁、西徙的过程中,与当地的少数民族特别是南迁进入南中地区的汉族发生了融合。

三国时期,南迁进入南中地区的汉族已开始和早就迁入该地的昆明族、叟族、僰族等民族发生了融合。总体来看,汉族和僰族的融合是最多的。这主要有两个原因。一是僰族属经济文化发展水平较高之民族,前述《说文解字·羊部》说僰人"颇有顺理之性",《水经·江水》中亦载僰人是"夷中最仁,有人(仁)道,故字从人",所谓"顺理"、"仁道",自然是指顺应汉人之理,有汉人所主张的仁道。说明其汉化程度极深。则汉族和僰族更容易融洽相处,其融合程度更深。二是两族所居之地理环境相近。前述所言之《太平御览》卷七九一引《永昌郡传》曰:"朱提郡在犍为南千八百里,治朱提县。川中纵广五六十里,有大泉池水,顷(僰)名千顷池。又有龙池以灌溉种稻。与僰道相接。"[91]说明西汉以降僰族从僰道南迁之后,大部分居住在平坝、城镇地方从事农业生产。汉族沿僰道进入南中地区后,也是居住在平坝地区,则其居住地域与僰族基本上是一致的。这也加速了两族的融合发展。

当然,不是说所有的汉族都与僰族相融合,还有少部分的汉族也与昆明族和叟族发生了融合关系。但总的看来,进入南中地区的极大部分的汉族与僰族相融合,与部分叟人、昆明人一起共同融合发展为唐宋时之白蛮。

在秦汉时期,洱海地区一直是昆明族和叟族的聚居地,但东汉以后就有了所谓的"上方、下方夷"之分,[92]说明有新的民族迁入。我们可以推之,上方夷就是居住于洱海以北的昆明人和叟人,下方夷当是新迁入的僰人和汉人。从汉唐时朱提与洱海两个区域社会经济的变化,也可找到证据。[93]前述可知,汉晋时朱提的农业、手工业、矿冶业较为发展,文化在南中地区名列前茅。但西晋以后这里的经济文化因僰人和汉人的流徙搬迁而衰落,当然可能也有战乱的因素。到唐初,这里是所谓的"生蛮","男则发髻,女则散发。见人无礼节拜跪,三译四译,乃与华通……无布帛,男女悉披牛羊皮"。[94]与此相反,汉晋时期的洱海地区,社会经济较为落后,"随畜迁徙,毋长处,毋君长";"土地有稻田畜牧,但不蚕桑"。[95]但到唐贞观年间,这里发展成为水平较高的农业社会,"其土有稻、麦、粟、豆,种获亦与中夏同,而以十二月为岁首,菜则葱、韭、蒜、菁,果则桃、梅、李、奈,有丝、麻、女工、蚕织之事,出绫、绢、丝、布,幅广七寸以下,早蚕以正月生,二月熟,畜有牛、马、豕、羊、鸡、犬,饭用竹箸搏之而噉,羹用象杯,形若鸡彝……"。[96]朱提与云南两郡间经济文化的消长退进,正是具有先进经济文化的僰人从朱提郡迁至云南郡的结果。

综上所述,魏晋南北朝时期,虽然僰族的分布地与秦汉相比变化不大,但由于各种因素的影响,其聚居中心发生了转移,更多的僰族聚居到了滇中至滇西洱海一带,在与汉族、叟族、昆明族融合发展的基础上,到唐代时,这一民族共同体不再被称为僰族,而被称为白蛮。

第五节　賨人

经过秦汉时期的融合和发展,到魏晋南北朝时期,賨人纷纷北迁。而留居原地的賨人和于汉末魏初北上后又返回的一部分賨人活跃在中国西南地区,并建立了成汉政权。公元347年,桓温入蜀灭成汉,进入成都的賨人基本上均融于汉族,活动于川、鄂、湘、黔相连地带的賨人则保持其特有的文化和习俗继续向前迈进。北迁之賨人活跃在南北朝的历史舞台上,与之发生了密切联系。

一、賨人的迁徙与分布

东汉末年、三国时期,原居于西南地区的賨人有一部分向北迁徙。《华阳国志·李特雄期寿势志》载:"李特字玄休,略阳临渭人也。祖世本巴西宕渠賨民。种党劲勇,俗好鬼巫。汉末,张鲁居汉中,以鬼道教百姓,賨人敬信。值天下大乱,自巴西之宕渠移入汉中。魏武定汉中,祖父虎与杜濩、朴胡、袁约、杨车、李黑等移于略阳,北土复号曰'巴人'。"[97]说明李氏一族乃原居于宕渠之賨人,东汉后期才北迁汉中和略阳。但其迁徙远不止此。《太平御览》卷一二三引崔鸿《十六国春秋·蜀录》说:"及魏武克汉中,(李)特祖父虎归魏,魏武嘉之,迁略阳,拜虎等为将军。内徙者亦万余家,散居陇右诸郡及三辅、泓农,所在号为巴人。"[98]则说明在今甘肃南部、陕西中部、河南西部都有賨人迁入。《华阳国志·汉中志》又说:"至刘焉子璋为牧时,鲁益骄恣,璋怒。建安五年,杀鲁母、弟。鲁说巴夷杜濩、朴胡、袁约等叛为雠敌";并载:"魏武以巴夷王杜濩、朴胡、袁约为三巴太守";[99]且《三国志·魏书·武帝纪》亦载:"(兴平二十年)九月,巴七姓夷王朴胡、賨邑侯杜濩举巴夷、賨民来附,于是分巴郡,以胡为巴东太守,濩为巴西太守,皆封列侯。"[100]可见杜濩、朴胡、袁约乃三巴板楯蛮之首领,则北迁之賨人,大部分当为曹魏所统。这些北迁的賨人,后来又继续向北、东北发展至河东、平阳等地。北朝所称的豫、荆、襄三州诸蛮,东晋南朝的山蛮、雍州蛮,都是以巴蛮賨人为主的蛮族集团。[101]说明北迁之賨人在南北朝的影响极大,难怪其时出现了用賨人巴蛮合五胡总称的"六夷"称号。《晋书·刘聪载记》曰:(刘聪时)"单于左右辅,各主六夷十万落,万落置一都尉";[102]《晋书·姚弋仲载记》说:"启勒以弋仲行安西将军、六夷左都督","迁持节、十郡六夷大都督、冠军大将军","拜弋仲使持节、六夷大都督、都督江淮诸军事、车骑大将军、仪同三司、大单于"。[103]《资治通鉴》胡三省注曰:"六夷,盖胡、羯、鲜卑、氐、羌、巴蛮;或曰乌丸,非巴蛮也","六夷:胡、羯、氐、羌、段氏及巴蛮也"。[104]巴蛮即賨人。

　　汉末大量的賨人北迁汉中、略阳等地,仍有賨人居于原来所分布的地域。《三国志·蜀书·杨戏传》载:"(程)季然名畿,巴西阆中人也。刘璋时为汉昌长,县有賨人,种类刚猛,昔高祖以定关中。巴西太守庞羲以天下扰乱,郡宜有武卫,颇招合部曲……遣羲子郁宣旨,索兵自助。"[105]汉昌县治今川北巴中,阆中渝水之域,这本是賨人的世居地;"索兵"在《资治通鉴》中记为"索賨兵"。[106]这表明汉末魏初,川北尚有大量賨人。而又据《华阳国志·大同志》载:"(元康)八年(298年),廞至州,虽崇简约,而性实奢泰。略阳、天水六郡民李特及弟庠、阎式、赵肃、何巨、李远等,及氐叟、青叟数万家,以郡土连年军荒,就谷入汉川。诏书不听入蜀,益州敕关禁之。而户曹李苾开关放入蜀,布散梁州及三蜀界。"[107]《晋书·李特载记》亦载:"汉末,张鲁居汉中,以鬼道教百姓,賨人敬信巫觋,多往奉之。值天下大乱,自巴西之宕渠迁于汉中杨车坂,抄掠行游,百姓患之,号为杨车巴。魏武帝克汉中,特祖将五百余家归之,魏武帝拜为将军,迁于略阳,北土复号之为巴氐……元康中,氐齐万年反,关西扰乱,频岁大饥,百姓乃流移就谷,相与入汉川者数万家。特随流人将入于蜀,至剑阁,箕踞太息……同移者阎式、赵肃、李远、任回等咸叹异之。"[108]由此可以看出,原居宕渠的李、阎、赵、何等姓賨人自东汉末年迁至汉中、略阳、天水,但在西晋末年由于秦、雍二州连年荒旱,不得不返回梁、益地区就食;二是巴西宕渠迁至略阳的賨人又被称为杨车巴和巴氐;三是在就谷汉川的族群中,有賨人,也有氐叟、青叟,但从文献记载来看,以賨人为多且势力较大。公元306年,李特之子李雄在成都称帝,国号大成,都成都。公元338年,李特弟李骧之子李寿杀李期自立,改国号为汉,史称成汉。公元347年,东晋桓温伐蜀,成汉末帝李势兵败出降,成汉灭亡。

总体来看,在魏晋南北朝时期,由于賨人政权成汉的建立,使得賨人的分布更加广泛。在其政权最盛之时,特别是李雄之时,领有益州、梁州,并进兵宁州,占有今黔、滇大都分地区。《晋书·李雄载记》说:"雄遣李寿攻朱提,以费黑、印攀为前锋,又遣镇南任回征木落,分宁州之援。宁州刺史尹奉降,遂有南中之地。"[109]因此,我国西南地区这一时期的賨人可以说是遍布川、滇、黔,但主要集中在成都地区和川北、川东北、川东与鄂西相连一带。

二、賨人的分化与融合

魏晋南北朝时期,汉末晋初北迁至关中、略阳、雍、豫等地的賨人与汉人杂居相处,"夷狄居半",南北朝以后逐渐融于汉族之中,唐以后基本不见于史载。至于分布于西南地区的賨人,由于是成汉政权的统治民族,其分化、融合有其自身的特点。

在其所建的政权下,不仅有賨人,还有氐叟、青叟及大量汉人。

在李雄时期,"夷夏安之,威震西土。时海内大乱,而蜀独无事,故归之者相寻。雄乃兴学校,置史官,听览之暇,手不释卷"。[110]说明李雄时期,大成政权实行了宽和的民族政策,使"夷夏"能安然相处。此外,政权上层人物执行的文教措施也使得汉文化影响日深,这样势必加速賨人及统治下的其他氐人、叟人的汉化进程,因此,成都地区的賨人在魏晋唐宋后,都渐次融入汉族之中。

但另一方面,在成汉时期,西南地区賨人的发展又有了新的变化。原因就在于僚人的入蜀。

僚,或写为獠。《三国志·蜀书·霍峻传》载:"时永昌郡夷獠恃险不宾,数为寇害,乃以弋领永昌太守,率偏军讨之。"[111]这是僚人始见之记载。这时期的僚人仍分布在西南的牂牁郡、兴古郡及南方的郁林郡、苍梧郡及交趾郡,[112]但从上述史料我们还可以看出,西南地区的永昌郡内也有不少僚人。

关于僚人的入蜀,《晋书·李寿载记》说:"又以郊甸未实,都邑空虚,工匠器械,事未充盈,乃徙旁郡户三丁已上以实成都",[113]说明成汉时曾迁夷入成都。《华阳国志·李特雄期寿势志》载:"晋康帝建元元年(343 年),寿卒,势立,改元太和……冬,李奕自晋寿举兵反,单骑突门,门者射杀,众溃。势大赦境内,改年嘉宁。势骄淫不恤国事,中外离心。蜀土无僚,至是始从山出,自巴至犍为、梓潼,布满山谷,大为民患",[114]表明僚人在李势时期大量入蜀,并与《水经·漾水》所载"李寿(应为势)之时,獠自牂牁北入,所在诸郡,布满山谷"相合。[115]而记载僚人入蜀较为详尽的是李膺《益州记》。《蜀鉴》卷四引李膺《益州记》曰:"李雄时尝遣李寿攻朱提,遂有南中之地。寿既篡位,以郊甸未实,都邑空虚,乃徙旁郡户三千(按当作"丁")以上以实成都。又从牂牁引僚入蜀境,自象山以北尽为僚居。蜀本无僚,至是始出巴西、渠川、广汉、阳安、资中、犍为、梓潼,布在山谷,十余万家。僚遂挨(当作挟)山傍谷,与土人参居。居家颇输租赋,在深山者不为编户。种类滋蔓,保据岩壑,依林履险,若履平地;性又无知,殆同禽兽,诸夷之中,难以道义招怀也。"[116]《魏书·獠传》亦载:"獠者,盖南蛮之别种,自汉中达于邛筰川洞之间,所在皆有。种类甚多,散居山谷,略无氏族之别。又无名字,所生男女,唯以长幼次第呼之……往往推一长者为王,亦不能远相统摄。父死则子继,若中国之贵族也……建国中,李势在蜀,诸獠始出巴西、渠川、广汉、阳安、资中,攻破郡县,为益州大患。"[117]尤中先生认为,北上入蜀的这部分僚族,是牂柯郡一带较为落后的部分。直至南北朝时期,这些僚族人口仍旧散居在自汉中达于邛筰的川洞之间。[118]依其生产生活和社会发展状况来看,的确如此。

此外,"自桓温破蜀之后,力不能制,又蜀人东流,山险之地多空,獠遂挟山傍谷。与夏人参居者颇输租赋,在深山者仍不为编户。萧衍梁益二州岁岁伐獠以自裨润,公私颇藉为利"。[119]僚人已广布于原来賨人分布的所有地区。大量僚人入蜀,给当地经济文化的发展带来了一定冲击。我们知道,虽然迁入僚人的经济、文化十分落后,可能还尚处于原始社会向阶级社会过渡的时期,但其为数众多,分布广泛,形成了賨人、僚人杂居的局面。这势必会造成二者的相互融合。当然,在经济文化方面,賨人相对要高一些,因此,经济文化上的融合可能是僚人融于賨人。但由于北上僚人数量巨大,因此,原居川北、川东北及川东与鄂西相连地带的賨人慢慢浸没在僚人之中。从族称来看,蜀中民族已有"巴僚"、"巴濮"之称。甚至出现了以僚代賨人的记载。《晋书·苻坚载记》说:"坚遣王统、朱肜率卒二万为前锋寇蜀,前禁将军毛当、鹰扬将军徐成率步骑三万入自剑阁。杨亮率巴獠万余拒之,战于青谷,王师不利,亮奔固西城。肜乘胜陷汉中";又载:"蜀人张育、杨光等起兵,与巴獠相应,以叛于坚……育乃自号蜀王,遣使归顺,与巴獠酋帅张重、尹万等五万余人进围成都。"[120]《魏书·傅竖眼传》亦载:"(竖眼)转昭武将军、益州刺史。以州初置,境逼巴獠。"[121]《周书·李迁哲传》则说:"迁哲先至巴州,入其郛郭。梁巴州刺史牟安民惶惧,开门请降……迁哲进击,破之,遂屠其城,虏获千余口。自此巴、濮之民,降款相继。"[122] 上述之"巴獠"、"巴濮"无论是读为"巴獠"或"巴、僚","巴濮"或"巴、濮","獠"或"濮"我们姑且不考虑其是一族或两族,但"巴"应为賨人无疑。《魏书·獠传》、《北史·僚传》、《周书·獠传》都说,僚"略无氏族之别。又无名字,所生男女,唯以长幼次第呼之";[123]"俗多不辨姓氏,又无名字",[124] 都是指牂柯北上之僚,但传中所载"獠王赵清荆"、"巴酋严始欣",[125] 及上述《晋书》所载之"巴獠酋帅张重、尹万",都有姓氏,且又与《华阳国志·巴志》所载阆中大姓相合,则这四人当为賨人。

前面我们说过,秦汉时期在严道即四川雅安一带也分布有賨人。在成汉时,严道的賨人与李氏同族,复又揭出賨人旗帜,在本地起事响应,从而迫使晋的汉嘉太守王载南逃宁州。此外,严道賨人陆续迁入临邛一带蜀人弃地,一部分随李骧、李寿征战,本地只留下少数。此后,东晋南北朝时,因僚人的北上,临邛、严道一带的賨人又被视为僚人,首领称为"保主"或"豪家能服僚者",形成"自治"状态。[126]

南北朝时期,许多賨人要么汉化;要么与僚人杂居而被称为僚人,向汉化的方向发展;此外,还有一部分賨人仍固守其传统文化,在历史的发展过程中从賨人的大流中分化出来,在与他族融合的基础上,最终形成了今天的土家族。这部分賨人主要居于渝东、鄂西、湘西北及黔东北相连地带。《北史·蛮传》载:"又有冉氏、向氏、田氏者,陬落尤盛。余则大者万家,小者千户,更相崇树,僭称王侯。屯据三峡,断遏水路,荆蜀行人,至有假道者。"[127] 冉氏、向氏、田氏统治下的村落分布在三峡周围即今川、鄂、湘、黔四省连接地区,这一地区正是先秦以来巴族、賨人的传统分布区,而冉氏、向氏是土家族中的大姓或土司,田氏则直到元明时期仍为湘西黔东地区的土家族、苗族土司。据此,由古代巴族、賨人及其他民族群体分化组合而成的土家族先民,在魏晋南北朝时期,出现了"称王侯"的贵族势力。[128]《隋书·地理志》在叙述梁州(包括巴、蜀、汉中及南中地区)风俗及民族时说:"傍南山杂有獠户,富室者颇参夏人为婚,衣服居处言语,殆与华不别。"又说,"又有獽狿蛮賨,其居处风俗,衣服饮食,颇同于獠,而亦与蜀人相类"。[129]说明其时梁州的賨人已经华夏化。

　　总体而言,南北朝以后,由于各种原因北迁至关中、略阳、秦、雍等地的賨人渐次融入汉族之中,唐以后基本不见于记载。西南地区的賨人由于与汉人、僚、氐叟、青叟等民族居住在一起,有一部分在魏晋南北朝及其以后就直接融于汉族之中;有一部分则被称为僚人,这部分被称为僚人的賨人在宋以后也不见于史载,可能也是融于汉族之中;居于川、鄂、湘、黔四省相连地带的賨人后成为今天土家族的先民之一。因此,在这一时期,賨人同源异流和异源同流的发展道路是共进的。

三、賨人与土家族

　　秦汉时期的賨人出于先秦时期被称为广义"巴人"的一支。这些賨人应源于西北氐羌系统民族。从先秦时期开始,居于西北地区的氐羌系统民族中的一部分就不断沿汉水、嘉陵江等河流通道南下。沿汉水南迁的一支迁至汉中,可能先为宗姬之巴所统,最后到达湖北清江流域一带,与廪君蛮融合,后又不断西徙至渝东、渝中地区,建立巴国;而沿嘉陵江南下的一支则主要分布于嘉陵江上游两岸,后不断南迁,曾以今宕渠县为中心建立过賨国。秦汉时期,这些賨人也因擅用板楯而被称为板楯蛮。魏晋南北朝时期,賨人李氏建立成汉政权,使西南地区的賨人又获得了一次大的发展时机,后东晋桓温伐蜀,成汉末帝李势兵败出降。成汉灭亡,成都地区的賨人大部分陆续融入汉族之中;而向东迁徙的一部分与原居于渝东、鄂西、湘西北、黔东北的賨人会合,保持其传统的习俗和文化,随着历史的发展与当地土著、濮人、蛮蜑及后来西迁的江西彭氏等融合发展成为今天的土家族。

土家族族源问题,自20世纪50年代潘光旦先生《湘西北的"土家"与古代巴人》一文发表以来,[130]一直是土家族研究中的一个热点问题。50余年来,学者们运用历史学、考古学、考据学、历史地理学、民族学、文化人类学等研究方法,各抒己见,提出了许多观点和见解。总体来看,主要有巴人说、氐羌说、賨人说、濮人说、土著说、江西迁来说、蛮蜑说、东夷说、乌蛮说、毕方和兹方说、僰人说、多元说等等。[131]土家族的族源之所以会存在诸多说法,是因各学者研究的深度、广度、视角不一所致。这些观点有的实则有同源之关系,比如氐羌、巴人、賨人;有的则是主源、次源不分,相互混淆,如濮人说、江西迁来说、乌蛮说,有的从语音学上主张僰人说,等等。综合研究后我们认为,源于西北氐羌系统民族的賨人,属巴人的一支,它与南迁至清江流域、与廪君蛮共同融合形成廪君种的那一部分,一起形成了今天土家族族源的主源;而当地的土著、濮人、蛮蜑则是其次源;乌蛮、江西迁来的彭氏等则是由于各种原因进入今天土家族居住区域的一部分外来民族,后融于土家族中,也成为其先民的一部分。其他的毕方和兹方说、僰人说等属土家族族源研究中的新思路和观点,论据过于单薄且可靠性有待进一步挖掘,尚可进一步探索。

　　在本书中,我们始终认为,巴人主体廪君种的一部分及賨人源于西北氐羌系统民族,在很早时期就南迁至清江流域、川北嘉陵江两岸,广布于今天的川北、渝东、渝东北及鄂西、湘西、黔东北等地。以其为主源,在与其他民族融合发展的基础上形成了今天的土家族。而今,除了可以从文献记载获悉这一历史之外,我们还可以从更多的角度得到证明。

　　从语言学上看,"湘西土家语乃是在汉藏语系中属于藏缅语族,比较接近彝语的语言,甚至于可说是彝语支内的一个独立语言";[132]"土家语属汉藏语系,接近于彝语支"。[133]《土家语简志》说:"从基本词汇看,土家语并不接近彝语支语言,同时与藏语支和景颇语支语言也有相当大的差异,所以很难把土家语归入藏缅语族的某一个语支中去",又说"从句子成分的语序看,土家语为'主＋宾＋谓'(即SOV)式语言,并动词有复杂的'体'范畴,应属于藏缅语族。"还说"从语音体系看,土家语有大量复元音而有别于以单元音为主的藏缅语族语言;土家语浊声母少,元音不分松紧和大量的元音半鼻化而有别于彝语支语言;土家语缺乏韵尾,元音不分长短和有三个(或四个)声调而有别于壮侗、苗瑶语族语言"。所以,"目前我们暂认为:土家语为汉藏语系藏缅语族中一个独立的语言"。[134]这种结论是较为谨慎的,至少是把其语族的归属作了详细而令人信服的论证。由此,我们也知道了土家语应属西部氐羌系统民族的语言。一个属于藏缅语族的民族,就东西方位来说,只可能起源于西部,从西向东移徙,不可能起源于东部或者中部,从东向西移徙;就南北方位来说,只可能起源于北方,从北向南移徙,不可能起源于南方,从南向北移徙。从古至今,中国民族分布和民族移徙的大势就是这样的。[135]

　　此外,复旦大学金力教授等人,从遗传学的角度,论证了土家族与氐羌系统民族的密切关系。他们通过分析湖北恩施、湖南吉首地区土家族两个人群样本,利用 14 个 Y 染色体非重组区(NRY)单倍群分型技术对土家族的遗传结构进行了研究。把其分型结果结合其他地区土家族两个人群和相关民族群体进行主成分分析,并将分析结果根据不同人群的地理分布展示在地图上。然后对各主成分和单倍群进行偏相关分析来探讨它们之间的相关性。而结果显示土家族主体与汉族在父系结构上比较接近,但依然有一定的区别。同时还发现龙山地区唯一保留土家语的土家族与氐羌族群有很明显的相关性,这说明土家族最早的起源可能正是氐羌民族。实验结果还表明,恩施和吉首地区的大部分土家族与周边民族群体间的血缘交流频繁;而龙山和永顺的土家族更能代表土家族先民的遗传结构,他们与西部氐羌族群密切相关。可能源于西北方向的氐羌系统民族的巴人,作为土家族先民"较早时期就已经来到今鄂、湘、渝、黔四省交界地区,商代时部落渐渐强盛起来;商代后期,他们建立了巴国。这就解释了恩施、永顺和龙山土家在主成分 2 上的相似性,以及龙山、永顺土家在主成分 3 上的特异性。公元前 316 年,秦灭巴国后,其余部南迁至湘西、鄂西、渝东南,少部分沿乌江到达贵州东北部。在历史上,他们与汉人和当地其他少数民族融合,共同形成了后来的土家族人。恩施、永顺和吉首土家与汉族在主成分 1 上的相似性,以及湖南苗族与土家在主成分 2 上的相似性可能就是这些基因交流存在的证据"。[136]这一推论与历史文献的记载是相吻合的。

在第一章的论述中,我们已从考古学文化的视角阐述了巴族源于氐羌系统民族的观点。巴文化的典型器物有巴式剑、巴式戈、巴式矛、巴式盾和某些巴式陶器。而巴式剑是最有特点的,即青铜柳叶形、扁茎、无格短剑。据《宝鸡强国墓地》考古发掘报告所载,在宝鸡强的国墓地,凡出柳叶形剑的墓,除第 19 号墓外,都有盾牌的遗迹同出。所谓盾牌的遗迹,一是已经残朽的木板,二是仍然完好的铜饰。这种盾牌,就是后世板楯蛮的板楯。从现有的资料来看,最早的板楯发现于渭河中游。除了柳叶形剑外,别称为戟的三角形援戈,其始源地可能在陕西汉水流域的城固、洋县,关中西部宝鸡地区以及甘肃南部白龙江流域的武都地区和陇东、天水一带。在四川一带流行的时间可以从商末周初一直延续到战国晚期。而桃叶锋的矛,汉中城固地区所出商代晚期的与宝鸡地区所出西周早期的多有相似之处;空首钺即所谓巴式钺,与宝鸡地区西周早期的斧以及城固地区商代晚期的钺和斧有显而易见的亲缘关系。[137]汉中位于汉江上游,而汉江又是长江的支流。汉中西边甘肃南部的西汉水和白龙江都是嘉陵江的支流,而嘉陵江也是长江的支流。至于渭河,则是黄河中游的支流。从渭河上游到汉江上游和嘉陵江江上游,在先秦时期即是氐羌系统民族的世居地。则氐羌系统民族、巴人、賨人的关系不言自明。

从民族学的角度来看,賨人与今天的土家族具有诸多共性,关于这方面,田荆贵等先生已作了总结,认为二者具有相同的自称、相同的地域、相同的语言、相同的经济生活、相同的工艺品、相同的歌舞、相同的葬俗、相同的憎虎心理。[138]当然,田先生所说,有的比较有说服力,但有的则需进一步研究比如"共同的憎虎心理"。在此,我们重点探讨颇具賨人特点的巴渝舞以示賨人与土家族的源流关系。

汉代的賨人即板楯蛮,能征善战,长于军歌军舞,并有"巴歌渝舞"之誉。[139]这种"巴渝舞"自汉代以后改为庙堂乐舞。这种乐舞因土语方音,难晓其意,影响了演出效果,从三国曹魏时期到六朝早期,人们对巴渝舞的歌词、曲风、舞蹈动作等逐渐进行了改造。"其辞既古,莫能晓其句度。魏初使王粲改创其调。晋及江左皆制其辞"。[140]先后改称为"昭武舞"、"宣武舞",且更多地被用于祭祀。巴渝舞从雄健、活泼向庄重、肃穆的风格转变。传统的巴渝舞到了南朝齐梁时期,又恢复了"巴渝"的旧名,但受当时审美情趣的影响,具有了缠绵婉约的"丽曲"性质,已改变了巴渝舞的原生态特点。至唐以后,起于山野的巴渝战舞,经过历代的演变和宫廷改造,已逐渐丧失了生命力。但作为一种生命力顽强的古代舞蹈,巴渝舞在民间仍然一直得以传承,使巴渝舞在民间获得了新生。六朝时,三峡地区人民歌唱的"巴讴"闻名全国,且他们颇盛行"踏蹄"舞。这种踏蹄舞既可在农作间隙跳跃以缓解疲劳,也可在祭祀祖先时,辅以高叫以表达哀思。踏蹄舞是巴渝舞在民间的继承和发展。明清后,踏蹄舞主要盛行于土家族聚居地区,这就是今天土家族有名的"摆手舞"。摆手舞有大摆手和小摆手之分,前者主要在节庆、祭祀等重要场合表演,后者主要是平时表演。大摆手舞规模宏大,内容丰富,舞姿多样。表演时,舞者围成环形,男女混杂,翩跹进退,律动一致,连宵继夜,声势雄伟壮观。舞队前有"导摆者",后有"押摆者",队间有"示摆者"。舞姿有"套摆"、"比摆"、"对摆"等多种形式,其中"插花摆"最为激烈。大摆手舞既是对战争的演练,也是对尚武精神的缅怀和追思,它继承了古代巴渝舞的勇猛刚毅的精神。[141]管维良教授也认为土家族的"大摆手"还保留了相当多的"巴渝舞"的特色。[142]从"巴渝舞"到"摆手舞"的演变,我们也可窥见颇具尚武精神的板楯蛮,其民族发展的流向。而田先生所说的"共同的憎虎心理",实则只是一部分土家族的信仰。有研究者对湖南凤凰县土家族人既敬白虎,又赶(僻)白虎的习俗,及其语言、经济生活、服饰等多方面的研究,认为凤凰土家族的民族形成主要是巴族的板楯蛮和廪君蛮迁徙发展的。[143]这种观点才是比较客观的。因为前面我们已谈过,清江流域的廪君蛮中实则是融入了沿汉水南下的氐羌系统民族的一个强大的民族群体。

综上所述,我们认为,先秦时期的巴人是一个泛称,其间包括了大量氐羌系统民族。不管是从史料记载来看,还是从语言学、遗传学、考古学、民族学等方面的资料而言,我们都可以看出,源于西北氐羌系统民族的賨人,当然也可统称于巴人之中,经过数千年历史的发展,在与当地土著居民、濮人、蜓人及后面陆续进入其居地的其他民族一起,通过异源同流的途径,共同发展成为了今天分布于川、鄂、湘、黔交界地区的土家族。

第六节　融于氐羌系统民族的
华夏族及汉代以后的汉族

早在先秦时期,由于各种原因,就不断有华夏族零星进入西南地区。有史可考的如楚国的庄蹻就曾到达了滇池地区,后与当地民族融合,变其服,从其俗,得以王滇;[144]汉代对西南夷的经营,设郡置县,并不断派遣汉族官吏南下,但最后也都融入当地少数民族中。到了魏晋南北朝时期,由于战争等因素的影响,大量的汉族不断迁入南中地区,有的还成为当地的统治民族,对当地民族的形成和发展产生了巨大影响。其时,建宁的雍闿、爨习,朱提的朱褒、孟琰,永昌的吕凯,俞元的李恢等等,都是从西汉以来先后进入南中地区屯戍的汉族移民中发展起来,经过世代定居已多少“夷化”了的豪强大姓,在与中原王朝的争斗中,他们逐渐掌握了统治地方的实际权力。成汉时期,霍氏、孟氏、爨氏是南中大姓中势力较强者,经过多次的竞争和火并,最终爨氏胜出,其他大姓的残余势力也并入爨氏之中,成为其中的一部分,爨氏独霸南中四百余年。汉末爨氏的南迁,与早就迁至南中地区的氐羌系统民族相融合,在与中原政权和其他大姓势力的斗争中,不断联合当地民族,从而促进了氏羌系统民族的分化与融合。总体来看,这一时期虽然迁至南中地区的汉族比以往任何时候都多,但由于其迁入地属民族聚居区,人数显然不能和当地民族相比。因此,这些南下的汉族逐渐融入当地民族中,出现了"夷化"的总趋势。其中的爨氏与当地氏羌系统民族的融合较有特点和代表性,因此本文重点探讨爨氏与氏羌系统民族的关系。

一、爨氏的来源与分布

我们知道,在汉末魏初,中原纷扰、战乱频仍,很多汉族大姓纷纷徙至相对安定的西南地区特别是南中地区。《华阳国志·南中志》载:"大姓焦、雍、娄、爨、孟、量、毛、李",[145] 这是爨作为南中大姓之一首次见于记载。据现存的《爨龙骧刻石》、《爨宝子碑》和《爨龙颜碑》,[146] 我们可以考其族属源流。

据考证,《爨龙骧刻石》早于《爨宝子碑》和《爨龙颜碑》,但《爨龙骧刻石》内容较简,《爨宝子碑》所记不全,只有《爨龙颜碑》所记爨氏历史尤详,它说:"君讳龙颜,字仕德,建宁同乐县(今陆良县)人。其先世则少昊颛顼之玄胄,才子祝融之渺胤也。清源流而不滞,深根固而不倾……故乃耀辉西岳,霸王郢楚,子文铭德于春秋,班朗绍趺于季叶。阴九运否,蝉蜕河东,逍遥中原。班彪删定汉记,班固祖述道训。爰暨汉末,采邑于爨,因氏族焉。姻娅媾于公族,振缨蕃乎王室。乃祖肃,魏尚书仆射河南尹,位均九列。舒翮中朝。迁运庸蜀,流薄南人,树安九世,千柯繁茂,万叶云兴……"。

如果根据《史记·楚世家》、《汉书·叙传》、《后汉书》的班彪、班固、班超等传,以及《水经注》等书的记载加以审核,可知此碑文所述,颇有典据,同时也可以从中看出爨出于班,班源于楚,而楚、班、爨都是颛顼、祝融一系的后裔这样一条家世历史线索。[147] 说明爨氏的祖先,在先秦时期是华夏人,到秦汉时成为汉族中的名门望族。其族人才辈出,楚令尹子文、班朗、班彪、班固等等。到了汉末,因被封食于"爨"地,其族"因氏族焉"。表明爨先是一地名,后才成为一族名。据王宏道先生的考证,班超的封邑(采邑)是在汉中郡郑县之西乡。爨氏家族迁入建宁郡当是从汉中郡迁来的。而后班超之子班某迁到其父的封邑西乡后,改姓为爨。《汉中记》说西乡亦称祥川,含有"休祥"(吉祥)之义,班超之次子班某若依祥川而改姓祥川,但自古以来世无以祥川为姓者,而祥川二字之合音极近于爨,且古有姓爨者。此外,爨字之结构,其形为大火燔林,火势兴旺而光芒放射之状,爨亦当为令名。班爨音近,班氏改为爨氏,意在取得吉祥福庆,家族兴旺光大。[148]《天启滇志》也说:"爨氏,本安邑人,在晋时为南宁太守,中国乱,遂王蛮中。今陆凉有《爨王碑》,云是楚令尹子文之后,受姓班氏,西汉末食邑于爨,遂以为氏。其后世为镇蛮校尉,晋时有爨深、[149]爨瓒、爨震。隋爨玩作乱,史万岁讨平之。唐以爨归王为南宁州刺史,理石城,即今曲靖也。"[150]

三国时,爨氏在南中有相当大的势力,成为南中显赫大姓。诸葛亮南征结束后,"收其俊杰建宁爨习……为官属,习官至领军"。[151]《华阳国志·南中志》又说:"同乐县,大姓爨氏。"[152]说明滇东北一带的建宁郡是爨氏南迁后的世居地。《三国志·蜀书·李恢传》说:"(李恢)姑夫爨习为建伶令,有违犯之事,恢坐习免官。太守董和以习方土大姓,寝而不许。后贡恢于州。"[153]说明爨氏势力强大,汉官郡太守也不敢治爨习之罪;其势力已发展至滇池周围地区,因李恢属俞元(今澄江、江川一带)人。晋朝时,爨氏家族的爨量担任梁水太守;[154]爨量死后,爨深继承为爨氏宗族的政治首领,任交州刺史,"(咸和)九年(334年)春,分宁州置交州,以霍彪为宁州、建宁爨深为交州刺史"。[155]从此开始了爨氏统治南中的局

面。两晋南北朝时,南中太守、刺史多出其族。"宋故龙骧将军护
蛮校尉宁州刺史邛都县侯爨使君……祖,晋宁建宁二郡太守、龙骧
将军、宁州刺史。考,龙骧辅国将军、八郡监军、晋宁建宁二郡太
守,追谥宁州刺史邛都县侯"。[156]说明东晋末年,王朝中央已失去对
宁州的直接控制,而爨氏则以刺史、太守和各种封号名义统治宁
州,直到东晋王朝灭亡。

爨氏初据滇东北之建宁郡,后随其势力的壮大,不断向西扩张。
在爨氏统治南中的四百多年时间里,其核心统治区主要是接受汉文
化较多的今滇东北地区、以滇池为中心的滇池地区、以洱海为中心
的大理地区,在这一广大的地区内,分布着众多的民族群体,如氐羌
系统的昆明、叟、僰等族,因受爨氏的统治,故都被称为爨蛮。《天启
滇志》曰:"其称爨者,从其酋长之姓耳。"[157]所言甚是。

总之,爨初为一地名,后为一姓氏,而后发展为爨氏统治区域的
总称或泛称,如东爨、西爨。这种东、西爨的划分,应在刘宋时期即
已出现。[158]

二、爨氏与氐羌系统民族的融合

我们认为,从汉末南迁的汉族大姓爨氏徙至南中地区以后,在
与当地各民族杂处的过程中发生了融合。具体而言,爨氏主要与
南中地区的昆明族、叟族和僰族融合较多,即爨氏大部分"夷化"
于这些民族中。《华阳国志·南中志》说:"分其(青羌)赢弱配大
姓焦、雍、娄、爨、孟、量、毛、李为部曲;置五部都尉,号'五子',故
南人言'四姓五子'也。以夷多刚很,不宾大姓富豪,乃劝令出金
帛,聘策恶夷为家部曲,得多者奕世袭官。于是夷人贪货物,以渐
服属于汉,成夷、汉部曲。"这种做法,加快了爨氏等汉族大姓与氐
羌系统民族"青羌"等的融合和发展。爨氏初迁至滇东北时,主要

和昆明族、叟族相处较多，而后往西发展则与僰族杂居为多。

从社会发展来看，南中地区的氐羌系统民族由于各自所处的地理位置不同，经济文化发展不平衡，与爨氏等汉族杂居情况不一，吸收的汉文化多少不一，因此，其融合的程度也就不同，这种融合现象反映在各族的经济、文化上，则各民族内部差异较大。魏晋南北朝时爨氏统治下的民族群体至南北朝特别是唐代被称为"东爨乌蛮"和"西爨白蛮"。从对"东爨乌蛮"和"西爨白蛮"的认识，或许能使我们窥见南迁爨氏等汉族大姓与氐羌系统民族融合的情况。

《云南志·名类第四》曰："西爨，白蛮也。东爨，乌蛮也。当天宝中，东北自曲靖州，西南至宣城，邑落相望，牛马被野。在石城、昆川、曲轭、晋宁、喻献、安宁至龙和城，谓之西爨。在曲靖州、弥鹿川、升麻川、南至步头，谓之东爨，风俗名爨也。"[159]表明了东、西爨的大概分布即从今曲靖至滇池地区为西爨，滇东北地区为东爨。

关于东爨与西爨的问题，专家所论较多，至今也还尚无定论。林超民先生认为，"'东爨乌蛮'和'西爨白蛮'在当地的习惯上都称为'爨'。'乌蛮'是'爨'，'白蛮'也是'爨'。'爨'即是'爨蛮'、'爨人'，以叟人为主，是今天彝族的前身。"[160]按林氏之说，"乌蛮"、"白蛮"皆为"爨蛮"、"爨人"，这种说法是没有问题的，但后一句皆"是今天彝族的前身"则不准确。另，江应樑先生也持此观点。他认为，"东爨乌蛮与西爨白蛮同为'爨蛮'……其主体为汉晋时期的'叟人'，即今彝族的先民"。[161]此说把乌蛮等同于白蛮，尚有可探讨之处。因为，"东、西爨的统治阶级虽然系出一源，且均为大奴隶主，但他们的语言、文化、风俗、习惯以及他们的统治人民所从事的产业情况就有所不同了"，[162]即"风俗名爨也"。[163]法国伯希和先生认为，"中国人之由四川欲达红河者，扼于云南东部之爨。中国人分爨为两

种：曰西爨，亦名白蛮；曰东爨，亦名乌蛮。"[164]"亦名"二字，就把西爨
等同于白蛮，东爨等同于乌蛮，这是不符合客观事实的。徐嘉瑞先
生认为，"爨有东爨、西爨，然非指迤东迤西；蛮有乌蛮白蛮，然亦非
东爨西爨。不过乌蛮之一部分属东爨，白蛮之一部分属西爨。非乌
蛮皆东爨、白蛮皆西爨。亦非东爨即乌蛮，西爨即白蛮也"。[165]所言
极是。李绍明、余宏模二位先生也认为："东西两爨既然统属于爨
氏。但又称为东爨乌蛮和西爨白蛮，此实由于两地所居的民族不同
所致。二者不仅在族属上，而且在习俗与汉化程度上也存在着明显
的区别。"经过多方论证，他们认为，"唐代东爨境内的乌蛮，除勿邓
部外，其余阿芊路、爨山、暴蛮、卢鹿、磨弥、阿猛诸部，分布在今滇东
和黔西北一带，系由叟人后裔演变而成"；"乌蛮与彝族有直接的族
源关系"。[166]此与尤中先生的观点大体相同。尤先生认为，东部乌蛮
"基本上就是南诏统一之前的'东爨乌蛮'。他们分布在今云南省
楚雄东部、滇中地区、曲靖地区（除宣威、会泽、东川外）、红河州、
文山州一带"，"大部分'散居山林'，住在山区"。[167]

　　我们认为，爨蛮是对爨氏统治下的所有民族的一个统称或泛
称，而对于东爨乌蛮和西爨白蛮的解释可能有两种含义：一是地理
位置上的一种划分，其居地一个东、一个西，而且东爨统治区内的民
族可能以乌蛮居多，西爨统治区内的民族可能以白蛮为主；二是文
化上的区别。在东爨区域范围内，因为是汉晋时期昆明族和叟族的
聚居地，特别经过魏晋南北朝战争的影响，之前南迁的僰人和汉族
大部分南迁西徙到了滇池地区和洱海地区。因此，唐代在东爨地
区出现的乌蛮，实则是原居山区、半山区的昆明族和叟族融合一部
分汉族形成的。"阁罗凤遣昆川城使杨牟利以兵围胁西爨，徙二
十余万户于永昌城。乌蛮以言语不通，多散林谷，故得不徙。是后
自曲靖州、石城、升麻川、昆川南至龙和以来，荡然兵荒矣……乌蛮

种类稍稍复振,后徙居西爨故地。"[168]因此,其经济文化相对来说要落后一些。"此等部落,皆东爨乌蛮也。男则发髻,女则散发。见人无礼节拜跪,三译四译,乃与华通。大部落则有大鬼主。百家二百家小部落,亦有小鬼主。一切信使鬼巫,用相服制。土多牛马,无布帛,男女悉披羊皮"。[169]但在西爨区域内,情况就完全不同了。主要是僰人和汉族杂居相处于滇池地区和洱海地区的平坝、城镇,其文化发展水平较高。"西爨及白蛮死后,三日内埋殡,依汉法为墓。稍富室广栽杉松。蒙舍及诸乌蛮不墓葬。凡死后三日焚尸,其余灰烬,掩以土壤,唯收两耳"。表明西爨白蛮受汉文化影响较深,而与其杂居相处的乌蛮则还是保持其民族的一些传统习俗。

　　总之,魏晋南北朝时期汉族大姓的南迁,特别是爨氏对南中地区的控制,促进了汉族与当地氐羌系统民族中的昆明族、叟族、僰族不断融合,使得这些民族发展到南北朝时期,特别是唐宋时期时被概称为乌蛮和白蛮。乌蛮和白蛮是汉族史家从其视角和汉文化的角度出发,将爨氏统治下的民族较为接近汉文化或大量吸收汉文化的部分称作白蛮,而把与汉文化相距较远的部分称为乌蛮。白蛮和乌蛮的源流问题直接关系到西南地区民族的族属源流问题。唐宋时期的白蛮后来大部分发展成为今天的白族,而乌蛮则主要发展成为今天汉藏语系藏缅语族彝语支民族。

注　释

1　(晋)常璩撰,刘琳校注:《华阳国志·汉中志》,巴蜀书社 1984 年版,第 165 页。

2　《晋书·地理志》,中华书局标点本 1974 年版,第 436 页。

3　(晋)常璩撰,刘琳校注:《华阳国志·汉中志》,巴蜀书社 1984 年版,第 168 页。

4　(晋)常璩撰,刘琳校注:《华阳国志·汉中志》,巴蜀书社 1984 年版,第 173 页。

5　《北史·氐传》,中华书局标点本 1974 年版,第 3171 页。

6　杨铭:《氐族史》,吉林教育出版社 1991 年版,第 39—40 页。

7　《三国志·魏书·张既传》，中华书局标点本 1959 年版，第 472 页。

8　《资治通鉴》卷六八，中华书局 1956 年版，第 2158 页。

9　《晋书·江统传》，中华书局标点本 1974 年版，第 1532 页。

10　《三国志·魏书·邓艾传》，中华书局标点本 1959 年版，第 779 页。

11　胡昭羲：《论汉晋的氐羌和隋唐以后的羌族》，载《历史研究》1963 年第 2 期。

12　杨铭：《氐族史》，吉林教育出版社 1991 年版，第 39—40 页。

13　《三国志·魏书·乌丸鲜卑东夷传》所引之《魏略·西戎传》，中华书局标点本 1959 年版，第 858—859 页。

14　《文献通考·四裔十》卷三三三，浙江古籍出版社 1988 年版，第 2617 页。

15　《北史·氐传》，中华书局标点本 1974 年版，第 3171—3178 页；万永林：《中国古代藏缅语民族源流研究》，云南大学出版社 1997 年版，第 72—73 页。

16　杨铭：《氐族史》，吉林教育出版社 1991 年版，第 162—163 页。

17　《三国志·蜀书·诸葛亮传》裴松之注引《后出师表》，中华书局标点本 1959 年版，第 923 页。

18　（晋）常璩撰，刘琳校注：《华阳国志·南中志》，巴蜀书社 1984 年版，第 357 页。

19　马长寿：《氐与羌》，上海人民出版社 1984 年版，第 146—147 页。

20　（晋）常璩撰，刘琳校注：《华阳国志·蜀志》，巴蜀书社 1984 年版，第 295 页。

21　（晋）常璩撰，刘琳校注：《华阳国志·大同志》，巴蜀书社 1984 年版，第 605 页。

22　《水经注疏·羌水》，江苏古籍出版社 1986 年版，第 2712 页。

23　冉光荣、李绍明、周锡银：《羌族史》，四川民族出版社 1985 年版，第 129 页。

24　上段与此段所引均见《周书·异域上·宕昌传》，中华书局标点本 1971 年版，第 892—893 页。

25　《北史·邓至传》，中华书局标点本 1974 年版，第 3191 页。

26　《周书·异域上·邓至传》，中华书局标点本 1971 年版，第 894 页。

27　《通典·边防六》卷一九〇，中华书局 1984 年版，第 1022 页。

28　冉光荣、李绍明、周锡银：《羌族史》，四川民族出版社 1985 年版，第 131 页。

29　《北史·邓至传》，中华书局标点本 1974 年版，第 3191 页。

30　《魏书·高祖纪》，中华书局标点本 1974 年版，第 168、171、173 页。

31　《周书·异域上·邓至传》，中华书局标点本 1971 年版，第 894 页。

32　冉光荣、李绍明、周锡银：《羌族史》，四川民族出版社 1985 年版，第 132—133 页；

万永林：《中国古代藏缅语民族源流研究》，云南大学出版社 1997 年版，第 67 页。

33　王文光：《中国古代的民族识别》，云南大学出版社 1997 年版，第 255 页。

34　《通典·边防六》卷一九〇，中华书局 1984 年版，第 1022 页。

35　《北史·白兰传》，中华书局标点本 1974 年版，第 3191 页。

36　顾颉刚：《史林杂识　初编·白兰》，中华书局 1963 年版，第 74—75 页；顾颉刚：
　　《从古籍中探索我国的西部民族——羌族》，载《社会科学战线》1980 年第 1 期。

37　万永林：《中国古代藏缅语民族源流研究》，云南大学出版社 1997 年版，第 67 页；
　　王文光：《中国古代的民族识别》，云南大学出版社 1997 年版，第 255 页。

38　松田寿男：《吐谷浑遣使者》，载《史学杂志》第 48 编第 11、12 号。转引自何光岳：
　　《氏羌源流史》，江西教育出版社 2000 年版，第 304 页。

39　李范文：《嘉戎与道孚族源考》，载《宁夏社会科学》1983 年第 1 期。

40　李文实：《白兰国址再考》，载《青海社会科学》1984 年第 1 期。

41　聪喆：《白兰国址再辨》，载《青海社会科学》1984 年第 5 期。

42　李范文：《嘉戎与道孚族源考》，载《宁夏社会科学》1983 年第 1 期。

43　《北史·吐谷浑传》，中华书局标点本 1974 年版，第 3189 页。

44　顾颉刚：《史林杂识　初编·白兰》，中华书局 1963 年版，第 76 页。

45　《北史·吐谷浑传》，中华书局标点本 1974 年版，第 3189—3190 页。

46　顾颉刚：《史林杂识　初编·白兰》，中华书局 1963 年版，第 76 页。

47　万永林：《中国古代藏缅语民族源流研究》，云南大学出版社 1997 年版，第 67 页；
　　王文光：《中国古代的民族识别》，云南大学出版社 1997 年版，第 255 页。

48　此段引号所引皆出自《北史·西域·女国传》，中华书局标点本 1974 年版，第
　　3235—3236 页。

49　何光岳：《氏羌源流史》，江西教育出版社 2000 年版，第 556 页。

50　《旧唐书·南蛮西南蛮·东女国传》，中华书局标点本 1975 年版，第 5277 页。

51　何耀华：《试论古代羌人的地理分布》，载《思想战线》1988 年第 4 期。

52　《北史·附国传》，中华书局标点本 1974 年版，第 3193、3194 页。

53　任乃强：《附国非吐蕃——与岑仲勉先生商榷》，载《康藏研究月刊》1947 年第 4
　　期；李绍明：《唐代西山诸羌考略》，载《四川大学学报》（哲学社会科学版）1980 年
　　第 1 期。

54　顾颉刚：《从古籍中探索我国的西部民族——羌族》，载《社会科学战线》1980 年第

1 期;李绍明先生在《唐代西山诸羌考略》(载《四川大学学报》(哲学社会科学版) 1980 年第 1 期)中认为,附国水当指雅砻江。

55　任新建:《白狼、白兰考辨》,载《社会科学研究》1995 年第 2 期。

56　祁庆富:《西南夷》,民族出版社 1990 年版,第 1—2、150 页。

57　何耀华:《试论古代羌人的地理分布》,载《思想战线》1988 年第 4 期。

58　《北史·附国传》,中华书局标点本 1974 年版,第 3194 页。

59　任乃强:《附国非吐蕃——与岑仲勉先生商榷》,载《康藏研究月刊》1947 年第 4 期。

60　《北史·附国传》,中华书局标点本 1974 年版,第 3193 页。

61　孙宏开:《试论"邛笼"文化与羌语支语言》,载《民族研究》1986 年第 2 期。

62　《北史·党项羌传》,中华书局标点本 1974 年版,第 3192 页。

63　《旧唐书·西戎·党项羌传》,中华书局标点本 1975 年版,第 5290 页。

64　万永林:《中国古代藏缅语民族源流研究》,云南大学出版社 1997 年版,第 68 页。

65　顾颉刚:《从古籍中探索我国的西部民族——羌族》,载《社会科学战线》1980 年第 1 期。

66　《旧唐书·西戎·党项羌传》,中华书局标点本 1975 年版,第 5291 页。

67　(晋)常璩撰,刘琳校注:《华阳国志·蜀志》,巴蜀书社 1984 年版,第 320 页。

68　《三国志·蜀书·李恢传》,中华书局标点本 1959 年版,第 1045—1046 页。

69　林超民:《试论汉唐间西南地区的昆明》,载《民族研究》1982 年第 1 期。

70　《三国志·蜀书·李恢传》,中华书局标点本 1959 年版,第 1046 页。

71　(晋)常璩撰,刘琳校注:《华阳国志·南中志》,巴蜀书社 1984 年版,第 364 页。

72　《水经注疏·温水》,江苏古籍出版社 1986 年版,第 2975—2976 页。

73　张增祺:《关于"昆明"与"昆明文化"的若干问题》,载《考古与文物》1987 年第 2 期;(晋)常璩撰,刘琳校注:《华阳国志·汉中志》,巴蜀书社 1984 年版,第 365— 366 页。

74　尤中:《中国西南的古代民族》,云南人民出版社 1980 年版,第 50 页。

75　万永林:《中国古代藏缅语民族源流研究》,云南大学出版社 1997 年版,第 78 页。

76　(晋)常璩撰,刘琳校注:《华阳国志·汉中志》,巴蜀书社 1984 年版,第 364 页。

77　《三国志·蜀书·张裔传》,中华书局标点本 1959 年版,第 1011—1012 页。

78　(晋)常璩撰,刘琳校注:《华阳国志·南中志》,巴蜀书社 1984 年版,第 351—352

页。

79　（晋）常璩撰，刘琳校注：《华阳国志·南中志》，巴蜀书社 1984 年版，第 364 页。

80　徐嘉瑞：《大理古代文化史》，云南人民出版社 2005 年版，第 79 页。

81　（晋）常璩撰，刘琳校注：《华阳国志·南中志》，巴蜀书社 1984 年版，第 414 页。

82　汪宁生：《云南考古》，云南人民出版社 1980 年版，第 88—97 页。

83　（晋）常璩撰，刘琳校注：《华阳国志·南中志》，巴蜀书社 1984 年版，第 308—309、
311 页。

84　（晋）常璩撰，刘琳校注：《华阳国志·李特雄期寿势志》，巴蜀书社 1984 年版，第
672 页。

85　《白族简史》编写组：《白族简史》，云南人民出版社 1988 年版，第 14—15 页。

86　（唐）樊绰撰，向达原校，木芹补注：《云南志补注》，云南人民出版社 1995 年版，第
32、11、20、75 页。

87　方国瑜、和志武：《纳西族的渊源、迁徙和分布》，载《民族研究》1979 年第 1 期；尤
中：《中国西南民族史》，云南人民出版社 1985 年版，第 271 页。

88　参见林超民：《僰人的族属与迁徙》，载《思想战线》1982 年第 5 期。

89　《后汉书·南蛮西南夷列传》，中华书局标点本 1965 年版，第 2846 页。

90　《后汉书·南蛮西南夷列传》，中华书局标点本 1965 年版，第 2846—2847 页。

91　《太平御览》卷七九一，中华书局 1960 年版，第 3509 页。

92　（晋）常璩撰，刘琳校注：《华阳国志·南中志》，巴蜀书社 1984 年版，第 443 页。

93　林超民：《僰人的族属与迁徙》，载《思想战线》1982 年第 5 期。

94　（唐）樊绰撰，向达原校，木芹补注：《云南志补注》，云南人民出版社 1995 年版，第
12—13 页。

95　（晋）常璩撰，刘琳校注：《华阳国志·南中志》，巴蜀书社 1984 年版，第 443 页。

96　《通典·边防三》卷一八七，中华书局 1984 年版，第 1003 页。

97　（晋）常璩撰，刘琳校注：《华阳国志·李特雄期寿势志》，巴蜀书社 1984 年版，第
661 页。

98　《太平御览》卷一二三，中华书局 1960 年版，第 596 页。

99　（晋）常璩撰，刘琳校注：《华阳国志·汉中志》，巴蜀书社 1984 年版，第 118、120
页。

100　《三国志·魏书·武帝纪》，中华书局标点本 1959 年版，第 46 页。

101　蒙默:《魏晋南北朝的賨人》,载李绍明、林向、徐南洲:《巴蜀历史·民族·考古·文化》,巴蜀书社1991年版,第117页。

102　《晋书·刘聪载记》,中华书局标点本1974年版,第2665页。

103　《晋书·姚弋仲载记》,中华书局标点本1974年版,第2960、2961页。

104　《资治通鉴》卷八九,中华书局1956年版,第2809页。

105　《三国志·蜀书·杨戏传》,中华书局标点本1959年版,第1089页。

106　《资治通鉴》卷六四,中华书局1956年版,第2042页。

107　(晋)常璩撰,刘琳校注:《华阳国志·大同志》,巴蜀书社1984年版,第617页。

108　《晋书·李特载记》,中华书局标点本1974年版,第3022页。

109　《晋书·李雄载记》,中华书局标点本1974年版,第3039—3040页。

110　《晋书·李雄载记》,中华书局标点本1974年版,第3040页。

111　《三国志·蜀书·武帝纪》,中华书局标点本1959年版,第1008页。

112　尤中:《中国西南民族史》,云南人民出版社1985年版,第131页。

113　《晋书·李寿载记》,中华书局标点本1974年版,第3045页。

114　(晋)常璩撰,刘琳校注:《华阳国志·李特雄期寿势志》,巴蜀书社1984年版,第693—694页。

115　《水经注疏·漾水》,江苏古籍出版社1986年版,第1722页。

116　转引自(晋)常璩撰,刘琳校注:《华阳国志·李特雄期寿势志》,巴蜀书社1984年版,第694页。

117　《魏书·獠传》,中华书局标点本1974年版,第2248—2249页。

118　尤中:《中国西南民族史》,云南人民出版社1985年版,第131页。

119　《魏书·獠传》,中华书局标点本1974年版,第2249页。

120　《晋书·苻坚载记》,中华书局标点本1974年版,第2896、2897页。

121　《魏书·傅竖眼传》,中华书局标点本1974年版,第1557页。

122　《周书·李迁哲传》,中华书局标点本1971年版,第791页。

123　《魏书·獠传》,中华书局标点本1974年版,第2248页;《北史·獠传》,中华书局标点本1974年版,第3154页。

124　《周书·獠传》,中华书局标点本1971年版,第890页。

125　《北史·獠传》,中华书局标点本1974年版,第3155、3156页。

126　何元灿:《严道賨人考》,载李绍明、林向、徐南洲:《巴蜀历史·民族·考古·文化》,巴蜀书社 1991 年版,第 91 页。

127　《北史·蛮传》,中华书局标点本 1974 年版,第 3151—3152 页。

128　万永林:《中国古代藏缅语民族源流研究》,云南大学出版社 1997 年版,第 78 页。

129　《隋书·地理志》,中华书局标点本 1973 年版,第 829、830 页。

130　潘光旦:《湘西北的"土家"与古代的巴人》,载潘光旦:《潘光旦民族研究文集》,民族出版社 1995 年版。

131　参见黄柏权:《土家族族源研究综论》,载《贵州民族研究》1999 年第 2 期。此文系统介绍了土家族族源研究的大部分观点,但唯独没有论述过"賨人说"的观点,而"賨人说"的观点,田荆贵先生等人研究更细更具体。详见田荆贵:《土家族的语言、风俗与古代賨人》,载《民族研究》1983 年第 3 期;田荆贵:《古代賨人与现今土家族的共同之处》,载《民族论坛》(湖南)1994 年第 2 期;田荆贵:《土家族族源综论》,载《土家纵横谈》,湘西自治州政协文史资料研究委员会 1995 年版;罗安源、田心桃、田荆贵等:《土家人和土家语》,民族出版社 2001 年版。

132　王静如:《关于湘西土家语言的初步意见》,载中央民族学院研究部:《中国民族问题研究集刊》第四辑,1955 年。

133　中国科学院民族研究所、湖南少数民族社会历史调查组:《土家族简史简志合编》,1963 年 8 月,第 2 页。

134　田德生、何天贞、陈康等:《土家语简志》,民族出版社 1986 年版,第 162、163 页。

135　董珞:《巴人族源辨——人类学与考古学的审视》,载《中南民族学院学报》(哲学社会科学版)1997 年第 2 期。

136　谢选华、李辉、金力等:《土家族源流的遗传学初探》,载《遗传学报》2004 年第 31 卷第 10 期。

137　卢连生、胡智生:《宝鸡强国墓地》,文物出版社 1988 年版,转引自董珞:《巴人族源辨——人类学与考古学的审视》,载《中南民族学院学报》(哲学社会科学版)1997 年第 2 期。

138　田荆贵:《古代賨人与现今土家族的共同之处》,载《民族论坛》(湖南)1994 年第 2 期。

139　《通典·乐五》卷一四五说:"巴渝舞者,汉高帝自蜀汉将定三秦,阆中范因率賨人以从帝为前锋,号板楯,勇而善斗。及定三秦,封因为阆中侯,复賨人七姓。其俗喜舞,高帝乐其猛锐,观其舞后,使乐人习之。阆中有渝水,因以为名,故曰'巴渝舞'。舞曲有矛渝、安台、弩渝、行辞……"（中华书局 1984 年版,第 759 页）。从中我们可以看出,"巴歌渝舞"实为军歌军舞。

140　《通典·乐五》卷一四五,中华书局 1984 年版,第 759 页。

141　白九江:《巴人·巴国·巴文化》,重庆出版社 2007 年版,第 148—149 页;彭英明:《试论湘鄂西土家族"同源异支"——廪君蛮的起源及其发展述略》,载《中南民族学院学报》(哲学社会科学版)1984 年第 3 期。

142　《巴人之谜》,华夏出版社 2004 年版,第 45 页。

143　田广:《凤凰土家族史话》,政协凤凰县委员会、凤凰县民族事务委员会 1999 年印刷,第 27 页。

144　《史记·西南夷列传》,中华书局标点本 1959 年版,第 2993 页。翁独健先生认为,夏族这个族称因夏朝的建立而确定之后,便随着夏朝势力的发展和影响的扩大而发展壮大起来。以后商、周、秦、汉各代,虽然他们也自称商人、周人、秦人、汉人,但同时都接受和继承了夏族这个统一的称谓。周朝时,虽然存在着因王畿和诸侯国而称的周人、秦人、晋人、齐人等等,但同时又都认为自己是夏族、华族或华夏族(翁独健:《中国民族关系史纲要》,中国社会科学出版社 2001 年版,第 31 页)。所以楚人庄蹻可以认为属华夏族。

145　(晋)常璩撰,刘琳校注:《华阳国志·南中志》,巴蜀书社 1984 年版,第 357 页。

146　汪宁生:《云南考古》,云南人民出版社 1980 年版,第 111—119 页。

147　王宏道:《释爨及西爨白蛮》,载王宏道:《王宏道云南民族史论文集》,云南大学出版社 2004 年版,第 131 页。

148　王宏道:《释爨及西爨白蛮》,载王宏道:《王宏道云南民族史论文集》,云南大学出版社 2004 年版,第 131—149 页。

149　"爨深",有时也写作"爨琛",疑有一字可能是在传写过程中所讹。《晋书·王逊传》载:"逊使将军姚崇、爨琛距之",中华书局标点本 1974 年版,第 2110 页。

150　(明)刘文征撰,古永继点校:《天启滇志》,云南教育出版社 1991 年版,第 994 页。

151　(晋)常璩撰,刘琳校注:《华阳国志·南中志》,巴蜀书社 1984 年版,第 357 页。

152　(晋)常璩撰,刘琳校注:《华阳国志·南中志》,巴蜀书社 1984 年版,第 405 页。

153　《三国志·蜀书·李恢传》,中华书局标点本 1959 年版,第 1045 页。

154　《晋书·明帝纪》,中华书局标点本 1974 年版,第 163 页。载曰:"梁水太守爨亮、益州太守李逷以兴古叛,降于李雄。""爨亮"即"爨量"。

155　(晋)常璩撰,刘琳校注:《华阳国志·李特雄期寿势志》,巴蜀书社 1984 年版,第675 页。

156　汪宁生:《云南考古》,云南人民出版社 1980 年版,第 114—115 页。

157　(明)刘文征撰,古永继点校:《天启滇志》,云南教育出版社 1991 年版,第994 页。

158　汪宁生:《云南考古》,云南人民出版社 1980 年版,第 119 页。

159　(唐)樊绰撰,向达原校,木芹补注:《云南志补注》,云南人民出版社 1995 年版,第47 页。

160　林超民:《试论唐代洱海地区的乌蛮和白蛮》,载《大理文化》1985 年第 6 期。

161　江应樑:《中国民族史》(中),民族出版社 1990 年版,第 200 页。

162　马长寿遗著:《彝族古代史》,上海人民出版社 1987 年版,第 70 页。

163　(唐)樊绰撰,向达原校,木芹补注:《云南志补注》,云南人民出版社 1995 年版,第47 页。

164　(法)伯希和著,冯承钧译:《交广印度两道考》,载(法)伯希和著,冯承钧译:《郑和下西洋考 交广印度两道考》,中华书局 2003 年版,第 187 页。

165　徐嘉瑞:《大理古代文化史》,云南人民出版社 2005 年版,第 104 页。

166　李绍明、余宏模:《关于东爨乌蛮诸部的族源问题》,载《思想战线》1979 年第 4 期。

167　尤中:《唐、宋时期的"乌蛮"(彝族)》,载《思想战线》1982 年第 5 期。

168　(唐)樊绰撰,向达原校,木芹补注:《云南志补注》,云南人民出版社 1995 年版,第48 页。

169　(唐)樊绰撰,向达原校,木芹补注:《云南志补注》,云南人民出版社 1995 年版,第12—13 页。

第 四 章

唐宋时期中国西南氐羌系统
民族的进一步分化与融合

　　唐宋时期,西南地区的民族群体被汉族史家赋予了一个新的名称"蛮"。南北朝时期,在昆明族、叟族与他族融合的基础上,中国西南地区开始形成乌蛮民族群体,至唐宋时期,乌蛮已成为西南地区最重要、影响较大的民族群体之一。随着历史的发展,施蛮、顺蛮、和蛮、徙莫祗蛮、锅锉蛮、寻传蛮和裸形蛮等民族从乌蛮中逐渐分化出来,与乌蛮一起,向现代藏缅语族彝语支、景颇语支等民族演化。此外,魏晋时期的僰族、部分叟族与南迁的汉人一起融合形成了唐宋时期的白蛮,成为西南地区另一重要的民族群体;而魏晋时期的摩沙族在此时期被称为磨些蛮;秦汉时期的和夷经过魏晋南北朝时期的发展,至唐时被称为和蛮。当然,在今天岷江上游、川西南地区还有羌族及被称为各种"蛮"的羌人部落、与羌人关系密切的被称为吐蕃、西番的民族群体也继续向前发展;居于川、鄂、湘、黔四省连接地带的土家族先民賨人仍在不断融合发展,被称为蛮或夷。

第一节 乌蛮与白蛮

南北朝时期,在以昆明族、叟族为主体,融合他族的基础上发展形成了唐宋时期屡见史载的乌蛮民族群体,这一民族群体后来绝大部分发展成为今天汉藏语系藏缅语族彝语支的民族。唐宋时期的白蛮是以汉晋时期的僰族为主体,在融合少部分昆明族、叟族与大量汉族的基础上发展而来的一个民族群体。乌蛮、白蛮在唐宋时期是西南地区较为重要的政治力量,随着与唐、宋王朝及吐蕃关系的变化,促进了乌蛮、白蛮自身的分化、融合。

一、乌蛮

(一)隋唐时期的乌蛮

有关乌蛮的记载最早见于《北史·周法尚传》:"巂州乌蛮反,诏法尚便道讨击破之。"[1] 虽然此记载过于简单,但却是明白地表明至少在南北朝时期中国历史文献的记载中出现了一个乌蛮。

对此,《隋书·周法尚传》所载比《北史·周法尚传》更为详细:"巂州乌蛮反,攻陷州城,诏令法尚便道击之。军将至,贼弃州城,散居谷间,法尚捕不能得。于是遣使慰谕,假以官号,伪班师,日行二十里,军再舍,潜遣人觇之,知其首领尽归栅,聚饮相贺。法尚选步骑数千人,袭击破之,获其渠帅数千人,虏男女口万余。"[2]

针对上述两条最早记载乌蛮的材料,有必要作如下的讨论:

第一,乌蛮作为一个民族群体的名称出现的时间问题。从表面上看,《北史》和《隋书》都是唐初写成的,而作者李延寿(生卒不祥,主要事迹都在贞观年间)、魏征(580年—643年),他们都是跨越了几个历史时代的人,能看到南北朝时期诸多的文献资料,他们是从这些文献中知道乌蛮的,并将之写入相关文献之中。因此,可以认为:在南北朝时期,乌蛮已经被汉族史家作为一个族称记入史籍。

第二,乌蛮是否只分布在嶲州。嶲州,梁武帝大同三年(537年)置,宋属大理,故治在今四川省西昌市。从《北史》、《隋书》的记载来看,似乎只有嶲州才有乌蛮。但事实并非如此,史家只记载了与汉民族政权接触较多,且势力强大者,而乌蛮的其他部分则由于齐梁之际,爨氏占宁州,处于相对封闭的状态,各地保境不通,所以没有被认识。故到了强大而统一的唐代,对乌蛮的认识和记载便全面且详细了起来,乌蛮成了西南地区分布较广、人数较多的一个民族群体。

第三,乌蛮何以称之为乌蛮。可以肯定地说,乌蛮是一个他称,带有强烈的民族歧视色彩,是汉民族史家对有尚黑文化习俗并有共源关系的某一民族群体的称呼。

长期以来,汉文史籍就把南方非华夏或非汉族的民族群体称为蛮。《礼记·王制》载:"东方曰夷,被发文身,有不火食者矣。南方曰蛮,雕题交趾,有不火食者矣。"到了唐代樊绰还把记载云南各民族的书叫做《蛮书》。那么把有尚黑习俗的民族群体概括地称为乌蛮,就是在大汉族主义文化视野下的一种必然反映。

在讨论了乌蛮一词出现的最早时间、得名原因后,有必要继续讨论乌蛮的来源问题。

《中国大百科全书·民族》载:"乌蛮系由昆明部落发展而成。"[3] 田晓岫先生也说:"被泛称为乌蛮的,是分布于今天云南东部、中部、四川南部和贵州西部崇尚黑色的族群。其源出于汉晋时西南中的叟、昆明。"[4] 那么叟、昆明又与更早的什么民族有关呢?

对此,《辞海》乌蛮条载:"(乌蛮)古族名,源于氐羌。"

　　对于乌蛮直接源于氐羌,卢勋等先生认为:"乌蛮先人大概是源于古代氐羌系统分化出来的一些部落群。他们很早便从我国甘、青高原辗转迁至西南广阔地区,并与当地一些土著逐渐融合,汉晋时期泛称为'昆明'和'叟'。"[5] 而氐羌与昆明、叟的源流关系,是司马迁最早在《史记·西南夷列传》中提出的:"西至桐师(今保山)以东,北至叶榆(今大理),名为嶲、昆明。皆编发,随畜迁徙,毋长处,毋君长,地方可数千里……皆氐类也。"[6] 前述已知,司马迁所说的氐类,似乎没有包含羌,实际上氐和羌是有亲缘关系的民族群体,所以先秦时期总是氐羌连举,视为同类,而魏晋以后才大量地把氐羌分别单独称呼。现将相关史料列之如下,以证明之:

　　《山海经·海内经》载:"伯夷父生西岳,西岳生先龙,先龙是始生氐羌,氐羌乞姓。"[7]

　　《诗经·殷武》载:"昔有成汤,自彼氐羌,莫敢不来享,莫敢不来王,曰商是常。"[8]

　　《逸周书·王会解》载:"西申以凤鸟……氐羌以鸾鸟献。"[9]

　　《荀子·大略篇》载:"氐羌之虏也……忧其不焚也。"[10]

　　《吕氏春秋·恃君篇》载:"氐羌、呼唐,离水之西。僰人野人……多无君。"[11]

　　《竹书纪年》载:"(汤)十九年,大旱。氐羌来宾……武丁三十四年,师克鬼方,氐羌来降。"[12]

　　源于西北的氐羌进入西南后,在秦汉时期被汉族史家记为昆明、嶲,而到南北朝时期又被汉族史家根据他们有尚黑文化习俗并有共源关系的特点,记为乌蛮。这也可以从以下两个方面得到证明:

　　第一，不论是考古材料还是文献记录都没有关于昆明、叟的分布区有过大的战争足以将强大的昆明族消灭的记载，同时也没有这一地区民族大规模迁徙的痕迹。

　　第二，秦汉时期昆明、嶲的分布区与南北朝乃至唐宋时期乌蛮的分布区是重合的。

　　先看昆明、嶲的分布区。《华阳国志·蜀志》越嶲郡定筰县条载："筰，夷也，汶山曰夷，南中曰昆明。"[13]南中为今云南、贵州、四川西昌地区、滇黔连接地，则在这个区域内的许多地方，都有昆明族分布。而又可以将之分为几个次区域分布区：

　　滇西是昆明族分布的一个次区域，《史记·西南夷列传》载："西至桐师（今保山）以东，北至叶榆（今大理），名为嶲、昆明。"[14]则在今保山到大理一线的滇西地区都有昆明族分布，故在《后汉书·南蛮西南夷列传》又载："明年春，邪龙县（今云南巍山县）昆明夷卤承应募，率种人与诸郡兵击类牢于博南，大破斩之。"[15]显然这也是分布在滇西的昆明族。

　　从滇西经楚雄到滇中一线也分布着众多的昆明族，《后汉书·南蛮西南夷列传》载："建武十八年（42年）夷渠帅栋蚕与姑复（今永胜、华坪）、叶榆（今大理、洱源）、弄栋（今云南姚安、南华、楚雄、牟定、广通、元谋等县）、连然（今安宁市）、滇池（今晋宁）、建伶（今昆阳、易门）昆明诸种反。"[16]又《史记·西南夷列传》载："及元狩元年（前122年）……天子乃令王然于、柏始昌、吕越人等，使间道出西夷。西，指求身毒国。至滇，滇王尝羌乃留为求道西十余辈，岁余皆闭昆明，莫能通身毒国。"[17]又《史记·大宛列传》载："于是汉发三辅罪人，因巴蜀士数万人，遣两将军郭昌、卫广等往击昆明之遮汉使者。"[18]这儿的"求道西"说明从今滇池地区出发向西达洱海地区都有昆明族分布，与《后汉书·南蛮西南夷列传》所载相合,即从滇池向西经楚雄到洱海地区都有昆明族分布。

与昆明族有亲缘关系的叟族主要分布在越嶲郡及其东边的朱提郡,和昆明族相比大约人口数量少一些、综合实力弱一些,故《华阳国志·南中志》载:"夷人大种曰昆、小种曰叟。"[19]1936年,在昭通洒鱼河边古墓中出土"汉叟邑长"铜印一枚,说明了从西边雅砻江以东的西昌沿金沙江向东到昭通这一带地区内都是叟族的分布区。值得重点强调的是,昆明族和叟族的分布区不是截然分开的,而是相互杂居、犬牙交错的。

现在让我们来看隋唐时期乌蛮的分布情况。

第一,西部乌蛮,主要分布在《史记·西南夷列传》所说的"西至桐师(今保山)以东,北至叶榆(今大理)"这一广大地区,为今天的楚雄彝族自治州(以下简称楚雄州)西部、大理市及保山市,以历史上所谓的六诏(或八诏)为主,故《云南志》卷三载:"六诏并乌蛮,又称八诏。"[20]

第二,北部乌蛮,主要分布在雅砻江以东、大渡河以南、金沙江以北并一直延伸到滇东北、黔西,即从今四川西昌向东一直到云南昭通和贵州毕节。这些乌蛮便是汉晋时期分布在越嶲郡和朱提郡的昆明族、叟族之后。据《新唐书·南蛮传下》载:"乌蛮与南诏世为婚姻,其种分为七部落:一曰阿芋部,居曲,靖州故地;二曰阿孟;三曰夔山;四曰暴蛮;五曰卢鹿蛮,二部落分保竹子岭;六曰磨弥敛;七曰勿邓。"[21]综合各种史料来看,乌蛮的阿芋部分布在今昭通、鲁甸等地;阿孟部分布在今云南镇雄境内;夔山部在今云南大关、彝良境内;卢鹿部分布在今云南会泽、巧家、东川等地;磨弥敛部在今云南宣威市;勿邓则分布在今四川凉山州从雅砻江到滇东北一线的广大地区。这些地区总体上与汉晋时期的越嶲郡、朱提郡的昆明族、叟族的分布区是重合的。

　　第三,东部乌部,这部分乌蛮基本上就是南诏统一之前的"东爨乌蛮"。他们主要分布在今楚雄州东部、滇中地区和曲靖市、红河哈尼族彝族自治州(以下简称红河州)、文山壮族苗族自治州(以下简称文山州)的部分地区。[22]

　　至此我们有如下认识:乌蛮是上一个历史时期有共源关系的昆明族、叟族等民族群体,到南北朝时被汉族史家或政府官员概括为一个具有尚黑文化习俗的民族群体,故被称为乌蛮。这一认识最主要的依据有二:其一,乌蛮的分布区恰好与上一个历史时期的昆明族、叟族的分布区重合,且无任何证据表明这一地区发生过大的战争使昆明族、叟族消亡,同时也没有任何证据表明这一地区发生过大的民族迁徙,因此乌蛮与昆明族、叟族这二者之间是一种民族名称的变化,就民族自身而言,仍然还是指一个相同的,有共源关系的民族群体;其二,南北朝时,在西南地区,特别是今云南境内,处于相对封闭的爨氏家族的统治下,汉民族对这一地区的少数民族了解较少,所以历史学家或政府官员便根据自己的认识,将分布在今滇西、滇东北、黔西、川西具有共源关系、共同文化特征的昆明族、叟族称为乌蛮。

　　虽然乌蛮在汉民族历史文献中出现于南北朝后期,但对乌蛮的情况反映不太具体,到了唐代对乌蛮的认识有了进一步的深入。从文献所载来看,乌蛮各部的分化在缓慢进行,通常以姓氏作为乌蛮内部各支系的称呼,一方面说明当时汉民族对他们的社会发展程度、社会结构的认识尚不清楚,另一方面也说明乌蛮社会的发展与分化还较为缓慢,史载:"勿邓地方千里,有邛部六姓……皆乌蛮也。……又有栗蛮二姓,雷蛮三姓,梦蛮三姓,散处黎、嶲、戎数州之鄙,皆隶勿邓。勿邓南七十里,有两林部落,有十低三姓、阿屯三姓、亏望三姓隶焉。其南有丰琶部落,阿诺二姓隶焉。"[23] 显然,这些分布在金沙江中下游两岸各地的乌蛮是乌蛮的核心部分,他们最基层的社会组织结构是"姓",即"栗蛮二姓、雷蛮三姓、梦蛮三姓、有十低三姓、阿屯三姓、亏望三姓、阿诺二姓"等。

总的说来,南诏国时乌蛮主体主要分布在南诏国境内,只有少数乌蛮分布在唐王朝境内,当时乌蛮内部的关系还较为松散,是以"姓"为纽带的血缘关系民族群体。

(二)大理国及宋代的乌蛮

1.大理国境内的乌蛮

大理国建立以后,乌蛮仍然分别分布在宋王朝和大理国境内,处在民族分化的过程中,大部分向着现代汉藏语系藏缅语族彝语支民族发展。但由于乌蛮是大理国辖境内人口数量众多的民族,又都分布在以滇池和洱海东部为中心的地区,所以大理国以乌蛮各部为基础设置了相当于县级行政单位的"部",这样的变化意义十分重大,因为到了蒙古帝国时,蒙哥汗又以大理国时期乌蛮的"部"为基础,设立了万户府、千户所、百户所,至元十三年(1276年)云南行省建立后,又在万户府、千户所的基础上设立了行省之下的路府州县,奠定了明清以后云南全省各级行政建制的基本格局,而这些都与大理国时期乌蛮的发展有关。

大理国建于公元 973 年,比宋朝的建立早 23 年,其东部边境为宋朝广南西路的潼川府路,西到今缅甸克钦邦,南到今越老边界,北以大渡河作为宋、大理边界。在这个疆域范围内,大理国设有永昌府(驻今云南保山)、腾冲府(驻今云南腾冲)、谋统府(驻今云南鹤庆)、会川府(驻今四川会理)、建昌府(驻今四川西昌)、弄栋府(驻今云南姚安)、威楚府(驻今云南楚雄)、鄯阐府(驻今云南昆明)等八府,同时还设有善巨郡(驻今云南永胜)、石城郡(驻今

云南曲靖市麒麟区)、东川郡(驻今云南会泽)等三郡。大理国的
乌蛮主要分布在大理国的会川府、建昌府、弄栋府、威楚府、鄯阐
府、善巨府、石城府、东川郡内。从当代的地理角度看,上述各府、
郡在东经 100°—106°和北纬 20°—30°这个区域内,其核心又在东
经 102°—105°和北纬 24°—28°之间,大致相当于今天四川凉山
州,贵州毕节地区、六盘水市,云南昭通市、曲靖市、昆明市、玉溪
市、楚雄州、红河自治州。

　　和南诏国时期相比较,大理国时期的乌蛮有了更大的发展,分
化的步伐加快,表现为乌蛮内部发生更为迅速的分化与重组,因为
人口数量众多、势力强大,才有了东爨乌蛮三十七部(实际上远远
不止这个数)的说法。对此,可看以下两个十分具体的实证:

　　第一,唐代的阿芋部到宋代分化为易溪部(地在今四川叙永
县、贵州黔西、云南镇雄县的三连接地带)、茫布部(地在今云南镇
雄县)、易娘部(地在今云南彝良县)、乌蒙部(地在今云南昭通市
昭阳区、鲁甸县一带)、乌撒部(地在今贵州威宁县)、阿头部(地在
今贵州赫章县)。上述各部的分布区为唐代的羁縻州曲州和靖
州,曲州是唐武德八年(625 年)改恭州置,治朱提(今云南昭通市
昭阳区),辖境为今以云南昭通市昭阳区为中心的滇川黔三连接
地;靖州也是唐初置,治所在今云南昭通市北部,天宝战争后废。

　　第二,到大理国时,金沙江中游北岸的乌蛮各部已经进入了快
速发展的时期,邛部、勿邓部、两林部、丰琶部都处在分化的态势之
中,如阿都部就是南诏时落兰部小酋长阿都据地自强,到大理国时
发展为阿都部的;又如巴翠部南边又出现了卢鲁(按,罗罗的又一
记音形式)蛮的三个部:沙窝普宗部、乌孙泥祖部、娲诺龙菖蒲部。

　　对于为什么到大理国时将乌蛮原来以"姓"为中心的基层社
会组织称为"部",尤中教授认为:"部是一个地方民族集体,大理

国的统治者保留了它原有的组织形式,以其内部的贵族分子充当统治者而隶属于所在地的府或郡,就接近于县一级的政区。"[24]对此,部分学者也有类似的看法,"大理国时,将以滇中为核心的地区所分布的民族群体(按,实指乌蛮)统称三十七部,进而将民族群体的名称转而作为地名,甚至是行政区名,因而今天云南的许多地名和县市名在历史上是民族群体的名称"。[25]

以上的见解是可信的,因为在其他文献记载中也反映了这一史实:

《道光云南志钞》载:"澄江府……宋时为段氏所据,号罗伽部。"即大理国占领这一地区后,以当地乌蛮部落为基础,设立了罗伽部。同书又载:"元谋县……五代至宋,为段氏华竹部。"又"禄劝县……五代至宋,为段氏之洪农碌券部及罗婺、掌鸠、法块诸部地。"[26]

《元史·地理志》也有诸多类似的记载:江川县,"至段氏,么些徙蛮之裔居此城,更名步雄部"。[27]

总之,南诏国时期对乌蛮的治理还较松散,而大理国时期为了进行有效的统治,将乌蛮的各部作为大理国府、郡之下县一级的行政区来进行管理,所以出现了乌蛮众多"部"的名称,这可以理解为是大理国行政体制中县一级的乌蛮自治地方。

结合乌蛮的地理分布特点和自身的发展情况,可以从北向南将大理国境内的乌蛮分为北部乌蛮、中部乌蛮、南部乌蛮。

大理国的北部乌蛮主要分布在大理国北部的建昌府(驻今四川西昌)、会川府(驻今四川会理)、东川郡(驻今云南会泽)。

大理国的建昌府设立于南诏国时期,这一地区曾经在唐肃宗年间(756年—758年)被吐蕃占领,后复之。正因为如此,南诏国设立建昌府后,迁移了大量的乌蛮、白蛮到建昌府,这一状况到大理国时也没有多少改变,造成了乌蛮和白蛮在局部地区的流动。

建昌府以大渡河和宋朝成都府路的黎州接界,而在大渡河南边的乌蛮邛部则在大理国和宋朝之间左右事之,大理国对此极为不满,以武力胁之,使之最终归服大理国。所以,从南宋嘉定九年(1216年)宋朝和大理国的北部边境就以大渡河为界稳定了下来,大理国北部的乌蛮分布区也因此稳定了下来。

建昌府内有乌蛮的十二个部,接受建昌府的管理,这十二个部是:[28]

虚恨部,在今四川峨边县境内;邛部,在今四川越西县东北;勿邓部,在今四川昭觉县境内;落兰部,在今四川泸沽县;阿都部,在今四川美姑县;沙麻部,在今四川金阳县北部瓦岗一带;两林部,在今四川布拖一带,也称山后两林蛮,为世居的乌蛮;科部,在今四川宁南县;风琶部(又记为丰琶部),在今四川普格县至德昌县一带,为世居的乌蛮;巴翠部,在今四川德昌县东南巴松一带,其下又分为三个小部落;赪綖部,在今四川德昌县;屈部,在今四川德昌县城南。大理国的会川府在建昌府南边,府内有乌蛮的三个部:绛部,在今四川会东县;黎弸部,在今四川会理县西南的黎溪,是一个汉族、乌蛮、白蛮杂居区,"初,乌蛮与汉人杂处。及南诏阁罗凤叛,徙白蛮守之。蒙氏终,罗罗逃去。大理国段氏兴,令罗罗乞夷据其地"。[29]麻笼部,在今四川会理县城东,地名楪罗能,城名麻笼。麻笼部是从东川郡迁到会川府的,"乌蛮蒙次次之裔,祖居阁畔东川,后普恐迁苗卧笼"。[30]筑城而居,自为一部。

大理国的东川郡与宋朝的潼川府路相接,有乌蛮的七个部:乌蒙部,在今云南昭通市昭阳区;乌撒部,在今贵州威宁县;易娘部,在今云南彝良县;茫布部,在今云南镇雄县;易溪部,在今四川叙永与贵州黔西相接处;阿头部,在今贵州赫章县;阁畔部,在今云南会泽县。

　　由于大理国对上述七部管理控制的松弛，所以易溪部、易娘部、乌蒙部、乌撒部、茫部、阿头部便投向宋朝，但宋朝因为与北方契丹、女真、党项各民族的战争是宋王朝民族关系的主要矛盾方面，不能对易溪等六部进行有效的管理，所以易溪等六部实际上是处于相对独立发展的状态之中，只有东川郡阁畔部还在大理国的控制之下。

　　大理国北部乌蛮共有二十个部，这二十部见诸唐代史书的只有丰琶、邛部、勿邓、两林、阿头、茫部。《蛮书·云南界内途程》载："邛部东南三百五十里至勿邓部落，大鬼主梦冲，地方阔千里。邛部一姓。白蛮五姓，乌蛮初止五姓，在邛部台登中间，皆乌蛮也。乌蛮妇人以黑缯为衣，其长曳地。……勿邓南七十里有两林部落。"[31]这儿只记了邛部、勿邓、两林三部，未提到丰琶部。而《新唐书·南蛮传下》却有丰琶部："勿邓地方千里，有邛部六姓……皆乌蛮也。……又有栗蛮二姓，雷蛮三姓，梦蛮三姓，散处黎、巂、戎数州之鄙，皆隶勿邓。勿邓南七十里，有两林部落，有十低三姓、阿屯三姓、亏望三姓隶焉。其南有丰琶部落，阿诺二姓隶焉。两林地虽狭，而诸部推为长，号都大鬼主。"[32]为什么唐代乌蛮只有六个部，而到了大理国时却有二十个部呢？这反映了两方面的问题：第一是当时对乌蛮的了解不深入；第二是南诏国时乌蛮的分化没有大理国时快。

　　中部乌蛮主要分布在大理国中东部的弄栋府（驻今云南姚安）、威楚府（驻今云南楚雄市）、石城郡（驻今云南曲靖市麒麟区）、善阐府（驻今云南昆明市市区）。

　　弄栋府在会川府之西南，是南诏国的弄栋节度驻地，但大理国的弄栋府辖地远远小于南诏时，仅领有今永仁、大姚、姚安一带。

虽然在今天的永仁、大姚、姚安一带乌蛮后裔众多,但历史上对弄栋府境内的情况记载几乎没有。

威楚府在弄栋府之南,是大理国在南诏拓东节度西部、弄栋节度南部、开南节度的基础上设置的,其境内有乌蛮十三部:[33]白鹿部,在府境内,今地不详;罗部,在今云南罗茨;华竹部,在今云南元谋县;罗婺部,在今云南禄劝县北部;洪农碌券部,在今云南禄劝县;掌鸠法块部,在今云南禄劝县东部;马笼部,在今云南新平县漠沙镇;罗盘部,在今云南元江县;因远部,在今云南元江县因远坝;步日部,在今云南普洱县;思摩部,在今云南思茅市;罗陀部,在今云南思茅市西南;步腾部,在今云南景洪市北部普文。

善阐府(驻今昆明市城区)是大理国东部的政治、经济、文化中心,其境内共有乌蛮八个部:嵩盟部,在今云南嵩明县;羊林部,在今云南嵩明县南的杨林镇;阳城堡部,在今云南晋宁县晋城镇;阿宁部,在今云南安宁市;罗伽部,在今云南澄江县;强宗部,在今云南澄江县的阳宗海周围;步雄部,在今云南江川县;落蒙部,在今云南石林县。

以上各部,基本上都是由乌蛮中的些莫徙人(亦即徙莫祗蛮)组成,他们是近代彝族支系撒摩都、撒梅、撒尼的先民。[34]

石城郡(驻今云南曲靖市麒麟区西北)在善阐府的东部,是大理国最东边的一个郡,"东部乌蛮三十七部"的十一个部分布在石城郡内:落温部,在今云南陆良县;普么部,在今云南曲靖市麒麟区之越州镇;罗雄部,在今云南罗平县;纳苟部,在今云南马龙县;磨弥部,在今云南宣威市、沾益县、富源县境内;新丁部,在今云南寻甸县境内;于矢部,在今贵州盘县、普安、晴隆一带;弥鹿部,在今云南泸西县;师宗部,在今云南师宗县;弥勒部,在今云南弥勒县;夜苴部,在今云南富源县。

大理国中部的乌蛮三十二个部,都是今天彝族的先民。

大理国的南部乌蛮主要分布在秀山郡(驻今通海县)和最宁府(驻今开远市)。秀山郡的乌蛮主要有:宁部,在今云南华宁县;嶍峨部,在今云南峨山县;阿㜚部,在今云南建水县;纳楼部,在今云南建水县南之官厅。

最宁府为今以文山县为核心的地区,是大理国后期从秀山郡分出另立为府,和宋朝的广南西路相接,宋朝与大理国的马市通道通过这里,境内多民族杂居,以百越后裔僚人和乌蛮为主,乌蛮主要有:哈迷部,在今云南开远市;舍资部,在今云南蒙自县。

大理国乌蛮的分布情况有一个大致的规律,北部辖境内乌蛮二十部;中部有乌蛮三十二个部;南部只有乌蛮六个部,呈现出北部、中部多,而南部分布少的规律,这说明北部是乌蛮的核心分布区,居住的时间最长,中部是乌蛮的主要分布区,到达的时间稍晚,而南部乌蛮则到达的时间最晚,人数也呈递减趋势。

从文献所载来看,有许多乌蛮支系的名称是用本支系祖先的名字来命名,具有浓厚的祖先崇拜色彩,而且这些名称对后来的政区命名有重要的影响。从以下几个部的得名可以看出:

罗雄部,史载:"罗雄州……夷名其地为塔敝纳夷甸。……有罗雄者居此甸。至其孙普恐,名其部曰罗雄。"[35]元代又以之为罗雄州。

新丁部,"后乌蛮之裔新丁夺而有之。至四世孙,因其祖名新丁,以为部号。语讹为仁地"。[36]蒙古帝国同时又以之为仁德万户府,元代又改为仁德府。

师宗部,"昔爨蛮逐獠、㜚等居之,其后师宗据匿弄甸,故名师宗部"。[37]蒙古帝国时立为师宗千户所,元代改为师宗州(今师宗县)。

　　弥勒部,"昔些莫徙蛮之裔弥勒得郭甸、巴甸、部笼而居之,故名其部曰弥勒"。[38]蒙古帝国时立为弥勒千户所,元初改为弥勒州(今弥勒县)。

　　乌撒部,"乌撒者蛮名也。……后乌蛮之裔折怒始强大,尽得其地,因取远祖乌撒为部名"。[39]

　　其他与此情况类似的还有阿都部、科部、赪绖部、屈部、绛部等。

　　现在我们再讨论大理国时乌蛮为什么会呈现中部多、北部次之、南部递减的分布特点。从族属源流上讲,南诏国的建立者蒙氏集团也是乌蛮,蒙氏集团与乌蛮各部有着十分紧密的政治关系,贵族间多以婚姻关系来进一步强化政治关系,《新唐书》载:"乌蛮与南诏婚姻。"[40]因此,当南诏国建立后,必定要以乌蛮各支系作为自己重要的政权基础,特别是在天宝战争后,唐和南诏关系破裂,南诏国的势力快速向东和东南发展,其所依托的力量就是同族属的乌蛮各支系,在此情况下乌蛮得到了一次极好的向南发展的机遇,在南诏政权强大的支持下,乌蛮获得了一个空前广阔的生存空间,他们随着南诏政权的推进,向南诏国的东部、东南部扩张。对这个以往的研究者不太留意的事件,历史文献并没有将之遗忘,记载颇多,《元史》就记载了元朝云南行省中的许多路府州县都是天宝战争(754年)以后被乌蛮占领,现列出一些典型的事例以证明上述观点:

　　中庆路的昆阳州(今云南昆明市昆阳),"阁罗凤叛唐,令曲缚蛮居之"。[41]

　　中庆路的安宁州(今云南安宁市),"阁罗凤叛唐,乌、白蛮迁居"。[42]

　　镇南州(今云南南华县),"唐时蒙舍诏阁罗凤合六诏为一,侵俄碌,取和子城,今镇南州是也"。[43]

陆凉州(今云南陆良县),"南诏叛唐,落温部蛮世居之"。[44]

沾益州(今云南沾益县),"天宝末,没于蛮,为爨、剌二种所居"。[45]

临安路的宁州(今云南华宁县),"天宝末,没于蛮……步雄部蛮些么徙据之"。[46]

以上是《元史·地理志》所载,清代的《道光云南志钞》也有一些相同的记载:

广西直隶州,"天宝末没于蛮,仍为(乌蛮)师宗、弥勒、维摩三部所据"。[47]

昭通府,"唐乌蛮仲由牟之裔阿统迁此,传至十一世孙乌蒙强盛,号乌蒙部"。[48]

江川县,"蒙氏叛唐,徙曲旺蛮居此,以白蛮首治之,后为么些徙蛮所据"。[49]

安宁州,"唐武德初,设置安宁县,仍属昆州,后陷于蛮,遂为蒙氏(乌蛮)所据,段氏因之"。[50]与元史相对照,说明是天宝后期乌蛮才到达这里的。

此外,在中部乌蛮、南部乌蛮的分布区,广泛流传着诸葛亮的传说,留有许多与诸葛亮有关的遗迹,但很多地方是诸葛亮根本没到过的。众所周知,诸葛亮在蜀汉建兴三年(225年)由越嶲郡(驻今四川西昌)渡过泸水(今金沙江),抵达滇池地区,再没有向南进军,而诸葛亮没有到的地方为何广泛流传与诸葛亮有关的传说和遗迹呢?对此,我们认为是乌蛮在南迁过程中将与诸葛亮有关的传说进行传播,为了表明其传说的真实性,还"创造"出许多诸葛亮遗迹,如"诸葛营"、"诸葛台"、"诸葛山"、"武侯祠"等。这在明清的许多地方文献中多有记载,《滇南志略》就有许多这样的记载。

　　首先是诸葛亮到过的滇池区域：云南府昆明县城内有诸葛武侯祠，"道光中，大学士总督阮元重修，额曰：'诸葛武侯祠堂'"。

　　富民县有"诸葛营，在城南小石岭，诸葛亮南征时尝置营于此，今名诸葛营"。

　　嵩明州有诸葛盟蛮台，"在城南四十里，世传诸葛武侯七擒孟获，与诸蛮盟，州守瞿唐建祠其上，万历辛亥，州守孙汝正以石镌'古盟台'三大字，立于其地"。[51]

　　上述地区可以认为是诸葛亮到过的地方，乌蛮子孙留有关于诸葛亮的历史记忆不足为奇，但滇南乌蛮分布区诸葛亮不曾到过，却也有关于诸葛亮的传说和遗迹就值得思考。如临安府通海县有"诸葛山，一名驻军城，在县南二百里，昔诸葛武侯南征，驻兵于此，壕堑尚存，上有悬崖石窟"。普洱府宁洱县有多处武侯传说："锦袍山，一名光山，在城东二里，山势雄峙，上有垒址，相传武侯南征，结营于此。"普洱府思茅厅有"孔明山，在攸乐北三百里大川原旁，曰'孔明寄箭处'，有石碑，传为孔明碑"。[52]等等。

　　以上传说虽然不足以作为信史，但这些传说一方面反映了三国时分布在越嶲郡和建宁郡的乌蛮曾与诸葛亮有过接触，并留下良好的政治印象，于是便把代表汉民族文化的诸葛亮进行美化，创造出了一种特有的"诸葛文化"，还作为一种历史积淀了下来；另一方面也说明了南诏建国后，乌蛮各部在南诏政权的支持下，带着"诸葛文化"由北向南扩张的历史进程，乌蛮所到之处，"诸葛文化"也就随之传播。以上是大理国境内的乌蛮情况，下面我们再来看一下宋王朝境内的乌蛮状况，这样对乌蛮的认识才完整。

　　2. 宋王朝统治下的乌蛮

　　到宋代时，乌蛮主要分布在宋朝的成都府路、梓州路下边远地区的羁縻州,这些地区主要都在今四川省境内及黔西;另一个区域是大理国与宋王朝的相接地区,主要部分都在今云南省境内及黔西。需要特别说明的是,这两大区域的划分从自然地理的角度来看是连在一起的,但从各自的政治管辖归属、从政治的角度着眼,可分成两大区域。

具体来说,宋王朝统治下的乌蛮各支系分布在成都府路、梓州路的黎州、嘉州、戎州、泸州及其以南广大地区。

(1)黎州乌蛮

成都府路的黎州为北周天和三年(568年)置,寻废。唐乾元元年(785年)复为黎州,治今汉源县,辖区包有今四川汉源、石棉、甘洛等地。由于黎州少数民族众多,宋仍采用羁縻政策治理,下有罗岩州等五十四个羁縻州,每个羁縻州都控制着众多的民族群体。

对于黎州的民族,《宋史·蛮夷列传四》载:"黎州诸蛮,凡十二种:曰山后两林蛮,在州南七日程;曰邛部州蛮,在州东南十二程;曰风琶蛮,在州西南一千一百里;曰保塞蛮,在州西南三百里;曰三王蛮,亦曰部落蛮,在州西百里;曰西箐蛮,有弥羌部落,在州西三百里;曰净浪蛮,在州南一百五十里;曰白蛮,在州东南一百里;曰乌蒙蛮,在州东南千里;曰阿宗蛮,在州西南二日程。"[53]以上诸蛮当为黎州乌蛮的不同支系,因为他们"夷俗尚鬼,谓主祭者鬼主,故其酋长号都鬼主"。[54]这与唐代乌蛮相同。其中以风琶、两林、邛部最大。黎州诸蛮在唐代与唐王朝的交流关系不如宋代紧密,现分述各支系的发展情况及其与宋王朝的关系。

第一,山后两林蛮是乌蛮重要的一个分支,主要分布在今四川凉山州布拖及其周边地区。早在后唐天成年间(926—930年)就与内地政府有物物交换关系。宋太祖开宝二年(969年)六月,山后两林蛮的首领勿儿就通过部落长老离鱼向黎州长老表示,希望

在当年十月入贡,成都府长官知道此事后,应之,于是有了第一次
朝贡。之后的开宝三年七月又再次朝贡,对此宋王朝也积极回应,
"八年(975 年),怀化将军勿尼等六十余人来贡,诏以勿尼为归德
将军,又以两林蛮大鬼主苏吠为怀化将军"。⁵⁵从此接受了宋的羁
縻统治。

　　自从山后两林蛮的首领勿尼与宋太祖有了交往后,在北宋早
中期便表现出比较和谐友好的关系,据《宋史·蛮夷列传四》所
载,太平兴国二年(977 年)、四年、八年,雍熙三年(986 年)、淳化
元年(990 年)、天禧二年(1018 年),山后两林蛮鬼主都派人入贡,
宋王朝不但赠与许多物品,还分别在政治上授予乌蛮贵族归德大
将军、怀化大将军等政治性的封号。

　　从史料记载来看,黎州诸蛮中的山后两林蛮是乌蛮中较大的
支系,其内部又有众多的小支系,统归"山后两林百蛮都鬼主"统
管,因为"夷俗尚鬼,谓主祭者鬼主,故其酋长号鬼主",⁵⁶说明都鬼
主统治下还有众多支系,即"百蛮"。

　　第二,邛部川蛮,亦曰大路蛮,亦曰勿邓,分布在汉代越嶲郡会
无县,同样是乌蛮中重要的一支,其内部也有众多的支系,酋长仍
称"百蛮都鬼主"。

　　邛部川蛮和宋王朝在开宝二年(969 年)建立联系,接受宋王
朝的羁縻统治。"开宝二年六月,都鬼主阿伏白黎州,期以十月令
王子入贡,成都府以闻,诏嘉纳之"。⁵⁷则仍然是通过黎州和成都府
的官员向中央转告了愿意接受羁縻统治的要求。

　　邛部川蛮接受羁縻统治后,很快就与政府建立密切的关系,积
极参与政府的各种事务并得到了封赐,"(开宝)四年(971 年),黎
州定远兵士构叛,聚居鹿角溪,阿伏(邛部川都鬼主)令弟游击将
军卑吠等率众平之。诏赐阿伏银带、锦袍,并赐其众银帛各百,以

为归德将军"。[58]又"淳熙元年(1174 年),吐蕃寇西边,崖轙率众掩击诏嘉其功"。[59]随着政治关系的加深,邛部川蛮与宋朝政府的关系开始从政治关系向经济关系发展,两方互利,良性发展,"淳化元年(990 年),诺驱自部马二百五十匹至黎州求互市,诏增给其值。诺驱会译者言更入西蕃求良马以中市"。[60]

黎州蛮内部也有相互的矛盾冲突,对此宋政府以调解为主,没有激化矛盾,"六年(开宝六年,973 年),阿伏与山后两林蛮主勿儿言语相失,勿儿率兵侵邛部川,颇俘杀部落。黎州以闻,并赐诏慰谕,令各守封疆,勿相侵犯"。[61]又"乾道二年(1166 年)五月,两林蛮王弟笼畏及酋长崖来率部义等攻邛部川之笼甕城,不克,大掠而去。崖轙追之,不及。制置使范成大檄黎州严加备御"。[62]显然宋中央政府所执行的政策是有成效的,减少了民族间的矛盾冲突,也使边疆民族地区宁静平和。

在相对宁静平和的外部环境中,整个北宋时期和南宋初期邛部川蛮一直保持与中央政府的紧密联系,朝贡不断,邛部川蛮得到了中央政府政治上的认可与政治扶持,宋朝也得到了来自西南边疆的许多特产,双方在双赢的格局下发展着政治经济联系,这对西南边疆的稳定、中国统一多民族国家的发展意义十分重大。据《宋史·蛮夷列传四》所载双方的往来有如下十余次:[63]

"太平兴国四年(979 年),首领牟昂、诸族鬼主副使离袜等各以方物来贡。

雍熙二年(985 年),都鬼主诺驱并其母热免遣王子阿有等百七十二人以方物、名马来贡。诏以诺驱为怀化将军,并赐其母银器。

端拱二年(989 年),遣弟少盖等三百五十人来贺籍田,贡御马十四匹、马二百八十匹、犀角二、象牙二、莎罗毯一、合金银饰蛮刀

二、金饰马鞍勒一具、羱羊十、牦牛六、诏以少盖为归德郎将。

（淳化）二年（991 年），（诺驱）复遣子牟昂、叔离袜以方物、良马、牦牛来贡，仍乞加恩。诏授诺驱怀化大将军，少盖怀化将军，牟昂归德将军，离袜归化司戈；又封诺驱母归德郡太君热免宁远郡太君，弟离遮、小男阿醉都判官，任彦德等一百九十一人为怀化司戈。

真宗咸平二年（999 年），遣王子部的等来贡文犀、名马，赐衣带、器币有差。又乞给印，以'大渡河南山前、山后都鬼主'为文，从之。

五年（1002 年），又遣王子离归等二百余人入贡。

景德二年（1005 年），阿遒遣王子将军百九十二人来贡，诏授阿遒安远将军，阿遒叔怀化将军，阿育为归德将军，离归为怀化将军，大判官怀化司侯任彦德、王子将军部的并为怀化郎将，判官任惟庆为怀化司侯。

大中祥符元年（1008 年），遣将军赵勿娑等献名马、犀角、象齿、娑罗毯，会于泰山。礼毕，阿遒加恩，勿娑等厚赐遣还。

天圣八年十月（1030 年），邛部川都蛮王黎在遣卑郎、离灭等来贡方物。……九年三月，命黎在为保义将军，又命其部族为郎将、司戈、司侯，凡三十余人。明道元年（1032 年），黎州言黎在请三岁一贡，诏谕以道路遐远，听五年一至。

宝元元年（1038 年），百蛮都王忙海遣将军卑盖等贡方物，且请三岁一贡，不许。

庆历四年（1007 年），邛部川山前、山后百蛮都鬼主牟黑遣将军阿济等三百三十九人献马二百一十、牦牛一、大角羊四、犀株一、莎罗毯一。

熙宁三年（1070 年），苴魁遣使来贺登宝位，自称'大渡河南邛部川山前、山后百蛮都首领'，赐敕书、器币、袭衣、银带。

九年(1075年),遣其将军卑郎等十四人入贡。"

邛部川蛮与两宋的交往到了南宋晚期中断,由于这时大理国利用地理上与邛部川蛮相近且民族源流关系较为接近等因素,使邛部川在嘉定九年(1216年)归属了大理国,大理国设建昌府管辖之。

第三,风琶蛮。从文献记载来看,风琶蛮与宋中央政府的交往不如山后两林蛮和邛部川蛮多,较大的交往朝贡只有咸平年间、景德年间有过两次。第一次是在公元998年,风琶蛮的首领曩娑派遣乌柏等人贡马五十七匹,素地红花娑罗毯二,祝贺宋真宗登基即皇帝位;1006年,乌柏又率领了一支四十六人的乌蛮朝贡团入贡,宋真宗诏授曩娑归德将军,授乌柏等人为郎将、司阶、司戈。通过这两次朝贡,风琶蛮与宋朝正式建立了羁縻关系。

第四,保塞蛮。保塞蛮与宋中央政府建立关系的时间较早,首先是在政治上表示归属,通过建立政治联系,然后进行马匹的贸易,"开宝间(968年至976年),其蛮(保塞蛮)七十余人由大渡河来归,时时来货其善马"。[64]宋王朝对双方的这种关系是积极支持并加以保护的,"绍兴二十七年(1158年),川、秦都大司言:'汉地民张太二姑率众劫杀市马蛮客崖过等,恐启边衅,已加慰谕,并赏其直矣。'诏免知州唐柜及通刺陈伯强官,抵首贼法"。[65]从北宋初建立关系,到南宋时双方还仍保持联系,而且联系的主要内容是贸易马匹,对宋王朝来说,马匹是一种急需的战略物资,如果不加以保护,将得不到保塞蛮的马匹。

第五,部落蛮。部落蛮与宋中央政府发生联系较晚,双方建立关系已是南宋中期,其原因是宋政府希望从部落蛮那里得到马匹,"部落蛮,有刘、杨、郝、赵、王五姓。淳熙七年(1180年)十月,黎州五部落蛮贡马三百匹求内附,诏许通互市,欲其所献马"。[66]看来部落蛮是黎州乌蛮中较为松散的一个民族群体,分别由五个不同姓氏的部分构成,故才他称为部落蛮。

(2)叙州乌蛮

叙州(今宜宾市)西南的马湖江(金沙江)及南部的广大地区是乌蛮分布的又一个重要地区,特别是沿马湖江两岸更是乌蛮分布的核心地区,这种情况在唐代就已经十分明显,所以宋在叙州西南及马湖江以南的石门部(今滇东北和黔西)设了建州、照州、献州、南州、洛州、盈州、德州、为州、移州、扶德州、播浪州、筠州、武昌州、志州(以上皆在南广溪洞),商州、驯州、浪川州、聘州(以上皆在马湖江),协州、切骑州、靖州、曲江州、哥陵州、品州、柯违州、碾卫州、滴州、从州、播陵州、钳州(以上皆在石门路)等三十个羁縻州。[67]

上文提到的南广溪洞,指发源于今云南省威信县境内南广河流域的广大地区。南广河向北流入四川省,经过筠连、珙县、高县、长宁县境,在南广口汇入长江,南广溪洞的十四个羁縻州就分布在南广河流域的今各市县境内,在南广溪洞中有乌蛮,而且势力比较强大,服从戎州的调遣,如"(大中祥符)六年(1013年),转运使寇瑊即令诸州巡检会江安县(地在戎州东)……乌蛮刍广王子界南广溪移(州)、悦(州)等十一州刺史李绍安,山后高、巩六州及江安界婆婆村首领,并来乞盟,立竹为拆誓门,刺猫狗鸡血和酒饮之,誓同力讨贼"。[68]

马湖江指今云南省永善县、绥江县以北,四川省雷波县、屏山县南,金沙江向东流到戎州(今宜宾市)的一段,马湖江两岸的四个羁縻州为商州、驯州、浪川州、聘州,这四个羁縻州主要是乌蛮居住,是今天凉山州的东部。

石门路中的"石门"指今云南省盐津县的豆沙关,石门路是秦汉时期五尺道的一段,是唐代由石门通往南诏的要道,唐代乌蛮大量进入这一地区。石门路的羁縻州主要分布在今云南省盐津县以南的大关县、彝良县、镇雄县、昭阳区、鲁甸县、巧家县、会泽县、东川区以及贵州威宁县、赫章县,这一广大地区在宋代为石门蕃部,是滇东北乌蛮、黔西乌蛮的主要分布区。

控制各羁縻州的叙州是北宋政和四年(1114 年)改戎州置,治今宜宾市,直辖区不太大,相当于今四川宜宾、南溪、屏山等市、县地,叙州的乌蛮分为三个部分,州西北有董蛮,州南有石门蕃部乌蛮,州东南有南广部乌蛮,即所谓的叙州三路蛮。

董蛮在马湖江右,古代僰侯国故地,"其酋董氏,宋初有董惜春者贡马,自称'马湖路三十七部落都王子'"。[69]虽然三十七部落处于羁縻州控制之下,但经常寇抄叙州属地,"其地北近犍为之沐川赖因寨。寨厄蛮险,蛮数寇抄。……政和五年(1115 年),始改差监押充知寨事,蛮寇掠如故"。[70]

和董蛮不同,南广蛮分布在十四羁縻州内,与政府保持关系,主动内属,"南广蛮在叙州庆符县以西(按,当为以东南),为(羁縻)州十有四。大观三年(1109 年),有夷酋罗永顺、杨光荣、李世恭等以地内属,诏建滋、纯、祥三州,后皆废"。[71]

石门蕃部的十二个羁縻州在唐代曾被南诏控制,到了宋代除了大理国设东川郡管理今巧家、会泽、东川一带的乌蛮外,其他多在今四川凉山州境内。但《宋史·蛮夷列传四》对石门蕃部的记录有误:"石门蕃部与临洮土羌接,唐曲、播等十二州之地。"[72]石门蕃部分布在唐曲、播之地即今滇东北地区,这没有错,但问题是"石门蕃部"不与"临洮土羌接"。因为临洮为秦朝所置,治今甘肃岷县,以临洮水得名。

石门蕃部是较典型的乌蛮,继承了"椎结、畜牧、精悍善战"的文化传统,《宋史·蛮夷列传四》载:"(石门蕃乌蛮)俗椎结、披毡、佩刀,居必栏棚,不喜耕稼,多畜牧。其人精悍善战斗,自马湖、南广诸族皆畏之。善古浪稽、鲁望诸部也。"[73]鲁望即今昭通与鲁甸相连的大坝子,鲁望蛮,即分布在鲁望坝子中的乌蛮。鲁甸就是彝语语音,意为彝族居住的平坝。[74]而文中的"善古浪稽、鲁望诸部也"指石门乌蛮与鲁望蛮同是乌蛮中的不同部分,关系十分密切。

(3)泸州乌蛮

泸州的南部也有众多的乌蛮分布,所以宋王朝在泸州设了纳州、薛州、晏州、巩州、奉州、悦州、思峨州、长宁州、能州、淯州、浙州、定州、宋州、顺州、蓝州、漆州、高州、姚州等十八个羁縻州。

泸州为南朝梁大同(535年至546年)中置,治江阳县(今泸州市),北宋末辖境为今四川泸江、合江、纳溪、江安、长宁等市、县和贵州赤水、习水等市、县。这些地区当时有乌蛮分布。《宋史·蛮夷列传四》载:"泸州部旧领姚州废已久,有乌蛮王子得盖来居其地,部族最盛,数遣人诣官,自言愿得州名以长夷落。事闻,因赐号姚州,铸印予之,得盖又乞敕书一通以遗子孙,诏从其请。"[75](按,泸州所设的羁縻姚州非唐时的姚州都督府,唐代的姚州设于唐代武德四年,麟德初置姚城县,地在今云南姚安县北,为治所,唐姚州都督府治此。)

泸州自古是一个多民族的交汇地,北边有汉族,东边有濮人、越人的后裔,南边和西边有氐羌后裔,但到了宋代,由于民族融合的结果,其西南以氐羌系民族为主,具体来说主要是羌族和正在分化中的乌蛮。《宋史·蛮夷列传四》对于泸州徼外的氐羌系统民族曾说:"泸州西南徼外,古羌夷之地。……邛都,嶲州会同川与吐蕃接,今邛部川蛮所居也……徙,今雅州严道地;莋都,在黎州南,今两林及野川蛮所居地是也;冉駹,今茂州蛮、汶山夷地是也。"[76]由此可以看出,秦汉时期司马迁所说的邛都蛮,当为本时期乌蛮中的邛部川蛮支系;徙、莋都二蛮也是乌蛮的两个支系;《宋史》将之称为夷,与宋建立了和好的关系:"大中祥符四年(1011年),茂州夷族首领、耆志,刑牛犬于三溪,誓不侵扰州界。"[77]

泸州南部有众多乌蛮,势力颇大,在宋大中祥符六年(1013年)不断攻击宋地方政权,杀地方官,造成了很大的危害,"晏州多刚县夷人斗望、行牌率众劫淯井监,杀驻泊借职平言,大掠资畜,知泸州江安县奉职文信领兵趋之,遇害。民皆惊扰"。对此,转运使寇瑊即命令州部队会集江安,沿江而下,以强大的军事压力"招安近界夷族,谕以大兵将至,勿与望同恶"。对此,乌蛮各部首领"并来起盟,立竹为誓门,刺猫狗鸡血和酒饮之,誓同力讨贼"。[78]在此情况下,寇瑊即命令州部队不准杀人,要给民众发放衣币酒食;另一方面请求增加军队,进攻斗望。到大中祥符七年(1014年),乌蛮首领斗望兵分三路来进攻,被政府军大败,射杀几百人,众多溺江水而死。斗望便亲赴淯井监自陈,表示永不寇盗,还杀三牲而盟,平息了这一地区因乌蛮而生的动荡。宋政府同时还批准在泸州立马市,这对当地的稳定和经济发展意义十分重大。

在泸州的东南部也有众多的乌蛮,《宋史·蛮夷列传四》载:"庆历初(1041年),泸州言:'管不溪洞十州,有唐及本朝所赐州额,今乌蛮王子得盖居其地。部族最盛,旁有旧姚州,废已久,得盖愿得州名以长夷落。'诏复建姚州,以得盖为刺史,铸印赐之。得盖死,其子窃号'罗氏鬼主'。鬼主死,子仆射袭其号,浸弱不能令诸族。"则得盖死后,这一地区的乌蛮各部又陷入了互不统属的局面,相互之间争斗不断,其中又以晏子部和斧望个恕较有势力,"乌蛮有二酋领:曰晏子,曰斧望个恕,常入汉地鬻马。晏子所居,直长宁、宁远以南,斧望个恕所居,直纳溪、江安以东,皆仆夜(按,即得盖子孙、罗氏鬼主仆夜）诸部也。晏子距汉地绝近，犹有淯井之阻。斧望个恕近纳溪，以舟下泸不过半日。二酋浸强大，擅劫晏州山外六姓及纳溪二十四姓生夷。夷弱小，皆相与供其宝"。[79]对此，宋王朝采取了招抚羁縻的办法："熊本言二酋桀黠，不羁縻之则诸蛮未易服，遂遣人说诱招纳。于是晏子、斧望个恕及仆夜皆愿入贡，受王命。晏子未及命而死，乃以个恕知归来州，仆夜知姚州，以个恕之子乞弟、晏子之子沙取禄路并为把载将、西南夷部巡检。"此后，"罗氏鬼主"开始建立"罗氏鬼国"。到南宋时，"罗氏鬼国"有所发展，而南宋又无力顾及对"罗氏鬼国"的管理，也如同防范大理国一样防范"罗氏鬼国"，生怕与"罗氏鬼国"交往而引发西南边境的军事纠纷，所以"罗氏鬼国"此时已脱离南宋而独立。"罗氏鬼国"是由乌蛮贵族中的上层分子建立的民族政权，由于缺乏必要的政治、经济、文化条件，所以"罗氏鬼国"没有能力把西南所有的乌蛮都纳入其统治的范围内。而且，"罗氏鬼国"内部也仍然不统一，分为许多部，反映了它的内部并不稳定和巩固。到元朝征服其地之后，也就瓦解了。[80]

这从熙宁六年（1073 年）熊本平定泸州乌蛮事件可以看出。1073 年泸州南部宴州乌蛮反叛，政府寻找到担任过戎州通判的熊本，让他来解决此事。熊本采用刚柔并济的方式，首先是用羁縻刺史的官职笼络乌蛮上层，"本请于朝，宠以刺史，巡检之秩，明示劝赏，皆踊跃顺命"。[81]唯有柯阴一酋不至，熊本便采取武力迫其受降，熊本"发黔南义军强弩，遣大将王宣、贾昌言率以讨伐。贼悉力旅拒，败之董葛下，追奔深入"。在此强大的军事压力下，"柯阴窘乞降，尽籍丁口，土田及其重宝善马，归之公上，受员职"。对此，其他乌蛮也纷纷投入政府的有效管理之下，"于是乌蛮罗氏鬼主诸夷皆从风而靡"。[82]

　　通过对宋王朝境内乌蛮的研究,我们可以看到当时乌蛮发展中的一些特点,并可以从民族关系的角度总结一些结论性的东西。

　　第一,宋朝境内的乌蛮各部,是唐代乌蛮的发展,虽然他们各部的名称有了一些变化,但这是后人对乌蛮更深认识的结果,因为本时期乌蛮正处在由同源向异流发展的时期,他们正在向着近现代藏缅语族民族发展,走到了向近现代民族发展的历史大门口。

　　第二,尽管宋朝境内乌蛮各部与宋王朝有这样那样的矛盾冲突,但在政治归属上仍属于宋王朝,所以宋朝境内乌蛮各部的分布区成了和吐蕃诸部、和大理国矛盾冲突时的缓冲区域,客观上起到了稳定宋朝边疆的作用。宋王朝对于乌蛮内部矛盾冲突的和平解决,其目的也是要在北方民族强大的压力下,使西南边疆有一个相对安宁的环境。

　　第三,从乌蛮各部自身发展的角度看,乌蛮各部能经常入贡,既可以开阔视野,得到外界的信息,还可以加强与政府的联系,通过入贡得到确保政治地位的封号和得到汉民族的精致物品,所以对少数民族而言,入贡具有政治和经济双重意义,因为建立良好的政治关系是发展经济关系的保证。

　　第四,随着宋王朝在边远地区推行较为缓和的民族政策,乌蛮各部在政治上主动归属到宋王朝的体制之中,宋王朝也在这一过程中推进边疆的羁縻制度,使用儒家文化渗透,如封的官员名号主要就是"归德将军"、"怀化将军"、"保义"等,这些词语虽然带有浓烈的大民族主义和文化优越论色彩,但并无民族歧视。

　　第五,乌蛮各部首领死后,继承人还须得到中央政府认可才能合法,这一事实雄辩说明了宋政府对西南氐羌系统民族统治的深入,也说明了双方关系的紧密,如熙宁三年(1070年),邛部川山前山后百蛮都鬼主苴犮死,"诏以其子韦则为怀化校尉、大渡河南邛部川都鬼主"。又"乾道元年(1165 年)诏以崖䡄袭兄蒙备金紫光禄大夫、怀化校尉、都鬼主如故"。[83]

综上所述,从人口数量和分布区域看,乌蛮是大理国的主体民族,在大理国时正经历着以氏族(姓)为基础的社会组织向更高阶段的社会组织"部"发展,研究大理国境内乌蛮的"部"及乌蛮到底有多少个"部"及其在大理国境内静态和动态的地理分布及其变化,从中可以窥见乌蛮的发展变化;而宋王朝统治下的乌蛮分布在吐蕃诸部的东边和大理国北部,正处在向近现代藏缅语民族的发展进程之中,由于宋朝的主要矛盾在北部边疆,所以对乌蛮以安抚为主,双方的"贡赐"不断,建立了良好的政治关系和经济关系,对稳定宋王朝的西南边疆和乌蛮自身的发展,意义都十分重大。从中我们可以看出,大理国、宋王朝时对乌蛮的认识远比唐时更具体、深入,其民族分化、融合也较前一阶段激烈。

(三)乌蛮流辨

从乌蛮的发展历史来看,唐宋时期的乌蛮其流如何,有两种不同的观点。

一种观点认为,乌蛮直接发展成为彝族,是一个确定的民族族称。最早提出这种观点的是元代的李京。他认为"罗罗即乌蛮……今曰白人为白爨,罗罗为黑爨";[84]侯绍庄、史继忠、翁家烈诸位先生也认为"'乌蛮'便是彝族的先民";[85]李宗放先生也认为,"土著乌蛮、迁入乌蛮共同构成了今川西南彝族的主体"。[86]

与上述观点不同的是有学者认为乌蛮不是一个专门性的族称,而是一个普遍泛称。

方国瑜先生在他的论文《关于乌蛮、白蛮的解释》一文中认为:"乌蛮、白蛮是普遍的称谓,当然不能认为是专门的名称。乌蛮、白蛮是他称,不能认为是自称。"[87]

凌纯声先生在《唐代云南的乌蛮与白蛮考》中认为:"唐代的乌蛮为今之罗罗及广义的藏缅族。"[88]凌先生虽然没说乌蛮是个泛称,但已明确表示,乌蛮不光是与罗罗有关,而且还与广义的藏缅族有关。

尤中先生对此则又进行过较为合理的分析:"南诏统一前,'施蛮'、'顺蛮'都还被视为'乌蛮'中的一部分,所以,'乌蛮'还不能说是近代彝族的先民;南诏统一之后,'施蛮'、'顺蛮'从'乌蛮'中分化出去,'乌蛮'所指即为近代彝族先民中的各个部分。"[89]

马曜先生从民族形成与发展的源流关系谈得更加具体:"到了唐宋时期,云南腹地的白蛮和乌蛮逐步形成今白族和彝语支的彝、纳西、哈尼等族";"乌蛮的大部分是今天彝族的祖先。一部分由于地域分割和社会经济的不同特点,从分化走向定型,发展成为新的不同民族集团,一直住在滇西的'昆明'人,到唐朝初年成为六个乌蛮部落,称为'六诏'。六诏中的'越析诏'是今纳西族的一个部分。其他五诏是分布在今滇西的彝族先民。原属乌蛮的磨、些二部落,除在凉山附近的(如两林、丰琶、勿邓)仍然留在乌蛮之内,成为今天凉山彝族的一部分,而自三世纪就住在今四川盐源和金沙江两岸的丽江市的那部分,发展成为单一的磨些部落,他们就是今天纳西族的先民。'傈僳'这个族名也出现了,他们可能是从六诏西北的'施蛮'发展而来。'六诏'之南有'锅锉蛮',今新平一带的苦聪人亦名'锅锉'。苦聪人自称'拉祜',唐代的锅锉蛮即今拉祜族和苦聪人的祖先。居住于今景东、景谷以至红河地区的乌蛮,唐代称为'和蛮',宋代称为'和泥',是今哈尼族的先民。"[90]

综合来看,乌蛮直接发展为彝族的观点显然是值得商榷的。林惠祥先生曾指出:"盖民族之分类有过去及现代两种观点:着眼于过去,则其对象实为历史上之民族;着眼于现在,则其对象即为现代之民族。历史上之民族未必等于现代之民族……盖民族史内对于民族之分类应有一种历史上的分类,复有一种现代的分类……二种分类可由于指出其民族变化之线索而结连之。"[91] 显然,林惠祥先生明确认识到古代"民族"与现代"民族"之间的区别与联系,二者不能简单等同。纵观古今民族的发展,民族总是处在分化、融合、再分化、再融合的历史发展过程之中的,"直接发展为"的情况很少。因此,认为乌蛮在南北朝与隋唐之际时是一个不确定的泛称较为合理。

因此,我们认为,南北朝至隋唐之际的乌蛮不能简单直接等同于现代的彝族。这个时期的乌蛮是一个分布广、人数众多、内部复杂、发展不平衡的民族群体,正处于不断的分化与融合的发展过程中,一些开始表现出分化的趋势,而一些已从乌蛮中分化出来,向着独立的民族发展,成为现代汉藏语系藏缅语族彝语支部分民族的先民。这种分化的趋势和分化的实际情况,可以从其名称中窥见一斑。《蛮书》对此作了全面的总结,曾属乌蛮的民族群体除了至宋代仍称为乌蛮的民族群体外,还有独锦蛮、长裈蛮、施蛮、顺蛮、栗粟两姓蛮、雷蛮、梦蛮、磨些蛮、寻传蛮、裸形蛮、丰巴蛮、两林蛮、锅锉蛮等等。当然汉晋时期的大部分昆明族、叟族已发展演变为乌蛮,但在一些史料记载中,也还有一部分被称为昆明,但后来也被称为乌蛮。这也反映了各地昆明族发展的步伐是快慢不一的。而现代彝族的先民当包含于乌蛮之中,是乌蛮的组成部分。唐中期以后,乌蛮的区域性分化开始明显起来,北部乌蛮已开始显示出向现代彝族直接发展的迹象,他们居住在金沙江北岸。以雅砻江以东、金沙江以北的北部乌蛮为主体,形成了今天从凉山州至昭通市的彝族。大理国、宋王朝对乌蛮的治理,使其分化加快,而元代以后,乌蛮处于行省制的管辖之下,强化了各地乌蛮的相对独立性,于是促使乌蛮不断分化,向着现代彝族和藏缅语族彝语支的民族发展。明、清之际,随着乌蛮自身的快速分化与融合,乌蛮开始在历史文献中隐去,清代以后,特别是大规模的改土归流后,用乌蛮来指称民族的情况几乎消失,逐渐以罗罗、倮黑、禾泥、栗粟等来称呼有确定含义的民族。[92]

概而言之,在这一时期的发展中,源于氐羌系统民族的乌蛮民族群体,主要处于分化发展的过程中,分布较为广泛,乌蛮中的绝大部分发展成为今天我国汉藏语系藏缅语族彝语支民族。

二、白蛮

唐宋时期的白蛮是以汉晋时期的僰族为主体,在融合少部分昆明族、叟族与大量汉族的基础上发展而来的一个民族群体。但关于"白蛮"的族属源流也还是争论颇多。

有学者认为,广义的白蛮是指氐羌、彝、汉的共同体,[93]但这种说明不太准确;有学者认为,在南北朝时期,汉族移民的后代最终与僰族和一部分叟族、昆明族相融合,因为融合是以僰族为核心,所以这个新的民族共同体至唐朝初年时便被称为"白蛮",即白族。[94]这种观点认为所有西爨白蛮、洱海白蛮和西昌白蛮均是后来的白族。有学者认为"白蛮"为白族的先民,而后又分出"磨些蛮"、"施蛮"、"顺蛮"、"锅锉蛮"、"寻传蛮"、"裸形蛮"等。[95]此观点表明"磨些蛮"、"施蛮"、"顺蛮"等上述诸蛮均源于白蛮,这种说法是不正确。

我们认为,关于"白蛮"的来源、族属及其含义和解释,应根据具体情况来分析。

"白蛮"一词,最早见于唐樊绰的《云南志》。《云南志·云南

界内途程》在叙述北部乌蛮时说："泸水从曲罗南经剑山之西,又
南至会同川。边水左右,总谓之西蛮。邛部东南三百五十里至勿
邓部落,大鬼主梦冲地方阔千里。邛部一姓,白蛮五姓,乌蛮初止
五姓,在邛部、台登中间,皆乌蛮也。乌蛮妇人以黑缯为衣,其长曳
地;白蛮妇人以白缯为衣,下不过膝。又东、钦两姓在北谷,皆白
蛮",[96]此内容《新唐书·南蛮传》亦说:"勿邓地方千里,有邛部六
姓,一姓白蛮也,五姓乌蛮也。又有初裹五姓,皆乌蛮也,居邛部、
台登之间。妇人衣黑缯,其长曳地。又有东钦蛮二姓,皆白蛮也,
居北谷。妇人衣白缯,长不过膝。"[97]我们认为,上述史料中的"白
蛮"应是乌蛮的组成部分,当为"以白缯为衣"之故,或因其内部有
等级的差别,而被称为白蛮。《云南志·名类》又说,"粟粟两姓
蛮、雷蛮、梦蛮,皆在茫部台登城,东西散居,皆乌蛮、白蛮之种族。
丈夫妇人以黑缯为衣,其长曳地。又东有白蛮,丈夫妇人以白缯为
衣,下不过膝",[98]则进一步说明所号"白蛮"之故。此外,《云南
志·名类》还说:"西爨,白蛮也……当天宝中,东北自曲靖州,西
南至宣城,邑落相望,牛马被野。在石城、昆川、曲轭、晋宁、喻献、
安宁至龙和城,谓之西爨。"[99]说明在西爨地居住着众多被称为"白
蛮"的民族群体。此白蛮主要是和乌蛮相比,经济文化较为发展
的那部分,故在《云南志·名类》中尚有"弄栋蛮,则白蛮苗裔也";
"青蛉蛮,亦白蛮苗裔也"之载。[100]另外,《云南志·六赕》载:"渠敛
赵,本河东州也。西岩有石和城……州中列树夹道为交流,村邑连
甍,沟塍弥望。大族有王、杨、李、赵四姓,皆白蛮也。云是蒲州人,
迁徙至此,因以名州焉。东北至毛郎川,又东北至宾居汤,又北至
越析川,磨些诏故地也。"故《云南志·六诏》有"越析……有豪族
张寻求,白蛮也"之记载。[101]说明洱海地区也是一个白蛮聚居之地。
则洱海地区是以不同民族来区分为乌蛮、白蛮。

从上述《云南志》对各地白蛮的记载我们可以看出,唐时之白蛮主要分布在三个大的区域,即西昌地区;滇中及洱海地区;滇池周围、滇东地区即西爨之地。在这些白蛮分布之地,同时也有大量乌蛮存在,并且由于各地对区分乌蛮和白蛮的准则不一,因此各地的白蛮含义也就不一,其发展演变也就不同。

(一)北部白蛮

唐宋时期的北部白蛮是指分布在今天西昌地区的白蛮。上述《云南志》和《新唐书》所载"白蛮五姓,乌蛮初止五姓,在邛部、台登中间,皆乌蛮也。乌蛮妇人以黑缯为衣,其长曳地;白蛮妇人以白缯为衣,下不过膝。又东、钦两姓在北谷,皆白蛮";"勿邓地方千里,有邛部六姓,一姓白蛮也";"栗栗两姓蛮、雷蛮、梦蛮,皆在茫部台登城,东西散居,皆乌蛮、白蛮之种族。丈夫妇人以黑缯为衣,其长曳地。又东有白蛮,丈夫妇人以白缯为衣,下不过膝"。这些史料中所言之白蛮,因其衣着风俗异于乌蛮而被单独列出记载,实则是乌蛮的组成部分。这些白蛮可能有部分与乌蛮融合发展,成为今天彝族中的白彝,有部分则分化发展成为今天凉山的白族。此外,南诏夺取唐嶲州(今西昌地区、凉山州)后,嶲州境内的白蛮曾发生变动迁徙。据《元史·地理志》载:"唐初设中都督府,治越嶲。至德中,没于吐蕃。贞元中,复之。懿宗时,蒙古包诏立城曰建昌府,以乌、白二蛮实之。其后诸酋争增,不能相下,分地为四,推段兴为长,其裔浸强,遂并诸酋,自为府主……传至阿宗,娶落兰部建蒂女沙智。元宪宗朝,建蒂内附,以其婿阿宗守建昌(今西昌)。"说明南诏为加强对建昌府的统治,曾迁了大批白蛮于建昌府城进行镇守。《元史·地理志》又说:"永昌州,下。州在[会川]路(今会理)北,治故归依城,即古会川也。唐天宝末,没于南

诏,置会川都督……徙张、王、李、赵、杨、周、高、段、何、苏、龚、尹十
二姓于此,以赵氏为府主,居今州城。赵氏弱,王氏据之。及段氏
兴,高氏专政,逐王氏,以其子高政治会川。"[102]上述十二姓均为白
蛮,被徙入永昌州对南诏所领进行镇守管理。说明白蛮已成为南
诏统治阶层的中坚力量。这些白蛮后来一部分融于汉族,一部分
成为凉山州的白族,相当部分融于彝族中。

(二)东部白蛮

主要指《云南志》所载的居于西爨之地的白蛮。这一部分白
蛮的经济文化远高于乌蛮,故名之。在南诏时,"阁罗凤遣昆川城
使杨牟利以兵围胁西爨,徙二十余万户于永昌城"。[103]因此,西爨白
蛮实则大部分融于西部白蛮之中,成为了今天白族的先民之一。

(三)西部白蛮

唐宋时期的西部白蛮是指居于滇中及洱海周围地区的白蛮,
主要有白水蛮、河蛮、松外蛮、青蛉蛮、弄栋蛮、阿逼蛮等。

1.白水蛮

《新唐书·南蛮传下》载:"白水蛮,地与青蛉(今云南永仁、大
姚)、弄栋(今云南姚安)接,亦隶郎州(驻今曲靖市)。弄栋西有大
勃弄(今云南祥云)、小勃弄二川蛮,其西与黄瓜、叶榆、西洱河接,
其众完富与蜀埒,无酋长,喜相仇怨。永徽初,大勃弄杨承颠私署
将帅,寇麻州,都督任怀玉招之,不听,高宗以左领军将军赵孝祖为
郎州道行军总管,与怀玉讨之……逐北至周近水(今云南禄丰之
星宿江),大酋俭弥于、鬼主董朴濒水为栅,以轻骑逆战,孝祖击斩
弥于、秃磨蒲、鬼主十余级,会大雪,辄冻死者略尽。孝祖上言:
'小勃弄、大勃弄常诱弄栋叛,今因破白水,请遂西讨。'诏可。"[104]

白水蛮是指居于白水(今云南楚雄州境内之龙川江)周围之白蛮。白水蛮西与大勃弄、小勃弄接,则其分布地在今云南楚雄州的楚雄市、南华、牟定、禄丰县一带。

2. 河蛮

河蛮是指居于西洱河的白蛮,故亦称为西洱河蛮。《云南志》卷四说:"河蛮,本西洱河人,今呼为河蛮,故地当六诏皆在,而河蛮自固洱河城邑。开元以前,尝有首领入朝本州刺史,受赏而归者。及南诏蒙归义攻拔大釐城,河蛮遂并迁北,皆羁制于浪诏。贞元十年,浪诏破败,复徙于云南东北柘东以居。"[105]《新唐书·南蛮传下》载:"西洱河蛮,亦曰河蛮,道由郎州走三千里,(梁)建方遣奇兵自嶲州道千五百里掩之,共帅杨盛大骇,欲遁去,使者好语约降,乃遣首领十人纳款军门,建方振旅还。(贞观)二十二年,西洱河大首领杨同外、东洱河大首领杨敛、松外首领蒙羽皆入朝,授官帙。"表明河蛮与唐关系密切。其后,"西洱河诸蛮皆臣吐蕃。开元中,首领始入朝,授刺史。会南诏蒙归义拔大和城,乃北徙,更羁制于浪穹诏。浪穹诏已破,又徙云南柘城"[106]说明河蛮与吐蕃、南诏也有密切之关系。

3. 松外蛮

《新唐书·南蛮传下》载:"松外蛮尚数十百部,大者五六百户,小者二三百。凡数十姓,赵、杨、李、董为贵族,皆擅山川,不能相君长。有城郭、文字,颇知阴阳历数……有稻、麦、粟、豆、丝、麻、蘸、蒜、桃、李。以十二月为岁首。布幅广七寸。正月蚕生,二月熟。"[107]松外蛮因居于松外城而得名。《云南志》说:"昆明城在东泸之西,去龙口十六日程。正北有讳苴川,正南至松外城,又正南至龙怯河……昆明、双舍至松外已东,边近泸水,并磨些种落所居之地。"方国瑜先生认为,松外城在昆明之南,龙怯河之北,则今盐源城与盐边城之间也。[108]《云南志》还说:"渠敛赵……大族有王、杨、李、赵四姓,皆白蛮也。"则可知松外蛮应为白蛮。其部落众多,除主要分布在盐源、盐边外,还散布在云南永胜、宁蒗、华坪等地。

4. 弄栋蛮

白蛮因居于姚州弄栋县而被称为弄栋蛮。《云南志》载:"弄栋蛮,则白蛮苗裔也。本姚州弄栋县部落。其地旧为褒州。尝有部落首领为刺史。有误殴杀司户者,为府丞论罪,遂率众北奔。后分散在磨些江侧,并剑、共诸川悉有之,余部落不去。当天宝中,姚州刺史张乾陁守城拒战,陷死殆尽。贞元十年,南诏异牟寻破掠吐蕃城邑,收获弄栋城,迁于永昌之地。"[109]说明弄栋蛮初居于云南姚安、大姚一带,因误杀唐朝官吏被迫率众北迁到达今丽江市及大理剑川、鹤庆等地。唐中期曾降吐蕃,但不久又为南诏所获,被迁于永昌(今保山)之地。

5. 青蛉蛮

《云南志》载:"青蛉蛮,亦白蛮苗裔也。本青蛉县部落。天宝中嶲州初陷,有首领尹氏父兄子相率南奔河赕。阁罗凤厚待之。贞元年中南诏清平官尹辅酋、尹宽求,皆其人也。衣服言语与蒙舍略同。"[110]表明居于青蛉的白蛮被称为青蛉蛮,尹姓为白蛮中的大姓,与南诏关系密切。汉越嶲郡有青蛉县,治所当在今云南大姚。则青蛉蛮当分布在四川攀枝花市到云南大姚、永仁一带。

6. 阿逼蛮

阿逼蛮也属白蛮中的一部分。《新唐书·南蛮传下》载:"黎州……又有阿逼蛮分十四部落:一曰大龙池,二曰小龙池,三曰控,四曰苴质,五曰乌披,六曰苴赁,七曰鬵箫水,八曰戎列,九曰婆狄,十曰石地,十一曰罗公,十二曰光,十三曰离昃,十四曰里汉。"[111]其分布在今四川汉源县、甘洛县、峨边县及峨眉县西南部。段注《说文解字》云"逼"即"畐",南唐徐铉注"畐"与"僰"读音皆为"蒲北切",系同音字,故"阿逼蛮"当即"阿僰蛮"。直至明代,今汉源县大树乡、晒经乡等地有僰夷村,邛部土司辖境内尚有僰夷。阿逼蛮当即白蛮,由汉晋时期的僰人发展而来,并发展为宋代黎州境内及其附近的白蛮、河南蛮、小路蛮、黎蛮等,后部分发展为白罗罗、白彝,部分融入汉族。[112]

唐宋时期,西南地区的乌蛮与白蛮是特别重要的两大族群,除具有相对独立的聚居地外,还有相当部分是相互杂居。关于乌蛮和白族的认识和区分,方国瑜先生有精辟的论述。方先生认为,"根据樊志的记载可以得出:洱海区是以不同族系的部分来分'乌蛮'、'白蛮';滇东区则以同一族系不同地区的部落来分'乌蛮'、'白蛮';西昌区是以同一族系同一部落不同的领主来分'乌蛮'、'白蛮'。由上看来,虽同用'乌蛮'、'白蛮'的称谓,但在不同地区有不同的含义,所以不能以滇东或西昌的'乌蛮'、'白蛮'的记载与洱海'乌蛮'、'白蛮'的记载混为一谈。"[113]这种观点是比较符合其时之历史事实的。从上述对这三个分布区的白蛮其历史发展中的不同归属的分析可知,分布在西昌地区的白蛮,实则是乌蛮中"以白缯为衣"的部分及后来南诏迁入的白蛮,其后大部分可能发展成为彝族中的"白彝",一部分演变为今凉山州的白族,一部分可能融于汉族;而洱海地区的白蛮,实则是汉晋时期从僰道进入南中地区、初居滇东北朱提地区、后不断南下西迁到达了洱海地区的僰族,在吸收了大量汉文化之后,与南下的一部分越嶲叟人、当地的土著共同融合发展而来的一个民族群体,后基本上发展为今天云南大理州之白族;而居于西爨地之白蛮,是爨蛮中经济文化水平较高的一部分,后被西迁至永昌郡(辖不韦、嶲唐、比苏、叶榆、邪龙、云南、哀牢、博南八县），当与洱海地区的白蛮相融合，发展成为白族。

综上所述，魏晋时期的僰族，在与南迁汉族及部分叟族、昆明族等民族的融合发展中，不断发生着融合，至唐时被称为白蛮。在僰族的发展、白蛮的形成过程中，基本上也是贯穿着同源异流、异源同流的发展主线，但也还有同源同流现象的存在。总体而言，白蛮是以僰族为主，在与汉族、叟族、昆明族等民族分化、融合发展的过程中所形成的。其中迁至永昌郡之西爨白蛮与分布于洱海地区的白蛮则主要发展演变为今天大理州的白族，而居于西昌地区的白蛮属乌蛮的组成部分，则大部分发展为彝族中的"白彝"，少部分发展成为今天凉山州的白族，部分融于汉族。

第二节　与乌蛮关系密切的民族群体

我们知道，乌蛮是唐宋时期汉族史家对西南地区具有同源关系的一些民族群体的泛称。随着历史的发展，乌蛮也开始了分化，从中独立了出来被称为独锦蛮、长裈蛮、施蛮、顺蛮、徙莫祗蛮、栗粟两姓蛮、雷蛮、梦蛮、寻传蛮等等。而汉晋时期的摩沙夷此时被称为了磨些蛮，并出现了和蛮的族称。

一、独锦蛮、长裈蛮、施蛮、顺蛮、
徙莫祗蛮、栗粟两姓蛮、雷蛮、梦蛮

如前所述，在南北朝、隋唐之际，乌蛮的分布从总体上可以分为三大片，这一时期各片的内部分化还不明显。但到了唐宋之际，许多原来在乌蛮民族群体之中的各部分，一些开始从乌蛮中分化

出来,向着独立的民族的方向发展,成为现代汉藏语系藏缅语族彝语支部分民族的先民;也有一些开始表现出分化的趋势,这从名称上可以看出,如独锦蛮等。这都反映了乌蛮又进入了新的分化、融合时期,进入了形成同源异流民族发展的新阶段。根据《云南志》及《新唐书》的记载,属于上面两种情况的有以下各"蛮"。

(一)独锦蛮

《云南志》载:"独锦蛮者,乌蛮之苗裔也,在秦臧川南,去安宁两日程。天宝中(742 年—756 年),命其长为蹄州刺史。其族多姓李。"[114]则独锦蛮是分布金沙江以南到滇池以西北的一个民族群体,到唐末已经和乌蛮产生差别,从乌蛮中分化出来,被称为独锦蛮,但仍与乌蛮有关,是"乌蛮之苗裔"。值得一提的是独锦蛮与洱海地区的乌蛮关系密切,有婚姻关系,《云南志》载:"异牟寻母,独锦蛮之女也。牟寻之姑,亦嫁独锦蛮;独锦蛮之女,为牟寻妻。有子李负蓝,贞元十年(794 年),为大军将,在勃弄川为城使等。"[115]从已经采用汉姓来看,独锦蛮接受了众多的汉文化,表现出一定的汉化倾向。

(二)长裈蛮

《云南志》载:"长裈蛮,本乌蛮之后,部落在剑川,属浪诏。其俗皆衣长裈曳地,更无衣服,惟披牛羊皮。"[116]看来长裈蛮是因穿长裤得名,已经从乌蛮中分化出来,故才说"本乌蛮之后"。长裈蛮最初分布在大理地区的剑川,后因南诏的挤压,迁往滇西北,即"南诏既破剑浪,遂迁其部落与施、顺诸蛮居,养给之……(铁桥)东城至神川以来,半见散地。见管浪加萌、于浪、传充、长裈、磨些、朴子、河人、弄栋等十余种"[117]显然长裈蛮已迁至滇西北的今塔城以东地区。其民族分化与融合的走向,极有可能融入当地的彝族或藏族之中。

(三)施蛮

樊绰写《云南志》时,施蛮已从乌蛮中分化出来,《云南志》载:"施蛮,本乌蛮种类也。铁桥西北大施赕,小施赕、剑寻赕,皆其所居也。男以缯布为缦裆裤,妇人从顶横分其发,当额并顶后各为一髻。男女终身并跣足,披牛羊皮。部落主承上,皆吐蕃伪封为王。贞元十年(794年),南诏攻城邑,虏其王寻罗并宗族置于蒙舍城,养给之。"[118]则施蛮分布在今天的云南维西、贡山、福贡一带,与吐蕃王朝有十分紧密的关系("部落主承上,皆吐蕃伪封为王")。在吐蕃与南诏的矛盾冲突中,依附吐蕃的施蛮贵族遭到了南诏的打击,在公元794年南诏攻打吐蕃神川都督府的战斗中,将施蛮首领俘虏后安置在今巍山县,但广大施蛮人口仍分布在老地方,到下一个历史时期被称为"卢蛮",他们是今傈僳族的早期先民之一。[119]

(四)顺蛮

《云南志》载:"顺蛮,本乌蛮种类,初与施蛮部落参居剑、共诸川……铎罗望既失邓川、浪穹,退而逼夺剑、共,由是迁居铁桥已上,名剑羌。男女风俗与施蛮略同。其部落主吐蕃亦封王。贞元十年(794年),南诏异牟寻虏其王傍弥潜宗族,置于云南白崖养给之。其顺蛮部落百姓,则散隶东北诸州。"[120]显然顺蛮与施蛮不但都同属乌蛮种类,而且二者之间较之乌蛮内部的其他部分关系更加亲近,疑是从乌蛮中分化出来的当初只是一部,其后内部又产生分化,成为施、顺二蛮,故才会有顺蛮的"男女风俗与施蛮略同"这一文化现象;此外,施、顺二蛮最初都分布在大致相同的地区、都共同与吐蕃关系紧密、都共同受吐蕃的分封,这些历史事实都可支持上面的推断。顺蛮的贵族上层虽然被南诏王"置于云南白崖养给之",但他们的民众仍存在,和施蛮一样成为下一个历史时期的"卢蛮",仍是今傈僳族的早期先民之一。

(五)徙莫祗蛮

徙莫祗蛮不见于以住的文献中,但从其分布地我们可以推出其来源。《新唐书·南蛮传下》载:"爨蛮之西,有徙莫祗蛮、俭望蛮,贞观二十三年(649年)内属,以其地为傍、望、览、丘、求五州,隶郎州都督府(驻今曲靖市)。"[121]傍州、望州、览州在今云南楚雄、牟定、广通、禄丰、易门等县市;丘州在今武定、禄丰县一带;求州在今玉溪、江川、澄江县一带。徙莫祗蛮所分布之上述地区是汉晋时期僰族、昆明族、叟族等民族杂居之地,因此徙莫祗蛮可能就是由这些民族分化发展演变而来,并被认为属于乌蛮。在南诏时期,其地也纳入了南诏的统治范围,分布基本没有发生变化。到了南诏后期及大理国时期,由于人口增多,不断向东发展,分化出了许多部,先后形成了上述东部乌蛮三十七部中的罗伽部、阳宗部、步雄部、休制部、弥勒部等,后发展成为彝族支系撒莫都。

(六)栗粟两姓蛮(《新唐书》记为"粟蛮二姓")、雷蛮、梦蛮

《云南志》载:"栗粟两姓蛮、雷蛮、梦蛮,皆在邛部台登城东西散居,皆乌蛮之种族。丈夫妇人以黑缯为衣,其长曳地。又东有白蛮,丈夫妇人以白缯为衣,下不过膝。梦蛮主苴梦冲,开元末(741年),尝受恩赐于国,而暮年又私于吐蕃。贞元七年(791年),西川节度使韦皋遣嶲州刺史苏隗就杀梦冲,因别立鬼主,以总其部落,共推为蛮长。贞元中(785—805年)船持为都大鬼主,其时梦冲及

骠傍皆卑事之。亦呼为'东蛮'。"[122] 这儿的"雷蛮"当为"罗蛮"，而"梦蛮"应为"磨蛮"，对此赵吕甫先生已有考证，[123] 栗粟两姓蛮、雷蛮、梦蛮主要分布在台登一带(今四川冕宁一带)，是唐代黎州、巂州、戎州的相连接地区，这一地区以乌蛮的勿邓部最强大，所以上述各部都受勿邓控制，故《新唐书·两爨蛮传》载："又有粟蛮二姓、雷蛮二姓、梦蛮三姓，散处黎、巂、戎数州之鄙，皆隶勿邓。"[124]

以上所讨论的独锦蛮、长裈蛮、施蛮、顺蛮、徙莫祗蛮、栗粟两姓蛮、雷蛮、梦蛮都与乌蛮有较为密切的关系，成为"乌蛮之苗裔"，或为"乌蛮之后"，或"皆乌蛮之种族"，或"本乌蛮种类"。

二、寻传蛮、裸形蛮、丰巴蛮和两林蛮、锅锉蛮

除了前述非常明确属于乌蛮种类者外，也还有一些民族群体在文献之中虽然没有说他们是"乌蛮之后"或"乌蛮种类"，但仍可以从其生产生活习俗中明确他们还是"乌蛮种类"。

(一)寻传蛮

《云南志》载："寻传蛮，阁罗凤所讨定也。俗无丝绵布帛，披波罗皮，持弓扶矢，射豪猪，生食其肉，取其两牙，双插髻傍为饰。又条其皮以系腰。每战斗，即以笼子笼头，如兜鍪状。"[125] 寻传最早是分布在金沙江中上游地区，同区域内还有与寻传具有共源关系的磨些，即"东泸水，古诺水也。源出吐蕃中节度北，谓之诺矣江，南流过邛部川，又东折至寻传部落，与磨些江合"。[126] 源于氐羌的寻传虽然最早到达金沙江中上游地区，但随着历史的发展绝大部分向西南部移动，到了今天澜沧江以西和伊洛瓦底江上游以东，因为

寻传的到来,这一地区便被称为寻传之地,才会有"阁罗凤攻石和城,擒施各皮;讨越析,枭于赠,西开寻传,南通骠国"[127]的故事。之所以认为寻传蛮为"乌蛮种类"可以从两个方面得到证明:第一是有披波罗皮和跣足的文化习俗,这与可以明确为乌蛮的南诏贵族相同,即"俗皆跣足,虽清平官、大将军亦不以为耻……又有超等殊功者,则得全披波罗皮。其次功,则胸前背后得披,而缺其袖。又以次功,则胸前得披,并缺其背。谓之'大虫皮',亦曰'波罗皮'"[128]。第二,从现代语言学的观点看,阿昌族是以乌蛮为主体发展来的汉藏语系藏缅语族彝语支的民族,旧称"峨昌",而"寻传蛮"是他称,其自称则为"峨昌",故景泰《云南图经志书》卷五云龙州载:"境内多峨昌蛮,即寻传蛮。"[129]

(二)裸形蛮

从文献记载来看,裸形蛮是一个他称,原因是他们"无衣服,惟木皮以蔽形"[130]。由于其社会发展较为缓慢,又被称为"野蛮",《云南志》载:"裸形蛮,在寻传城西三百里,为巢穴,谓之野蛮。"[131]同书又载:"从腾冲过保山城,又过金宝城以北大赕,周回百余里,悉皆野蛮,无君长也。"[132]对于裸形蛮与乌蛮的关系,史无记载,但裸形蛮到后来发展为分布在今天缅甸克钦邦境内的克钦族和云南德宏州景颇族中景颇支系都是事实。[133]把历史和现实结合起来看,以乌蛮为主体,形成了现代汉藏语系藏缅语族彝语支的各民族。如果这一推论成立的话,那么裸形蛮就是乌蛮民族群体中发展较为缓慢的部分,故才会被称为"裸形蛮"或"野蛮"。再从文化分布区的角度看,裸形蛮恰好分布在藏彝走廊的西南端,与历史上乌蛮民族群体的分布当有某些重合。

(三)丰巴蛮(或记为丰琶蛮)和两林蛮

前面已经提到勿邓是乌蛮,这已无争议,而与勿邓有近亲关系的丰巴蛮和两林蛮当亦是乌蛮种类,《新唐书·南蛮传》载:"勿邓、丰琶、两林皆谓之东蛮,天宝中(742—756 年),皆受封爵。"[134]丰巴、两林主要分布在今四川西昌至云南昭通一线,这一地区为吐蕃、唐、南诏相接之地,也是吐蕃与唐朝争夺的一个重要地区,在相当长的时间内与唐朝都较友好,"两林都大鬼主苴那时遗书皋书,乞兵攻吐蕃……(唐)封苴那时为顺政郡王……丰琶部落大鬼主骠傍为和义郡王。"[135]在此认为丰巴蛮、两林蛮是乌蛮种类的又一证据是当时乌蛮民族的贵族上层领袖都叫大鬼主,而丰巴蛮、两林蛮亦然,史有如下记载:"勿邓南七十里,有两林部落。有十低三姓、阿屯三姓、亏望三姓隶焉。其有丰巴部落,阿诺二姓隶焉。两林地虽狭,而诸部推为长,号都大鬼主。"[136]又《资治通鉴》卷二五〇载:"(咸通)五年(846 年)秋,七月,西川奏两林鬼主邀南诏蛮,败之。"[137]最为明确的是:"乌蛮……大部落有大鬼主,百家则置小鬼主",[138]这条史料可明证之。

(四)锅锉蛮

《新唐书·南蛮传下》载:"(黎州)南有离东蛮、锅锉蛮。西有磨些蛮,与南诏、越析相姻娅。"[139]从《新唐书》所记来看,唐初锅锉蛮当分布在今云南省楚雄州以北金沙江两岸并向西延伸至今丽江市。从源流关系上看,"锅锉蛮是南北朝以后从滇西的叟、昆明中分化出来的"。[140]其后锅锉蛮开始向云南南部移动,明清以后被汉族史书记为"菓葱"、"苦聪"、"古宗",这三个新出现的民族名称都是"锅锉"的不同译写,清道光《云南通志》引《清职贡图》认为

"苦聪,爨蛮之别种"。从苦聪的生产发展程度来看,这儿的"爨蛮"当指乌蛮无疑,则锅锉蛮也是乌蛮民族群体的一部分了。

最后还有一点需要强调的是:到了唐代仍还有将同一个民族群体或称昆明或称乌蛮的情况:咸亨三年(672年),"昆明十四姓率户二万内附,析其地为殷州(地在今四川宜宾市西北)、总州(地在今四川宜宾市南部与昭通市北部相连接地区)、敦州(地在今昭通市威信、镇雄二县之间,这一地区即乌蛮中的芒部所居),以安辑之"。[141]显然这是指今四川南部和滇东北相连接地区所分布着的昆明族,他们后来也被称为乌蛮。在川南滇东北以西地区也有昆明族,《唐会要·姚州都督府》卷七十三载:"麟德元年(664年)五月八日,于昆明之弄栋州置姚州都督府,每年,差兵募五百人镇守。"则今楚雄北部的金沙江沿岸有昆明族,他们后来也被称为乌蛮。

三、磨些蛮、和蛮

与上述两种情况不同的是,汉晋时期见诸文献的源于羌系统民族的摩沙夷、和夷,在唐宋时期被分别称为磨些蛮、和蛮,与乌蛮也有着很深的民族源流关系。

(一)磨些蛮

汉晋时期的摩沙夷至唐宋时被称为磨些蛮。其分布地域与汉晋时期基本相同。《云南志》卷四说:"磨蛮,亦乌蛮种类也。铁桥上下及大婆、小婆、三探览、昆池等川,皆其所居之地也。土多牛羊,一家即有羊群。终身不洗手面,男女皆披羊皮。俗好饮酒歌舞。此种本姚州部落百姓也。南诏既袭破铁桥及昆池等诸城,凡房获万户,尽分隶昆川左右,及西爨故地。磨些蛮,在施蛮外,与南诏为婚姻家,又与越析诏姻娅。"[142]文中的"大婆"在今鹤庆、"小婆"在今永胜,"三探览"则可能是"探览"之误,当指今丽江。[143]其地即汉之定筰县境内。后有一部分南迁至云南宾川县,建立了越析诏,后为南诏所并,这些南迁的磨些蛮又北迁。《云南志》卷三载:"越析,一诏也。亦谓之磨些诏。部落在宾居,旧越析州也……有豪族张寻求,白蛮也。贞元(按,应为开元)中通诏主波冲之妻,遂阴害波冲。剑南节度巡边至姚州,使召寻求答杀之。遂移其诸部落,以地并于南诏。波冲兄子于赠提携家众出走,天降铎鞘。东北渡泸,邑龙佉沙(按,应为龙佉河),方一百二十里,周回石岸,其地总谓之双舍。于赠部落亦名杨堕,居河之东北。"[144]卷五又说:"渠敛赵,本河东州也……东北至毛郎川,又东北至宾居汤,又北至越析川,磨些诏故地也。"[145]越析诏的磨些蛮北迁之后,磨些蛮的分布区域又恢复了汉晋时期的状况。樊绰之所以会认为:"磨些蛮,亦乌蛮种类",是因为磨些蛮与乌蛮各部都与氐羌民族有密切的族属亲缘关系,故才会有这样的断语。

总体来看,唐宋时期的磨些蛮,其民族的分化与融合变化不大,分布范围也与汉晋时基本相同。

(二)和蛮

秦汉时期,在蜀郡桓水(今大渡河)周围山区居住着一种名为和夷的民族。而学者们基本上认为,和夷应属羌系统民族。经过魏晋南北朝的分化、融合,这一民族不断南徙到了滇南、滇西一带,与昆明族、叟族、僰族相互融合。唐宋时发展为和蛮。

《云南志》卷五载:"渠敛赵,本河东州也。西岩有石和城。乌蛮谓之土山坡陀者,谓此州城及大和城,俱在陂陀山上故也。"卷八又说:"(乌蛮)谷谓之浪,山谓之和,山顶谓之葱路"。[146]则表明和蛮是居于山区的少数民族,这与和夷的居住环境是一致的。据张九龄所书之《敕安南首领爨仁哲书》中,有"和蛮大鬼主孟谷悞"。孟谷悞是和蛮的大鬼主。[147]唐初,和蛮的分布区域主要分为东西两大片。东片为孟谷悞所统辖,在今云南红河州及文山州一带,其地近安南都护府,与之相杂居的尚有白蛮、乌蛮及僚。西片为王罗祁等人所辖。《新唐书·南蛮传下》载:"显庆元年(656年),西洱河大首领杨栋附显、和蛮大首领王罗祁、郎昆梨盘四州大首领王伽冲率部落四千人归附,入朝贡方物。"[148]其地近洱海地区,当为今云南楚雄州南部至思茅地区一带,其东部与东片和蛮地区相连。南诏统一洱海地区后,不断向东部和南部扩大其统治,和蛮所居之地也纳入了其统治范围。南诏在和蛮所居的东片、西片地区分别设置了通海都督府、开南节度进行统治。

到了大理国时期,改南诏所设通海都督为秀山郡;废南诏所设开南节度,保留原开南节度所辖的开南(今景东县)、威远(今景谷县)等州;而东部和蛮又分化为许多部,主要有教化山部(在今云南文山州文山县境内)、铁容甸部(在今云南红河州红河县东北的下亏容一带)、思陀部(在今红河县西南的思陀一带)、伴谿部(在今红河县西南的落恐一带)、七溪部(在今红河县东南的溪处一带)。和蛮的分布地域与南诏时期基本相同。

总体来看,唐宋时期的和蛮已远不同于秦汉时期的和夷,这一民族与昆明族、叟族、僰族经过魏晋南北朝时期的融合发展,已成为主要分布于今云南省楚雄州南部至思茅地区及与之相接的红河州、文山州一带的一个山地民族,并正朝单一民族哈尼族的方向不断发展。

第三节 羌族

经过魏晋南北朝的不断迁徙和融合,居住或陆续迁入关中的羌族已渐融于汉族之中,隋唐至宋代,居于甘、青、川相连地带及往西至西藏地区的羌族随着吐蕃的兴起不断为其所并,不断吐蕃化。西南地区的羌族就主要聚居于岷江上游、黑水流域及其西北直至今青海南部一带。[149]在这一地域内,除有白兰羌、东女国羌、党项羌外,尚有成都平原以西的"西山八国"等诸羌族部落及在《宋史》中被称为"蛮"的羌族部落。这些羌族部落,因其所处的地理位置所致,与吐蕃及唐宋王朝关系密切。

一、白兰羌

我们知道,白兰羌兴于宇文周时期,主要分布在今天四川甘孜州、青海果洛和玉树州相连地带,过着农牧兼营的生活。隋初,把北周在岷江上游和黑水流域所置汶、翼、扶、覃四州合为一州,初称汶州,继以此州"西夷交会",改名会州,设一总管,统十一县,大多数民众皆是羌族,白兰羌也包于其中。唐时白兰羌与唐王朝及吐蕃关系密切。唐武德中白兰入朝于唐,龙朔后白兰为吐蕃所迫,以兵扰唐之边境。《新唐书·西戎·党项传》说:"又有白兰羌,吐蕃谓之丁零,左属党项,右与多弥接。胜兵万人,勇战斗,善作兵,俗与党项同。武德六年,使者入朝。明年,以其地为维、恭二州。贞观六年,与契苾数十万内属……龙朔后,白兰、春桑及白狗羌为吐蕃所臣,籍其兵为前驱。"[150]《旧唐书·西戎·党项传》亦载:"及白狗、春桑、白兰等诸羌,自龙朔已后,并为吐蕃所破而臣属焉。"[151]但当吐蕃对其的控制减弱时又转而附唐。唐宋时期,白兰羌或附于唐,或附于吐蕃,终为吐蕃所并并融于其中。

二、党项羌

《旧唐书·西戎·党项羌传》载:"党项羌,在古析支之地,汉西羌之别种也。魏、晋之后,西羌微弱,或臣中国,或窜山野。自周氏灭宕昌、邓至之后,党项始强。其界东至松州,西接叶护,南杂春桑、迷桑等羌,北连吐谷浑,处山谷间,互三千里。其种每姓别自为部落,一姓之中复分为小部落,大者万余骑,小者数千骑,不相统一。有细封氏、费听氏、往利氏、颇超氏、野辞氏、房当氏、米擒氏、拓拔氏,而拓拔最为强族。俗皆土著,居有栋宇,其屋织牦牛尾及羊毛覆之,每年一易。俗尚武,无法令赋役……不事产业,好为盗窃,互相凌劫。尤重复仇……不知稼穑,土无五谷……妻其庶母及伯叔母、嫂、子弟之妇,淫秽烝亵,诸夷中最为甚,然不婚同姓。老死者以为尽天年,亲戚不哭;少死者则云夭枉,乃悲哭之。死则焚尸,名为火葬。无文字,但侯草木以记岁时。三年一相聚,杀牛羊以祭天。自周及隋,或叛或朝,常为边患。贞观三年……其酋长细封步赖举部内附,太宗降玺书慰抚之……其后诸姓酋长相次率部落皆来内属,请同编户,太宗厚加抚慰,列其地为崌、奉、岩、远四州,各拜其首领为刺史。"[152]《新唐书》所载与此基本相同。隋唐之际的党项羌尚处于原始社会向奴隶社会过渡的阶段,重血亲复仇,行族内转房婚,无赋税,并保持羌人的葬俗——火葬。所有部落中,拓跋部最强,拓跋部可能是西迁鲜卑与羌族的融合体。[153]

《旧唐书》又说:"有羌酋拓拔赤辞者,初臣属吐谷浑,甚为浑主伏允所昵,与之结婚。及贞观初,诸羌归附,而赤辞不至。李靖之击吐谷浑……太宗又令岷州都督李道彦说谕之,赤辞从子思头密送诚款,其党拓拔细豆又以所部来降。赤辞见其宗党离,始有归化之意。后岷州都督刘师立复遣人招诱，于是与思头并率众内属，拜赤辞为西戎州都督，赐姓李氏，自此职贡不绝。其后吐蕃强盛，拓拔氏渐为所逼，遂请内徙，始移其部落于庆州（驻今甘肃庆阳），置静边等州以处之。其故地陷于吐蕃，其处者为其役属，吐蕃谓之‘弭药’。”[154]留居原地被称为“弭药”部分的党项羌后渐融于藏族之中。而迁至今甘肃东部、宁夏和陕西西北部一带的党项羌，由于与汉族联系加强，其经济、文化得到了迅速发展。唐末，由于社会动荡，党项羌利用这一时机，吞并了与其相近的一部分吐蕃，势力不断增强，并利用宋、辽、吐蕃之间的矛盾，采取种种怀柔政策，使得“西人”多归之，不仅形成了部落联盟，还向国家形成过渡。1035 年，李元昊建立了以今宁夏银川市南为中心，包括今宁夏、陕北、甘肃西北部、青海东北部的内蒙一部分地区的封建政权。后于1227 年为蒙古所灭。关于党项羌的流向问题，经李范文先生多年多次到四川、西藏、青海、甘肃、内蒙古、鄂尔多斯高原以及南宋都城杭州等地调查考证，并结合文物考古进行多方研究，证实西夏后裔党项族主要有五种流向：一是逐渐汉化，二是逐渐藏化，三是蒙化，四是回化，五是部分党项族人进入尼泊尔国。[155]留居原地被称为“弭药”的那部分党项羌可能后来不断南下，与其他羌人融合发展成为今天四川甘孜州的藏族。

三、东女国羌

在上一章的论述中，我们已知道被称为东女国羌的羌人部落共有两支。这里所论之东女国羌是指唐宋时期居于今藏东及川西相连地区的东女国羌。《旧唐书·南蛮西南蛮·东女国传》说：“东女国，西羌之别种，以西海中复有女国，故称东女焉。俗以女为王。东与茂州、党项接，东南与雅州接，界隔罗女蛮及白狼夷。

其境东西九日行,南北二十日行。有大小八十余城。其王所居名康延川,中有弱水南流,用牛皮为船以渡。户四万余众,胜兵万余人,散在山谷间。"弱水即今之澜沧江,康延川乃今藏东之昌都,故此东女国当在今藏东昌都地区及四川甘孜州西部一带。据《旧唐书》所载,其时之东女国尚处于原始社会向奴隶社会过渡的阶段,还保留着母系氏族制度的一些残余。"女王号为'宾就'。有女官,曰'高霸',平议国事。在外官僚,并男夫为之。共王侍女数百人,五日一听政。女王若死,国中多敛金钱,动至数万,更于王族求令女二人而立之。大者为王,其次为小王。若大王死,即小王嗣立,或姑死而妇继,无有篡夺。其所居,皆起重屋,王至九层,国人至六层。其王服青毛绫裙,下领衫,上披青袍,其袖委地。冬则羔裘,饰以纹锦。为小鬟髻,饰之以金……俗重妇人而轻丈夫。文字同于天竺。以十一月为正。其俗每至十月,令巫者赍楮诣山中……其俗信之,名为鸟卜。其居丧,服饰不改,为父母则三年不栉沐。贵人死者,或剥其皮而藏之,内骨于瓶中,糅以金屑而埋之。国王将葬,其大臣亲属殉死者数十人"。[156]

东女国羌在唐初时遣使献方物,"武德中,女王汤滂氏始遣使贡方物,高祖厚资而遣之"。之后与唐关系密切,"垂拱二年,其王敛臂遣大臣汤剑左来朝,仍请官号。则天册拜敛臂为左玉钤卫员外将军,仍以瑞锦制蕃服以赐之……"。当吐蕃强大后,东女国羌曾为其役属,"自中原多故,皆为吐蕃所役属。其部落,大者不过三二千户,各置县令十数人理之。土有丝絮,岁输于吐蕃。至是悉与之同盟,相率献款,兼齐天宝中国家所赐官诰共三十九通以进。西川节度使韦皋处其众于维、霸、保等州,给以种粮耕牛,咸乐生业。(东女国王)立悉等数国王自来朝,召见于麟德殿。授立悉银青光禄大夫、归化州刺史……立悉妹乞悉漫颇有才智,从其兄来朝,封和义郡夫人……俄又授女国王兄汤厥银青光禄大夫、试太府卿"。[157]随着吐蕃的强大和不断东进,东女国羌为其所统,不断吐蕃化,但也还保留自身的一些特点,在可能的情况下与唐朝也保持一定联系,以求得更好的生存条件,故被称为"两面羌"。[158]唐代以后,东女国羌大部分融于吐蕃之中,成为藏族先民之一。

四、西山诸羌

唐代所言之西山,大概是对成都平原以西,岷江上游诸山的统称。在这一地域内,羌人部落散居其间,大小不一,据《隋书·崔仲方传》载:"后数载,转会州总管。时诸羌犹未宾附,诏令仲方击之,与贼三十余战,紫祖、四邻、望方、涉题、千碉,小铁围山、白男王、弱水等诸部悉平。赐奴婢一百三十口,黄金三十斤,杂物称是。"[159]隋会州即唐贞观后之茂州,崔仲方所经营之诸羌即唐代西山诸羌先民。《隋书·附国传》亦载:"其(附国)东北连山,绵亘数千里,接于党项。往往有羌:大、小左封,昔卫,葛延,白狗,向人,望族,林台,春桑,利豆,迷桑,婢药,大碤,白兰,叱利摸徒,那鄂,当迷,渠步,桑悟,千碉,并在深山穷谷,无大君长。其风俗略同于党项,或役属吐谷浑,或附附国。大业中来朝贡,缘西南边置诸道总管以遥管之。"[160]附国东北之诸羌,主要就是指西山一带的羌人部落。而其中以"西山八国"最有代表性。《旧唐书·南蛮西南蛮·东女国传》载:"贞元九年七月,其(东女国)王汤立悉与哥邻国王董卧庭、白狗国王罗陀忽、逋租国王弟邓吉知、南水国王姪薛尚悉曩、弱水国王董辟和、悉董国王汤息赞、清远国王苏唐磨、咄霸国王董藐蓬,各率其种落诣剑南西川府内附。其哥邻国等,皆散居山川。弱水王即国初女国之弱水部落。其悉董国,在弱水西,故亦谓之弱水西悉董王。旧皆分隶边郡,祖、父例授将军、中郎、果毅等官;自中原多故,皆为吐蕃所役属。其部落,大者不过三二千户,各置县令十数人理之。土有丝絮,岁输于吐蕃。至是悉与之同盟,相率献款,兼赍天宝中国家所赠官诰共三十九通以进。西川节度使韦皋处其众于维、霸、保等州,给以种粮耕牛,咸乐生业。"[161]上述东女、哥邻、白狗、逋租、南水、弱水、悉董、清远、咄霸九个羌人部落就是其时西山较为强大且具有代表性的部落。关于"西山八国"所指,马长寿先生据《资治通鉴》胡三省注谓:"即前女王、哥邻等。弱水最弱小,不得预八国数。"认为,九国之中除弱水外,可能就是所谓"西山八国"。[162]而李绍明先生则认为,"西山八国"是指除东女国之外的其他八国,并对这八国的来源及分布进行了详尽论述。[163]

哥邻羌。为西山一大羌人部落,故列于"八国"之首。《旧唐书·南蛮西南蛮·东女国传》载其时哥邻王名董卧庭,又说:"董卧庭行至绵州卒,赠武德州刺史,命其子利啰为保宁都督府长史,袭哥邻王。"[164]保宁都督府由唐代保宁县改置,该县在今阿坝州理县中部薛城一带,现在这个地区的藏人还自称"哥邻";此外,阿坝州汶川、理县、马尔康、小金、金川、壤塘,甘孜州的丹巴,以及雅安地区的宝兴诸县境内,约有十余万居民还保留着与此相同的称号。现今自称为"博"的藏人,则呼这一部分藏民为"嘉戎"。在藏语中,"嘉"为汉族,"戎"为溪谷,"嘉戎"即称靠近汉族的溪谷居民。[165]而在第二章的论述中我们知道,汉代冉駹之一支发展至隋唐时期而被称为嘉戎,成为今天藏族的先民之一。其时,嘉戎也被称为嘉良(或嘉梁)。《新唐书·南蛮下》载:"(雅州)五百余里之外有诸祚、三恭、布岚、欠马、论川、让川、远南、卑庐、夔龙、曜川、金川、东嘉梁、西嘉梁十三部落。"[166]这东、西嘉梁直至宋代仍存。[167]土蕃东渐后,哥邻渐为其所统,成为今天嘉戎藏人的先民。

白狗羌。《新唐书·地理志》载："维州维川郡,下。武德七年以白狗羌户于姜维故城置,并置金川、定廉二县。贞观元年以羌叛州废,县亦省,二年复置。麟德二年自羁縻州为正州,仪凤二年以羌叛,复降为羁縻州,垂拱三年复为正州。广德元年没吐蕃,大和五年收复,寻弃其地。"[168]《旧唐书·地理志》又说:"(保州下)本维州之定廉县……隋置定廉镇。隋末陷羌。武德七年,招白狗羌,置维州及定廉县。"[169]则唐时白狗羌主要分布在维、保二州,即今阿坝州的理县、黑水县一带,并与哥邻羌地域相邻,交错杂居。由于白狗羌处于唐蕃之间,所以对唐也是时服时叛。随着历史的发展,白狗羌成为今天羌族的先民之一。

逋祖羌。据《旧唐书·南蛮西南蛮·东女国传》载,逋祖国王之弟曾随东女国等内附于唐,并被授予官职。其曰:"逋祖国王弟邓吉知……内附……授……邓吉知试太府少卿兼丹州长史。"[170]而据李绍明先生等人的研究,此丹州乃"冉州"之误写。[171]《旧唐书·地理志》载茂州都督府所属羁縻州有冉州,并说:"(冉州下)本徼外敛才羌地。贞观五年,置西冉州。九年,去'西'字。领县四,与州同置……领户一千三百七十,无口。去京师西南三千七百三十九里。"[172]表明逋祖羌即敛才羌,大概居于今四川茂县、汶川县境内,是今天羌族的先民之一。

南水羌。南水即今天的黑水。在《旧唐书》中有南水羌同东女国等一起内附并被授予官职的记载。其载曰:"南水国王姪薛尚悉曩……各率其种落诣剑南西川内附……(授)薛尚悉曩试少府少监兼坝州长史……(俄)南水国王薛莫庭……并授银青光禄大夫、试太仆卿。"[173]《新唐书·西域上·东女国传》也说:"(贞元九年)南水君薛尚悉曩……诣剑南韦皋求内附。"[174]上述记载表明南水羌即分布在坝州的一个羌人部落。唐时之坝州当为今天的黑水县及茂县、汶川县西北之赤不苏区一带,[175]南水羌也是今天羌族的先民之一。

弱水、悉董、清远、咄霸四羌部。这四个羌人部落,可能其势力、影响相对相小,故史籍所载较少且不详。《旧唐书·南蛮西南蛮·东女国传》载:"……弱水国王董辟和、悉董国王汤息赞、清远国王苏唐磨、咄霸国王董蔑蓬,各率其种落诣剑南西川内附……弱水王即国初女国之弱水部落。其悉董国,在弱水西,故亦谓之弱水西悉董王……(授)清远王弟苏历颠银青光禄大夫、试卫尉卿……汤息赞、董蔑蓬……并授银青光禄大夫、试太仆卿。"[176]除此之外,悉董、清远、咄霸他事不详。至于弱水部落,《新唐书》说:"(东女)以女为君,居康延川,崖险四缭,有弱水南流,缝革为船";[177]《旧唐书》还载:"(东女)其王所居名康延川,中有弱水南流,用牛皮为船以渡。"[178]据考,康延川即今之昌都,其地有弱水南流者则指澜沧江。弱水部落既以地域名部,可知在弱水流域,但弱水上游已有东女居之,故其部当于其中下流,即今藏东察雅、芒康附近寻求之。悉董羌部在弱水之西,其地当在今藏东怒江及其支流鄂宜河一带。清远、咄霸二羌部接述于悉董之后,虽不能确指其所在,知其地亦在藏东今昌都地区西部一带。故《唐书》述此四国于后,以示与前四国有别。可见这四个部落与东女关系更为密切,地望亦愈接近,其王随东女入朝极为自然,但其地甚遥,唐人少至,故于当时已不能确指其所在也。故严格来说,前面所述之哥邻、白狗、逋租、南水四部落乃散布在西山之部落,而弱水、悉董、清远、咄霸四部乃邻近西山之部落,但广义而言皆可称为"西山诸羌",故唐人以"西山八国"名之。[179]西山诸羌除一部分为吐蕃并后不断藏化外,大多数羌人都是今天羌族的先民。

五、被称为"蛮"的羌人部落

在宋代,成都府路有着众多的少数民族,主要分布在吐蕃、大理国毗邻的茂州、威州、永康军、雅州、黎州和嘉州。在《宋史》中,把这些地区的少数民族称为"茂州诸部落"、"威州保霸蛮"、"雅州西山野川路蛮"等。

(一)威州、茂州蛮

威州和茂州位于岷江上游。岷江上游自古就是羌人居住的地区。唐朝时,吐蕃势力不断发展,不断向威州和茂州地区渗透,这里的不少民族接受了吐蕃的统治。唐朝贞元九年(793 年),他们脱离吐蕃的统治,向当时西川节度使韦皋纳土内附。韦皋把他们安置在维(后改为威州)、保、霸等州。前后蜀和两宋时期,岷江上游今阿坝州一带仍由吐蕃据有,唐所设置的羁縻州未能全部恢复,只维持对归附的羌族统治。前蜀设茂州,领有汶山、汶川、石泉、通化四县;设维州,领有保宁、小封二县,管辖仅及于茂县、汶川县以南、理县以东地区。总的说来,前蜀对这一地区的统治基本上无所建树。永平二年(912 年)维州羌曾发生反叛,后来被平定。后蜀对这一地区的统治也无所作为,名为正州,实则羁縻统治。故宋代仍称羌人为"蛮",居威州者称为"威州蛮",居茂州者称为"茂州蛮"。[180]

茂州蛮。茂州因为地处吐蕃诸部的东部边缘,是汉藏民族的缓冲区,地理较为封闭,故还有羌族顽强地生存着,宋王朝于茂州设立了镇羌寨(设于熙宁九年,1076 年)。此外,还在茂州羌族分布区设立了十个羁縻州:珰州、直州、时州、涂州、远州、飞州、乾州、可州、向州、居州。按,茂州为唐贞观八年(634 年)改南念州置,因为郡界有茂湿山而得名,治汶山县(今茂县)。辖境相当于今四川茂县、汶川、北川等县和理县,这里亦是藏彝走廊的重要之地,以羌族为主,也有藏族、彝族先民,都是氐羌后裔。故元代才将茂州归入吐蕃宣慰司。[181]

对于茂州的历史情况,《方舆胜览》载:"《禹贡》梁州之域。秦地,井、鬼之分野,蜀近入井三度。古氐羌地。周武兴师,羌、髳八国始从征伐。"[182]显然作为羌族的主要分布区之一,其历史是久远的。到了秦汉时代,司马迁了解到这一地区分布着羌人后裔冉駹。对此,《宋史·蛮夷列传四》载:"冉駹,今茂州蛮、汶山夷地是也。"[183]

虽然茂州羌族地处边远,但很早就纳入了郡县统治,"汉武诛且兰君,冉駹请臣,遂以冉駹为汶山郡;宣帝罢汶山郡。东汉为汶山道,安帝复为汶山郡。晋隶汶阳郡,梁置绳州。后周改曰汶川。隋改为蜀州,又改为会州,炀帝罢为汶山郡。唐改南念州,太宗改为茂州;设通化郡,复为茂州。国朝因之,治汶川县"。[184]

"茂州,唐武德初仍曰会州,四年改为南会州,贞观七年又改为茂州,天宝初曰通化郡,乾元初复为茂州。宋因之。州逼近羌、戎,环带山险,成都肩背之地也"。[185]北宋时,茂州领汶山县、镇羌砦和鸡宗关,南宋时,茂州控制范围扩大,增领原属威州的汶川县。从谭其骧主编《中国历史地图集》来看,原属威州北部与吐蕃毗邻的部分就是汶川县,划归茂州控制。茂州"南有箕宗关(注:鸡宗关)路通永康军,北有陇东路通绵州,皆为蛮所据"。[186]在宋朝,"茂州诸部落,盖、涂、静、当、直、时、飞、宕、恭等九州蛮也。……茂州居群蛮之中,地不过数十里,宋初无城隍,惟植鹿角自固"。[187]当时的羌族分布仍以茂州为中心,东到石泉,南与永康军灌县接界,西至保县,北连黑水、松潘等地。有的是聚居,有的是与藏、汉各族相错而居。由于不少汉人移入羌区，宋太宗雍熙（984—987 年）时茂州已有汉民三百二十六户。[188]

按照郭声波先生的研究，在翼州境内从前蜀初至宋淳熙（1174 年—1189 年）初年一直分布着茂州羌，约 200 户，约在今汶川南部。在涂州境内从唐广德（763 年—764 年）后至宋政和七年（1117 年），一直分布着林台羌，约 60 户，约在今茂县中部。向州境内从唐末至宋淳熙（1174 年—1189 年）初年分布着茂州羌，约 50 户，在今茂县东北。在达州境内分布着特浪羌，约 100 户，在今汶川北部。时州境分布着辟惠羌，约 100 户，在今茂县南部。本在灵关路，唐永隆（679 年— 681 年）后内徙茂州。居州境分布着辟惠羌，约 50 户，在今茂县南部。本在灵关路，唐永隆（679 年— 681 年）后内徙茂州。可州境分布着辟惠羌，约 200 户，在今汶川西南。本在灵关路，唐永隆（679 年— 681 年）后内徙茂州。宕州境分布着辟惠羌，约 275 户，在今茂县南部。本在灵关路，唐永隆（679 年— 681 年）后内徙茂州。飞州境分布着渠步羌，约 200 户，在今茂县中部。本丰弱水西山，唐麟德（664 年— 665 年）后内徙茂州。保州境分布着维州羌，在今理县东部。霸州分布着维州羌，在今理县东部。当州分布着茂州羌，约 50 户，在今茂县中部。悉州分布着茂州羌，约 315 户，在茂县西部。静州分布着茂州羌，约 400 户，在今茂县中部。柘州境分布着茂州羌，约 100 户，在今茂县中部。恭州境分布着茂州羌，约 200 户，在今茂县南部。直州境分布着茂州羌，约 200 户，在今茂县中部。乾州境分布着茂州羌，约 400 户，在今汶川中部。[189]

威州保霸蛮。威州，本是唐朝的维州。唐武德七年（624 年）"白狗羌归附，始置维州，贞观元年羌叛州废，明年复来归，降为羁縻州。麟德二年复为正州，比于中华诸州也。仪凤二年以羌叛复降为羁縻州，垂拱二年又为正州，寻没于吐蕃，开元末收复。天宝初曰维川郡，乾元元年复为维州。广德初陷于吐蕃，大和五年收复。寻弃其地，大中（祥符）三年复内附。五代蜀时亦曰维州”。[190] 宋仁宗景祐三年（1036年）因与潍州声同易误，“以京递发潍州断狱文书误至维州”，[191] 故改名为威州。从谭其骧主编《中国历史地图集》来看，威州控制范围到南宋时有所缩小，原属威州北部与吐蕃毗邻的部分，改由茂州蛮控制。威州的少数民族，主要集中居住在保州和霸州，史书称之为“威州保霸蛮”，主要是后来羌人的先民。

　　保州，原是唐朝维州定廉县，唐高祖武德七年（624年），招白狗羌置维州及定廉县，唐肃宗乾元二年（759年）于定廉县置保州（治今四川理县西），领定廉、归顺、云山、安居四县。《旧唐书》载：“乾元元年二月，西山子弟兵马使嗣归诚王董嘉俊以西山管内天保郡归附，乃为保州，以嘉俊为刺史。”[192] 后没于吐蕃。霸州系唐天宝元年（742年）“招附生羌”而置静戎郡，乾元元年（758年）改名为霸州（今四川黑水县），曾有安信、牙利、保宁、归化四县。宋朝时，基本沿袭唐朝时的羁縻统治。所以，《宋史》载：“威州保霸蛮者，唐保、霸二州也。天宝中所置，后陷没。酋董氏，世有其地，与威州相错，因羁縻焉。保州有董仲元、霸州有董永锡者，嘉祐及熙宁中皆尝请命于朝。”[193] 在威州，主要是在董氏的控制之下。

（二）雅州西山野川路蛮

　　五代两宋时期，雅州西北地区的少数民族称为“西山野川路蛮”，大概主要活动在今四川的天全、芒山和邛崃以西的泸定、小金等地。自古以来，这一带就居住着众多的羌人族属部落。唐代吐蕃兴起，势力不断向东发展，这些羌人部落由于力量分散，被吐蕃征服。唐末，吐蕃王朝瓦解，吐蕃王朝在今甘、青、川、滇等地的统治政权即告崩溃。《宋史》载:"雅州西山野川路蛮者,亦西南夷之别种也,距州三百里,有部落四十六,唐以来皆为羁縻州。"[194]对于宋朝雅州边外羁縻州民族,由于文献资料较少,并无明确系统的记载,研究者也不多。据郭声波研究,主要分布在灵关路及和川路一带。[195]灵关在雅州卢山县西北九十里,今宝兴灵关镇。其地当入吐蕃要冲,由灵关溯宝兴东河北越夹金山入今小金县境地为灵关路,溯宝兴西河西越夹金山入今康定县境为夏阳路,此两路以灵关路为主,故亦可统称"灵关路"。和川,雅州镇名。镇在雅州西北九十里今天全县城西禁门关,以临和川水得名,为唐时西通吐蕃咽喉。和川路指溯天全河、昂州河越风洞口至泸定县大渡河之道路,宋时亦称砂坪路。继续往西,自大渡河夔龙州至吐蕃偏松城,又称夔松路,《读史方舆纪要》引《寰宇记》中记载:"州西和川路去吐蕃松城四日程";[196]自大渡河经会野川入吐蕃,又称会野路;自罗岩州至柏坡州,又称罗岩路。此三路均系和川路系统。灵关、和川地区的原住民族,唐宋时期一般称作"生羌"、"夷獠"、"生獠"、"诸蛮",反映出该地区处于从西北诸羌到西南诸蛮的过渡地带。正如《读史方舆纪要》中引《寰宇记》中记载的那样:"羌蛮混杂,连山接野,鸟路沿空,不知里数。"[197]

　　灵关路民族大致属诸羌范围,郭声波先生对灵关路的辟惠羌、叶川羌、贵川羌、嘉梁羌、逋租羌进行了探考。[198]

　　辟惠羌,旧称小铁围山羌,居灵关路,居地比特浪偏南,在今夹金山脉东南、灵关以北、碉门以西的宝兴、天全县境。根据《新唐书·地理志》对蓬鲁等三十二州的排列顺序,特浪在前,辟惠在后,达州以下包括时、可、宕、居等入宋仍存的羁縻州在内的二十五州应属辟惠羌,达州以上七州应属特浪羌。

　　叶川羌,即昝捶部落羌,约八千人,武后如意元年(692年)内附,以其地置叶川州,当今芦山县北部,约于长安二年(702年)州废。

砂坪蛮,唐时为贵川羌,即贵川部羌,本为吐蕃所役属,武后时欲降唐,唐遣张玄遇出雅州迎接未果,仍就便以昝捶部落置叶川州,可知贵川部亦在叶川州近旁。唐后期改姓高氏,酋首世居碉门外侧之砂坪寨(今天全县青石乡),基本上与内地王朝保持着羁縻与茶马互市关系。《建炎以来朝野杂记》将其记为"沙平":"沙平者,雅州严道县徼外夷也,与碉门寨才隔一水,而寨在州西八十里。沙平凡六族。"[199]

嘉梁羌,唐初在附国东部,亦即在康定县一带。开元所置雅州都督府羁縻州中有嘉梁州,贞元间又分为东嘉梁、西嘉梁二州,及新置相距甚近的耀川、金川二州,固应嘉梁羌置,其位置大约在今康定县北部孔玉区。土俗既与附国同,《隋书·附国传》载:(嘉良夷)"所居种姓自相率领,土俗与附国同,言语少殊,不相统一。其人并无姓氏。……嘉良夷政令系之酋帅,重罪者死,轻刑罚牛。"[200]贞元间,嘉梁州部落酋长姓刘氏,是当时作为羁縻州时期接受汉文化影响的结果。经济仍以农耕为主,种小麦、青稞。

逋租羌,即贞元年间内附安置于夏阳路的逋租羌、马东煎等部落,他们应是当时所置夏阳路论川、让川、远南、卑卢、夔龙诸羁縻州的部民,大约分布在今康定县金汤、鱼通二区。

和川路所居民族,一般统称"西山野川路蛮",为西南夷之别种。西山指今邛崃山,野川当指今石棉县北境田湾河,"西山野川"指西山、野川之间地区,即今宝兴、泸定县及天全县西部、康定县东北部一带。其民族可考者,有五部落羌蛮、么些蛮及高万唐、婴婴、马定德、马德唐、杨矣逢、费东君、铄罗莽酒等吐蕃部落。

五部落羌蛮,其名始见于宋而源于唐。《建炎以来朝野杂记》

乙集卷19载:"五部落居黎州之西,去州百余里,限以飞越岭,有姓郝、赵、王、刘、杨五族,因以得名,即唐史所谓两面羌也。"[201]实际上,五姓部落在唐代见于记载是在贞元年间郝、刘、杨三姓酋长重新归附唐朝之时,唐朝赐封郝全信为和义郡王,刘志辽为恭化郡王,杨清元为遂宁郡王。[202]其分布,《舆地纪胜》引《皇朝郡县志》云:"(始阳路)自苦蒿平外则与黎州五部落及诸羌接。"[203]飞越岭即今汉源县西北大相岭山口,苦蒿坪即今荥经县大相岭山口,则所谓"五部落居黎州之西",实居雅州西南之和川路,即今泸定县境。郝、刘、杨三王蛮的分布,当是今汉源、泸定、天全三区。赵姓部落属雅州,当在今泸定县,郝姓部落属黎州羁縻,当在今石棉县。王姓,《宋会要辑稿》中载:"大中祥符二年十一月,雅州砂平路罗岩州蕃部首领王阿黎等十八人来贡马二十七匹、犛牛二,砂平罗岩蛮自昔未尝来贡。三年正月,诏以首领王子野黎为怀化司戈。"[204]罗岩州在今泸定县北部。赵姓居泸定县。

　　么些蛮,据《太平寰宇记》载,贞元年间有自吐蕃来降杨矣逢、费东君部落,在蛮宿川安置。蛮宿川即今泸定县磨西河川。在杨矣逢、费东君诸部到来之前,置为会野州的蛮宿川部落乃是么些蛮。

　　吐蕃部落,贞元十二年,韦皋奏于雅州会野路招得投降蛮首领高万唐部落二万余口,仍在会野路安置,十六年,吐蕃曩贡、腊城等九节度婴婴、国师马定德、笼官马德唐等又率其部落来降,在会野路久马州安置,还有自吐蕃来降杨矣逢、费东君部落,也在会野路安置,这些部落应即会野州群新置之椎梅、作重、祸林、三恭、布岚、欠马、罗蓬诸羁縻州。吐蕃鬼笼城铄罗莽酒等部落贞元年间内附,也在和川路安置,当在罗岩州附近。[205]宋朝时,西山野川路蛮与宋关系密切,多次向宋朝贡,并受到宋朝的封赏。

当然,以上这些被称为"雅州西山野川路蛮"的羌人部落,有的部分实则为白狗羌,有的又是被称为辟惠羌、叶川羌、贵川羌、嘉梁羌、逋租羌等的其他羌人部落,有的则是与氐羌关系密切的么些蛮和吐蕃部落。大部分的"蛮"羌部落,成为今天羌族的先民,而么些蛮则发展成为今天的纳西族,吐蕃部落则成为形成今天藏族的重要组成部分。

第四节　与氐羌有关的吐蕃、西番

魏晋南北朝时期,西南地区除了活动着自先秦时期南迁的羌人外,还不断从甘、青高原及川西高原的羌人中分化出了宕昌羌、邓至羌、白兰羌、女国羌、可兰羌、附国羌、党项羌等支系,并不断南迁、东进,与早就徙至西南地区的其他羌人共同发展。魏晋以降,这些羌人不断分化、融合,除融合于汉族之外,一部分则在融合汉族、白马羌、白狗羌、党项羌、吐谷浑等民族之后,形成了今天中国唯一聚居于岷江上游且与其古代先民民族名称相同的羌族;还有一部分加入了吐蕃,成为今天藏族先民的组成部分;一部分在唐宋时期被称为西番,后融合发展成为今天川西南藏族、滇西北及与川西南相连地带的普米族。

从第一章的论述中我们知道,青藏高原是人类的重要发祥地之一,在其地已发掘出了众多石器时代的遗址和遗迹。从其考古学文化来看,西藏中部林芝地区的新石器时代文化、拉萨市和曲贡地区的曲贡文化及藏东昌都地区的卡若遗址,与我国西北地区氐羌系统民族有着千丝万缕的联系。这是西北甘、青高原氐羌系统民族在南迁过程中与当地土著相处的结果。我们认为,从石器时代开始不断南迁的氐羌系统民族,对吐蕃的形成起到了一定作用。

并且明显有一部分氐羌系统民族如居于川西高原、由氐人冉駹发展而来的嘉良（嘉戎），附国羌、东女羌、白狗羌等羌人在唐宋时均为吐蕃所并，并与吐蕃融合，共同发展成为今天的藏族。川西南的一些羌人部落如拍木依在宋代被称为西番，其中一部分也为吐蕃所并，成为今天藏族的先民之一；而有一部分则发展成为今天的普米族。

从历史发展来看，先秦时期随着秦对西戎的不断用兵，氐羌系统民族不断向外迁徙。一部分羌人从河湟羌人中分化了出来。《后汉书·西羌传》载："至爰剑曾孙忍时，秦献公初立，欲复穆公之迹，兵临渭首，灭狄獂戎。忍季父卬畏秦之威，将其种人附落而南，出赐支河曲西数千里，与众羌绝远，不复交通。其后子孙分别，各自为种，任随所之。或为犛牛种，越嶲羌是也；或为白马种，广汉羌是也；或为参狼种，武都羌是也。忍及弟午独留湟中，并多娶妻妇，忍生九子为九种，午生十七子为十七种，羌之兴盛，从此起矣。"[206]往西发展的"出赐支河曲西数千里"的这支"与众羌绝远，不复交通"的羌人，就是"绝远未尝往来"的"发羌"、"唐旄"，其后成为藏族先民的一部分。这是藏族来源中较有影响的一种观点，也是汉文史籍一贯主张的观点。[207]而有学者甚至认为，羌人是藏族的前身。[208]我们认为，羌人是藏族先民的一个重要的组成部分是无疑的。这不仅表现在先秦时期氐羌人的南下，还体现在秦汉、魏晋南北朝特别是隋唐时期羌人不断与藏族先民的融合发展。东汉和帝永元十三年（101 年），青海烧当羌"迷唐遂弱，其种众不满千人，还踰赐支河首，依发羌居"。[209]《旧唐书·吐蕃传》曰："吐蕃，在长安之西八千里，本汉西羌之地也。其种落莫知所出也，或云南凉秃发利鹿孤之后也……及蒙逊灭，（利鹿孤子）樊尼乃率众西奔，济黄河，逾积石，于羌中建国，开地千里。樊尼威惠凤著，为群羌所怀,皆抚以恩信,归之如市。遂改姓为窣勃野,以秃发为国号,语讹谓之吐蕃。其后子孙繁昌,又侵伐不息,土宇渐广。历周及隋,犹隔诸羌,未通于中国。"[210]而《新唐书·吐蕃传》所载略有不同,其说:"吐蕃本西羌属,盖百有五十种,散处河、湟、江、岷间;有发羌、唐旄等,然未始与中国通。居析支水西。祖曰鹘提勃悉野,健武多智,稍并诸羌,据其地。蕃、发声近,故其子孙曰吐蕃,而姓勃窣野。"[211]两段史料,一说居西羌地,一说即西羌之属,透过字里行间我们可以看出,吐蕃与羌人有密切之关系,不管吐蕃是地域名也好,族名也罢,均与羌地、羌人有关;可以说,自有吐蕃这一名称出现,就与羌人有着千丝万缕的联系。"鹘提勃悉野",是居住在今天西藏山南地区的一个部落,又称雅隆部,松赞干布即出自此部。而学术界普遍认为羌人中的牦牛羌是今天藏族的先民,[212]但客观而论,应表述为牦牛羌是藏族的重要先民之一。

松赞干布迁都逻些后,积极发展农业、稳定社会,进而展开了对青藏高原上各部羌族的征服。之后,吐蕃势力不断向东发展,兼并了甘、青、川地区的苏毗、羊同、党项、附国、东女、嘉良夷、白兰等部。在西南,先后攻占了原为唐蕃界上的松州、维州(今四川理县西),灭西南地区的哥邻、白狗、逋祖、南水、弱水、悉董、清远、咄霸等"西山八国"。吐蕃军旅势不可挡,而实际上这些小的部落联盟,并没有多少军事实力,加上文化上的内在联系,很快统于吐蕃治下。而后吐蕃又先后攻掠黎(今四川汉源县)、雅州(今四川雅安市),进而征服西洱河流域,南下达今天云南迪庆藏族自治州(以下简称迪庆州)、丽江市、大理州北部。吐蕃在征服上述地区之后,对中心地区进行直接统治。在其中心区以外的被征服区,一般保留当地原有政治、经济、社会结构不变,通过当地的民族上层、贵族或首领来进行统治。此外,许多羌人部落为吐蕃役属以后,吐蕃还在其地派节度使官员,进行直接统治,"自中原多故,皆为吐蕃所役属。其部落,大者不过三二千户,各置县令十数人理之"。[213] 并推行藏文,传播藏文化,使被征服地区的居民逐渐藏化,融入藏族之中。[214]

因此,从吐蕃的发展历史来看,一开始就与羌人有着密切的关系。在其发展过程中,不断有大量羌人以不同的途径加入其中。所以我们认为,唐宋时的吐蕃实则是融合了青藏高原的土著、大量羌人及其他民族的一个人们共同体,其以今天的西藏为中心,散及今青海、甘肃、川西、川西北和滇西北地区,元明清时期,其分布仍沿袭不变。但元明清时期也在一定范围内称藏族为"西番",所以藏族与普米族关系密切。[215]

公元 3 世纪晋初张华《博物志》卷三《异兽》说:"蜀中南高山上,有弥猴,长七尺,能人行健走,名曰猴獲,伺道行妇女,辄盗入穴,俗呼为夜叉穴,西蕃部落辄畏之。"这是对当时生活在今四川省境内普米族先民"西番"一名的最早记载。《宋史·蛮夷四》载:"淳化元年(990 年),诸驱自部马二百五十匹至黎州求互市,诏增给其直。诸驱令译者言更入西蕃求良马以中市",[216] 此之"西蕃",当指环列于黎州三方之牦牛夷后裔,即川西南藏族之先民。[217] 这表明,普米族和藏族应有同源之关系。

清人余庆远《维西闻见录》载:"巴苴,又名西蕃,亦无姓氏。元世祖取滇,渡自其宗(今属维西县),随从中流亡至此者,不知其为蒙古何部落。浪沧江内有之。与么些杂居,么些头目治之。"据尤中先生考证,此史料中余庆远所谓"西蕃"是蒙古之某一部落的观点是误解。"西番"是汉族所作的称呼,其自称则为"普米";纳西族称其为"博",即"巴苴"。普米族先民原居于青藏高原的昆仑山区,后不断南迁,至迟在南宋时期,"西番"已经从西北散及东南的大渡河南至雅砻江流域东西两岸。至公元1253年忽必烈征大理之前，早已到达了川西南与滇西北连接地带。且其分布地还应包括川西与西藏连接地带。直往西北，今青海境内清朝时期仍有一部分西番族人。而"西番"后裔之普米族是当蒙古军队征大理时，忽必烈率领一路自建昌（今四川西昌）进入丽江北部，居住在雅砻江下游一带的"西番"便有一部分加入蒙古军队进入丽江；兀良合台率领的一路由旦当岭（在今中甸境）入维西，有一部分居住在雅砻江中、上游一带的"西番"便中途加入蒙古军队，越过旦当岭而入维西活动。[218]这种观点是非常客观的。马曜先生也认为普米族是原居于今四川西昌地区的西番人，是随元军进入云南的。[219]王叔武先生认为，普米族为氐羌系统民族，是跟元世祖忽必烈来到云南的，他们实际上不是蒙古族部落成员，在语言上他们属藏缅语族。[220]严汝娴、王树五二位学者则从羌人尚白、以牧羊为业、奉羊角习俗、召巫送鬼习俗、火葬习俗、行兄终弟及转房制、火葬习俗、左衽披发复面习俗、父子连名制、送魂路线等民族学的视角论证了普米族源于古代氐羌系统民族中的羌人。[221]此外，还有学者从体质人类学的角度考证认为，普米族属蒙古人种，既具有当代中国人体质的共同容貌特征，又具有其民族自身的容貌特点：即在狭头宽和狭面宽的容貌上配合较长的头长、面高和鼻高。其头面部主要均值聚类分析和主要均值比较结果，普米族与纳西族、傈僳族、羌族接近，属同一个体质类型，同系古羌族的后裔。[222]

从上述论证可以看出，汉晋时期南徙至川西、川西南及滇西北地区的羌系民族，至宋时被称为"西番"，元明清时期仍沿其旧称，但"西番"已逐渐分化发展为普米族，其中的一部分发展成为藏族。"在长期的历史发展中，川西南的拍木依及被称为西番的其他自称的人由于接受西藏的喇嘛教及藏文藏经等西藏藏族的文化,使之具有了藏族的共同心理素质,从而形成藏族的一支。迁入云南地区的拍木依,虽然也信喇嘛教,但由于迁出后受藏族的影响不像川西南的那样大,所以在云南发展成了单一民族——普米族"。[223]何耀华先生对川西南拍木衣的源流研究可以为我们窥见"西番"演变发展之一斑。

第五节　土家蛮

自先秦以降,土家族的先民——源于西北氐羌系统的賨人就不断南下到达了渝、鄂、湘、黔相连地带。唐宋时期,这一地域的土家族先民与今天苗族等民族的先民一起被记为"巴郡南郡蛮"。《北史·蛮传》说:"蛮之种类,盖盘瓠之后。在江、淮之间,部落滋蔓,布于数州,东连寿春,西通巴、蜀,北接汝、颍,往往有焉。其于魏氏,不甚为患,至晋之末,稍以繁昌,渐为寇暴矣。自刘、石乱后,诸蛮无所忌惮,故其族渐得北迁,陆浑以南,布于山谷,宛、洛萧条,略为丘墟矣。"此之"蛮",是指长江中游的苗蛮各部,当然也包括土家族先民在内。但文中所言"盖盘瓠之后"则不甚准确,只能理解为所有江、淮间民族的总称或泛称。因为我们知道,賨人有一部分可能融于廪君蛮之中而非"盘瓠"。但又说:"又有冉氏、向氏、田氏者,陬落尤盛。余则大者万家,小者千户,更相崇树,僭称王侯。屯据三峡,断遏水路,荆蜀行人,至有假道者。"[224]足证南蛮中杂有土家族的先民土家蛮。冉氏、向氏、田氏所统之土家族村落也主要分布在今渝、鄂、湘、黔相连地带。这种状况到了隋唐时期仍然如此,土家族先民中的大姓势力也不断崛起。除了田氏、向氏等大姓在三峡地区的势力颇强外,彭氏也以溪州(今湖南永顺)为中心建立了地方政权。

《宋史·西南溪峒诸蛮上》说:"北江蛮酋最大者曰彭氏,世有溪州,州有三,曰上、中、下溪,又有龙赐、天赐、忠顺、保静、感化、永顺州六,懿、安、远、新、给、富、来、宁、南、顺、高州十一,总二十州,皆置刺史。"[225]其范围在今湘西土家族苗族自治州与湖北来凤县等地。彭士愁约在五代时期稳定了对湘西一带土家族的统治,与楚王立了"溪州铜柱",稳定了彼此间的疆界,且雄据湘鄂西一带,世代承袭,曾连续统治达 800 余年,历宋元明至清朝雍正年间,成为统领一方的土皇帝。彭士愁对土家族的形成起了很大作用,至今被土家族人民称为"彭公爵主"。[226]

宋代以后,土家蛮开始被称为"土丁"、"土人"、"土民"或"土蛮"等。贵族亦为向、彭、田等姓。明代《寰宇通志·铜仁府·风俗》载:"仡佬性勇而谲;峒人性狡无常;苗人刚狠轻生,出入常佩刀弩;土人稍知礼仪。"同书思州府风俗条、山川条又说:"土人各据溪谷为寨,久者为土著,自称洞官寨长,假贷要约则刻木为契,不事文字……土人有病不用医药,唯事鸡卜卦瓦以占吉凶。"[227]表明土人没有自己的文字,只是刻木记事;不事医术,崇鸡卜封瓦;更为重要的是,土人已和其他民族并列同出发展成为单一的民族。

注　释

1　《北史·周法尚传》,中华书局标点本 1974 年版,第 2600 页。

2　《隋书·周法尚传》,中华书局标点本 1973 年版,第 1528 页。

3　《中国大百科全书·民族》,中国大百科全书出版社 1986 年版,第 500 页。

4　田晓岫:《中华民族发展史》,华夏出版社 2001 年版,第 269 页。

5　卢勋等:《隋唐民族史》,四川民族出版社 1996 年版,第 268、269 页。

6　《史记·西南夷列传》,中华书局标点本 1982 年第 2 版,第 2991 页。

7　袁珂:《山海经校译》,上海古籍出版社 1985 年版,第 245 页。

8　高亨:《诗经今注》,上海古籍出版社 1980 年版,第 533 页。

9　《逸周书・王会解》，辽宁教育出版社 1997 年版，第 62 页。

10　《诸子集成・荀子集解》卷二，上海书店 1986 年版，第 330 页。

11　《诸子集成・吕氏春秋》卷六，上海书店 1986 年版，第 255 页。

12　《今本竹书纪年疏证》，辽宁教育出版社 1997 年版，第 62、70 页。

13　（晋）常璩撰，刘琳校注：《华阳国志・蜀志》，巴蜀书社 1984 年版，第 320 页。

14　《史记・西南夷列传》，中华书局标点本 1982 年第 2 版，第 2991 页。

15　《后汉书・南蛮西南夷列传》，中华书局标点本 1965 年版，第 2851 页。

16　《后汉书・南蛮西南夷列传》，中华书局标点本 1965 年版，第 2846 页。

17　《史记・西南夷列传》，中华书局标点本 1982 年第 2 版，第 2996 页。

18　《史记・大宛列传》，中华书局标点本 1982 年第 2 版，第 3171 页。

19　（晋）常璩撰，刘琳校注：《华阳国志・南中志》，巴蜀书社 1984 年版，第 364 页。

20　（唐）樊绰著，赵吕甫校释：《云南志校释》，中国社会科学出版社 1985 年版，第 93 页。

21　《新唐书・南蛮传》，中华书局标点本 1975 年版，第 6317 页。

22　尤中：《中国西南民族史》，云南人民出版社 1985 年版，第 256 页。

23　《新唐书・南蛮传》，中华书局标点本 1975 年版，第 6317 页。

24　尤中：《云南地方沿革史》，云南人民出版社 1990 年版，第 171 页。

25　《云南辞典》，云南人民出版社 1993 年版，第 6—7 页。

26　《道光云南志钞》，云南省社会科学院文献所 1990 年内部版，第 13 页。

27　《元史・地理志》，中华书局标点本 1974 年版，第 1469 页。

28　尤中：《云南地方沿革史》，云南人民出版社 1990 年版，第 187—189 页。

29　《元史・地理志》，中华书局标点本 1974 年版，第 1474 页。

30　《元史・地理志》，中华书局标点本 1974 年版，第 1475 页。

31　方国瑜主编：《云南史料丛刊》第 2 卷，云南大学出版社 1998 年版，第 14 页。

32　《新唐书・南蛮传》，中华书局标点本 1975 年版，第 6317 页。

33　尤中：《云南地方沿革史》，云南人民出版社 1990 年版，第 190—192 页。

34　尤中：《云南地方沿革史》，云南人民出版社 1990 年版，第 179 页。

35　《元史・地理志》，中华书局标点本 1974 年版，第 1468 页。

36　《元史・地理志》，中华书局标点本 1974 年版，第 1470 页。

37　《元史・地理志》，中华书局标点本 1974 年版，第 1478 页。

38　《元史・地理志》，中华书局标点本 1974 年版，第 1478 页。

39　《元史·地理志》，中华书局标点本 1974 年版，第 1483 页。

40　《新唐书·南蛮传》，中华书局标点本 1975 年版，第 6317 页。

41　《元史·地理志》，中华书局标点本 1974 年版，第 1459 页。

42　《元史·地理志》，中华书局标点本 1974 年版，第 1459 页。

43　《元史·地理志》，中华书局标点本 1974 年版，第 1460 页。

44　《元史·地理志》，中华书局标点本 1974 年版，第 1467 页。

45　《元史·地理志》，中华书局标点本 1974 年版，第 1468 页。

46　《元史·地理志》，中华书局标点本 1974 年版，第 1477 页。

47　《道光云南志钞》，云南省社会科学院文献所 1990 年内部版，第 65 页。

48　《道光云南志钞》，云南社会科学院文献所 1990 年内部版，第 63 页。

49　《道光云南志钞》，云南社会科学院文献所 1990 年内部版，第 57 页。

50　《道光云南志钞》，云南社会科学院文献所 1990 年内部版，第 10 页。

51　方国瑜：《云南史料丛刊》第 13 卷《滇南志略》，云南大学出版社 2001 年版，第 42、50、55 页。

52　方国瑜：《云南史料丛刊》第 13 卷《滇南志略》，云南大学出版社 2001 年版，第 121、198、202 页。

53　《宋史·蛮夷列传》，中华书局标点本 1985 年版，第 14231 页。

54　《宋史·蛮夷列传》，中华书局标点本 1985 年版，第 14231 页。

55　《宋史·蛮夷列传》，中华书局标点本 1985 年版，第 14232 页。

56　《宋史·蛮夷列传》，中华书局标点本 1985 年版，第 14231 页。

57　《宋史·蛮夷列传》，中华书局标点本 1985 年版，第 14232 页。

58　《宋史·蛮夷列传》，中华书局标点本 1985 年版，第 14233 页。

59　《宋史·蛮夷列传》，中华书局标点本 1985 年版，第 14235 页。

60　《宋史·蛮夷列传》，中华书局标点本 1985 年版，第 14233 页。

61　《宋史·蛮夷列传》，中华书局标点本 1985 年版，第 14233 页。

62　《宋史·蛮夷列传》，中华书局标点本 1985 年版，第 14235 页。

63　《宋史·蛮夷列传》，中华书局标点本 1985 年版，第 14233—14235 页。

64　《宋史·蛮夷列传》，中华书局标点本 1985 年版，第 14236 页。

65　《宋史·蛮夷列传》，中华书局标点本 1985 年版，第 14236 页。

66　《宋史·蛮夷列传》，中华书局标点本 1985 年版，第 14236 页。

67　《宋史·地理志》,中华书局标点本 1985 年版,第 2218 页。

68　《宋史·蛮夷列传》,中华书局标点本 1985 年版,第 14227 页。

69　《宋史·蛮夷列传》,中华书局标点本 1985 年版,第 14238 页。

70　《宋史·蛮夷列传》,中华书局标点本 1985 年版,第 14238 页。

71　《宋史·蛮夷列传》,中华书局标点本 1985 年版,第 14238 页。

72　《宋史·蛮夷列传》,中华书局标点本 1985 年版,第 14238 页。

73　《宋史·蛮夷列传》,中华书局标点本 1985 年版,第 14238 页。

74　《云南辞典》,云南人民出版社 1993 年版,第 121 页。

75　《宋史·蛮夷列传》,中华书局标点本 1985 年版,第 14230 页。

76　《宋史·蛮夷列传》,中华书局标点本 1985 年版,第 14243 页。

77　《宋史·蛮夷列传》,中华书局标点本 1985 年版,第 142226 页。

78　《宋史·蛮夷列传》,中华书局标点本 1985 年版,第 14226、14227 页。

79　《宋史·蛮夷列传》,中华书局标点本 1985 年版,第 14244 页。

80　尤中:《中华民族发展史》第 3 卷,晨光出版社 2007 年版,第 464 页。

81　《宋史·蛮夷列传》,中华书局标点本 1985 年版,第 10730 页。

82　《宋史·蛮夷列传》,中华书局标点本 1985 年版,第 10730 页。

83　《宋史·蛮夷列传》,中华书局标点本 1985 年版,第 14235 页。

84　(元)李京:《云南志略》,转引自《云南史料丛刊》第 3 卷,云南大学出版社 1998 年版,第 128—129 页。

85　侯绍庄、史继忠、翁家烈:《贵州古代民族关系史》,贵州民族出版社 1991 年版,第 227 页。

86　李宗放:《川西南彝族在唐宋时期的发展概略》,载《西南民族学院学报》(哲学社会科学版)1996 年第 6 期。

87　方国瑜:《关于乌蛮、白蛮的解释》,载《方国瑜文集》第 2 辑,云南教育出版社 2001 年版,第 38 页。

88　凌纯声:《唐代云南的乌蛮与白蛮考》,载《人类学集刊》1938 年第 1 卷第 1 期。

89　尤中:《中国西南民族史》,云南人民出版社 1984 年版,第 251 页。

90　马曜:《云南简史》,云南人民出版社 1983 年版,第 12、13 页。

91　林惠祥:《中国民族史》,上海文艺出版社 1990 年影印本,第 6—8 页。

92　王文光、张曙辉:《西南边疆乌蛮源流考释》,载《中国边疆史地研究》2007 年第 1

期。

93　龚自知:《关于白族形成问题的一些意见》,载《云南白族的起源和形成论文集》,云南人民出版社 1957 年版,第 117 页。

94　尤中:《中国西南民族史》,云南人民出版社 1985 年版,第 130 页。

95　侯绍庄、史继忠、翁家烈:《贵州古代民族关系史》,贵州民族出版社 1991 年版,第 227 页。

96　(唐)樊绰撰,向达原校,木芹补注:《云南志补注》,云南人民出版社 1995 年版,第 14—15 页。

97　《新唐书·吐蕃传》,中华书局标点本 1975 年版,第 6317 页。

98　(唐)樊绰撰,向达原校,木芹补注:《云南志补注》,云南人民出版社 1995 年版,第 65 页。

99　(唐)樊绰撰,向达原校,木芹补注:《云南志补注》,云南人民出版社 1995 年版,第 47 页。

100　(唐)樊绰撰,向达原校,木芹补注:《云南志补注》,云南人民出版社 1995 年版,第 52、53 页。

101　(唐)樊绰撰,向达原校,木芹补注:《云南志补注》,云南人民出版社 1995 年版,第 75、32 页。

102　《元史·地理志》,中华书局标点本 1974 年版,第 1474—1475 页。

103　(唐)樊绰撰,向达原校,木芹补注:《云南志补注》,云南人民出版社 1995 年版,第 48 页。

104　《新唐书·南蛮传》,中华书局标点本 1975 年版,第 6315—6316 页。

105　(唐)樊绰撰,向达原校,木芹补注:《云南志补注》,云南人民出版社 1995 年版,第 54—55 页。

106　《新唐书·南蛮传》,中华书局标点本 1975 年版,第 6322 页。

107　《新唐书·南蛮传》,中华书局标点本 1975 年版,第 6321 页。

108　(唐)樊绰撰,向达原校,木芹补注:《云南志补注》,云南人民出版社 1995 年版,第 87 页。

109　(唐)樊绰撰,向达原校,木芹补注:《云南志补注》,云南人民出版社 1995 年版,第 52—53 页。

110　(唐)樊绰撰,向达原校,木芹补注:《云南志补注》,云南人民出版社 1995 年版,第

53 页。

111　《新唐书·南蛮传》，中华书局标点本 1975 年版，第 6323 页。

112　万永林：《中国古代藏缅语民族源流研究》，云南大学出版社 1997 年版，第 115 页。

113　方国瑜：《关于"乌蛮"、"白蛮"的解释》，载《云南白族的起源和形成论文集》，云南人民出版社 1957 年版，第 116 页。

114　(唐)樊绰著，赵吕甫校释：《云南志校释》，中国社会科学出版社 1985 年版，第 136 页。

115　(唐)樊绰著，赵吕甫校释：《云南志校释》，中国社会科学出版社 1985 年版，第 136、137 页。

116　(唐)樊绰著，赵吕甫校释：《云南志校释》，中国社会科学出版社 1985 年版，第 144 页。

117　(唐)樊绰著，赵吕甫校释：《云南志校释》，中国社会科学出版社 1985 年版，第 144、232 页。

118　(唐)樊绰著，赵吕甫校释：《云南志校释》，中国社会科学出版社 1985 年版，第 150 页。

119　尤中：《中国西南民族史》，云南人民出版社 1985 年版，第 269 页。

120　(唐)樊绰著，赵吕甫校释：《云南志校释》，中国社会科学出版社 1985 年版，第 151、152 页。

121　《新唐书·南蛮传》，中华书局标点本 1975 年版，第 6315 页。

122　(唐)樊绰著，赵吕甫校释：《云南志校释》，中国社会科学出版社 1985 年版，第 173、174 页。

123　(唐)樊绰著，赵吕甫校释：《云南志校释》，中国社会科学出版社 1985 年版，第 174 页。

124　《新唐书·南蛮传》，中华书局标点本 1975 年版，第 6317 页。

125　(唐)樊绰著，赵吕甫校释：《云南志校释》，中国社会科学出版社 1985 年版，第 159、160 页。

126　(唐)樊绰著，赵吕甫校释：《云南志校释》，中国社会科学出版社 1985 年版，第 70、71 页。

127　(唐)樊绰著，赵吕甫校释：《云南志校释》，中国社会科学出版社 1985 年版，第 115 页。

128　(唐)樊绰著，赵吕甫校释：《云南志校释》，中国社会科学出版社 1985 年版，第 288、289 页。

129　唐代的"寻传蛮"(峨昌或阿昌)，包括近代阿昌族和景颇族中载瓦支系的先民在内。

130　(唐)樊绰著，赵吕甫校释：《云南志校释》，中国社会科学出版社 1985 年版，第 162 页。

131　(唐)樊绰著，赵吕甫校释：《云南志校释》，中国社会科学出版社 1985 年版，第 161 页。

132　(唐)樊绰著，赵吕甫校释：《云南志校释》，中国社会科学出版社 1985 年版，第 67 页。

133　尤中:《中国西南民族史》,云南人民出版社 1985 年版,第 281 页。

134　《新唐书·南蛮传》,中华书局标点本 1975 年版,第 6317 页。

135　《新唐书·南蛮传》,中华书局标点本 1975 年版,第 6317 页。

136　《新唐书·南蛮传》,中华书局标点本 1975 年版,第 6317 页。

137　《资治通鉴·唐纪六十六》,中华书局胡注本 1956 年版,第 8109 页。

138　《新唐书·南蛮传》,中华书局标点本 1975 年版,第 6317 页。

139　《新唐书·南蛮传》,中华书局标点本 1975 年版,第 6324 页。

140　尤中:《中国西南民族史》,云南人民出版社 1985 年版,第 277 页。

141　《新唐书·南蛮传》,中华书局标点本 1975 年版,第 6318 页。

142　(唐)樊绰撰,向达原校,木芹补注:《云南志补注》,云南人民出版社 1995 年版,第
　　57 页。

143　杨福泉:《纳西族与藏族历史关系研究》,民族出版社 2005 年版,第 75 页。

144　(唐)樊绰撰,向达原校,木芹补注:《云南志补注》,云南人民出版社 1995 年版,第
　　32 页。

145　(唐)樊绰撰,向达原校,木芹补注:《云南志补注》,云南人民出版社 1995 年版,第
　　75 页。

146　(唐)樊绰撰,向达原校,木芹补注:《云南志补注》,云南人民出版社 1995 年版,第
　　75、119 页。

147　尤中:《中国西南民族史》,云南人民出版社 1985 年版,第 264 页。

148　《新唐书·南蛮传》,中华书局标点本 1975 年版,第 6322 页。

149　马长寿:《氐与羌》,上海人民出版社 1984 年版,第 181 页。

150　《新唐书·西戎·党项传》,中华书局标点本 1975 年版,第 6215— 6216 页。

151　《旧唐书·西戎·党项传》,中华书局标点本 1975 年版,第 5292 页。

152　《旧唐书·西戎·党项传》,中华书局标点本 1975 年版,第 5290—5291 页。

153　万永林:《中国古代藏缅语民族源流研究》,云南大学出版社 1997 年版,第 87 页。

154　《旧唐书·西戎·党项传》,中华书局标点本 1975 年版,第 5291—5292 页。

155　李范文:《再论西夏党项族的来源与变迁》,载李范文:《首届西夏学国际学术会议
　　论文集》,宁夏人民出版社 1998 年版,第 19—25 页;李范文:《西夏通史》,人民出
　　版社、宁夏人民出版社 2005 年版,第 347—378 页。

156　本段引文均自《旧唐书·南蛮西南蛮·党项传》,中华书局标点本 1975 年版,第

5277—5278 页。

157　《旧唐书·南蛮西南蛮·党项传》，中华书局标点本 1975 年版，第 5278—5279 页。

158　《旧唐书·南蛮西南蛮·党项传》，中华书局标点本 1975 年版，第 5279 页。

159　《隋书·崔仲方传》，中华书局标点本 1973 年版，第 1449 页。

160　《隋书·附国传》，中华书局标点本 1973 年版，第 1859 页。

161　《旧唐书·南蛮西南蛮·东女国传》，中华书局标点本 1975 年版，第 5278—5279 页。

162　马长寿：《氐与羌》，上海人民出版社 1984 年版，第 185 页。

163　李绍明：《关于羌族古代史的几个问题》，载《历史研究》1963 年第 5 期；李绍明：《唐代西山诸羌考略》，载《四川大学学报》（哲学社会科学版）1980 年第 1 期；冉光荣、李绍明、周锡银：《羌族史》，四川民族出版社 1985 年版，第 174—179 页。

164　《旧唐书·南蛮西南蛮·东女国传》，中华书局标点本 1975 年版，第 5279 页。

165　冉光荣、李绍明、周锡银：《羌族史》，四川民族出版社 1985 年版，第 175 页。

166　《新唐书·南蛮传》，中华书局标点本 1975 年版，第 6323 页。

167　《宋史·地理志》，中华书局标点本 1985 年版，第 2213—2214 页。

168　《新唐书·地理志》，中华书局标点本 1975 年版，第 1085 页。

169　《旧唐书·地理志》，中华书局标点本 1975 年版，第 1705 页。

170　《旧唐书·南蛮西南蛮·东女国传》，中华书局标点本 1975 年版，第 5278—5279 页。

171　李绍明：《唐代西山诸羌考略》，载《四川大学学报》（哲学社会科学版）1980 年第 1 期；冉光荣、李绍明、周锡银：《羌族史》，四川民族出版社 1985 年版，第 178 页。

172　《旧唐书·地理志》，中华书局标点本 1975 年版，第 1692 页。

173　《旧唐书·南蛮西南蛮·东女国传》，中华书局标点本 1975 年版，第 5278—5279 页。

174　《新唐书·西域上·东女国传》，中华书局标点本 1975 年版，第 6219— 6220 页。

175　李绍明：《唐代西山诸羌考略》，载《四川大学学报》（哲学社会科学版）1980 年第 1 期。

176　《旧唐书·南蛮西南蛮·东女国传》，中华书局标点本 1975 年版，第 5278—5279 页。

177　《新唐书·东女国传》，中华书局标点本 1975 年版，第 6219 页。

178　《旧唐书·东女国传》，中华书局标点本 1975 年版，第 5277 页。

179　李绍明：《唐代西山诸羌考略》，载《四川大学学报》（哲学社会科学版）1980 年第 1 期。

180　参见贾大泉主编：《四川通史》第 4 册，四川大学出版社 1994 年版，第 135 页；冉光荣、李绍明、周锡银：《羌族史》，四川民族出版社 1985 年版，第 213 页。

181　《中国历史大辞典·历史地理》，上海辞书出版社 1996 年版，第 476 页。

182　《方舆胜览》，中华书局 2003 年版，第 980 页。

183　《宋史·蛮夷列传》，中华书局标点本 1985 年版，第 14243 页。

184　《方舆胜览》，中华书局 2003 年版，第 980 页。

185　《读史方舆纪要·四川二》卷 67，中华书局 2005 年版，第 3183 页。

186　《涑水记闻》卷 30，中华书局 1989 年版，第 252、253 页。

187　《宋史·蛮夷列传》，中华书局标点本 1985 年版，第 14239 页。

188　冉光荣、李绍明、周锡银：《羌族史》，四川民族出版社 1985 年版，第 215 页。

189　郭声波：《唐宋岷江西山羁縻州民族研究》，载《长江上游早期文明的探索》，巴蜀书社 2002 年版，第 254—257 页。

190　《读史方舆纪要》卷 67，中华书局 2005 年版，第 3190 页。

191　《舆地广记》卷 30，四川大学出版社 2003 年版，第 868 页。

192　《旧唐书·地理志》，中华书局标点本 1975 年版，第 1705 页。

193　《宋史·蛮夷列传》，中华书局标点本 1985 年版，第 14238、14239 页。

194　《宋史·蛮夷列传》，中华书局标点本 1985 年版，第 14230 页。

195　以下内容未经特别注明之处，均引自郭声波：《唐宋雅州边外羁縻州民族探考》，载《面向新世纪的中国历史地理学——2000 年国际中国历史地理学术讨论会论文集》，齐鲁书社 2001 年版，第 190 页。

196　《读史方舆纪要》卷 72，中华书局 2005 年版，第 3385 页。

197　《读史方舆纪要》卷 72，中华书局 2005 年版，第 3385 页。

198　以下对灵关路诸羌的探考，主要参考郭声波：《唐宋雅州边外羁縻州民族探考》，载《面向新世纪的中国历史地理学——2000 年国际中国历史地理学术讨论会论文集》，齐鲁书社 2001 年版，第 192—196 页。

199　《建炎以来朝野杂记》乙集卷 20，中华书局 2000 年版，第 875 页。

200　《隋书·附国传》，中华书局标点本 1973 年版，第 1858 页。

201　《建炎以来朝野杂记》乙集卷 19，中华书局 2000 年版，第 854 页。

202　《资治通鉴》卷 261，《大明一统志》卷 73；刘志辽，《唐会要》卷 99 作"刘志宁"。

203　转引自郭声波：《唐宋雅州边外羁縻州民族探考》，载《面向新世纪的中国历史地理学——2000 年国际中国历史地理学术讨论会论文集》，齐鲁书社 2001 年版，第 197 页。

204　《宋会要辑稿》蕃夷5之4,中华书局影印本1957年版(1997重印),第7768页。

205　以上对和川路诸蛮的探考,主要参考郭声波:《唐宋雅州边外羁縻州民族探考》,载《面向新世纪的中国历史地理学——2000年国际中国历史地理学学术讨论会论文集》,齐鲁书社2001年版,第193—200页。

206　《后汉书·西羌传》,中华书局标点本1965年版,第2875—2876页。

207　丹珠昂奔:《藏族文化发展史》(上册),甘肃教育出版社2001年版,第415—416页。

208　黄奋生:《藏族史略》,民族出版社1985年版,第5页。

209　《后汉书·西羌传》,中华书局标点本1965年版,第2884页。

210　《旧唐书·吐蕃传》,中华书局标点本1975年版,第5219页。

211　《新唐书·吐蕃传》,中华书局标点本1975年版,第6071页。

212　邓廷良:《甲绒与牦牛羌》,载《社会科学战线》1982年第2期。

213　《旧唐书·南蛮西南蛮·东女国传》,中华书局标点本1975年版,第5279页。

214　万永林:《中国古代藏缅语民族源流研究》,云南大学出版社1997年版,第106—107页。

215　尤中:《中国西南民族史》,云南人民出版社1985年版,第587—588页。

216　《宋史·蛮夷列传》,中华书局标点本1985年版,第14233页。

217　何耀华:《川西南藏族史初探》,载《思想战线》1985年第4期。

218　尤中:《中国西南的古代民族》,云南人民出版社1980年版,第369—375页;《中国西南民族史》,云南人民出版社1985年版,第588—590页。

219　马曜:《云南各族古代史略》,云南人民出版社1977年版,第313页。

220　王叔武:《云南少数民族源流研究》,载《云南民族学院学报》(哲学社会科学版)1985年第1期。

221　严汝娴、王树五:《普米族源流初探》,载《民族学与现代化》1986年第1期。

222　李明、李跃敏、余发昌:《云南普米族的体质特征》,载《人类学学报》1995年第3期。

223　何耀华:《川西南藏族史初探》,载《思想战线》1985年第4期。

224　《北史·蛮传》,中华书局标点本1974年版,第3149,3151—3152页。

225　《宋史·西南溪峒诸蛮上》,中华书局标点本1985年版,第14177页。

226　王文光:《中国古代的民族识别》,云南大学出版社1997年版,第396—397页;万永林:《中国古代藏缅语民族源流研究》,云南大学出版社1997年版,第134页。

227　《寰宇通志》铜仁府风俗条,思州府风俗条、山川条。

第 五 章

元明清时期中国西南氐羌
系统民族发展格局的基本形成

先秦以降不断南迁的西北氐羌系统民族经过秦汉魏晋南北朝和唐宋时期的发展，历经了同源异流、异源同流甚至同源同流的发展途径，到了元明清时期，融合、分化发展成为我国西南地区汉藏语系藏缅语族羌语支、彝语支、藏语支、缅语支、景颇语支各民族及语支存在争议的白族和土家族的直接先民，中国西南氐羌系统民族分布和发展的格局基本形成，以此为基础形成了今天汉藏语系藏缅语族羌语支的羌族、普米族，彝语支的彝族、纳西族、哈尼族、傈僳族、基诺族、拉祜族、怒族等民族，藏语支的藏族，缅语支的阿昌族，景颇语支的景颇族、独龙族，及语支未定的白族和土家族。

第一节　羌语支民族的先民

一、羌人（今羌族）

唐、宋以降，羌人多被汉族或其他民族所融合，只有岷江上游的羌人仍沿其习俗和文化继续向前发展至今，成为我国历史上西北氐羌系统民族南迁、经过几千年发展演变后唯一保留"羌"这一名称的历史上最古老的民族之一。羌族是他称,自称为"尔玛"、"尔麦"、"日玛"、"日麦",意为本地人。但我们认为,现代的羌族与历史上的羌人(族)不能划等号。在历史的发展中,不是纯而又纯地直接从羌人(族)发展演变为了羌族。

关于岷江上游羌族的来源,胡昭曦先生认为,岷江上游的羌族,不能与古代羌人的南下相联系,只是到了"唐初以后,党项的许多部落向东移徙",这里才出现羌人,"现今四川茂汶地区的羌族,就是隋唐以来自青海东向这些地区的羌人,主要是党项羌人的后裔"。[1]这种观点是可商榷的。从上述羌人的历史发展来看,早在先秦时期,羌人就活动在我国的西北地区,与中原关系密切。随着历史的发展,羌人四处迁徙,一部分南迁到了今天的西南地区。因此,不能认为岷江上游到了隋唐时期才有羌人出现。这不仅有多条史料可资证明,也有大量考古学方面的证据。总体而言,我们认为今天居于岷江上游的羌族是南下羌人的后裔,但其来源和形成是多元的。

对于岷江上游羌族的源流,李绍明先生曾作过精辟的论述,基本上已成定论。殷周之时,羌人即出现在祖国的西北高原上,与殷人和周人关系密切。早在秦惠文王时期(前337年—前311),遣张仪及司马错平巴、蜀以后,即于今松潘为中心的岷江上游及甘南一带置湔氐道。即以氐名地,可知此时该地应有不少南下的氐羌人居住。到了汉初,这里仍然是以氐羌人的冉駹部落为主。前述《后汉书》所载"其地有六夷、七羌、九氐"即是其真实写照。但其时南迁之羌人大部分分布在汶山郡、越嶲郡、沈黎郡、广汉郡、武都郡等郡中。东汉时,由于封建王朝的力量在西南少数民族地区的逐渐深入,同时也由于南迁羌人的不断发展壮大,蜀、汉徼外有更多的羌人部落出现于史载。其中不少"内属",而逐渐为汉族所同

化的亦不在少数。魏晋南北朝时期，几个羌人部落相继兴起，他们
是陇西武都一带的宕昌，宕昌西南白水流域的邓至，邓至以西的白
兰，皆据地称王。这些羌人部落系秦汉时该地羌人之后。据《元
和郡县志》所载，邓至后裔被封为甘松县子，则其地已达岷江上
游。宕昌、邓至既已拓地岷江上游，则这两支羌人也很可能有一部
分徙居于此，而与当地原有羌人逐渐融合，成为今天羌族的一个来
源。后宕昌、邓至为北周所灭，白兰亦为吐蕃所臣属。隋唐时河湟
一带兴起一支名党项的羌人，处于氏族社会末期。隋开皇时始有
千余户开始内附，另一部则将其势力发展至岷江上游一带。与当
地的早就南迁至岷江上游一带的羌人如前述之"西山八国"等羌
人杂处。宋代称岷江上游的羌人为"威州蛮"、"茂州蛮"。元代岷
江上游一带属松潘客叠威茂州等处军民安抚史司,辖威州保宁县
及茂州汶山、汶川等县。明太祖洪武十二年，命御史大夫丁玉为
"平羌将军"率大军经略岷江上游的羌族地区，并置土司，全面推
行土司制度。原有的羌族首领一般皆授以土司的官衔。清末羌族
地区的土司制度基本废除。从清初重新授职的羌族土司来看，不
少是唐宋以来当地羌族的首领。由此可知，元明清时期岷江上游
的羌民，乃唐宋时期该地羌人的遗裔。今天岷江上游的羌族源于
唐宋时当地的羌人，而唐宋时当地的羌人则可溯源于其地魏晋时
的羌人，魏晋时该地的羌人则是战国以来由西北南下定居于该地
的一支羌人之后，从岷江上游石棺葬文化的研究分析也可找到相
应证据。[2]

　　综上所述，我们认为，在漫长的历史发展过程中，由于各种原
因羌人不断外徙，各个羌人部落经济发展的不平衡及地区的分隔
等原因，曾在历史舞台上显赫一时的古代羌人，经过几千年历史的
发展，一部分融入了汉族，绝大部分发展演变成为汉藏语系藏缅语

族的民族。仅有岷江上游的少部分羌人,仍然居住在岷江上游一带,继续保持着自己的民族文化。这部分羌族,应是自先秦即迁至该地羌人的后裔,在其历史发展过程中,自然也融合了曾迁徙、发展到该地的白马羌、邓至羌、白狗羌、党项羌。此外,在各个不同时期,因种种原因进入这一地区的吐谷浑人、吐蕃人、汉人,不少也被融合进羌人之中,共同发展成为今天的羌族。[3]

据 2000 年全国人口普查统计,羌族有 306072 人,主要分布于四川省阿坝州的茂县、汶川县、理县、黑水、松潘,甘孜州的丹巴县、绵阳市的北川等县。羌语属汉藏语系藏缅语族羌语支,又分为南方与北方方言,土语较多,有些相邻村寨之间语言也不相通。羌族没有自己的文字,通用汉文。[4]

二、西番(分化为今藏族、普米族)

从上一章的论述中我们知道,汉晋时期南徙至川西、川西南及滇西北地区的羌系统民族,至宋时被称为"西番"的部分,元明清时期仍沿其旧称;经过同源异流的发展途径,"西番"逐渐分化发展为普米族,其中的一部分发展成为藏族。今天川西南藏族与普米族密切的关系实则有着深刻的历史原因。

西番,是甘肃、青海、四川三省连接地区游牧部落中的一部分,与藏族接触较多。到了忽必烈带兵灭大理国时,便有一部分西番人跟随蒙古军队南下,其中一些随西路的兀良合台从今天的中甸进入维西,另一部分则随中路的忽必烈由今天的宁蒗进入丽江北部地区。所以,从元朝开始,从维西往东经中甸、丽江、宁蒗都有西番分布。他们来到云南后并没有改变他们原来的生产和生活方式,仍然从事畜牧业生产。

明代,在历史典籍中又将他们记为西番。此时,喇嘛教开始在他们中间流行。明王朝在西番人主要的聚居区设永宁土府,管辖剌次和、革甸、香罗甸、瓦鲁四个长官司;又设蒗蕖土州(今宁蒗),土官都由西番贵族担任。清代云南境内的"西番"也称为"巴苴"。与明代相比,农业生产有了进一步的发展,但畜牧业生产在经济生活中仍然占一定比例。由于历史发展的条件和周围民族的影响不同,西番的社会发展呈现出不平衡性。居住在兰坪、丽江等地的普米族内部已经出现了地主、富农;在宁蒗永宁等地的普米族长期在纳西族土司的统治之下,保留比较浓厚的领主经济残余,土司是当地最大的领主。[5]

普米族自称"培米"、"拍米"、"普米"(意为"白人")。汉文文献记载为"磐木"、"西番"、"巴苴"。据 2000 年全国人口普查统计,普米族有 33600 人,主要分布在云南省怒江傈僳族自治州(以下简称怒江州)兰坪白族普米族自治县(以下简称兰坪县)和丽江市的宁蒗县、永胜县、古城区、玉龙县以及迪庆州的维西县。普米族村寨大多分布在滇西北海拔 2000 米至 3500 米的高寒山区和半山区,与藏、彝、白、纳西等民族相邻而居。另外,川西南的九龙、石棉、甘洛、越西、冕宁、木里、盐源诸县还有约 30 万人属于普米族前称的"西番"。中华人民共和国成立后,根据他们的意愿,划归藏族。

普米族语言属汉藏语系藏缅语族羌语支。分为南北两个方言。南部方言以云岭中段的拉巴山区保存最完整,这里是普米族最集中的区域,位于兰坪、丽江、维西三县市交界处,几十个村庄8000 多普米人相邻而居,故语言文化习俗得以延续。而定居在拉巴山对面雪盘山的另外 8000 普米族,因长期与白族、傈僳杂居,语言基本消失,通用白语和傈僳语。北部方言区在宁蒗县永宁乡一带,与四川"西番"语属同一方言。宁蒗普米族语言基本保持完整,仅有 500 多生活在高寒山区与彝族杂居的普米族被彝化。普米族人散居住在藏、彝、白、纳西等民族聚居的地区,所以,普米族男子普遍兼通多种民族语言。

事实上,这主要是宋代以后,分布在不同地域的"西番",在不同的文化背景下的又一次分化发展的结果。即由于各种原因南下分布在四川西南部的部分受藏文化的影响较大,且又是同源民族,因此关系密切而被识别为藏族;而南下到云南的部分则分化发展成为单一民族普米族,且受纳西族、白族、傈僳族的影响较大,聚居者保留着普米语,杂居者则使用白语、傈僳语、纳西语、汉语等。

第二节　彝语支民族的先民

源于西北氐羌系统民族的唐宋时期的乌蛮,经过元明清时期的分化、融合,以之为主体,逐渐发展形成汉藏语系藏缅语族彝语支各民族。

一、罗罗等(今彝族)

元代,彝族先民被称为"罗罗",他们是由南诏、大理国时期的"乌蛮"为主体发展演变而来的。南诏、大理国时期曾经有一个"乌蛮"部落群体被称为"鹿卢蛮",元代便将"鹿卢"译写为"罗罗",并逐渐成为各地区所有近亲集体的共同称呼。

明王朝新设贵州布政司,于是一些原来属云南行省管辖的"罗罗"划归贵州布政司管辖。此外,又把元代属云南行省的罗罗斯宣慰司(今四川凉山州)和东川、乌蒙(今云南昭通)、芒部(今云南镇雄)、乌撒(今贵州威宁)划归四川。这样一来,罗罗的分布区就遍及云南、贵州、四川三省,但绝大部分仍然集中分布在云南。

由于"罗罗"内部经济文化发展不平衡,所以他们的名称很复杂。《滇略》记载说："(寻甸府)近郡者曰黑罗罗、白罗罗,畜牧为生。"嘉靖《寻甸府志》记载说："干罗罗,出入常佩刀剑,好战斗,亦耕种自食其力。"天启《滇志》记载说："撒弥罗罗,滇池上诸州邑皆有之,居山者耕瘠土,滨水者浮家捕鱼。"总之,罗罗中的各部分由于生产、生活状况的因地而异,因此,反映在名称上也不尽相同。

清代,又将东川、乌蒙、镇雄三府划归云南,因此,滇东北地区成了罗罗较多的地区。此外,由于明朝中叶以后,大量汉族以不同方式进入云南,这就使得云南中部、北部的一部分罗罗向滇南移动,从而奠定了今天彝族地理上的分布格局。这时虽然仍称为"罗罗",但内部支系名称更加复杂,有摩察、罗婺、撒摩都、鲁屋、撒弥、朴剌、母鸡、阿者、车苏、子间(今昆明近郊的子君)、聂素、孟乌、阿度、阿戛、阿细、利米等。产生这种现象的原因有二:其一,清朝时期对彝族居住区域的统治,和明朝相比较更加深入,发现了许多过去未知的一些名称。其二,彝族中的各部分,从明朝以来,不是在消除地方差别后进一步统一,而是在迁离原部后,又在另一个闭塞的区域中形成另一个新的小集体,同时也就出现了代表这个新的小集体的名称。名称的复杂,的确反映了彝族内部各地区之间的经济文化发展的不平衡。[6]

由于罗罗所处地域广阔、地理环境各异、经济文化发展不平衡,形成了今天彝族支系繁多、他称自称复杂的局面。其中以"诺苏泼"、"纳苏泼"、"聂苏泼"作为自称的占50%以上,意思是"尚黑的民族"。其他自称还有"撒尼"、"阿细"、"密撒"、"罗罗"、"山苏"等。中华人民共和国成立后,经民族识别,并按照彝族群众的共同意愿,以"彝"作为统一的民族名称。彝族有自己的语言,属汉藏语系藏缅语族彝语支。彝语的方言土语复杂,按其差异特征可分为6个方言区。虽然各个方言区有比较大的差别,但在语法结构和基本词汇等方面是比较一致的。彝族还有自己古老的文字,即前述已知被称为的"夷经"、"爨文"等,是一种超方言的音节文字,通称老彝文。

彝族是西南彝语支民族中分布最广、人口最多的民族。据2000年全国人口普查统计,彝族有7762272人,主要分布于川、滇、黔、桂四省区。其中,四川有212.2万,主要居住在大渡河以南的大小凉山及攀西地区(习惯上称安宁河以东、黄茅埂以西为大凉山,金沙江西岸和大渡河南岸之间的雷马屏地区为小凉山)。云南有470.4万,主要以金沙江、元江和哀牢山、无量山之间的地区比较集中(滇西的华坪、宁蒗、永胜称为云南小凉山)。贵州有84.3万,主要聚居在安顺、毕节两地区。广西壮族自治区的西北部有0.97万,聚居在隆林、睦边两县。

二、么些等(今纳西族)

么些的先民为西北羌人的一支,不断南迁至西南地区。汉晋时期称之为"摩沙夷"、"牦牛夷",唐宋时期称为"磨些蛮",基本上主要分布在金沙江流域。

元代的么些又被汉族史学家记录为"末些",他们主要聚居在丽江路(今丽江)。此外,柏庆路(今四川盐源)、鹤庆路也有部分么些散居。虽然么些的大贵族首领麦良曾经因为帮助蒙古军队平定大理有功,被授予了世袭土官的职位,但是,他仍然没有把末些各部统一起来,依旧散居在金沙江上游两岸。

明代,又将"末些"记为"么些"。据光绪《续云南通志稿》卷七十一记载说:万历年间以后,有一部分么些人口从丽江一带迁往滇西北的维西、中甸、巴塘、里塘等地,因而造成了纳西族分布区的扩大。[7]

近代以来又称为"摩西"、"摩梭"等。纳西族一般自称为"纳"、"纳西"、"纳日"、"纳恒"等,"纳"有大之义,"西"、"日"、"恒"则有人之义。此外,还有阮可、玛萨、邦西等自称。

据2000年全国人口普查统计,纳西族有308839人。纳西族主要分布在滇西北、川西南地区,主要聚居在云南省丽江市境内,其余分布在云南省的中甸、宁蒗、维西、永胜、德钦、贡山、剑川、鹤庆、兰坪和四川省的盐源、盐边、木里及西藏自治区的芒康等县。这也是自汉代以来纳西族的传统居住区。

纳西族有自己的语言和文字。纳西语属汉藏语系藏缅语族彝语支,分西部和东部两个方言区。西部方言区又分为丽江坝、大研镇和宝山三个土语;东部方言又分永宁、北蕖坝、瓜别三个土语。纳西族原有四种文字即东巴文、哥巴文、阮可文和玛萨文。中华人民共和国成立后,党和政府根据纳西族群众的愿望和要求,帮助纳西族创制了以拉丁字母为基础的新纳西拼音文字。

三、禾泥、和泥等(今哈尼族)

元代,汉族史学家将和泥记为"斡泥"或"禾泥",属于同音异写,斡泥的主要聚居区是今天的红河、元阳、金平、文山、绿春、江城、元江、墨江、思茅、普洱等地。

明代又将他们记录为"窝泥"或"和泥"。明初在"和泥"的主要居住区设置了思陀、溪处、左能、落恐、亏容(均在今红河县境内)、教化三部(在今文山县)、纽兀(在今江城至墨江之间)等长官司。清代,清朝统治势力再次向云南南部地区深入,又发现了卡堕、黑铺、糯比、喇乌、罗缅等哈尼族的支系。一般来说,居住在临安府南部红河南岸的多称为"和泥",散居的则是各支系。中华人民共和国成立后,将各个支系统一识别为哈尼族。

据 2000 年全国人口普查统计,哈尼族有 1439673 人。他们主要分布在云南省南部元江下游与澜沧江之间连绵起伏的哀牢山、无量山和西双版纳。红河州、墨江哈尼族自治县、元江哈尼族彝族傣族自治县、江城哈尼族彝族自治县、宁洱哈尼族彝族自治县、镇沅彝族哈尼族拉祜族自治县是哈尼族人口聚居的地区。

哈尼族有自己的语言,属汉藏语系藏缅语族彝语支。哈尼语又分为哈雅、碧卡、豪白三个方言。方言之内,又有 10 多种土语。哈尼族内部语言的差异与哈尼族各支系不同的自称有密切关系。哈尼族自称有"哈尼"、"和尼"、"爱尼"、"碧约"、"卡多"、"峨努"等 30 多种。其中以自称"哈尼"的人数最多,分布在红河州;自称"爱尼"的居住在西双版纳和澜沧;自称"碧约"、"卡多"的居住在思茅和元江等地。方言之间差别较大,使用不同方言的哈尼人不能相互通话。

四、力些等(今傈僳族)

南诏、大理国时期的"施蛮"、"顺蛮",后来称为"卢蛮",分布在今天的丽江市、怒江州和迪庆州南部,即元代的丽江路。在这个地区内,元朝曾经取以前"施蛮"、"顺蛮"的"施"、"顺"两字而设立了施州(今永胜县)、顺州(今永胜西部)。

明代,将"卢蛮"转称记录为"栗些"或"力些",分布区域是今天的丽江市和怒江州。由于他们在族源关系上与彝族有着极为亲近的渊源,所以景泰《云南图经志书》才记载说,北胜州(今永胜)有叫力些(即栗些)的人,是罗罗(即彝族)的一种。

如果说明代对傈僳族的记载还简单模糊的话,那么到了清代,对傈僳族的书面记录已经和近现代相差不多了,而且对分布情况也有更进一步的了解。据《清职贡图》记载说:傈僳族,散居在今天的怒江一带。本时期大部分傈僳族有了一定的农业生产,但是耕种方式还是刀耕火种,狩猎在经济生活中仍然占有一定的比例。在这种经济发展的基础之上,康熙年间,今兰坪、泸水、福贡等县的傈僳族中,出现了掠夺人口和牛羊以发展奴隶制生产的现象,然而由于各种因素的制约,奴隶制在傈僳族中没有得到进一步发展。而居住在今丽江、永胜、姚安山区的傈僳族发展更为缓慢,在生产、生活方式上都带有较多的原始社会遗迹。

大约在 16 世纪,原居于云南北部的傈僳族不堪忍受当地土司的统治,开始大规模西迁,渡过澜沧江,翻越碧罗雪山,抵达了怒江两岸。

傈僳族主要分布在云南省北部、西部地区。据 2000 年全国人口普查统计,傈僳族有 634912 人,其中大部分居住在云南省怒江州的泸水、福贡、贡山、兰坪四县。其余分布于迪庆州的中甸、维西县;丽江市的古城、玉龙、永胜、华坪、宁蒗县;德宏傣族景颇族自治州的潞西、陇川、瑞丽、梁河县;大理白族自治州的云龙、宾川、剑川、漾濞、永平县;保山市的腾冲、龙陵、昌宁县;楚雄州的武定、元谋、永仁等 30 余县。四川省攀枝花市的米易、盐边及凉山州的盐源、木里、德昌、会理、会东等县也有一些散居的傈僳族。傈僳族虽然从四川西南部高原至云南西南部山区都有分布,但除怒江州是较大的聚居区外,其他地区的傈僳族大多与当地白、彝、藏、纳西、哈尼等兄弟民族交错杂居或小块聚居,形成大分散、小聚居的特点。

傈僳族有自己的语言,属汉藏语系藏缅语族彝语支,分为怒江、禄劝两种方言。怒江方言又分为两个土语,语法无太多差别,词汇也基本相同。

五、三撮毛（今基诺族）

"三撮毛"是云南境内的古老民族,应该是以汉晋时期的叟族、昆明族中的一部分为主体发展而来的。但是,在清代以前的史书中对他们没有任何记载。清代,道光《云南通志》首次记载了他们的情况。汉族史家根据他们头上留有三撮头发的习俗,称他们为"三撮毛"。而"三撮毛"自称是"基诺",汉文译写为"攸乐",清代设置普洱府时,便在攸乐山区设攸乐同知。

据2000年全国人口普查统计,基诺族有33600人,其中大部分聚居于云南省西双版纳傣族自治州景洪市的基诺乡,其余散居于基诺乡的四邻山区,即景洪市勐旺乡、勐养镇、勐罕镇、大渡岗乡及勐腊县的勐仑镇、象明乡、易武乡。

基诺族有自己的语言,属汉藏语系藏缅语族彝语支。但还有学者认为,其语言与彝语支、缅语支都有明显的对应关系,但在语音、词汇、语法上有自己的特点,属语支未定的民族。[8]基诺族没有本民族文字,以刻木来记事,中华人民共和国成立后通用汉文。

六、倮黑等（今拉祜族）

倮黑应该是属于以古代氏羌为主体发展演变而来的民族,源于南迁的西北氏羌系统民族中的昆明族,隋唐宋时期的乌蛮中也包括有拉祜族的先民。唐代的锅锉蛮即今拉祜族和苦聪人的祖先,但是,清代以前都没有历史典籍记载,直到清代才开始见诸史书。清代的史书称其为"倮黑"。中华人民共和国成立后,被识别为拉祜族,拉祜族自称"拉祜纳"（黑拉祜）、"拉祜西"（黄拉祜）、"拉祜普"（白拉祜）。拉祜语称虎为"拉",称在火塘边把肉烤到发香的程度为"祜",所以,"拉祜"就是用一种特殊方法烤虎肉吃的意思。因此,拉祜族又被称为"猎虎的民族"。

据 2000 年全国人口普查统计,拉祜族有 453705 人,主要分布在澜沧江两岸的普洱市和临沧市。其中 78% 分布在澜沧江以西,北起临沧、耿马,南至澜沧、孟连。此外,澜沧江以东的景东、镇沅、景谷、思茅、普洱、江城、金平等地及澜沧江以西的景洪市、勐海县也有分布。

拉祜族语言属汉藏语系藏缅语族彝语支,分拉祜纳、拉祜西两大方言。无文字,以刻木来记事。20 世纪初,西方传教士创立了用拉丁字母拼写的文字,但未能广泛使用。

七、怒人(今怒族)

怒人的先民应该是唐宋时期乌蛮中发展比较缓慢的部分,是元代的卢鹿蛮。由于宋元以前的历代王朝对怒人分布区的统治不太深入,所以史书上不见有关怒人的记载。明代时钱古训、李思聪的《百夷传》将其记为"怒人"。《百夷传》记载说,怒人与阿昌很类似;天启《滇志》也记载说,怒人在许多方面与么些相同。中华人民共和国成立后,识别为怒族。

据 2000 年全国人口普查统计,我国怒族共有 28759 人,其中 90% 以上集中分布于云南省怒江州,另有少数零星分布在邻近的迪庆州维西县及西藏自治区察隅县。根据其语言、习俗和地方性族群认同的差异,怒族一般又分为四个支系。人口最多的一支自称"怒苏",主要分布在福贡县的匹河怒族乡、子里甲乡等地,有近1.7 万人;自称"阿侬"的怒族,主要分布在福贡县的上帕镇、鹿马登乡、架底乡等地;自称"若柔"的怒族,以兰坪县的兔峨乡和泸水县鲁掌镇为主要分布地;自称"阿龙"的怒族,则分布在贡山县的丙中洛乡、捧打乡、茨开镇及维西县和察隅县的察瓦隆乡等地。

怒族有本民族语言而无文字。怒语(碧江)属汉藏语系藏缅语族彝语支。怒族群众在实际生活中的语言使用情形比较复杂。一般来说,除了内部使用支系语言外,绝大多数都兼通一至两种其他民族的语言,所兼通的语言包括傈僳语、白语、藏语和汉语等。

第三节　藏人、古宗等(属藏语支,今藏族)

青藏高原是人类的重要发祥地之一,至少从新石器时代起,藏族的祖先就已生息繁衍在这块古老的土地上。随着历史的发展,作为藏族先民的土著,在融合氐羌系统等民族的基础上逐渐发展形成为今天的藏族。在前面的论述中我们也认为南下至川西高原的氐羌系统民族如嘉良(嘉戎)、附国羌、东女羌、白狗羌等羌人在唐宋时均为吐蕃所并,并与吐蕃融合,共同发展成为今天的藏族;川西南的一些羌人部落如拍木依在宋代被称为西番,其中一部分也为吐蕃所并,成为今天藏族的先民之一。因此,我们认为,藏族虽然源起于青藏高原的土著,但在形成发展的过程中与羌系统民族关系密切,甚至有很大一部分羌人融入其中,这不仅从考古学文化方面得到了证明,而且文献记载也与之相同。特别是安多藏族和康巴藏族,由于地域的关系,其与氐羌系统民族的关系更密切。当然,因为藏学本身是一门显学,在此我们只是从源流的角度来进行探讨,探寻我国西南地区氐羌系统的源与流,有一部分氐羌系统民族分化、融合发展成为藏族。

唐朝初年,藏族的先民从西藏进入云南,在今丽江市设置了神川都督府进行统治。后来神川都督府管辖的地方被南诏夺取,改设铁桥节度,吐蕃人口仍然留在原地。这种状况一直持续到元代都没有改变。所以,《元一统志》丽江路《风俗》条才说:丽江路有吐蕃与么些(即纳西族)等族互相交错杂居。这部分吐蕃,无论在政治和经济等方面都从属于当地占绝大多数的么些族。

到了明代,开始称呼滇西北的藏族为"古宗"。据天启《滇志》记载说:"古宗"散居在丽江、鹤庆二府境内,与么些、白族、彝族、西番(即普米族)等族杂居。但实际上明代云南境内的"古宗"主要聚居区是今天滇西北的中甸、德钦。明朝中期以后,丽江府不能直接控制这些地方,当地的"古宗"自成聚落,与北部的吐蕃(即西藏的藏族)联系更多。到了万历年间,丽江土知府木氏势力强盛,率领么些军队向西北进攻。因此,今天的中甸、德钦等地的"古宗"都纳入了丽江府的控制范围之内。清代还是称云南境内的藏族叫"古宗",所不同的是景东也有部分"古宗"商人因为到景东去做茶叶生意,最终定居在景东的。所以《清职贡图》才记载说:"古宗,先为土蕃部落,与滇西北接壤,流入鹤庆、丽江、景东等三府。"

藏族自称"博"(bod)、"博巴"(bod–pa)、"博米"(bod–mi)、"博热"(bod–rigs)等。明代及其以前的汉文史籍把藏区和藏族统称为"吐蕃",有一部分称"西番"。明朝时又称为"乌斯藏",但范围仅指今天西藏自治区。清时称"图伯特",康熙朝始有"西藏"之称。据2000年全国人口普查统计,全国藏族有5416021人。其中西藏自治区有藏族2427168人,占全自治区人口总数的90%以上,约占全国藏族人口总数的45%;四川省有藏族人口1269120人,约占全国藏族人口总数的23%;青海省有藏族1086592人,约占全国藏族人口总数的20%;甘肃省有藏族443228人,约占全国藏族人口总数的8%;云南省有藏族128432人,约占全国藏族人口总数的2.4%。其余藏族分散居住在全国各省市、自治区。

藏族有自己的语言和文字。藏语属汉藏语系藏缅语族藏语支。按藏族传统的地理概念,整个藏区分为卫藏、康区和安多三大区域。卫藏的范围大致包括今天除昌都和那曲两个地区之外的西藏自治区全部,而康区的范围包括西藏的昌都地区、四川的甘孜州、云南的迪庆州和青海的玉树州等,而安多地区则囊括了玉树以外的全部青海藏区、四川的阿坝州、甘肃的甘南州和天祝县等。因此,藏语又按以上地理划分为卫藏、康、安多三大方言区。卫藏和康方言有声调,而安多话属无调语言。藏文属拼音文字,于7世纪由吞米桑布创制。藏语虽有三大方言,但藏文的使用规则全藏区基本一致。

从现今藏族的分布地域和对其历史发展的源流来看,藏族特别是康区和安多的藏族与中国西南氐羌系统民族的关系是非常密切的,有的就分布在藏彝民族走廊,有的直接吸收了川西、川西南、藏东、青海东部及甘南相连地带的大量氐羌系统民族。

第四节　峨昌(属缅语支,今阿昌族)

峨昌是以寻传蛮为主体发展而来的。南诏、大理国时期的寻传蛮,经过元明清时期的发展,逐渐形成了单一民族峨昌。元代之峨昌的分布地域与南诏统治时期寻传蛮的分布区域完全一致,与金齿(今傣族先民)等民族杂居。被记作峨昌、俄昌、莪昌、萼昌等。研究表明,明朝中期以后,峨昌逐渐与景颇族中的载瓦分开,峨昌内部也还处在不断的变化之中,据景泰《云南图经志书》和正德《云南志》记载,明代中后期云龙州、北胜州都有峨昌,但是到了近现代他们已经不见了,只可能是由于处在不断的分化之中,渐渐融合到白族、彝族、纳西族中去了。清初,峨昌稳定下来形成单一民族,中华人民共和国成立后,识别为阿昌族。

据2000年全国人口普查统计,我国境内的阿昌族共有33936

人。他们基本都分布在云南省境内,德宏傣族景颇族自治州是阿昌族最主要的聚居区,陇川、梁河、潞西、盈江、瑞丽等县市都有阿昌族分布,而陇川县户撒乡,梁河县的九保、囊宋、河西、杞木寨等乡,以及潞西市江东乡,则集中了阿昌族85%以上的人口。其中户撒乡有阿昌族11373人(1998年户撒乡政府报表数字),占全乡总人口的52.69%,主要聚居在曼捧、郎光、隆光、明社、腊撒、潘乐等行政村的几十个自然村。梁河县阿昌族人口为11740人(1998年梁河县政府统计数字),占全县当年总人口的7.56%,其中囊宋乡有阿昌族838户,共3702人,占全乡总人口的15.8%,分布在9个行政村62个社,以关璋、弄别、瑞泉、马茂等村最为集中;九保乡有阿昌族893户,共3506人,占全乡总人口的28%,主要分布在丙盖、横路、勐科3个行政村的21个社。除此之外,另有近5000人分散居住在保山市的腾冲、龙陵和大理的云龙等县。

阿昌族语言属汉藏语系藏缅语族缅语支,分陇川、梁河、潞西三个方言。方言间在语法上差异不大,但语音、词汇的差异较大,词汇中非同源词占30%—50%,彼此间通话有较大困难。阿昌族还兼通傣语、汉语。

第五节　景颇语支民族的先民

一、"结些"、"野蛮"等(今景颇族)

汉晋时期的寻传蛮和裸形蛮都可以认为是景颇族的直接先民。元明时期,包有后来景颇族(载瓦)先民的部分仍与今阿昌族的先民共同被称为"阿昌",即此时期分化还尚未完成。其分布区域在澜沧江以西至伊洛瓦底江上游以东地带,包括迈立开江和恩梅开江间的江心坡也是阿昌的居住区域;此时期,景颇族的另一部分则被称为"野人"、"野蛮"、"结些"、"遮些"、"羯些子"、"山头人"等,分布在伊洛瓦底江上游以西,即今缅甸克钦邦境内的伊洛瓦底江上游以西地带。"野蛮"即南诏时期的"裸形蛮",其分布状况没有发生变化;明朝末年,"野人"、"结些"的一部分,开始越过江心坡"阿昌"的居住区域,流入今云南德宏地区,与"阿昌"(景颇族中的载瓦)共同居住在一起。[9]

　　从发展程度上讲"结些"比较快一些,"野人"稍要缓慢一些。明中叶以后,"结些"中的一部分开始东迁进入南甸(今梁河)、陇川等傣族居住地区,与傣族、峨昌(今阿昌族)相互杂居。天启(滇志)卷三十记载说:"羯些子,种出迤西孟养,流入腾越。"这部分"结些"流入腾越土司地区之后,形成了近代景颇族中的景颇支。而"野人"则是唐宋时期裸形蛮中生产、生活变化很小的部分,所以被称为"野人"。万历末年前后,"野人"中的一部分从孟养流入茶山、里麻,赶走了茶山、里麻的土司,与阿昌族共同杂居在一起,后来又迁入腾越,最后也形成景颇族中景颇支的一个组成部分。清代仍然沿袭明代的称呼,称景颇族的先民为"结些"、"遮些"、"野人"。但景颇族自称则是"景颇"、"载佤"、"喇期"、"浪峨"。属于"结些"的部分,农业和手工业都已经有所发展,并产生了阶级分化;而称为"野人"的部分却还比较落后,甚至连阶级分化都没有产生。[10]

　　据2000年全国人口普查统计,我国景颇族有132143人,主要聚居在云南省德宏傣族景颇族自治州的陇川、盈江、潞西、瑞丽、梁河五县境内。这些地区山脉绵延,与缅甸接壤,国境线长达503公里。此外,在怒江州的片马、岗房、古浪,临沧市的耿马傣族佤族自治县,普洱市的澜沧县及西双版纳傣族自治州的勐海县等地也有不少散居的景颇族。

景颇族语言属汉藏语系藏缅语族景颇语支,但不同支系语言也不尽相同。景颇族共有五个支系,即景颇、载瓦、勒期、浪峨、波拉,所以有五种不同的语言。在我国景颇族人口中,载瓦支系的人口最多,其次是景颇支系,然后依次是勒期、浪峨、波拉。

二、俅人(今独龙族)

长期以来,俅人一直处在闭塞落后的状态当中,与外界几乎没有多少接触,所以鲜为人知。可能是在某种极为偶然的情况下被发现,《元一统志》作了简略的记录。《元一统志》丽江路《风俗》条记载说:丽江路范围内有"俅人"与卢蛮、吐蕃等交错杂居。清代汉文文献中也记为"俅"、"俅人"。俅人居住地区的河流称俅江,今贡山县西部的独龙江上游仍称俅江。大约在清中期后,俅族逐渐集中到俅江下游的独龙江流域,因而在中华人民共和国成立后识别为独龙族。

据 2000 年全国人口普查统计,我国独龙族有 7426 人,主要分布在云南省西北角的怒江州贡山县,此外,相邻的维西县齐乐乡和西藏察隅察瓦洛乡也有少量分布。独龙江是独龙族的聚居区。该乡人口 4034 人,其中独龙族人口占总人口的 96.87%,幅员面积 1997.3 平方公里,占全县总面积的 44.28%。村寨比较分散,大多分布在江边和山腰的台地上,大则 20 余户,小则不足 5 户。村与村相距十多里或几十里。

独龙族的语言属汉藏语系藏缅语族景颇语支。独龙语和景颇语、珞巴语与僜人语言比较相近,贡山怒语与独龙语基本相通。由于独龙族长期与世隔绝,语言发展缓慢,受外界影响小,具有藏缅语活化石的特征。

第六节　语支未定民族的先民

汉藏语系藏缅语族民族的白族和土家族,对于其语支归属,现仍存在不同意见,有人认为二民族应归入彝语支民族,但更多学者则认为,白语与土家语具有不同于彝语的特质,其语支尚待确定。出于客观考虑,本文采用后者的观点。

一、白人等（今白族）

汉晋时期中国西南地区的僰人,在融合南中地区的汉族、叟族及当地土著等民族的基础上,形成了唐宋时期的白蛮,经过不断的分化和融合发展,至元时,大部分的白蛮正如李京在其《云南志略·诸夷风俗》中所言:"白人有姓氏。汉武帝开僰道,通南夷道,今叙州属县是也。故中庆、威楚、大理、永昌皆僰人,今转为白人矣。"[11]说明至迟在元代,白人作为单一民族已形成。元朝时期白人的分布区域,李京《云南志略》说,中庆路（滇中地区）、威楚路（今楚雄州）、大理路（今大理州）、永昌府（今保山、永平）都是白人的主要聚居区,此外,腾冲府城内也是白人的聚居区。另外,今滇、川、黔交界连接地带其时也有白人杂居于其他民族之中;丽江路、鹤庆路、元江路、临安路、澂江路、曲靖路、武定路、仁德路（今寻甸）、茫部（今镇雄）、乌蒙（今昭通）、东川,以及建昌路、会川路、普安路和普定路等地,也都有白人散居于其他民族之中。这种状况不同程度地延至明清时期。[12]大概在明代后期,政府将云南境内的居民分为军户、民户、夷户三种。一般来说,军户、民户都是汉族,夷户则是泛指少数民族。由于白人广泛地与汉族民户杂居,经济文化生活逐渐与汉族的民户趋于一致,为了抛弃"夷人"的帽子,到明朝后期,白人又自称民家,表示自己是有别于"夷户"的民户。

清代,白人或称"僰人",也有时仍然称"白子"或"民家"。而滇西北与纳西族杂居的白族则被纳西族称为"那马",碧江、兰坪一带的白族被称为"勒墨"。中华人民共和国成立后,识别为白族。

据 2000 年全国人口普查统计,白族有 1858063 人,主要分布在云南省,80%以上聚居于大理白族自治州。怒江、昆明、丽江、保山、临沧、迪庆等地州市也有分布。此外,四川凉山州、贵州毕节地区和湖南桑植县等地也有少数白族和当地民族杂居。

白族语言属汉藏语系藏缅语族。由于受汉族文化的长期影响,白语中含有大量汉语词汇,大多数白族通晓汉语。历史上曾借用汉文或稍作变化的汉字标记白语,称为"白文"(或称"僰文"),俗称"汉字白读"。

二、土人、土丁等(今土家族)

土人源于我国历史上氐羌系统中的賨人、巴人和廪君蛮,这些民族群体在历史发展进程中,不断聚居于今渝、鄂、湘、黔相连地带,在融合当地土著及不断迁徙至该地的他族的基础上最终形成,宋代,这一民族被称为"土蛮"、"土人"、"土民"、"土丁"等,说明单一民族土家族在宋代已逐渐形成。元明时期,在湘西、鄂西、川东南、黔东北地区设立了许多大大小小的土司,清代完成了对其之改土归流。中华人民共和国成立后,统一识别为土家族。

土家族自称"毕兹卡"、"密基卡"、"贝锦卡"等,意为"本地人"或"土生土长的人"。据 2000 年全国人口普查统计,土家族有8028133人。其中,湖南有 263.9 万,湖北有 217.7 万,贵州有 143

万,重庆有 142.4 万。主要分布于湖南省湘西土家族苗族自治州,湖北省鄂西土家族苗族自治州,重庆的酉阳、秀山、黔江、彭水、石柱及贵州的沿河、印江、思南、铜仁等县,与其传统居地大致相同。

　　土家族语言属汉藏语系藏缅语族。绝大部分土家族通用汉语,部分人兼通苗语,只会讲土家语的只有居住在永顺、龙山两县偏僻山区的二三万人。

结　　语

　　原居我国西北甘、青高原的氐羌系统民族中的一部分在石器时代特别是新石器时代由于自然环境和历史原因等因素的影响持续不断地南下、西进、再南下，对当时川北、川西北、藏东、滇西和滇西北的考古学文化产生了巨大的影响，其考古学文化可以认为属于同一文化类型。而南下的氐羌系统民族成为了今天中国西南地区汉藏语系藏缅语族各民族共同的源。这对中国西南地区民族的形成和分布具有重大意义。

　　先秦时期西南地区的巴族和蜀族与氐羌系统民族关系密切。随着历史的发展，西南氐羌系统民族的族称更加多样化，说明其已不断分化，并与他族发生了程度不一的融合。

　　秦汉时期西南民族除单称的羌族及白马羌、牦牛羌、参狼羌等各种羌族支系外，还有昆明族、叟族、僰族、摩沙族、賨人、冉駹、白狼、槃木、唐菆、徙、筰都、邛都、和夷、丹、犁等民族都可以溯源至氐羌系统民族中。

　　魏晋南北朝时期，战乱不息，中原封建政权出于巩固政权、统治及控制的需要，把西南地区的氐羌系统民族不断徙至中原地区与他族杂居，后来这部分氐羌系统民族基本上融于汉族之中；西南地区氐羌系统民族中的賨人李氏建立了大成、成汉政权,使更多的氐羌系统民族得到了进一步的融合发展。苻秦政权也曾得到"西南夷"的支持。

汉末至魏晋南北时期,汉族大姓及人士不断南迁南中地区,使南中地区的氐羌系统民族获得了发展的新鲜血液,其发展速度比以往任何时期都快,进一步促进了西南地区氐羌系统民族的分化和融合。

总体来看,共源于西北氐羌系统民族的西南氐羌系统民族到了唐宋元明清时期主要发展成为三个大的部分:

第一是川西、川西北地区的氐羌系统民族很大一部分为吐蕃所并,至元明清时发展成为了西番,成为今天普米族和一部分藏族的先民。而一部分自新石器时代以来世居岷江上游的羌人,在历史发展的过程中虽也和他族相杂居,但仍然顽强地保持其羌人的习俗和文化,在融合他族的基础上,发展成今天的羌族。

第二是川西南、滇、黔西地区即南中地区的氐羌系统民族发展成为乌蛮和白蛮,最后大部分分别演变成为今天汉藏语系藏缅语族彝语支民族、白族等民族。

三是渝东、鄂西、湘西、黔东北四省交界的賨人与他族融合发展成为今天的土家族。

综观中国西南氐羌系统民族源流的发展历程,我们可以得出这一民族源流发展的基本特点和规律。在其发展的过程中,主要贯穿着同源异流与异源同流的发展主线,只是在各个不同的发展阶段,其重点不一。

氐羌系统民族的第一次同源异流发展阶段。从考古学文化的角度我们可以看出,氐人与羌人的考古学文化的分布中心是不同的,氐人在东、羌人靠西。但氐人与羌人共源于西北甘、青高原相同类型的考古学文化,因此称为氐羌系统民族。所以在这一阶段,虽然氐人与羌人共源于相同类型的考古学文化,但其分布中心的各异,说明其时氐羌系统民族已处于不断的分化过程中。其发展的方向之一是从西北向西南。

先秦时期是氐羌系统民族的第二次同源异流时期。从文献记载来看,先秦时期特别是夏商周时期,氐羌系统民族不断东徙、南下,与中原地区的其他民族发生了密切的关系,有的不断融于华夏族等民族之中。值得注意的是,到战国时,氐族已经作为一个有影响的民族登上了历史舞台。氐、羌分称业已完成。出现了与氐羌系统民族关系密切但又非称为氐或羌的巴人和蜀人。在这一阶段,氐羌系统民族同样是以同源异流、分化发展为主。

秦汉时期是氐羌系统民族的第三次分化时期,但同时也有融合发生。秦汉时期的分化除了表现在西南氐羌系统民族的不断南迁外,还表现在其民族名称已出现了别于氐族和羌族的其他族称,如昆明族、叟族、摩沙族、僰族、賨人、冉駹、白狼、槃木、唐菆、徙、筰都、邛都、和夷、丹、犁等等。但与此同时,还有大量氐羌系统的民族不断融入藏族等民族的先民及汉族之中。因此,在这一时期,氐羌系统民族的发展应以同源异流为主,但也有异源同流的现象存在。

魏晋南北朝时期是氐羌系统民族的第四次分化和融合发展时期,其分化与融合是交替进行的。源于氐羌系统民族的羌人,一部分与藏族先民融合,成为藏族的重要先民之一,后被称为西番;徙居岷江上游一带的羌人,在与白马羌、邓至羌、白狗羌、党项羌及部分吐谷浑、吐蕃、汉族等民族融合的基础上,发展成为今天唯一与其先民名称相同的羌族,认为羌族古今不变,一脉相承的观点是值得商榷的。

唐宋时期是氐羌系统民族的第五次分化和发展时期。源于氐羌系统民族的昆明族、叟族经过与汉族等民族的融合发展，到唐宋时被称为乌蛮，成为今天汉藏语系藏缅语族彝语支的先民；以僰族为主，融合了大量汉族和一部分叟族的民族群体，在唐宋时被称为白蛮，成为今天白族的先民。与氐羌系统民族关系密切的賨人，在与当地土著、濮人、蜒人等民族融合的基础上，发展成为今天土家族的先民——土家蛮。可以说，这一时期氐羌系统民族同源异流与异源同流的发展是交替共进的。这对现代中国西南地区氐羌系统民族的形成和发展产生了深远的影响。

元明清时期是氐羌系统民族分化发展的最后时期。通过这一时期的融合特别是分化发展，中国西南地区氐羌系统民族及其分布格局最终形成。在这一阶段，同样贯穿着同源异流与异源同流的发展主线。

然而，我们也要看到，中国西南地区氐羌系统民族的分化与融合，与其他民族特别是中原汉族发生了密切的联系，有的直接融入汉族等民族中，有的汉族也不断加入氐羌系统民族，这也深刻揭示了今天汉族和中国少数民族及中国少数民族之间"三个离不开"的历史原因。对此，杜若甫、肖春杰二位教授已从遗传学的角度得到了印证。[13]

注　释

1　胡昭曦：《论汉晋的氐羌和隋唐以后的羌族》，载《历史研究》1963 年第 2 期。

2　李绍明：《关于羌族古代史的几个问题》，载《历史研究》1963 年第 5 期。

3　冉光荣、李绍明、周锡银：《羌族史》，四川民族出版社 1985 年版，第 212—213 页。

4　羌族人口统计数字及其分布、语言学资料主要来源于杨圣敏、丁宏：《中国民族志》，中央民族大学出版社 2003 年版。以下各族有关人口、分布地、语言学资料均引自该书，恕不一一注出。

5　以上参见尤中:《云南民族史》,云南大学出版社 1994 年版,第 313、390、347、548 页。

6　以上参见尤中:《云南民族史》,云南大学出版社 1994 年版,第 303、372、531 页。

7　以上参见尤中:《云南民族史》,云南大学出版社 1994 年版,第 379—381 页。

8　杨圣敏、丁宏:《中国民族志》,中央民族大学出版社 2003 年版,第 280 页。

9　尤中:《中国西南民族史》,云南人民出版社 1985 年版,第 601 页。

10　尤中:《云南民族史》,云南大学出版社 1995 年版,第 548、549 页。

11　(元)李京:《云南志略》,转引自《云南史料丛刊》第 3 卷,云南大学出版社 1998 年版,第 128—129 页。

12　尤中:《中国西南民族史》,云南人民出版社 1985 年版,第 520—522 页。

13　杜若甫、肖春杰:《从遗传学探讨中华民族的源与流》,载《中国社会科学》1997 年第 4 期。

参考文献

一、历史文献

《史记》,中华书局标点本 1982 年版。

《汉书》,中华书局标点本 1962 年版。

《后汉书》,中华书局标点本 1965 年版。

《三国志》,中华书局标点本 1959 年版。

《魏书》,中华书局标点本 1974 年版。

《晋书》,中华书局标点本 1974 年版。

《北史》,中华书局标点本 1974 年版。

《周书》,中华书局标点本 1971 年版。

《隋书》,中华书局标点本 1973 年版。

《新唐书》,中华书局标点本 1975 年版。

《旧唐书》,中华书局标点本 1975 年版。

《宋史》,中华书局标点本 1985 年版。

《元史》,中华书局标点本年 1974 版。

《明史》,中华书局标点本 1974 年版。

《资治通鉴》,中华书局 1956 年版。

《太平御览》，中华书局 1960 年版。

《太平寰宇记》，金陵书局光绪 8 年版。

《通典》，中华书局 1984 年版。

《文献通考》，浙江古籍出版社 1988 年版。

木芹：《云南志补注》，云南人民出版社 1995 年版。

袁珂：《山海经校译》，上海古籍出版社 1985 年版。

郭郛：《山海经注证》，中国社会科学出版社 2004 年版。

沈薇薇：《山海经译注》，黑龙江人民出版社 2003 年版。

张玉春：《竹书纪年译注》，黑龙江人民出版社 2003 年版。

王守谦、金秀珍、王凤春注译：《左传全译》，贵州人民出版社 1990 年版。

《逸周书·王会解》，辽宁教育出版社 1997 年版。

（汉）扬雄撰：《蜀王本纪》（已佚，残本散见于其他文献）。

《全上古三代秦汉三国六朝文·全汉文卷五十三》，河北教育出版社 1997 年版。

（晋）常璩撰，刘琳校注：《华阳国志校注》，巴蜀书社 1984 年版。

（晋）常璩撰，任乃强校注：《华阳国志校补图注》，上海古籍出版社 1978 年版。

（明）刘文征撰，古永继点校：《天启滇志》，云南教育出版社 1991 年版。

潘光旦：《中国民族史料汇编》，天津古籍出版社 2005 年版。

周振甫：《诗经译注》，中华书局 2002 年版。

童书业：《春秋左传研究》，上海人民出版社 1980 年版。

顾祖禹：《读史方舆纪要》，中华书局 2005 年版。

《水经注疏》，江苏古籍出版社 1986 年版。

《十三经注疏》，上海古籍出版社 1990 年版。

《诸子集成》（二），长春出版社 1999 年版。

《诸子集成·荀子集解》卷 2，上海书店 1986 年版。

《今本竹书纪年疏证》，辽宁教育出版社 1997 年版。

高亨：《诗经今注》，上海古籍出版社 1980 年版。

二、相关专著和史志资料

何光岳：《氐羌源流史》，江西教育出版社 2000 年版。

马长寿：《氐与羌》，上海人民出版社 1984 年版。

任乃强：《羌族源流探索》，重庆出版社 1984 年版。

冉光荣、李绍明、周锡银：《羌族史》，四川人民出版社 1985 年版。

杨铭：《氐族史》，吉林教育出版社 1991 年版。

尤中：《中华民族发展史》，晨光出版社 2007 年版。

尤中：《中国西南的古代民族》，云南人民出版社 1980 年版。

尤中：《中国西南民族史》，云南人民出版社 1985 年版。

尤中：《云南民族史》，云南大学出版社 1994 年版。

罗二虎：《秦汉时代的中国西南》，天地出版社 2000 年版。

万永林：《中国古代藏缅语民族源流研究》，云南大学出版社 1997 年版。

王明珂：《华夏边缘——历史记忆与族群认同》，台北允晨文化实业股份有限公司 1997 年版。

王明珂：《华夏边缘——历史记忆与族群认同》，社会科学文献出版社 2006 年版。

王明珂：《羌在汉藏之间：一个华夏边缘的历史人类学研究》，台北联经出版事业公司 2003 年版。

王明珂:《羌在汉藏之间——川西羌族的历史人类学研究》,中华书局 2008 年版。

王明珂:《蛮子、汉人与羌族》,台北三民书局 2001 年版。

方国瑜:《中国西南历史地理考释》,中华书局 1987 年版。

方国瑜:《彝族史稿》,四川民族出版社 1984 年版。

马曜:《云南各族古代史略》,云南人民出版社 1977 年版。

马曜:《云南简史》,云南人民出版社 1983 年版。

马曜:《大理文化论》,云南教育出版社 2001 年版。

顾颉刚:《史林杂识 初编》,中华书局 1963 年版。

王国维:《观堂集林》,中华书局 1959 年版。

邓少琴:《巴蜀史稿》,重庆地方史资料组 1986 年。

邓少琴:《巴蜀史迹探索》,成都出版社 1983 年版。

董其祥:《巴史新考》,重庆出版社 1983 年版。

段渝:《四川通史》(第一册),四川大学出版社 1993 年版。

蒙默、刘琳、唐光沛等:《四川古代史稿》,四川人民出版社 1988 年版。

黄奋生:《藏族史略》,民族出版社 1985 年版。

祁庆富:《西南夷》,民族出版社 1990 年版。

徐嘉瑞:《大理古代文化史》,云南人民出版社 2005 年版。

王文光:《中国古代的民族识别》,云南大学出版社 1997 年版。

王文光:《云南民族的由来与发展》,德宏民族出版社 1994 年版。

张增祺:《云贵高原的西南夷文化》,湖北教育出版社 2004 年版。

徐文德、木芹纂录校订:《云南史料丛刊》(第一、三卷),云南大学出版社 1998 年版。

李绍明、程贤敏:《西南民族研究论文选》,四川大学出版社 1991 年版。

李绍明:《巴蜀民族史论文集》,四川人民出版社 2004 年版。

陈炳应、卢冬:《古代民族》,敦煌文艺出版社 2004 年版。

汪宁生:《中国西南民族的历史与文化》,云南民族出版社 1989 年版。

[日]白鸟芳郎:《华南文化史研究》,日本六兴出版社 1985 年版。

石硕:《藏彝走廊:历史与文化》,四川人民出版社 2005 年版。

胡绍华:《中国南方民族发展史》,民族出版社 2004 年版。

王钟翰:《中国民族史》,中国社会科学出版社 1994 年版。

吕思勉:《中国民族史》,东方出版社 1996 年版。

林惠祥:《中国民族史》,商务印书馆 1993 年影印版。

江应樑:《中国民族史》,民族出版社 1990 年版。

王文光:《中国民族发展史》,民族出版社 2005 年版。

田晓岫:《中华民族发展史》,华夏出版社 2001 年版。

吴永章:《中南民族关系史》,民族出版社 1992 年版。

邱树森等:《中国少数民族简史》,河北教育出版社 1994 年版。

卢勋等:《隋唐民族史》,四川民族出版社 1996 年版。

宋蜀华:《百越》,吉林教育出版社 1991 年版。

杨建新:《中国西北少数民族史》,民族出版社 2003 年版。

杨建新:《中国少数民族通论》,民族出版社 2005 年版。

李济:《中国民族的形成》,江苏教育出版社 2005 年版。

黄烈:《中国古代民族史研究》,人民出版社 1987 年版。

何平:《从云南到阿萨姆——傣—泰民族历史再考与重构》,云南大学出版社 2001 年版。

林惠祥:《文化人类学》,商务印书馆 1991 年 2 月第 2 版。

徐旭生:《中国古史的传说时代》,文物出版社 1985 年版。

P. Ф. 伊茨著,冯思刚译:《东亚南部民族史》,四川民族出版社 1981 年版。

童书业:《春秋史》(重印加"导读"本),上海古籍出版社 2003 年版。

任乃强:《任乃强民族研究文集》,民族出版社 1990 年版。

段渝:《政治结构与文化模式——巴蜀古代文明研究》,学林出版社 1999 年版。

唐作藩:《上古音手册》,江苏人民出版社 1984 年版。

丁文江:《爨文丛刻》(甲编),商务印书馆 1936 年版。

梁启超:《饮冰室文集》,云南教育出版社 2001 年版。

周予同:《中国历史文选》,上海古籍出版社 1985 年版。

田继周:《秦汉民族史》,四川民族出版社 1996 年版。

《羌族简史》编写组:《羌族简史》,四川民族出版社 1986 年版。

《白族简史》编写组:《白族简史》,云南人民出版社 1988 年版。

马长寿遗著:《彝族古代史》,上海人民出版社 1987 年版。

(法)伯希和著,冯承钧译:《郑和下西洋考 交广印度两道考》,中华书局 2003 年版。

丹珠昂奔:《藏族文化发展史》(上册),甘肃教育出版社 2001 年版。

侯绍庄、史继忠、翁家烈:《贵州古代民族关系史》,贵州民族出版社 1991 年版。

田荆贵:《土家纵横谈》,湘西自治州政协文史资料研究委员会 1995 年版。

田广:《凤凰土家族史话》,政协凤凰县委员会、凤凰县民族事务委员会 1999 年印刷。

罗安源、田心桃、田荆贵等:《土家人和土家语》,民族出版社 2001 年版。

杨堃、方国瑜、秦凤翔等:《云南白族的起源和形成论文集》,云南民族出版社 1957 年版。

四川省民族研究所:《白马藏人族属问题讨论集》,1980 年 9 月出版。

徐高良:《中国民族文化源新探》,社会科学文献出版社 2002 年 2 月第 2 版。

《西南彝志》,载贵州省民族志编委会:《民族志资料汇编》第十集,1989 年版。

中国科学院民族研究所、湖南少数民族社会历史调查组:《土家族简史简志合编》,1963 年 8 月。

《道光云南志钞》,云南省社会科学院文献所 1990 年内部版。

田德生、何天贞、陈康等:《土家语简志》,民族出版社 1986 年版。

杨智勇、秦家华、李子贤:《云南少数民族生葬志》,云南民族出版社 1988 年版。

《哈尼阿培聪坡坡》,云南民族出版社 1986 年版。

《雅尼雅嘎赞嘎》,云南人民出版社 1992 年版。

《哈尼先祖过江来》,载《红河州民族民间文学选集》,红河州文联、教育局 1989 年编印。

张力：《传说萝卜寨》，中国文联出版社 2003 年版。

汶川县人民政府：《羌族释比的故事》（内部资料），2006 年 6 月印。

《云南辞典》，云南人民出版社 1993 年版。

三、考古学文献

董作宾：《殷墟文字甲编》和《殷墟文字乙编》（上、中、下），科学出版社 1956 年影印版。

陈梦家：《殷虚卜辞综述》，科学出版社 1956 年版。

姚孝遂、肖丁：《小屯南地甲骨考释》，中华书局 1985 年版。

于省吾：《双剑誃殷契骈枝·释氏》，北京虎坊桥大业印刷局 1940 年影印版。

于省吾：《甲骨文字诂林》，中华书局 1990 年版。

李孝定：《甲骨文字集释》，1970 年版（台湾）。

李学勤：《殷代地理简论》，科学出版社 1959 年版。

文物出版社：《新中国考古五十年》，文物出版社 1999 年版。

文物编辑委员会：《文物考古工作十年》，文物出版社 1991 年版。

文物编辑委员会：《文物考古工作三十年》，文物出版社 1981 年版。

童恩正：《中国西南民族考古论文集》，文物出版社 1990 年版。

童恩正：《古代的巴蜀》，四川人民出版社 1979 年版。

童恩正：《古代的巴蜀》，四川人民出版社 2004 年版。

童恩正：《南方文明》，四川人民出版社 2004 年版。

童恩正：《人类与文化》，四川人民出版社 2004 年版。

《巴人之谜》,华夏出版社 2004 年版。

汪宁生:《云南考古》,云南人民出版社 1980 年版。

张增祺:《中国西南民族考古》,云南人民出版社 1990 年版。

云南省博物馆:《云南人类起源与史前文化》,云南人民出版社 1991 年版。

李昆声:《云南考古学论集》,云南人民出版社 1998 年版。

云南省博物馆:《云南青铜文化论集》,云南人民出版社 1991 年版。

云南省文物考古研究所:《云南考古文集——庆祝云南省文物考古研究所成立十周年》,云南民族出版社 1998 年版。

云南民族出版社:《汪宁生论著萃编》(上卷),云南民族出版社 2001 年版。

张增祺:《滇国与滇文化》,云南美术出版社 1997 年版。

李振翼:《甘南藏区考古集萃》,民族出版社 2001 版。

李昆声:《云南艺术史》,云南教育出版社 2001 年版。

周新华:《三星耀天府——三星堆文化和巴蜀文明》,浙江大学出版社 2004 年版。

苏秉琦:《中国文明起源新探》,生活·读书·新知三联书店 1999 年版。

李学勤:《中国古代文明与国家形成研究》,云南人民出版社 1997 年版。

段渝、邹一清:《古蜀文明》,四川人民出版社 2004 年版。

陈德安、魏学峰、李伟纲:《三星堆》,四川人民出版社 1998 年版。

黄剑华:《三星堆——震惊天下的东方文明》,四川人民出版社 2002 年版。

黄剑华:《金沙遗址——古蜀文化考古新发现》,四川人民出版社 2003 年版。

白九江:《巴人寻根:巴人·巴国·巴文化》,重庆出版社 2007 年版。

段渝:《玉垒浮云变古今:古代的蜀国》,四川人民出版社 2001 年版。

张之恒:《中国考古学通论》,南京大学出版社 1991 年版。

张之恒、黄建秋、吴建民:《中国旧石器时代考古》,南京大学出版社 2003 年 5 月第 2 版。

张之恒:《中国新石器时代考古》,南京大学出版社 2004 年 3 月第 2 版。

水涛:《中国西北地区青铜时代考古论集》,科学出版社 2001 年版。

佟柱臣:《中国边疆民族物质文化史》,巴蜀书社 1991 年版。

四、相关论文

《四川讨论羌族历史有关问题》,载《民族团结》1962 年第 3 期。

胡昭曦:《论汉晋的氐羌和隋唐以后的羌族》,载《历史研究》1963 年第 2 期。

李绍明:《关于羌族古代史的几个问题》,载《历史研究》1963 年第 5 期。

黄烈:《有关氏族来源和形成的一些问题》,载《历史研究》1965 年第 2 期。

李绍明、冉光荣、周锡银:《略论古代羌族社会的经济发展与民族融合》,载《思想战线》1980 年第 6 期。

王俊杰:《论商周的羌与秦汉魏晋南北朝的羌》,载《西北师范学院学报》(哲学社会科学版)1982年第3期。

蒙默:《试论汉代西南民族中的"夷"与"羌"》,载《历史研究》1985年第1期。

何耀华:《试论古代羌人的地理分布》,载《思想战线》1988年第4期。

杨铭:《氐族的起源、形成及其与羌族的关系》,载《巴渝文化》第1辑,重庆出版社1989年版。

杨铭:《汉魏时期氐族的分布、迁徙及其社会状况》,载《民族研究》1991年第2期。

杨铭:《氐族的姓氏及婚姻》,载《西北民族研究》1992年第1期。

陈连开:《夏商时期的氐羌》,载《云南民族学院学报》(哲学社会科学版)1993年第4期。

杨东晨、杨建国:《羌族史简论》,载《固原师专学报》(哲学社会科学版)1997年第1期。

顾颉刚:《从古籍中探索我国的西部民族——羌族》,载《社会科学战线》1980年第1期。

童恩正:《谈甲骨文𦏴字并略论殷代的人祭制度》,载《四川大学学报》(哲学社会科学版)1980年第3期。

董作宾:《殷代的羌与蜀》,原载《说文月刊》1943年3卷第7期,后收入李绍明、程贤敏编:《西南民族研究论文选》,四川大学出版社1991年版。

罗琨:《殷商时期的羌和羌方》,原载《甲骨文与殷商史》第三辑,上海古籍出版社1991年版;现收入宋镇豪、段志洪编:《中国古文字大系·甲骨文献集成·专题分论·方国地理文化生活》,四川大学出版社 2001 年版第 28 册。

　　韩康信、潘其风:《殷代人种问题考察》,载《历史研究》1980 年第 2 期。

　　韩康信、潘其风:《古代中国人种成分研究》,载《考古学报》1984 年第 2 期。

　　云南省博物馆:《云南丽江人类头骨的初步研究》,载《古脊椎动物与古人类》1977 年第 15 卷第 2 期。

　　童恩正:《人类可能的发源地——中国西南地区》,载童恩正:《中国西南民族考古论文集》,文物出版社 1990 年版。

　　董永利、石宏、李卫翔等:《怒江大峡谷及下游地区 7 个云南少数民族 YAP 位点的多态性研究》,载《人类学学报》2002 年第 3 期。

　　石宏、董永利、李卫翔等:《中国云南 25 个少数民族 Y 染色体 DYS287 位点的地理多态性》,载《中国科学（C 辑）》2002 年第 4 期。

　　竺可桢:《中国近五千年来气候变迁的初步研究》,载《考古学报》1972 年第 1 期。

　　水涛:《甘、青地区早期文明兴衰的人地关系》,载水涛:《中国西北地区青铜时代考古论集》,科学出版社 2001 年版。

　　北京大学考古系、甘肃省文物考古研究所:《甘肃葫芦河流域考古调查》,载《考古》1992 年第 11 期。

　　李非、李水城、水涛:《葫芦河流域的古文化与古环境》,载《考古》1993 年第 9 期。

　　中国科学院考古研究所甘肃工作队:《甘肃永靖大河庄遗址发掘报告》,载《考古学报》1974 年第 2 期。

　　中国科学院考古研究所甘肃工作队:《甘肃永靖秦魏家齐家

文化墓地》,载《考古学报》1975 年第 2 期。

甘肃省博物馆:《武威皇娘娘台遗址第四次发掘》,载《考古学报》1978 年第 4 期。

颜訚:《甘肃齐家文化墓葬中头骨的初步研究》,载《考古学报》1955 年第 9 册。

俞伟超:《关于"卡约文化"和"辛店文化"的新认识》,载中国中亚文化研究协会:《中亚学刊》第 1 辑,中华书局 1983 年版。

俞伟超:《古代"西戎"和"羌"、"胡"考古学文化归属问题的探讨》,载《先秦两汉考古学论集》,文物出版社 1985 年版。

张广立、赵信、王仁湘:《黄河中上游地区出土的史前人形彩绘与陶塑初释》,载《考古与文物》1983 年第 3 期。

张朋川:《甘肃出土的几件仰韶文化人像陶塑》,载《文物》1979 年第 11 期。

卢连成:《扶风刘家先周墓地剖析——论先周文化》,载《考古与文物》1985 年第 2 期。

夏鼐:《临洮寺洼山发掘记》,载中国科学院考古研究所:《考古学论文集》,科学出版社 1961 年版。

石硕:《从旧石器晚期文化遗存看黄河流域人群向川西高原的迁徙》,载《西藏研究》2004 年第 2 期。

鲁实先:《卜辞姓氏通释之一》,载《东海学报》第 1 卷第 1 期。

尹盛平:《猃狁、鬼方的族属及其与周族的关系》,载《人文杂志》1985 年第 1 期。

常教:《商颂作于殷商述考》,载《文献》1988 年第 1 期。

岑仲勉:《氏族源流蠡测》,载《中山大学学报》(哲学社会科学版)1959 年第 1、2 期合刊。

《试论殷虚五号墓的"妇好"》,载《考古学报》1957 年第 2 期。

董其祥:《甲骨文中的巴与蜀》,载《西南师范学院学报》(哲学社会科学版)1980 年第 3 期。

邓少琴:《巴史新探》、《巴史再探》、《巴史三探》,载邓少琴:《邓少琴西南民族史地论集》(上),巴蜀书社 2001 年版。

庄燕和:《巴史中的几个问题》,载《西南师范学院学报》(哲学社会科学版)1979 年第 4 期。

潘光旦:《湘西北的"土家"与古代的巴人》,载潘光旦:《潘光旦民族研究文集》,民族出版社 1995 年版。

徐中舒:《巴蜀文化初论》,载《四川大学学报》(哲学社会科学版)1959 年第 2 期。

徐中舒:《巴蜀文化续论》,载《四川大学学报》(哲学社会科学版)1960 年第 1 期。

蒙文通:《巴蜀史的问题》,载《四川大学学报》(哲学社会科学版)1959 年第 2 期。

李绍明:《巴人与土家族关系问题》,载李绍明著:《巴蜀民族史论集》,四川人民出版社 2004 年版。

邓廷良:《甲绒与牦牛羌》,载《社会科学战线》1981 年第 2 期。

罗开玉:《秦汉三国湔氏道湔县考》,载《四川师范学院学报》(哲学社会科学版)1985 年第 3 期。

郑方、吴民:《青海诸羌新考》,载《青海民族学院学报》(哲学社会科学版)1987 年第 3 期。

王宗维:《秦汉之际河西地区的民族及其分布》,载《兰州大学学报》(哲学社会科学版)1985 年第 3 期。

李绍明:《唐代西山诸羌考略》,载《四川大学学报》(哲学社会科学版)1980 年第 1 期。

杨华:《对巴人起源于清江说若干问题的分析》,载《四川文物》2001 年第 1 期。

石硕:《汉代"筰都夷"、"旄牛徼外"与"徼外夷"——论汉代川西高原的"徼"之划分及部落分布》,载《四川大学学报》(哲学社会科学版)2004 年第 4 期。

石硕:《"旄牛种越嶲羌"考辨》,载《云南民族大学学报》(哲学社会科学版)2005 年第 4 期。

石硕:《羌人入据青衣江流域时间探析》,载《民族研究》2007 年第 2 期。

章太炎:《西南属夷小记》,载李绍明、程贤敏:《西南民族研究论文选(1904—1949)》,四川大学出版社 1991 年版。

王叔武:《关于白族族源问题》,载《历史研究》1957 年第 4 期。

徐嘉瑞:《白族及大理古代文化的来源》,载《学术研究》(云南)1963 年第 3 期。

方国瑜、和志武:《纳西族的渊源、迁徙和分布》,载《民族研究》1979 年第 1 期。

李绍明、余宏模:《关于东爨乌蛮诸部的族源问题》,载《思想战线》1979 年第 4 期。

李绍明:《唐代西爨及昆明的族属问题》,载《思想战线》1983 年第 2 期。

蒙默:《试论彝族的起源问题》,载《思想战线》1980 年第 1 期。

王继超、陈长友:《彝族族源初探》,载《中央民族大学学报》(哲学社会科学版)1996 年第 3 期。

周琼:《彝族族源浅论》,载《楚雄师专学报》(社会科学版)

2000 年第 4 期。

　　马曜:《云南二十几个少数民族的源和流》,载《云南社会科学》1981 年第 1 期。

　　马曜:《白族异源同流说》,载《云南社会科学》2000 年第 3 期。

　　杜玉亭:《基诺族族源问题试探》,载《云南社会科学》1981 年第 2 期。

　　张增祺:《僰说》,载《云南社会科学》1981 年第 4 期。

　　宋世坤:《试论夜郎与巴蜀的关系》,载《贵州文史丛刊》1982 年第 1 期。

　　汪宁生:《纳西族源于羌人新证》,载《思想战线》1981 年第 5 期。

　　张增祺:《战国至西汉时期滇池区域发现的西亚文物》,载《思想战线》1982 年第 2 期。

　　张增祺:《"昆明"说》、《"昆明"与"昆明文化"》、《"嶲人"——云南古代的斯基泰民族》、《古代的"僰人"与"僰文化"》、《"摩沙"源流考略》,四文均载于张增祺:《中国西南民族考古》,云南人民出版社 1990 年版。

　　尤中:《唐、宋时期的"白蛮"(白族)》,载《思想战线》1982 年第 3 期。

　　尤中:《唐、宋时期的"乌蛮"(彝族)》,载《思想战线》1982 年第 5 期。

　　尤中:《对秦以前西南各族历史源流的窥探》,载尤中:《西南民族史论集》,云南民族出版社 1982 年版。

　　尤中:《汉晋时期"西南夷"中的民族成分》,载尤中:《尤中诗文选集》,云南人民出版社 2004 年版。

尤中:《先秦时期的西南民族》,载尤中:《尤中诗文选集》,云南人民出版社 2004 年版。

陈东、石硕:《魏晋时期的"氐傁"与"傁"辨析》,载《云南民族大学学报》(哲学社会科学版)2007 年第 5 期。

林超民:《试论汉唐间西南地区的昆明》,载《民族研究》1982 年第 1 期。

林超民:《爨人的族属与迁徙》,载《思想战线》1982 年第 5 期。

林超民:《试论唐代洱海地区的乌蛮与白蛮》,载《大理文化》1985 年第 6 期。

郭大烈:《国内纳西族研究述评》,载《云南社会科学》1983 年第 5 期。

何耀华:《川西南藏族史初探》,载《思想战线》1985 年第 4 期。

祁庆富:《彝族史研究综述》,载《民族研究动态》1986 年第 2 期。

王文光:《爨人源流考》,载《云南省社会科学院研究生论文选》,云南人民出版社 1987 年版。

方铁:《从考古遗存看远古时代西南地区人们共同体的分布》,载《思想战线》1989 年增刊。

肖秋、黄德荣:《略谈南诏国的族属问题》,载《文物》1978 年第 10 期。

段鼎周:《爨人、西爨白蛮和白人,各有自己的源流》,载《云南学术探索》1994 年第 2 期。

黄柏权:《土家族族源研究综论》,载《贵州民族研究》1999 年第 2 期。

应骥:《试探土家族渊源——兼谈巴人源流》,载《中南民族学院学报》(哲学社会科学版)1999年第3期。

林涓:《白族形成问题研究概述》,载《中国史研究动态》2000年第4期。

杨福泉:《略论纳西族和藏族的历史关系》,载《云南民族大学学报》(哲学社会科学版)2004年第3期。

罗二虎:《20世纪西南地区石棺葬发现研究的回顾与思考》,载《中华文化论坛》2005年第4期。

冯汉骥、童恩正:《岷江上游的石棺葬》,载《考古学报》1973年第2期。

童恩正:《四川西北地区石棺葬族属试探——附谈有关古代氐族的几个问题》,载《思想战线》1978第1期。

林向:《"羌戈大战"的历史分析——岷江上游石棺葬的族属》,载《四川大学学报丛刊》第20辑,1984年。

沈仲常、李复华:《石棺葬文化中所见的汉文化因素》,载《考古与文物》1983年第4期。

李复华、李绍明:《论岷江上游石棺葬文化的分期与族属》,载《四川文物》1986年第2期。

曾文琼:《岷江上游石棺墓族属试探》,载《中央民族学院学报》1984年第1期。

王涵:《我国西南地区一种新的青铜文化》,载《云南文物》1984年总15、16期。

石硕:《彝藏走廊地区石棺葬所属人群探讨》,载《康定民族师范高等专科学校学报》2005年第1期。

徐学书:《试论岷江上游"石棺葬"的源流》,载《四川文物》1987年第2期。

罗世泽:《从羌族民间传说看岷江上游石棺葬人的族属》,未刊稿 1985 年。转引自段渝:《玉垒浮云变古今:古代的蜀国》,四川人民出版社 2001 年版。

宋治民:《川西和滇西北的石棺葬》,载《考古与文物》1987 年第 3 期。

罗二虎:《试论青衣江上游的石棺葬文化》,载《四川大学学报》(哲学社会科学版)1999 年第 3 期。

李绍明:《古蜀人的来源与族属问题》,载李绍明:《巴蜀民族史论集》,四川人民出版社 2004 年版。

梁克生、胡扎克:《拉祜族古歌地石、族源、迁徙考》,载《云南民族古籍论丛》,云南民族出版社 1992 年版。

罗开玉:《古代西南民族的火葬墓》,载《四川文物》1991 年第 3 期。

丁长芬:《我国西南地区的屈肢葬俗》,载《四川文物》1991 年第 3 期。

童恩正:《近年来中国西南民族地区战国秦汉时代的考古发现及其研究》,载童恩正:《中国西南民族考古论文集》,文物出版社 1990 年版。

童恩正:《试论我国从东北至西南的边地半月形文化传播带》,载童恩正:《南方文明》,重庆出版社 2004 年版。

童恩正:《四川西南地区大石墓族属试探——附谈有关古代濮族的几个问题》,载《考古》1978 年第 2 期。

申旭:《藏葬民族走廊与茶马古道》,载《西藏研究》1999 年第 1 期。

李绍明:《川东南土家与巴国南境问题》,载《思想战线》1985 年第 6 期。

李绍明:《康南石板墓族属初探——兼论纳西族的族源》,载《思想战线》1981 年第 6 期。

饶宗颐:《甲骨文中的冄与冄馻》,载《文物》1998 年第 1 期。

马长寿:《嘉戎民族社会史》,载《民族学研究集刊》第 4 期,1944 年 10 月。

李绍明:《冄馻与冉家人的族属问题》,载李绍明:《李绍明民族学文选》,成都出版社 1995 年版。

任乃强:《附国非吐蕃——与岑仲勉先生商榷》,载《康藏研究月刊》1947 年第 4 期。

桑秀云:《邛都、筰都、冄馻等夷人的族属及迁徙情形》,载《中央研究院历史语言研究所集刊》第 52 本,中华民国七十年九月。

李宗放:《"和夷"诸解与我见》,载《西南民族学院学报》(哲学社会科学版)1997 年第 6 期。

王静如:《东汉西南夷白狼慕汉歌诗本语译证》,载《西夏研究》(第一集),1930 年。

马长寿:《四川古代民族历史考证》,载《青年中国季刊》第一卷第四期,1940 年。

方国瑜:《么些民族考》,载《民族学研究集刊》第四集,1944 年 10 月。

董作宾:《读史编么些文字典甲种》,载《中国文化研究所集刊》第一卷第二期,1940 年。

陈宗祥、邓文峰:《"白狼歌"研究述评》,载《西南师范学院学报》(哲学社会科学版)1979 年第 4 期。

马学良、戴庆厦:《〈白狼歌〉研究》,载《民族语文》1982 年第 5 期。

黄懿陆:《东汉〈白狼歌〉是越人歌谣》,载《广西民族研究》

2001 年第 3 期。

罗起君:《白狼歌诗译解》,载《河池学院学报》(哲学社会科学版)2005 年第 1 期。

黄振华:《白狼王远夷乐德歌新解》,载《宁夏大学学报》(哲学社会科学版)1998 年第 3 期。

包渔庄:《说"白人"坟》,载中国悬棺葬学术讨论会秘书组编印:《悬棺葬资料汇集》,1980 年 12 月。

罗开玉:《古代西南民族墓葬研究提要》,载罗开玉、罗伟先:《华西考古研究》(一),成都出版社 1991 年版。

王文光、段丽波:《昆明族源流考释》,载《贵州民族学院学报》(哲学社会科学版)2006 年第 6 期。

段丽波:《濮、越民族考——从考古学文化的视角》,载《学术探索》2007 年第 3 期。

宋世坤:《贵州古夜郎地区青铜文化初论》,载中国考古学会:《中国考古学会第二次年会论文集(1980)》,文物出版社 1982 年版。

舒向今:《试探考古学上的濮文化》,载《民族研究》1993 年第 1 期。

李东红:《从考古材料看白族的起源》,载《中央民族大学学报》(哲学社会科学版)2004 年第 1 期。

李昆声:《云南原始文化族系试探》,载云南省博物馆:《云南人类起源与史前文化》,云南人民出版社 1991 年版。

阚勇:《元谋大墩子新石器时代遗址及其研究》,载云南省博物馆:《云南人类起源与史前文化》,云南人民出版社 1991 年版。

李昆声、肖秋:《试论云南新石器时代文化》,载云南省博物馆:《云南人类起源与史前文化》,云南人民出版社 1991 年版。

张增祺:《彝族的渊源及其形成》,载张增祺:《中国西南民族考古》,云南人民出版社 1990 年版。

王叔武:《白族源于滇僰、叟、爨考述》,载《云南社会科学》1988 年第 3 期。

马曜:《汉晋时期白族先民族名的演变——略论僰人消失与叟人和爨人出现的原因》,载《云南社会科学》1997 年第 4 期。

蒙默:《僰为僚说》(上),载《凉山彝族奴隶制研究》1977 年第 1 期。

蒙默:《试论汉代西南民族中的"夷"与"羌"》,载《历史研究》1985 年第 1 期。

蒙默:《说"叟"》,载《思想战线》1992 年第 2 期。

方国瑜:《汉晋时期西南地区的部族郡县及经济文化》,载方国瑜:《方国瑜文集》,云南教育出版社 2001 年版。

冯汉骥:《云南晋宁石寨山出土文物的族属问题试探》,载《考古》1961 年第 9 期。

汪宁生:《晋宁石寨山青铜器图像所见古代民族考》,载《考古学报》1979 年第 4 期。

闻宥:《语源丛考·雍无梁林解》,载《中华文史论丛》1980 年第 4 辑。

朱希祖:《云南濮族考》,载《青年中国季刊》创刊号,1939 年出版。

何光岳:《僰人的来源和迁徙》,载《吉首大学学报》(哲学社会科学版)1998 年第 1 期。

郑德坤:《僰人考》,载《说文月刊》第 4 卷。

翁家烈:《僰人考》,载《贵州民族研究》1986 年第 2 期。

方国瑜:《关于"乌蛮"、"白蛮"的解释》、《略论白族的形成》;

秦凤翔:《略论白语的系属问题及白族的形成和发展》;龚自知:《关于白族形成问题的一些意见》。四文均载于《云南白族的起源和形成论文集》,云南人民出版社 1957 年版。

朱文旭:《僰为彝说》,载《中央民族大学学报》(哲学社会科学版)1996 年第 3 期。

张增祺:《僰说》,载《云南社会科学》1981 年第 4 期。

何元灿:《严道僰人考》,载李绍明、林向、徐南洲:《巴蜀历史·民族·考古·文化》,巴蜀书社 1991 年版。

李范文:《嘉戎与道孚族源考》,载《宁夏社会科学》1983 年第 1 期。

李文实:《白兰国址再考》,载《青海社会科学》1984 年第 1 期。

聪喆:《白兰国址再辨》,载《青海社会科学》1984 年第 5 期。

孙宏开:《试论"邛笼"文化与羌语支语言》,载《民族研究》1986 年第 2 期。

李范文:《再论西夏党项族的来源与变迁》,载李范文:《首届西夏学国际学术会议论文集》,宁夏人民出版社 1998 年版。

蒙默:《魏晋南北朝的僰人》,载李绍明、林向、徐南洲:《巴蜀历史·民族·考古·文化》,巴蜀书社 1991 年版。

王宏道:《释爨及西爨白蛮》,载王宏道:《王宏道云南民族史论文集》,云南大学出版社 2004 年版。

王叔武:《云南少数民族源流研究》,载《云南民族学院学报》(哲学社会科学版)1985 年第 1 期。

严汝娴、王树五:《普米族源流初探》,载《民族学与现代化》1986 年第 1 期。

李明、李跃敏、余发昌:《云南普米族的体质特征》,载《人类学学报》1995 年第 3 期。

王文光、张曙辉:《西南边疆乌蛮源流考释》,载《中国边疆史地研究》2007 年第 1 期。

翟国强:《先秦西南民族史论》,云南大学 2006 届博士研究生学位论文。

(元)李京:《云南志略》,转引自《云南史料丛刊》第 3 卷,云南大学出版社 1998 年版。

李宗放:《川西南彝族在唐宋时期的发展概略》,载《西南民族学院学报》(哲学社会科学版)1996 年第 6 期。

凌纯声:《唐代云南的乌蛮与白蛮考》,载《人类学集刊》1938 年第 1 卷第 1 期。

[日]白鸟芳郎:《关于云南蛮族的乌蛮和白蛮及其居住地》,载《人文》1948 年第 1 期。

[日]白鸟芳郎:《关于南诏与大理的民族及其遗民、民家的语言系统》,载《民族学研究》1951 年第 3、4 期。

[日]白鸟芳郎:《僰夷摆夷同族考》,载《史学杂志》1952 年第 12 期。

[日]白鸟芳郎:《乌蛮、白蛮的住地和白子国及与南诏六诏的关系(一)》,载《民族学研究》1953 年第 2 期。

[日]白鸟芳郎:《南诏、大理住民与爨、僰、彝、白族的关系(之二)》、《关于中国西南少数民族的民族形成》,载《民族学研究》1953 年 3、4 期。

黄柏权:《土家族族源研究综论》,载《贵州民族研究》1999 年第 2 期。

田荆贵:《土家族的语言、风俗与古代賨人》,载《民族研究》1983 年第 3 期。

田荆贵:《古代賨人与现今土家族的共同之处》,载《民族论坛》(湖南)1994年第2期。

王静如:《关于湘西土家语言的初步意见》,载中央民族学院研究部:《中国民族问题研究集刊》第四辑,1955年。

董珞:《巴人族源辨——人类学与考古学的审视》,载《中南民族学院学报》(哲学社会科学版)1997年第2期。

谢选华、李辉、金力等:《土家族源流的遗传学初探》,载《遗传学报》2004年第31卷第10期。

彭英明:《试论湘鄂西土家族"同源异支"——廪君蛮的起源及其发展述略》,载《中南民族学院学报》(哲学社会科学版)1984年第3期。

田荆贵:《土家族族源综论》,载《土家纵横谈》,湘西自治州政协文史资料研究委员会1995年版。

李绍明:《夜郎与巴蜀相关民族的族属问题》,载《华中师范大学学报》(人文社会科学版)2006年第4期。

梶山胜:《汉魏晋时期蛮夷印章的使用方法——以西南夷印章为主进行的考察》,载四川大学博物馆、中国古代铜鼓研究学会:《南方民族考古》(第三辑),四川科学技术出版社1991年版。

叶其峰:《我国古代叟族的印章》,载《文物》1980年第9期。

石钟键:《凌纯声的铜鼓研究——译凌文代序》,载中国古代铜鼓研究会:《第二次古代铜鼓学术讨论会资料集》。

张勋燎:《古代巴人的起源及其与蜀人、僚人的关系》,载《南方民族考古》(第一辑),四川大学出版社1987年版。

段渝:《巴人来源的传说与史实》,载《民族研究》2006年第6期。

蒙默:《试论古代巴、蜀民族及其与西南民族的关系》,载《贵州民族研究》1983 年第 4 期。

李学勤:《巴史的几个问题》,载《巴渝文化》第 3 辑,1994 年。

张正明:《巴人起源地综考》,载《华中师范大学学报》(人文社会科学版)2004 年第 6 期。

林向:《殷墟卜辞中的"蜀"——成都平原商代遗存初析》,载《殷墟博物苑苑刊》创刊号,中国社会科学院出版社 1989 年版。

赵殿增:《从"眼睛"崇拜谈"蜀"字的本义与起源——三星堆文明精神世界探索之一》,载《四川文物》1997 年第 3 期。

段渝:《嫘祖考》,载《炎黄文化研究》1997 年第 4 期。

段渝:《论蜀史"三代论"及其构拟》,载《社会科学研究》1987 年第 6 期。

尚理、周锡银、冉光荣:《论"白马藏人"的族属问题》;赵卫邦:《平武"白马藏族"的族别问题》,二文均载四川省民族研究所:《白马藏人族属问题讨论集》,1980 年 9 月出版。

李光荣:《论哈尼族神话的优美》,载《民族文学研究》1998 年第 2 期。

杜若甫、肖春杰:《从遗传学探讨中华民族的源与流》,载《中国社会科学》1997 年第 4 期。

图书在版编目（CIP）数据

中国西南氐羌民族源流史 / 段丽波著.
–北京：人民出版社，2011
（中国边疆历史研究丛书 / 林文勋主编）
ISBN 978–7–01–009878–4/
Ⅰ.①中… Ⅱ.①段… Ⅲ.①氐–民族历史–研究–西南地区
②羌（古族名）–民族历史–研究–西南地区 Ⅳ.①K289
中国版本图书馆 CIP 数据核字（2011）第 079283 号

中国西南氐羌民族源流史

ZHONGGUO XINAN DIQIANG MINZU YUANLIUSHI

丛书主编：林文勋
作　　者：段丽波
责任编辑：张秀平
封面设计：徐　晖

人民出版社 出版发行

地　　址：北京朝阳门内大街 166 号
邮政编码：100706　www.peoplepress.net
经　　销：新华书店总店北京发行所经销
印 刷 厂：北京昌平百善印刷厂
开　　本：880 毫米×1230 毫米　1/32
字　　数：300 千字
版　　次：2011 年 9 月第 1 版　2011 年 9 月第 1 次印刷
印　　张：11.875
定　　价：35.00 元
书　　号：ISBN 978–7–01–009878–4/